法学案例分析选读

（第二版）

杨馨德　主　编
谢洁茹　赵晗旭　副主编

上海财经大学出版社

图书在版编目(CIP)数据

法学案例分析选读/杨馨德主编．—2版．—上海：上海财经大学出版社，2019.12
ISBN 978-7-5642-3111-8/F・3111

Ⅰ.①法… Ⅱ.①杨… Ⅲ.①案例-中国-高等学校-教材
Ⅳ.①D920.5

中国版本图书馆CIP数据核字(2018)第209251号

□ 责任编辑 刘晓燕
□ 书籍设计 张克瑶

法学案例分析选读
（第二版）

杨馨德 主 编
谢洁茹 赵晗旭 副主编

上海财经大学出版社出版发行
（上海市中山北一路369号 邮编200083）
网 址：http://www.sufep.com
电子邮箱：webmaster @ sufep.com
全国新华书店经销
上海景条印刷有限公司印刷装订
2019年12月第2版 2019年12月第1次印刷

787mm×1092mm 1/16 18.75印张 480千字
印数：4 401—7 400 定价：55.00元

前　言

案例分析属于综合性较强的类型，考查的是高层次的认知目标。它不仅能考查学生了解知识的程度，而且能考查学生理解、运用知识的能力，更重要的是它能考查学生综合、分析、评价方面的能力。

《法学案例分析选读》是江西广播电视大学组织编写的远程开放教育法学专业教材之一，以各部门法的规定为主线，对刑法、民法、经济法、行政法、劳动合同法等法学案例进行了全面的分析。是“高等学校法学专业选修课程教材”及“广播电视大学开放教育”法学专业的选修课程教材，主要针对高等院校及成人高等院校法学专业学生而编写。

本书理论与实际相结合，既重视传统学科理论，又能联系立法、司法实践，对重点、难点问题进行深入探讨，具有启发性，适合法学专业课程的教学使用，同时可供参加自学考试及统一司法考试学习使用。

本书由杨馨德任主编，谢洁茹、赵晗旭任副主编，全书由主编审阅、修改，赵晗旭、刘旗协助主编校稿。具体分工如下：

杨馨德：行政法编

谢洁茹、赵晗旭：经济法编

刘　旗：刑法编

郭　莉：劳动合同法编

潘　玮：民法编

本书的撰写参考了大量的学术界同仁的研究成果，对此本书作者表示真诚的感谢！

由于时间仓促加之水平有限，书中难免有疏漏、错误之处，敬请读者和专家指正。

编　者

2019 年 10 月

目　录

前言 …………………………………………………………………… 1

民法编

由一起欠条案谈举证责任的分配 ………………………………………… 3
赠与合同的异议案件 …………………………………………………… 6
门面承租人能否主张优先购买权 ………………………………………… 9
保险公司拒赔案 ………………………………………………………… 12
孙军诉保险公司合同无效案 …………………………………………… 15
肖像权纠纷案 …………………………………………………………… 18
知假买假索赔案 ………………………………………………………… 22
铁路旅客人身损害赔偿案 ……………………………………………… 26
借款纠纷案 ……………………………………………………………… 31
房屋买卖合同纠纷案 …………………………………………………… 34
业主家中被盗与物业公司责任承担纠纷案 …………………………… 39
林文骞等诉林子中债务纠纷案 ………………………………………… 43
医疗事故赔偿纠纷案 …………………………………………………… 46
不良信用谁说了算 ……………………………………………………… 50
因见义勇为引发的经济补偿纠纷 ……………………………………… 53
因医疗纠纷父母将子女遗留医院的责任问题的案件 ………………… 58

刑法编

关于《刑事审判参考》第 1136 号案例的商榷意见:串通竞拍就是串通投标行为 ……… 67
男子酗酒产生“幻觉”抢车被判刑 ……………………………………… 70
李某等三人敲诈勒索案 ………………………………………………… 72
盗窃还是职务侵占 ……………………………………………………… 75
刘某未尽保护责任致人死亡案 ………………………………………… 78
张某某枪杀抢劫犯案 …………………………………………………… 80

保安员监守自盗构成什么罪 …… 83
叶某信用卡诈骗案 …… 85
盗窃还是诈骗 …… 88
毒品犯罪死刑复核案 …… 91
丁敏合同诈骗案 …… 96
恐吓信未发　敲诈罪已成 …… 100
非为个人利益是否构成挪用公款罪 …… 103
汪某不作为是否构成偷税 …… 107
丁某交通肇事案 …… 110
潘某等寻衅滋事案 …… 113

经济法编

诉讼代理合同纠纷案 …… 119
公司决议撤销、股东资格确认纠纷案 …… 125
股东瑕疵出资责任承担认定案 …… 131
公司决议效力确认纠纷案 …… 135
公司设立中发起人的法律责任问题 …… 138
股权转让纠纷案 …… 140
共同欺诈而免除其借款合同保证责任 …… 145
中银保险有限公司北京分公司保险合同纠纷案 …… 148
有限公司保险代位求偿权案 …… 151
有限责任公司票据追索权案 …… 155
涉外摄影作品权属及网络下载使用侵权认定案 …… 157
美心食品有限公司注册商标知名度的地域性限制案 …… 162
天津中国青年旅行社诉竞价排名中不正当竞争行为案 …… 168
天津市泥人张等诉擅自使用他人企业名称及虚假宣传纠纷案 …… 172
保证贷款逾期催收责任承担案 …… 180
没有依法清算　股东是否承担公司债务 …… 184

劳动合同法编

竞业限制须支付经济补偿案 …… 189
法官能否主动审查诉讼时效 …… 191
试用期间怀孕并严重违反劳动纪律解除劳动合同劳动争议案 …… 193
无管辖权裁决应视为未经仲裁 …… 197
劳动争议还是民事纠纷? …… 200
劳动合同纠纷案 …… 202

索取双倍工资案…… 206
人事派遣劳动纠纷案…… 209
代通知金支付案…… 213
无固定期限劳动合同法律纠纷案…… 216
王某劳务派遣纠纷案…… 219
用人单位以张女士不能胜任工作解除劳动合同案…… 221
违反用人单位规章制度造成伤害案…… 223
无工商登记的工厂职工受伤是否享受工伤待遇…… 226
解除劳动关系后的经济补偿金纠纷案…… 229
法院能否强制执行买断工龄款…… 232

行政法编

村民对县公安局治安处罚不服申请行政复议案…… 237
大学教授对公安机关行政不作为申请复议寻求保护案…… 240
当事人诉行政机关决定其提前退休案…… 243
谢某诉重庆市食品药品监督管理局C区分局行政处罚纠纷案 …… 246
当事人诉离婚登记机关侵权案…… 249
杜某诉海事机关不作为案…… 253
行政机关随意免去村民委员会组成人员案…… 257
刘某诉劳动局行政复议决定对工伤申请时效的认定错误案…… 260
私营业主诉市工商局违法行政求偿案…… 264
退休金有争议,乡镇企业管理局是否越权? …… 267
牛某诉县公安局限制自由行政争议案…… 270
江山市物价局录用公务员程序违法案…… 274
因政府抽象行政行为导致合同纠纷案…… 278
钱某等行政相对人诉市工商局行政处罚决定案…… 282
郭建军诉诸暨市国土资源局行政行为违法案…… 286

参考文献…… 289

民法编

民法是调整平等主体（自然人、法人、其他组织）之间财产关系和人身关系的法律规范的总称。《中华人民共和国民法总则》是民法典的总则编，规定了民事活动的基本原则和一般规定，在民法典中起统领性作用。共分基本规定、自然人、法人、非法人组织、民事权利、民事法律行为、代理、民事责任、诉讼时效、期间计算和附则 11 章、206 条。

中华人民共和国第十二届全国人民代表大会第五次会议 2017 年 3 月 15 日表决通过了《中华人民共和国民法总则》，国家主席习近平签署第 66 号主席令予以公布，新华社 3 月 18 日受权全文播发这部法律。民法总则自 2017 年 10 月 1 日起施行。

本编内容丰富，所选案例基本涵盖了民法总则中重要的知识点，而且对每个真实案例所涉及的知识点进行深入的法理分析，使抽象的民法理论与具体的实践结合起来，从而使这本书具有很强的实用性、针对性及可读性。

由一起欠条案谈举证责任的分配

【案情介绍】

原告刘某诉称：原、被告因生意往来，被告分别于 2016 年 1 月 26 日、3 月 10 日立下欠条 2 张，共欠原告 276 300 元。后经原告多次催要均未果。故起诉要求判令被告立即偿还欠款 276 300 元。

被告张某辩称：原告故意歪曲事实真相，原、被告没有合法的债权债务关系，双方并没有生意往来，更无欠款事实。被告不是本案的适格主体，即便被告欠其款项，也仅欠 13 300 元，且还款期尚未届满，原告现无权提起诉讼。故法院应驳回原告的起诉。

经审理查明：被告系原告妻妹，被告于 2016 年 1 月 26 日立具欠条 1 张给原告，内容为"暂欠结账款：贰拾陆万叁仟元正。欠款人：张某。2016.1.26 号"，在欠条下方注明"由张某某（张某姐姐）督促归还（2016 年底前结清）"。2016 年 3 月 10 日，被告又立具欠条 1 张给原告，内容为"结账结下欠款：壹万叁仟叁佰元整（13300）。欠款人：张某。16.3.10"。

【案情分析】

该案在审理过程中，有两种不同的处理意见：一种意见认为，原告作为欠条的持有人，其所提供的欠条足以证明被告依法应负有偿还原告欠款的义务，根据"谁主张，谁举证"的分配原则，原告的举证责任已经完毕，应判决支持原告的诉讼请求。另一种意见认为，对本案原、被告之间是否形成了合法的债权债务关系，原告尚未完成其在本案中应负的举证义务，故应驳回原告的诉讼请求。

【评析】

此案涉及我国民事诉讼中举证责任的分配问题。我国民事诉讼中的举证责任是指当事人对自己提出的主张有提供证据进行证明的责任。它具体包含行为意义上的举证责任和结果意义上的举证责任两层含义。从行为和结果双重含义上来界定举证责任的内涵，对于提高民事审判质效、推进民事审判方式改革具有十分重要的意义。

对举证责任的分配理论历来有实质标准和形式标准之分，实质标准是根据证明对象与证明主体之间的利益关系来分配的一种举证责任的负担形式，它主要被英美法系国家所采用；形式标准是根据现行法律规定来分配的一种举证责任的负担形式，它主要被大陆法系国家所采用。笔者认为，我国应当采用法律要件分类说作为举证责任的分配原则。其理由是：首先从实体法的构成来看，我国的实体法结构基本上与大陆法系的实体法规范结构相同，各种法律要件也比较明确，区分权利发生规范、权力消灭规范，并在司法实践中应用是有条件的。其次，在当前的司法环境下，采用法律要件分类说来分配举证责任比起法官根据利益衡量、举证难易来决定举证责任分配，前者更容易为当事人所接受，避免当事人将不满抛给法官。法律要件分类说能够在较大责任上吸收当事人对举证责任分配的指责与不满。最后，法律要件分类说的缺点可以通过法律规定或者相关司法解释予以补正，也可以通过例外规定予以修正。尤其是对于一些特殊的侵权案件，可以通过举证责任倒置，使证明责任的分配更符合公平正义的标准和要求。

就本案而言，双方当事人争议的焦点是：原、被告之间是否形成了合法的债权债务关系？原告在本案中的举证责任是否已经完成？

针对争议焦点，原告虽提供了被告于 2016 年 1 月 26 日、3 月 10 日分别立具的欠条 2 张，用以证明其主张的欠款事实是双方系因医疗器械生意往来所形成的债权债务关系。经质证，被告对 2 张欠条的真实性无异议，但对欠条的合法性和关联性提出异议，认为原、被告之间并没有医疗器械生意往来，事实是原告与被告之夫合伙经营医疗器械，在合伙期间双方产生矛盾，被告为了避免两连襟之间流血事件，未经其夫授权而与原告结账后，立下了欠条，被告的行为最多被认定为表见代理。经两次结账后尚欠原告款为 13 300 元，按约定并未到最后付款期限。而被告为证明自己主张的事实，提供了部分证据材料，以证明原告与其夫合伙经营医疗器械和尚欠 13 300 元的事实。但原告对此不予质证，反称其不清楚原、被告之间发生的是什么业务。因原告对欠款形成的事实前后陈述不一致，故法庭向其释明，要求原告陈述欠条之债形成的事实，但原告仍称“不清楚”。

根据我国《民法通则》第八十四条的规定，债是按照合同的约定或者法律的规定，在当事人之间产生的特定的权利和义务关系。法律保护合法的债权债务关系。另，根据《中华人民共和国民事诉讼法》第六十四条“当事人对自己提出的主张，有责任提供证据”以及《最高人民法院关于民事诉讼证据的若干规定》第二条“当事人对自己提出的诉讼请求所依据的事实或者反驳对方诉讼请求所依据的事实有责任提供证据加以证明。没有证据或者证据不足以证明当事人的事实主张的，由负有举证责任的当事人承担不利后果”等规定，当事人对自己提出的诉讼请求所依据的事实有责任提供证据加以证明，亦即“谁主张，谁举证”。这也就是我国所采用的以法律要件分类说作为举证责任的分配原则。

本案中，原告起诉要求被告承担偿还欠款的义务，应当负有充分证明双方之间形成合法的债权债务关系的举证责任。一开始原告主张其与被告之间是因医疗器械生意而形成的债权债务关系，在被告质证后原告又予以否认。在法庭充分说明后，原告仍以“不清楚”为由拒绝陈述其主张的欠条之债形成的事实，故法院认为原告虽提供了欠条，但因其拒绝陈述该债形成的事实，由此尚不足以证明原、被告之间已形成了合法的债权债务关系，原告在本案中并未完成他对自己诉讼请求应承担的全部举证义务。因此原告的诉讼请求，缺乏相应的事实根据。故法院判决驳回原告刘某的诉讼请求是正确的。

综上，笔者同意后一种意见。

【案件结果】

法院认为，债是按照合同的约定或者法律的规定，在当事人之间产生的特定的权利和义务关系，合法的债权债务关系受法律保护。原告虽提供了欠条，但因其拒绝陈述该债形成的事实，此不足以证明原、被告之间已形成了合法的债权债务关系。原告的诉讼请求，缺乏相应的事实根据，故判决驳回原告刘某的诉讼请求。

【相关法规】

对举证责任的分配理论历来有实质标准和形式标准之分，实质标准是根据证明对象与证明主体之间的利益关系来分配的一种举证责任的负担形式，它主要被英美法系国家所采用；形式标准是根据现行法律规定来分配的一种举证责任的负担形式，它主要被大陆法系国家所采用。笔者认为，我国应当采用法律要件分类说作为举证责任的分配原则。其理由是：首先从实体法的构成来看，我国的实体法结构基本上与大陆法系的实体法规范结构相同，各种法律要件也比较明确，区分权利发生规范、权力消灭规范，并在司法实践中应用是有条件的。其次，在当前的司法环境下，采用法律要件分类说来分配举证责任比起法官根据利益衡量、举证难易来决定举证责任分配，前者更容易为当事人所接受，避免当事人将不满抛给法官。法律要件分类说能够在较大责任上吸收当事人对举证责任分配的指责与不满。最后，法律要件分类说的缺点可以通过法律规定或者相关司法解释予以补正，也可以通过例外规定予以修正。尤其是对于一些特殊的侵权案件，可以通过举证责任倒置，使证明责任的分配更符合公平正义的标准和要求。

根据我国《民法通则》第八十四条的规定，债是按照合同的约定或者法律的规定，在当事人之间产生的特定的权利和义务关系。法律保护合法的债权债务关系。另，根据《中华人民共和国民事诉讼法》第六十四条"当事人对自己提出的主张，有责任提供证据"以及《最高人民法院关于民事诉讼证据的若干规定》第二条"当事人对自己提出的诉讼请求所依据的事实或者反驳对方诉讼请求所依据的事实有责任提供证据加以证明。没有证据或者证据不足以证明当事人的事实主张的，由负有举证责任的当事人承担不利后果"等规定，当事人对自己提出的诉讼请求所依据的事实有责任提供证据加以证明，亦即"谁主张，谁举证"。这也就是我国所采用的以法律要件分类说作为举证责任的分配原则。

赠与合同的异议案件

【案情介绍】

原告曾某与被告王某于2003年结婚，婚后于2004年、2006年分别生育女儿小曾、儿子小王。后因感情破裂，于2016年协议离婚。根据协议第三条约定，对于共有房屋属原告的一半份额，原告同意由其女儿小曾、儿子小王共同所有。婚姻关系解除后，原告无房居住，仍在该房第三层居住。2016年5月26日，被告以原告居住的房屋为其所有为由，强行要原告交出房门及大门钥匙，并将原告赶出大门。在原告离开后，被告将大门及房门锁全部换掉，致使原告无法进入该房屋，原告遂诉至法院。

【案情分析】

第一种意见认为，原告将属自己份额的房屋赠与自己的子女，通过赠与的方式已对房屋做了处分，丧失了房屋的所有权，当然丧失了居住权。

第二种意见认为，原告在与被告协议离婚时，虽然将属自己份额的房屋赠与自己的子女，但双方的子女并未在协议上签字，因而双方在离婚协议中做出意思表示只是单方法律行为。不构成合同法意义上的赠与合同，赠与合同并没有成立，原告对房屋享有所有权。

第三种意见认为，原告在离婚协议中将属自己份额的房屋赠与自己子女的行为属于赠与行为，赠与合同成立，但未生效，原告可以通过行使赠与合同的任意撤销权撤销赠与，维护其对房屋的所有权。

【点评】

笔者同意第三种意见，主要理由如下：

本案争议的焦点在于原被告签订的离婚协议中约定将原告所有的房屋赠与自己子女，该种行为是否有效?

《合同法》第185条规定:“赠与合同是赠与人将自己的财产无偿给予受赠人，受赠人表示接受赠与的合同。”从这一条规定可以看出赠与合同是诺成合同。所谓诺成合同，是指当事人一方的意思表示一旦经对方同意，即能产生法律效果，即“一诺即成”的合同。赠与合同一经受赠人表示接受，便宣告成立。赠与合同为不要式合同，所谓“不要式合同”，是指法律没有要求必须具备特定的形式的合同。不要式合同不排斥合同采用书面、公证等形式，只是合同的形式不影响合同的成立。赠与合同既可采用口头形式，又可采用书面形式或者在合同订立后办理公证。无论采用何种形式，也无论是否经过公证，都不影响赠与合同的成立。因赠与合同属于非要式合同，其在形式上比较随意，既可以是口头上赠与，也可以是书面方式的赠与。据此第二种意见认为，原告在离婚协议中将自己份额的房屋赠与自己的子女的行为，因没有子女在协议上签字而使得赠与合同不成立的说法不能成立。所谓的签字只是证明当事人意思一致的体现，因赠与合同属于不要式合同，在表现形式上具有灵活性，法律没有要求受赠与人要做出书面的意思表示；另外受赠与人小曾（12 岁）、儿子小王（10 岁）系限制行为能力人，要其对接受赠与的行为做出书面的表示，太过苛刻，故若原告没有相反证据证明受赠人不接受赠与，则应推定受赠与人做出接受赠与的意思表示。根据举证责任规则，原告应承担举证不能的责任，应认定赠与合同成立。

但合同的成立并不意味着合同的生效，赠与合同的生效需要满足其生效要件。《合同法》第一百八十七条规定：赠与的财产依法需要办理登记手续的，应当办理有关手续。也就是说赠与合同从交付赠与物或者办理相关手续时生效。在本案中要使得原告赠与房屋的合同生效，则需要办理产权过户手续。故本案中赠与合同虽成立但未生效，原告并没有丧失其对房屋的所有权。

赠与合同的赠与人享有任意的撤销权。赠与的任意撤销是指赠与合同成立后，赠与财产的权利转移之前，赠与人可以根据自己的意思不再为赠与行为。法律规定赠与的任意撤销，源于赠与是无偿行为。即便赠与合同已经成立，也还可以允许赠与人因自身的某种事由撤销赠与，这也是赠与合同与其他有偿合同的显著区别。尤其是有的赠与合同的订立，是因一时情感因素而欠考虑，如果绝对不允许赠与人撤销，则对赠与人太过苛刻，也有失公允。

本案中原告的赠与合同不符合赠与的财产已转移其权利的、赠与合同订立后经公证的以及赠与合同具有社会公益、道德义务性质这三个限制行使任意撤销权的条件。故原告可以行使赠与合同的撤销权，通过撤销赠与来维护自己对房屋的所有权。

【案件结果】

笔者认为，原告在与被告的离婚协议中将属自己份额的房屋赠与自己子女的行为属于赠与行为，赠与合同成立，但未生效，原告可以通过行使赠与合同的任意撤销权撤销赠与，维护其对房屋的所有权。

【相关法规】

《合同法》第 185 条规定：“赠与合同是赠与人将自己的财产无偿给予受赠人，受赠人表示接受赠与的合同。”从这一条规定可以看出赠与合同是诺成合同。所谓诺成合同，是指当事人一方的意思表示一旦经对方同意，即能产生法律效果，即“一诺即成”的合同。赠与合同一经受赠人表示接受，便宣告成立。赠与合同为不要式合同，所谓“不要式合同”，是指法律没有要求必须具备特定形式的合同。不要式合同不排斥合同采用书面、公证等形式，只是合同的形式不影响合同的成立。赠与合同既可采用口头形式，又可采用书面形式或者在合同订立后办理公证。无论采用何种形式，也无论是否经过公证，都不影响赠与合同的成立。因赠与合同属于非要式合同，其在形式上比较随意，既可以是口头上赠与，也可以是书面方式的赠与。据此第二种意见认为原告在离婚协议中将自己份额的房屋赠与自己的子女的行为，因没有子女在协议上签字而使得赠与合同不成立的说法不能成立。所谓的签字只是证明当事人意思一致的体现，因赠与合同属于不要式合同，在表现形式上具有灵活性，法律没有要求受赠与人要做出书面的意思表示；另外受赠与人小曾（12 岁）、儿子小王（10 岁）系限制行为能力人，要其对接受赠与的行为做出书面的表示，太过苛刻，故若原告没有相反证据证明受赠人不接受赠与，则应推定受赠与人做出接受赠与的意思表示。根据举证责任规则，原告应承担举证不能的责任，应认定赠与合同成立。

门面承租人能否主张优先购买权

【案情介绍】

甲、乙、丙三人分别与某单位于2002年1月10日签订房屋租赁合同，合同约定：三人分别租赁该单位商场五个门面中的一个，租期一年，从2002年1月10日至同年12月10日，按季交纳租金。合同签订后，三租赁户向该单位交纳了上半年的租金。同年6月15日，该单位在未通知三租户商场即将出售的情况下，与另外三人丁、戊、己签订了房屋买卖合同，将包括三租户门面在内的商场整栋房屋出售。同日，该单位召集所有租户开会，告之商场整栋房屋已出售，但不终止租赁合同，同年7月1日以后的租金由丁、戊、己收取。甲、乙、丙不服，以该单位侵犯了自己的优先购买权，向法院起诉，请求判令该单位与三购房户的房屋买卖协议无效，并赔偿经济损失。

【案件焦点】

承租人的优先购买权是否适用于包括租赁物的整栋房屋?

【分析与结论】

第一种观点认为，当出租人出卖超出租赁物范围的整栋房屋时，承租人不享有优先购买权。

第二种观点认为，只要出租人出卖的房屋包括出租房屋，承租人就享有优先购买权。

第三种观点认为，出租人出卖出租房屋时，承租人是否享有优先购买权，要分两种情况：如果所出售的房屋超出了租赁房屋范围，超出部分与租赁房屋部分可以分割，出租人又是分割出卖，承租人只能就承租部分的房屋主张优先购买权，对超出承租范围的房屋部分不能主张优先购买权。如果所出售的房屋超出了租赁房屋范围，而超出部分与租赁房屋部分不可分割，或虽可分割，但出租人不分开出卖，是整体出卖。出租人出卖的房屋只要包括出租房屋，即使所出售的房屋超出了出租房屋范围，是整栋房屋，承租人即享有优先购买权。

在出租人出卖包括出租房屋的整栋房屋时，承租人是否享有优先购买权，取决于整栋房屋与租赁房屋是否可以分割出卖，在可以分割出卖的情况下，出租人是分割出卖，还是整体出卖。如果超出租赁范围的房屋部分与租赁房屋可以分割出卖，出租人是分割出卖房屋，承租人只能就承租的房屋享有优先购买权。因为法律赋予承租人的优先购买权范围仅限于租赁房屋，而出租人出卖的房屋是分割出卖，出租人出卖租赁范围外的房屋，没有法律义务让承租人行使优先购买权，否则，就侵犯了出租人的权利。相反，在此情况下，不让承租人行使超出租赁范围的房屋优先购买权,也没有侵犯承租人权利。因为法律赋予承租人的优先购买权的权限范围到此为止。如果超出租赁范围的房屋部分与租赁房屋无法分割出卖,或虽可分割出卖,但出租人不同意分割出卖,要求整体出卖,承租人就整栋房屋享有优先购买权。因为超出部分与租赁部分不可分割,或虽可分割,但出租人不同意分割出卖,要求整体出卖,在此情况下,出租人出卖的房屋包括了租赁房屋,其出卖行为直接影响到承租人的利益,必须考虑承租人的优先购买权问题。承租人行使优先购买权的范围虽然超出了租赁范围,但有如下充分的理由:超出部分与租赁部分的房屋连为一体,无法分割,或虽可分割,但由于出租人原因,要求整体出卖,均使承租人无法单独行使优先购买权。让承租人行使优先购买权并不影响出租人利益。反之,不让承租人行使优先购买权,则侵犯了承租人的优先购买权,影响承租人利益。

承租人的优先购买权是法定的,没有任何附加条件,不因出租人出卖房屋超出承租房屋范围而改变。根据最高人民法院《关于贯彻执行〈中华人民共和国民法通则〉若干问题的意见》第一百一十八条、《合同法》第二百三十条的规定,出租人出卖出租房屋,应当在出卖前的合理期限内,通知承租人,承租人享有以同等条件优先购买的权利。承租人的这种优先性是法定的,不附加任何条件,不因出租人所出售的出租物超出了租赁物范围而改变,只要所出售的房屋包括了租赁房屋部分,承租人就享有优先购买权。

上述第一种观点是适用法律中典型的形而上学主义,也是片面机械地理解优先购买权的法律规定。只要稍微转换一下出租人出卖整栋房屋的性质审视角度,就会得出承租人是否享有优先购买权的正确结论。出租人超出租赁房屋范围出卖整栋房屋,并未改变出卖租赁房屋的性质,仍然是出卖租赁房屋的行为。因为其出卖的标的物含有租赁物,只是大于租赁物。难道说出租人超出租赁房屋范围出卖整栋房屋,就不是出卖租赁房屋吗?很显然不能得出这个结论。那么怎么看待出租人的整体出卖行为呢?笔者认为,出租人整体出卖出租房屋并未改变其出卖租赁房屋的性质,其要求超范围整体出卖房屋只是其出卖的条件,不能看作改变了出卖标的物。承租人愿不愿意接受整体出卖,是其能否实际行使优先购买权的前提。法律规定承租人的优先购买权不是无条件的,而是有条件的,必须在同等条件下行使。在该案中,具体表现为甲、乙、丙三租户是否愿意接受出租单位的整体出卖条件,是否愿意以同等价格接受。但这些都属于承租人怎样行使优先购买权的问题,而不是承租人是否享有优先购买权的问题。承租人的优先购买权首先得由出租人于出卖前合理期限通知后,才能实际开始行使。出租人可明确告知承租人房屋出卖的条件是超范围整体出卖,承租人愿意接受整体出卖条件,承租人即享受优先购买权,不愿接受该条件,承租人则放弃了优先购买权,出租人可依法对外出卖。

出租人整体出卖房屋,承租人行使优先购买权,有利于维护交易秩序的稳定,兼顾出租人和承租人利益,符合优先购买权的立法精神和目的。优先购买权的立法精神和目的就是要赋予承租人在购买承租房屋时的优先性,使出租人和承租人的租赁法律关系不因出租人的出卖行为而受到影响,维护交易秩序的稳定,促进市场经济的发展。出租人出卖租赁房屋,在同等条件下,卖给第三人和卖给承租人,其利益不受任何影响,出租人卖给承租人更有利于保护承租人利益。基于承租人承租出租人房屋的事实前提,故法律规定承租人的优先购买权。出租人整体出卖房屋时,在同等条件下,承租人享有优先购买权,照样对出租人的利益不构成影响,相反能兼顾承租人利益,使租赁房屋不因出租人出卖房屋受任何影响,符合优先购买权的立法精神和目的。

在以上案例中，出租单位不是分割出卖商场的各个门面房屋，而是整体出卖包括甲、乙、丙三租赁户租赁门面在内的整栋房屋，出租单位应在出卖前通知三租赁户。三租赁户在同等条件下，有优先购买权。出租单位出卖房屋时，并未通知承租人，侵犯了承租人的优先购买权。承租人主张优先购买权，请求确认出租单位的房屋买卖无效，应依法支持。

保险公司拒赔案

【案情介绍】

原告:李某,男,城市居民,住河口县。

被告:河口县保险公司。

2013 年 12 月 23 日,原告李某驾驶机动车发生交通事故,撞伤路边行人温某,经双方协商,李某赔偿温某人民币 3 万元私了此事。该肇事车辆在平安财产保险股份公司投保了交强险及商业险,后李某到保险公司提出理赔。保险公司审核发现李某的驾驶证在 2013 年 12 月 1 日到期,事发时李某未及时换领新证。保险公司认为,李某的驾驶证不在有效期内,属于无证驾驶,以《机动车交通事故责任强制保险条例》第二十二条“驾驶人员无驾驶证或驾驶车辆与驾驶证准驾车型不符”和商业三者险保险条款第四条“发生意外事故时,驾驶人有以下情形之一的,保险人不负赔偿责任:……(二)驾驶人在驾驶证丢失、损毁、超过有效期或被依法扣留、暂扣期间或记分达到 12 分,仍驾驶机动车的”规定做出拒绝赔偿决定书。2014 年 1 月,原告李某诉至法院要求被告保险公司承担赔偿责任。

【案件焦点】

对于驾驶证过期未及时更换新证,是否属于保险免责事由,保险公司是否要承担赔偿责任?

【分析与结论】

第一种意见认为,保险公司有权拒赔。主要理由:事故发生时,原告李某驾驶证已超过有效期,应当视为无证驾驶,属于保险公司免责事由,保险公司有权拒赔。

第二种意见认为,保险公司应赔付保险金。主要理由:虽然李某在驾驶证过期后未及时换发新证,但是根据机动车管理的法律法规,李某承担的是行政责任。没有换发新证并不说明李某不具有驾驶资格。因此,保险公司不能以此来免除赔付责任,仍应向李某赔付保险金。

第三种意见认为,保险公司在交强险范围内予以赔偿。主要理由:交强险属于国家强制保险,具有较强的社会公益性,《机动车交通事故责任强制保险条例》第二十一条“被保险机动车发生道路交通事故造成本车人员、被保险人以外的受害人人身伤亡、财产损失的,由保险公司依法在机动车交通事故责任强制保险责任限额范围内予以赔偿。道路交通事故的损失是由受害人故意造成的,保险公司不予赔偿”确立了保险公司对保险事故承担无过错赔偿责任。被保险车辆发生交通事故,除该事故是由受害人故意造成的,保险公司不予赔偿外,其他任何情形下造成本车人员、被保险人以外的受害人的人身伤亡、财产损失的，保险公司均应在责任限额内予以赔偿；商业险具有合同效力，只要双方当事人一致约定，并做好告知义务，应当遵循双方当事人的自由约定。故保险公司应在交强险范围内赔偿李某损失。驾驶证是公安部门颁发给驾驶员证明其能够驾驶车辆的资格证书，驾驶人的驾驶资格，是由相关国家机关对驾驶者做出的行政许可予以确认。对于驾驶员是否属于“无证驾驶”，应当由交管部门依据国家的法律法规予以认定。《机动车驾驶证申领和使用规定》第四十八条规定：机动车驾驶人应当于机动车驾驶证有效期满前九十日内，向机动车驾驶证核发地车辆管理所申请换证。第六十七条规定：“机动车驾驶人具有下列情形之一的，车辆管理所应当注销其机动车驾驶证：……（七）超过机动车驾驶证有效期一年以上未换证的，只要驾驶人领取了驾驶证且未被国家有关机关依法吊销或注销，驾驶员就具有驾驶资格。”本案中，交通事故发生时，李某所持有的驾驶证确实超过了有效期未及时换证，但并不符合《机动车交通事故责任强制保险条例》第二十二条“驾驶人员无驾驶证或驾驶车辆与驾驶证准驾车型不符”。机动车驾驶证超过有效期驾驶机动车与未取得机动车驾驶证驾驶机动车有着本质区别，两种行为均为违法行为，但性质不同。该案李某驾车上路属于“机动车驾驶证超过有效期驾驶机动车”的违法行为。对于“机动车驾驶证超过有效期驾驶机动车”的驾驶员，根据《道路交通安全法实施条例》第 28 条、《道路交通安全法》第 90 条规定，交警将处以警告或者二十元以上二百元以下罚款，并禁止驾驶员继续行驶。《机动车驾驶证申领和使用规定》规定，对驾驶证持证人“未申请并超过有效期换证的，依法处罚后予以换证”。驾驶证过期后未及时换证并不必然导致驾驶证无效，而是驾驶员的权利被限制。驾驶人员在超过期限一年内申请换证的，给予行政处罚后，按照正常的换证程序给予换证，驾驶证的有效期溯及前次有效期满日，因此驾驶证过期未及时更换并不属于无证驾驶，保险公司不得对此作扩大解释。

交强险属于国家强制保险，交强险的设立是基于公共政策的需要，为维护社会大众利益，具有较强的社会公益性。《机动车交通事故责任强制保险条例》第二十一条规定：“被保险机动车发生道路交通事故造成本车人员、被保险人以外的受害人人身伤亡、财产损失的，由保险公司依法在机动车交通事故责任强制保险责任限额范围内予以赔偿。道路交通事故的损失是由受害人故意造成的，保险公司不予赔偿。”该条规定确立了保险公司对保险事故承担无过错赔偿责任，被保险车辆发生交通事故，除该事故是由受害人故意造成的，保险公司不予赔偿外，其他任何情形下造成本车人员、被保险人以外的受害人的人身伤亡、财产损失的，保险公司均应在责任限额内予以赔偿。因此依据《机动车交通事故责任强制保险条例》，法律并没有规定机动车驾驶员驾照过期驾驶机动车上路发生交通事故属于免责事由，故保险公司不得自行对法律法规做扩大解释，侵害被保险人利益。故在本案中，虽然李某所持驾照过期而没有及时予以更换，但依据《机动车交通事故责任强制保险条例》的规定仍然应当在交强险范围内予以赔偿。

相对交强险来说，商业三者险是机动车的所有人或管理人为了分散因机动车运行所可能导致的侵权责任而购买的保险，在功能上，该保险更加注重对机动车所有人或管理人风险的分散，与交强险不能等同视之。商业三者险是平等主体之间签订的一种合同，只要双方当事人一致约定，并做好告知义务，应当遵循双方当事人的自由约定。对于商业三者险的处理就必须以《保险法》和商业三者险合同为基本的裁判依据。双方在保险合同第四条规定：“发生意外事故时，驾驶人有以下情形之一的，保险人不负赔偿责任：……（二）驾驶人在驾驶证丢失、损毁、超过有效期或被依法扣留、暂扣期间或记分达到 12 分，仍驾驶机动车的。”这个约定是双方当事人真实意思的表示，且不违反法律的强制性规定，所以该条款依法有效，双方当事人都必须予以遵守。保险法对免责条款另有规定，保险公司应当对投保人履行告知说明义务，当保险人已向被保险人履行了严格的告知和说明义务，免责条款就对被保险人发生法律效力，被保险人就应该按照保险合同的约定义务来履行。对于违反保险合同约定义务的行为，保险人按照保险合同的约定来拒赔，是合理合法的。作为车辆投保人，应当遵守《道路交通安全法》。驾驶员没有取得驾驶证、驾驶证过期、未携带驾驶证上路行驶，都属于违反《道路交通安全法》的行为。本案中李某由于未在机动车驾驶证规定的审验期限内换领新证隐含危险的存在，保险人不愿承担该危险状态造成的损失，故而约定为免责条款，保险人全部免除责任也符合双方预期利益。因此依据保险条款的约定，保险公司在商业三者险范围内拒绝赔偿原告李某的损失有事实及法律依据。

综上所述，笔者认为，对于驾驶人所持驾照过期未超过一年的，驾驶车辆发生保险事故，保险人应当依法在交强险范围内赔偿损失。同时法官提醒，驾驶人所持驾照过期而不及时申请换证驾车上路，属于违法行为，依法应予以处罚；同时交管部门应当严格做好驾照换领工作，依法在合理平台公布驾照过期的驾驶人员名单，做好驾驶员管理工作；保险人对该免责事由及法律后果应当予以释明，做好风险防范工作。

孙军诉保险公司合同无效案

【案情介绍】

孙军(化名)生前与人寿保险公司签订了一份康宁终身人寿保险合同,孙军病故后,孙军的儿子小孙作为受益人要求该公司赔付时,却遭到拒绝。9 月 4 日,山东省东营市东营区人民法院依法审结了这起保险合同纠纷案,一审判决人寿保险公司退还保险费 12 600 元,同时驳回了小孙要求给付保险金的诉讼请求。

2015 年 5 月,孙军与人寿保险公司签订了康宁终身保险合同,约定受益人为其子小孙,保险金额为 300 000 元,年交费 3 150 元,缴费期为 20 年。投保单告知事项共 17 项,其中第 10 项"是否经常或者曾经吸烟",回答"否",第 11 项"最近健康状况"第 3 个问题是最近六个月是否持续超过一周有下列症状:疲倦、体重下降、腹泻、淋巴结肿大或有不寻常皮肤病,回答为"否"。合同签订后,孙军交纳了 2015 年、2016 年、2017 年、2018 年的保险费共计 12 600 元。孙军于 2018 年 4 月 11 日因高血压猝死。孙军猝死后,其子小孙因保险金赔偿问题与人寿保险公司发生争执,并将人寿保险公司告上法庭,要求支付保险金 900 000 元。

【案情分析】

法院审理后认为,保险合同是诚信合同,保险关系存在的基本原则是诚实信用原则,投保人在订立和履行保险合同时,应如实告知保险人就被保险人的有关情况所做出的询问,并应如实告知保险人其知道或应当知道的有关影响保险人是否同意承保或者据以提高保险费率的重要情况。

本案中,孙军在投保前曾因"慢性酒精中毒"住院,并在投保前一个月内体重下降 15 公斤,而在投保单"最近六个月是否持续超过一周有下列症状:疲倦、体重下降等"一栏中填写了"否",其带病投保的行为违反了如实告知的合同义务,也违背了诚实信用的原则,并且足以对保险事故的发生产生严重影响,因此,孙军与人寿保险公司所签订的保险合同属无效合同,人寿保险公司不应承担赔偿保险金的责任。但鉴于孙军隐瞒的是慢性酒精中毒病史,而其猝死原因是高血压,其违反告知义务与保险事故的发生没有直接因果关系,故人寿保险公司应退还其所缴纳的保险费 12 600 元。

据此,法院依法做出了上述判决。

【案件结果】

本案中,孙军在投保前曾因"慢性酒精中毒"住院,并在投保前一个月内体重下降 15 公斤,而在投保单“最近六个月是否持续超过一周有下列症状：疲倦、体重下降等”一栏中填写了“否”，其带病投保的行为违反了如实告知的合同义务，也违背了诚实信用的原则，并且足以对保险事故的发生产生严重影响，因此，孙军与人寿保险公司所签订的保险合同属无效合同，人寿保险公司不应承担赔偿保险金的责任。但鉴于孙军隐瞒的是慢性酒精中毒病史，而其猝死原因是高血压，其违反告知义务与保险事故的发生没有直接因果关系，故人寿保险公司应退还其所缴纳的保险费 12 600 元。

【相关法规】

合同无效是指合同因欠缺一定生效要件而致使合同当然不发生效力。

● 主要原因

（一）一方以欺诈、胁迫的手段订立合同，损害国家利益

（二）恶意串通，损害国家、集体或者第三人利益

（三）以合法形式掩盖非法目的

（四）损害社会公共利益

（五）违反法律、行政法规的强制性规定

（六）合同中的下列免责条款无效：

1. 造成对方人身伤害的

2. 因故意或者重大过失造成对方财产损失的

（七）当事人主体不合格的合同；内容不合法的合同；无效代理订立的合同

● 法律后果

关于合同无效的法律后果，《合同法》规定了两个条文。第 58 条规定：“合同无效或者被撤销后，因该合同取得的财产，应当予以返还；不能返还或者没有必要返还的，应当折价补偿。有过错的一方应当赔偿对方因此所受到的损失，双方都有过错的，应当各自承担相应的责任。”第 59 条规定：“当事人恶意串通，损害国家、集体或者第三人利益的，因此取得的财产收归国家所有或者返还集体、第三人。”

1. 返还财产

返还财产，是指合同当事人在合同被确认为无效或者被撤销以后，对已经交付给对方的财产，享有返还财产的请求权，对方当事人对于已经接受的财产负有返还财产的义务。返还财产有以下两种形式：第一，单方返还。单方返还，是指一方当事人依据无效合同从对方当事人处接受了财产，该方当事人向对方当事人返还财产；或者虽然双方当事人均从对方处接受了财产，但是一方没有违法行为，另一方有故意违法行为，无违法行为的一方当事人有权请求返还财产，而有故意违法行为的一方当事人无权请求返还财产，其被对方当事人占有的财产，应当依法上缴国库。单方返还就是将一方当事人占有的对方当事人的财产，返还给对方，返还的应是原物，原来交付的是货币，返还的就应当是货币；原来交付的是财物，就应当返还财物。第二，双方返还。双方返还，是指双方当事人都从对方接受了给付的财产，则将双方当事人的财产都返还给对方，接受的是财物，就返还财物；接受的是货币，就返还货币。如果双方当事人故意违法，则应当将双方当事人从对方得到的财产全部收归国库。

2. 折价补偿

折价补偿是在因无效合同所取得的对方当事人的财产不能返还或者没有必要返还时，按

照所取得的财产的价值进行折算，以金钱的方式对对方当事人进行补偿的责任形式。

3. 赔偿损失

根据《合同法》第58条之规定，当合同被确认为无效后，如果由于一方或者双方的过错给对方造成损失时，还要承担损害赔偿责任。此种损害赔偿责任应具备以下构成要件：(1)有损害事实存在。(2)赔偿义务人具有过错。这是损害赔偿的重要条件。(3)过错行为与遭受损失之间有因果关系。如果合同双方当事人都有过错，依第58条的规定，双方应各自承担相应的责任，即适用过错的程度，如一方的过错为主要原因，另一方为次要原因，则前者责任大于后者；此所谓过错的性质，如一方系故意，另一方系过失，故意一方的责任应大于过失一方的责任。因合同无效或者被撤销，一方当事人因此受到损失，另一方当事人对此有过错时，应赔偿受害人的损失，这种赔偿责任是基于缔约过失责任而发生的。这里的“损失”应以实际已经发生的损失为限，不应当赔偿期待利益，因为无效合同的处理以恢复原状为原则。

4. 非民事性后果

合同被确认无效或被撤销后，除发生返还财产、赔偿损失等民事性法律后果外，在特殊情况下还发生非民事性后果。《合同法》第59条具体规定了合同当事人恶意串通，损害国家、集体或者第三人利益的，发生追缴财产的法律后果，即将当事人恶意串通损害国家、集体或者第三人利益所取得的财产追缴回来，收归国有或返还给受损失的集体、第三人。收归国有不是一种民法救济手段，而是公法上的救济手段；一般称为非民法上的法律后果。依《民法通则若干问题的意见》中对《民法通则》第61条第2款“追缴双方取得的财产”的解释，应追缴财产包括双方当事人已经取得的财产和约定取得的财产，体现了法律对行为人故意违反法律的禁止性规范的惩戒。

● 合同无效与合同不成立的区别

我国原《经济合同法》第6条规定：“经济合同依法成立，即具有法律效力，当事人必须全面履行合同规定的义务，任何一方不得擅自变更和解除合同。”原《经济合同法》的该条规定没有严格区分合同成立和合同生效问题。但经济合同成立与生效具有本质的不同，合同成立是当事人合意的结果，是当事人意思一致的一种事实状态。合同无效取决于国家对已经成立的合同的态度和评价，反映了国家对合同关系的干预，合同不成立的处理结果和合同无效的处理结果截然不同。合同一旦被宣告不成立，过失的一方当事人应根据缔约过失责任制度，赔偿另一方遭受的信赖利益的损失，如果当事人已经做出了履行，则应当各自向对方返还已接受的履行结果。合同成立只产生民事责任问题，而不产生其他的法律责任。而对于无效合同来说，不仅要产生缔约过失责任、返还不当得利等民事责任，而且将可能产生行政责任，甚至刑事责任。在司法实践中区分合同成立和合同生效的意义在于避免将一些已经成立的但不具备生效要件的合同，都作为无效合同对待；对于许多仅仅是某些条款不具备或不明确的合同，通过解释的方法或根据法律的补缺性规定努力促使合同成立，达到鼓励交易、减少财产损失和浪费的目的。

肖像权纠纷案

【案情介绍】

原告:李××,男,汉族,学生,住×市××路。

被告:××航天中学。

李××系××航天中学高06级2班学生,2006年高中毕业后升入北京大学生命科学学院医预科专业学习,后进入中国协和医科大学学习临床医学。2013年,航天中学通过翻拍其保存的高06级2班毕业合影照,制作出原告个人头像照片。6月13日,航天中学在《龙泉开发报》辟航天中学专版,在学生篇中使用其制作的李××及其他升入北大、清华的航天中学学生照片8幅。同版刊登了《××航天中学2013年招生细则》,载明初中新生非航天系统内职工子女者三年共收取借读费7200元,初中实验班新生三年共收取借读费1万元,对区内中考成绩低于航中统招线的高中新生适当收取调剂生费,区外中考成绩低于省重点中学录取线的高中新生,按每差1分300元的标准收取调剂生费。2014年4月22日,航天中学在其网站相关网页发表其制作的李××个人头像。此外,航天中学还在学校校门外的《航天中学部分精英学子风采(一)》宣传橱窗使用其制作的李××及其他升入北大、清华的航天中学学生照片9幅。

李××诉称,航天中学不经本人同意,就将原告肖像多次、多处用于其效益丰厚的招生宣传,明显、严重地侵害了原告的肖像权,请求法院判决被告航天中学停止侵害,在报刊、网站、宣传橱窗公开道歉,赔偿原告精神损失费2万元、其他损失3500元。被告航天中学辩称:学校对李××头像的使用是健康向上的,是对社会有益的,并没有对学生造成伤害,于情、于理、于法皆无可非议。《民法通则》第一百条规定:"公民享有肖像权,未经本人同意,不得以营利为目的使用公民的肖像。"《最高人民法院关于贯彻执行〈中华人民共和国民法通则〉若干问题的意见(试行)》第139条规定:"以营利为目的,未经公民同意利用其肖像做广告、商标、装饰橱窗等,应当认定为侵犯公民肖像权的行为。"上述规定表明,侵害肖像权责任的构成,应看肖像的用途是否以营利为目的。航天中学作为航天技术研究院举办的公益事业单位,并非营利性质的单位,其使用李××肖像的目的是激励更多的学生努力学习、鞭策其向更高目标迈进,使用李××肖像不是以营利为目的。因此,航天中学的行为不构成侵权,请求人民法院依法驳回原告李××的诉讼请求。

【案件焦点】

不以营利为目的的肖像使用是否侵权?

【分析与结论】

本案中，对被告使用了原告肖像且未征得原告同意的事实，双方当事人并无争议。从形式上看，双方诉争焦点在于：(1)被告的使用行为是否有营利目的；(2)被告的使用行为是否侵害了原告的肖像权。从法律适用的角度看，双方争议的实质在于营利性是否是侵犯肖像权的构成要件。

肖像权作为自然人专属的一般人格权，故为现代各国民法所确认，应受保护自不待言。同时，基于尊重主体价值之需，鼓励自然人除可依法自行利用支配其肖像权外，还可许可他人使用其肖像权，以实现其精神利益与物质利益的充分利用。然而在二者之间如何划界，使两相俱宜，则不无歧义。营利性是否是区别合理使用与不合理使用的界限，这主要取决于对《民法通则》第一百条和最高法院相关司法解释的不同理解和解释。

《民法通则》第一百条规定："公民享有肖像权，未经本人同意，不得以营利为目的使用公民的肖像。"目前无论在学界还是在实务界，都有人主张营利目的是侵害肖像权的构成要件。持此种观点者认为，该条内容可以换一种句式来表述，即"公民未经本人同意，得以非营利为目的使用公民的肖像"。由此，第一百条实际上明确了营利目的是区别合理使用与不合理使用的界限，是侵害肖像权的构成要件之一。依此，本案被告的行为系公益性质，不具有直接的营利性，其行为属于合理使用，并未侵害原告的肖像权。

应当如何正确理解和解释该条规定？其真实含义果真是在于明确营利目的是肖像侵权的构成要件吗？实际上，在明确该条规定的真实含义之前，我们需要从立法技术的角度认真审视该条规定的属性和意图。换言之，对该条的解释不能简单地拘泥于字面含义，其解释方法也不能满足于一般性的文义解释，而需要求助于体系解释、目的解释等多种解释方法。可以肯定的是，解释方法的恰当把握乃是正确处理该案的关键所在。

第一，从立法体系和规范性质来看。大陆法系成文法一般将规范分为授权性规范、强制性规范和禁止性规范。民法为规定私权之法，其对权利的规定又可分为权利属性规范和侵权构成规范。从《民法通则》第一百条中得出营利目的是侵害肖像权构成要件的结论，其前提是认为该条规定系侵权要件的构成规范。查民法通则的立法体系，民事权利与民事责任分章规定，而第一百条列于民事权利一章，并未出现在民事责任部分之中。按照大陆法系成文法的立法传统与立法技术，置于民事权利一章之中，则其意图在于明确其权利的正当性。于此而论，该条规定应属权利属性规范，称其为侵权构成规范实属牵强。

第二，从立法目的来看。该条规定实际上可以分两个层次解读：第一个层次为首句"公民享有肖像权"。这显然属于权利性规范，当属无疑。第二个层次为"未经本人同意，不得以营利为目的使用公民肖像权"，该句是首句含义的必然体现和逻辑结果，同时对首句内容进一步予以明确和补充，其目的仍在于界定肖像权的法律属性和权利主体，明确肖像权的合法使用。

第三，从形式逻辑来看。必须指出，即使在该案中不进行体系解释和目的解释，认为第一百条规定可以转换为"未经本人同意，得以非营利为目的使用公民的肖像权"的理解仍然超出了条文规定的本身含义，在逻辑上是不能成立的。对首句"公民享有肖像权"，当无疑义。对第二句"未经本人同意，不得以营利为目的使用公民肖像权"，该句实际上包括了条件要素 A"经本人同意"，结论要素 B"可以营利为目的使用公民肖像"。由此，该句命题可以表述为："非 A，则非 B"，这个命题属于否命题形式。经过双重否定，该否命题还原为其原命题，即"若 A，则

B”，其意为“经本人同意，得以营利为目的使用公民肖像”，此句含义与条文句式含义完全相同，实无二致。相反，如果将该条理解为“未经本人同意，得以非营利为目的使用公民肖像”，条件要素未变，而结论要素已经从原来的B改变为C(可以非营利为目的使用公民肖像)，故该命题可以表述为“非A，则C”，如此不仅不符合该条本意，而且违反了逻辑规律。

第四，从比较解释来看。查现代民法，并无可以不经同意而以非营利为目的使用他人肖像之规定。早期民法，如法国民法典、德国民法典、日本民法典，受制于当时社会条件，皆未直接确认肖像权为自然人的民事权利。但在其施行中，法官均通过扩大解释、目的解释等手段，明确肖像权为具体人格权而应当予以保护。进入20世纪后，一些国家的民法典对此作了进一步明确，如埃及民法典第27条、第29条，越南民法典第31条，均莫不如是。

第五，从学理解释来看。尽管不无争议，但学者主流见解均倾向于认为营利性不是侵害肖像权的构成要件。另外，在学者拟议的中国民法典建议稿中，对此问题的界定也十分明确。

本案不仅审判程序合法，裁判结果妥当，案件法律关系典型，裁判判决的示范性价值尤其明显，突出体现在以下几方面：

第一，注重不同法律解释方法的灵活运用。法律解释方法的重要性已经越来越突出，掌握好法律解释方法乃是公正裁判的关键所在。在该案中，审判法官对法律解释方法给予了高度的重视，判决不是简单地依照条文的字面意思来解释法律条文的真实含义，而是综合运用目的解释、体系解释方法，分析规范属性，合理确定其真实含义，体现出法官结合具体案件对法律解释方法的恰当和灵活把握，展示出较强的裁判方法能力。此案充分说明，在具体案件中，在确定相关条文的准确含义之前，法官应当对条文的立法意图、立法体系和立法技术等进行系统梳理，求得对条文内容解释之指引，方能做出合法和妥当的裁判。

第二，在准确掌握立法意图的前提下谨慎补充法律漏洞。法律中的漏洞可以说无处不在，即使再完备的法律也不能幸免。法律漏洞有两种：一是法律欠缺规定，二是规定不明确。在该案中，我们遇到了第二种漏洞，即条文含义存在不确定性。应当说明，之所以对《民法通则》第一百条存在解释争议，与该条规定存在立法技术缺陷及由此导致的法律漏洞不无关系。从立法技术上看，《民法通则》采用了民事权利与民事责任分列方式，但在民事权利一章中又规定了部分带有侵权责任构成要件性质的义务性、禁止性规范，使人难以明察立法者的真实意图和条文的具体含义，加大了法官在具体案件中进行解释的不确定性和难度，第一百条即属此种情形。对本来清晰无疑的立法意图采取如“未经本人同意，不得以营利为目的使用公民的肖像”的表述方式，不仅可能掩盖其本来面目，还极易导出“未经本人同意，得以非营利性使用公民的肖像”等诸如此类不无歧义的理解和解释，尽管这种理解和解释实际上是违背语言规律和逻辑规律的。

第三，倡导尊重和保护人格权的积极导向。即如卡多佐法官所言，司法判决常常是各种价值和原则角力的场所，而其中一些价值和原则将最终居于支配地位。法官的责任在于从中选择最能实现社会主流价值之最大化的裁判方案，并进行方案的进一步优化处理。在该案中，如果认定只要以非营利目的使用肖像就可以阻却违法，将在价值导向上产生严重偏颇：(1)难以保护肖像权的人格尊严和精神利益。如果不经同意即可使用他人肖像权，那么保护肖像权精神利益的立法意图如何体现？(2)可能将肖像权保护引向人格商品化的歧途。如果要求营利性使用才是对肖像权的侵害，无疑等于说人格权可以商品化、市场化。(3)客观上难以制止非营利目的的其他非法使用肖像的行为。公民的肖像权受法律保护，无论以营利或非营利目的使用肖像，必须经肖像权人同意。在此基础上，判决进一步明确了合理使用的界限，使上述结论更加鲜明服人。

2014 年 9 月 16 日，××市××区人民法院根据《民事诉讼法》第一百二十五条第一款、第一百二十八条，最高人民法院《关于民事诉讼证据的若干规定》第三十四条第一、二款、第四十一条，《民法通则》第一百条、第一百二十条第一款，最高人民法院《关于确定民事侵权精神损害赔偿责任若干问题的解释》第十条第一款的规定，判决如下：(1)被告航天中学停止对原告李××肖像权的侵害，并在本判决生效后二日内向原告李××书面赔礼道歉。(2)被告航天中学在本判决生效后二日内赔偿原告李××精神抚慰金 3000 元。(3)驳回原告李××的其余诉讼请求。

知假买假索赔案

【案情介绍】

原告:刘某,男,汉族,住成都市×区×路。

被告:成都某知名食品销售公司。

2013年4月13日,自称为川内著名专业打假人士的刘某在成都某知名食品销售公司第57分场见其出售的标识为中国贵州茅台酒厂有限责任公司保健食品"茅台不老酒"的外包装的"说明书"和"合格证"上未标明该保健食品的保健作用、适宜人群及有关注意事项,知道这不符合原卫生部颁发的《保健食品管理办法》的要求,便购买了一盒,售价259元。购买后未饮用。后向法院起诉称该酒标签和说明书上内容违反规定,依原卫生部文件的精神,属不合格产品,系欺诈消费者行为,侵犯了其依《消费者权益保护法》规定所享有的知悉权,诉请法院依《消费者权益保护法》第四十九条判决被告退还货款,自愿放弃双倍赔偿,并要被告在新闻媒介上公开向其赔礼道歉。

【案件焦点】

1. 刘某是不是《消费者权益保护法》中所称的消费者?
2. 被告所售"茅台不老酒"是否有证据证明是以假充真?

【分析与结论】

从法律角度认识这类案件,应注意以下几个问题。

(一)确定购买者是否是消费者

这是适用《消费者权益保护法》调整该纠纷的前提。《消费者权益保护法》第二条规定:"消费者因生活消费需要购买、使用商品或接受服务,其权益受本法保护,本法未作规定的,受其他有关法律、法规保护。"该条规定了消费者的概念。从最基本的民法解释方法——文义解释来讲,《消费者权益保护法》第二条蕴涵了以订立合同的目的来限定《消费者权益保护法》适用范围的本意。即必须是因生活消费需要购买、使用商品或接受服务的人,才是消费者。知假买假者是消费者吗?有人认为,使用或者利用商品是消费,购买某种商品或接受服务也是消费,知假买假者只要是购买商品或接受服务,就是消费者。但笔者认为,消费者权益保护法保护的消费者是为生活消费需要购买、使用商品或接受服务的人,其购买、使用商品的目的是为了生活消费需要,他看重的是商品本身的使用价值。而知假买假者购买商品的目的是为了营利,他并不看重商品本身的使用价值,主要是通过购买商品索赔。一般来说,在买卖关系中,消费者总是处于弱者的地位，而知假买假者则不同，他们在购买前利用已知的知识和技能，了解经营者出售的商品的真实情况，有时他们在某些方面的知识比经营者还要多，因而在买卖关系中并不处于弱者地位。而《消费者权益保护法》正是基于消费者在与经营者的买卖关系中处于相对弱势，为保护消费者的合法权益不受侵害而制定的。所以知假买假者不应认定是消费者。就本案例而言，原告自称明知欲购买的酒的外包装不符合规定而购买，其并不是为了饮用，主要目的是通过揭露酒的包装瑕疵向被告施加压力，故在调解中表示只要被告给付几千元的补偿也可撤诉。而且原告还自称事前专门买了有关工具书，发现了被告出售的该酒有问题才下手购买索赔。可见其在购买前利用已知的知识和技能，已了解经营者出售的商品的真实情况，因而在本买卖关系中并不处于弱者地位。所以本案原告不应认定是消费者。

当然，本案判断刘某知假买假不是消费者有一定的特殊性，因为刘某自认购买目的不是为了消费。如果刘某不承认自己知假，则不能这样认定。因为《消费者权益保护法》的“目的识别论”是主观认识范畴，是否具有这样的目的，还应由客观行为来表现。梁慧星先生主张法官以“社会经验法则”判断购买者是否是消费者，并由此认为有的法院审理购买手机索赔的案件，对原告购买一部或者两部手机的案件认定是“为生活消费需要”的目的，因此适用《消费者权益保护法》第四十九条判决双倍赔偿；对原告一次购买五六部手机的案件认定不是“为生活消费需要”的目的，因此不适用《消费者权益保护法》第四十九条而适用合同法的规定判决双方退货退款；有的法院对原告购买六部手机索赔的案件，认定其中一部手机是“为生活消费需要”的目的，其余五部手机不是，仅对其中一部手机适用《消费者权益保护法》第四十九条判决双倍赔偿，对其余五部手机适用合同法的规定判决退货退款。这三个判决都是以一般人的社会生活经验为判断标准，符合“经验法则”，因此属于妥当的、合法的判决。也有学者认为，在此类案件中，应采取举证责任倒置的原则，消费者只要能证明从经营者处购买商品或接受服务，其余的举证责任应由经营者承担。经营者首先要证明的是，自己出售的商品或提供的服务符合规定，如其认为购买者是知假买假索赔，还要提供相应证据证明购买者是明知而故意购假索赔，目的是为了营利。如其不能提供证据证明自己的主张，则应认定购买者是消费者。对此笔者认为，如果以经验法则作为裁量标准，因现实状况千差万别，需要参照的因素过多，不利于司法的统一性和平衡性。如以购买手机为例，现在手机已较为普及，一人两机的情况逐渐增多，有些生意人即使三机、四机也不足为奇。个案差异性使问题复杂化。因此，笔者赞成通过举证责任的倒置来解决此问题。这不仅符合《消费者权益保护法》保护弱者的原意，也鼓励公民对经营者的合法监督，从而推动社会的进步，同时司法实践也具有了显著的可操作性。

（二）确定经营者是否有欺诈行为

这是适用《消费者权益保护法》第四十九条的前提。应当说，从《消费者权益保护法》第四十九条规定的责任后果来看，其所称的欺诈行为就是一种侵权行为，承担侵权责任的四个基本构成要件也是构成欺诈行为须同时具备的四个要件，即：(1)经营者对其商品或服务所做的说明或承诺是虚假的，与消费者所购买的商品实际性能、状态不一致；(2)经营者进行虚假说明主观上出于故意或重大过失；(3)消费者受到欺骗，接受了经营者的商品或服务；(4)经营者的欺骗行为使消费者的权益受到损害。四个要件中，判断经营者主观上是否有故意是最困难的。所谓故意，是指经营者主观上明确意识到其经营行为可能会给消费者造成不利后果而仍追求后果的发生。将故意和重大过失作为欺诈的构成要件，不仅切合民法理论，也与《消费者权益保护法》的立法目的一致。《消费者权益保护法》的立法目的不仅要保护消费者的合法权益，也监督和鼓励经营者诚实守信地经营。如果经营者因疏忽大意或一般过失向消费者提供的商品或者服务存在瑕疵，也不应认定经营者存在欺诈。由于故意或重大过失是主观要件，实践中证明故意的举证责任由谁负担可能直接影响到诉讼的胜负。笔者认为，就如证明购买者的购买目的一样，由于故意是一种主观状态，故意存在与否只能通过间接证据证明。在消费者与经营者的举证能力不对称、信息不对称的情况下，由消费者证明经营者存在欺诈故意极为困难。因此，仍然需要实行举证责任倒置，由经营者来证明自己主观上不存在欺诈的故意。

在知假买假案件中，经营者出售假冒伪劣商品既有欺诈的故意，也有欺诈的具体行为，但购买者购买假冒伪劣商品并不只是因经营者的欺诈行为而陷入错误认识的结果，而是购买者在购买前对经营者出售的商品的真实情况非常了解，并没有受经营者欺诈行为的误导，是他们自愿的行为。所以知假买假，并不构成《消费者权益保护法》第四十九条规定的条件，也不存在加倍赔偿的责任承担问题。

就本案而言，仅以上述第一个要件来判断被告的行为就不构成欺诈，因为被告所售"茅台不老酒"在包装标识上虽有欠缺，未按规定标注必须标注的内容，但经营者对其并未作虚假说明，即未将未经批准为卫食健字的商品宣传为保健食品或将此商品宣传为彼商品。原告无证据证明被告有以假充真、以次充好的情形，无证据证明其所购酒品在形式与内容上的不一致及形式之外的质量上的瑕疵。因此被告所售酒品包装标识上的欠缺说明不属虚假说明情形，形式上的不合格不等于质量上的不合格。

（三）不构成欺诈就不承担任何责任吗？

在知假买假案中，虽然购买者不是消费者，但购买的商品毕竟存在瑕疵。购买者有权拒绝瑕疵商品，经营者也有义务不能出售有瑕疵的商品。《消费者权益保护法》第八条规定了消费者享有知悉其购买、使用的商品或者接受的服务的真实情况的权利。如果是一般的消费者，买到假货即意味着知情权受到侵犯。《消费者权益保护法》规定了消费者十多项消费权，知情权是其中之一。知情权是一种民事权利吗？王利明先生认为，"《消费者权益保护法》逐渐从民法里分离出来，成为独立的法律。从《消费者权益保护法》的内容和性质来看，也应该成为一门独立的法律，不适合于把它完全包括在民法里面。消费者的一些权利很难说都是一些民事权利，它已超出了民法所确认的民事权利的范畴。"因此，对于非消费者或消费者因欺诈而产生的产品瑕疵问题引用知情权打官司并不能解决问题。笔者认为，在知假买假案中，买假者虽然不能通过《消费者权益保护法》退换商品或获得双倍赔偿，但可以以合同关系要求经营者承担违约责任。《合同法》第一百二十二条规定了侵权责任与违约责任的竞合，允许受害人享有选择请求权。如果以合同关系起诉，因违反合同责任的归责原则是严格责任，无须受害方举证证明自己受到了侵害，只需要证明对方违约即可。当然，民事责任来源于对于民事义务的违反，民事义务对民事权利的侵害，直接由民法确认，而根据《合同法》是不能对精神损害进行赔偿，所谓赔礼道歉等民事责任自然无从谈起。

就本案而言，刘某在起诉中明确以侵权关系而非以合同关系要求被告承担责任，但侵权责任的构成要件之一是有侵权损害结果的发生。刘某并无证据证明自己出资购买被告出售的"茅台不老酒"受到了物质或精神上的损害，因此即使是从被告的行为后果而言，其也无须承担侵权责任。假如刘某以合同关系起诉，被告则可能承担退货返款的责任。

另外，被告出售该保健酒的外包装说明不符合有关规定的行为性质的认定和处理，有关行政部门也可依行政法规直接予以处罚。但其是行政权的问题，司法权并不主动介入。

法院认为，其一，刘某购买“茅台不老酒”的目的不是为了生活消费需要，而是为了索赔或监督，因此其不是《消费者权益保护法》中所称的消费者，当然不能用该法来调整此纠纷。其二，被告所售“茅台不老酒”在包装标识上虽有欠缺，未按规定标注必须标注的内容，但经营者对其并未作虚假说明，即未将未经批准为卫食健字的商品宣传为保健食品或将此商品宣传为彼商品。原告无证据证明被告有以假充真、以次充好的情形，无证据证明其所购酒品在形式与内容上的不一致及形式之外的质量上的瑕疵。因此被告所售酒品包装标识上的欠缺说明不属虚假说明情形，形式上的不合格不等于质量上的不合格。所以被告出售外包装有瑕疵的保健酒并不是欺诈行为。其三，被告购买该酒后并未饮用，没有造成任何损害后果，无损害即无赔偿，被告对原告也无须承担包括赔礼道歉在内的任何民事责任。故驳回了原告的诉讼请求。

铁路旅客人身损害赔偿案

【案情介绍】

原告:王小丽,女,住宜昌市×区×路。

被告:郑州铁路局襄樊铁路分局(以下简称襄铁分局)。

被告:襄樊铁路分局宜昌车站(以下简称宜昌车站)。

1999 年 2 月 19 日 5 时许,王小丽携带其子王磊(5 岁),持宜昌至襄樊当日 418 次 17 车 014 号硬座票(票号 04F065577,进站时车票未经剪口)到 17 号车厢上车,因 17 号车门未开,改从 16 号车门上车,其子在前面上车,王小丽随后上车,列车启动时,列车员关闭车门致使王小丽坠落车下,被启动的列车压伤双足。事发后,宜昌车站将王小丽送往宜昌市第一人民医院抢救治疗。经治疗,王小丽双足被截肢。1999 年 4 月 30 日宜昌市人民检察院技术鉴定中心对王小丽伤害程度做出法医活体检验鉴定结论:王小丽的伤残程度为三级。该鉴定费 200 元由王小丽支出。事故发生后,宜昌车站依照有关规定组成了事故调查委员会,经与王小丽父亲王帮清协商,于 1999 年 8 月 6 日签订了《旅客意外伤害事故最终处理协议书》(以下简称《协议书》),该协议认定,列车员违反部颁《铁路旅客列车硬座车客运乘务员作业标准》停站作业标准中的规定,列车启动后,关闭车门,致使王小丽坠落车下,压断双足,造成旅客伤害事故,属铁路责任。根据铁路有关法律法规和王小丽家庭实际困难以及受伤程度,达成如下协议:(1)支付保险金 2 万元;(2)支付赔偿金 4 万元;(3)王小丽住院的治疗费、护理费和抢救中的费用等计 43745.70 元,由铁路承担;(4)支付假肢费用 3.5 万元;(5)以上费用总计 138745.70 元,此协议为最终处理结案协议,自签订之日起生效。

该协议签订后,王帮清于 1999 年 8 月 7 日从宜昌车站领取了王小丽伤害事故赔付费用共计 9.5 万元,后给了王小丽。1999 年 8 月 9 日,由宜昌车站购买车票,送王小丽及家属前往广州安装假肢,王小丽在德林义肢矫形康复器材(深圳)有限公司经营部购买并安装假肢,共支出 38010 元。后王小丽多次向宜昌车站索赔未果,遂酿成纠纷。

原告王小丽诉称:1999 年 2 月 19 日,原告在被告宜昌车站购票乘坐 418 次列车,在上车时被列车员推下车,致使原告双脚被火车车轮轧断。后经治疗,原告双脚截肢,购买并安装假肢,花去 38010 元。原告因双脚残废,损失巨大,向被告请求赔偿,但被告以《铁路旅客运输损害赔偿规定》为由,不同意按原告的请求赔偿,并同原告父亲王帮清签订了《协议书》,在《协议书》中承诺赔偿医疗费等费用共计 138745.70 元。原告没有认可该《协议书》。根据《民法通则》第 119 条的规定,在本案中,由于被告的过错行为直接导致原告双脚截肢,给原告造成了巨大的经济损失和精神损失,请求:1. 判令被告支付人身伤害赔偿费用共计 1114835.20 元。其中:(1)住院伙食费 2565 元;(2)误工费 4145 元;(3)护理费 3069 元;(4)残疾人生活补助费 65700 元;(5)被抚养人生活费 102930 元;(6)残疾辅助用具费 840900 元;(7)交通、食宿费 1026 元;(8)每次安装假肢所需交通、食宿护理费共计 94500 元。2. 判令被告赔偿精神损失 10 万元。

被告襄铁分局辩称:原告起诉的主体错误。原告是由 418 次列车员造成的伤害,是怀化分局的责任,应起诉怀化分局,我方不是责任者,按铁路规定由发生地进行处理,但宜昌车站不是责任者;双方已协商达成赔偿协议,原告父亲王帮清是在原告授权下签字的,且原告已依协议收到 9 万余元,应认为是原告对委托权的认可;在该事故处理过程中,我方共支出 13 万余元,已超出法律规定的赔偿范围,对超过赔偿范围的部分我方保留追偿的权利,请求法院驳回原告的诉讼请求。

被告宜昌车站辩称:1999 年 2 月 19 日,原告王小丽带着儿子,手持当日 418 次车票上车时,因人多拥挤,17 号车门未开,原告改从 16 号车门上车,小孩在前面先上车,王小丽随其后,列车启动,列车员关闭车门,致使原告坠落车下压断双足。事故发生后,被告宜昌车站及时将伤者送至宜昌市第一人民医院就诊住院治疗,并指派一名客运值班员和聘用一名临时工对原告进行护理。原告王小丽共在院治疗 171 天,于 1999 年 8 月 9 日出院。王小丽在院治疗后期,事故处理委员会依照铁路规章授予的权限,多次召集原告家属和有关人员进行协商,后经原告书面委托其父亲王帮清进行协商,于 1999 年 8 月 6 日达成《协议书》,对事故的经过、责任,以及对原告的赔偿数额、治疗费、保险费、假肢费、护理费等费用均做了明确的约定,该《协议书》已履行完毕。1999 年 8 月 9 日,在原告的请求下,被告自费购买了两张到广州的卧铺票,送其及家属前往广州安装假肢。上述事实表明,被告在对待原告伤害治疗和赔偿中的态度是积极诚恳、实事求是的,也是符合国家批准实施的铁路规章制度的。从原告家庭实际出发,经多次反映和请示,给予了原告超范围的赔偿,原告在起诉状中称其父亲王帮清所签订的《协议书》,原告没有认可一事,不符合事实。因为王帮清在与被告签订协议时,向被告提供了经原告按压手印的书面委托书,是具有法律效力的。原告依照《民法通则》第 119 条的规定,要求被告赔偿 100 多万元巨额款,被告认为适用法律不当。被告在处理原告伤害赔偿一案中适用的法律依据是正确的。请求法院予以支持,被告已依照法律和法规,对原告进行了赔偿并已履行完毕。因此,对原告的诉讼请求应当予以驳回。

【案件焦点】

原告父亲王帮清签订了《协议书》是伤害事故发生后,铁路运输企业与受伤害者进行赔偿的行为,是否影响受伤害者向法院提起诉讼的权利?

【分析与结论】

郑州铁路运输中级人民法院经审理认为:本案系铁路旅客运输人身损害赔偿纠纷。王小丽所持旅客车票,虽未经剪票,但不影响该旅客车票本身的有效性。王小丽在铁路旅客运送责任期间受到伤害,是由于铁路运输企业的工作人员违章操作所造成,未能保证旅客的安全,属铁路运输企业的责任,铁路运输企业应当承担赔偿责任。根据《中华人民共和国铁路法》第五十八条第一款以及最高人民法院《关于审理铁路运输损害赔偿案件若干问题的解释》第十一条第三款的规定,本案应适用《铁路旅客运输损害赔偿规定》第五条确立的限额赔偿制度。即铁路运输企业向王小丽承担各项赔偿责任的最高限额为4万元。王小丽在住院治疗期间的全部费用由铁路运输企业负责，不包含在赔偿限额中。宜昌车站在王小丽住院治疗期间已实际支付的各项费用43745.70元，由铁路运输企业承担。司法鉴定是该事故必要的程序，且发生在王小丽住院期间，该项费用应由铁路运输企业承担。安装假肢的费用，虽在住院时未实际发生，但属于必需的补救性治疗费，属于住院治疗期间的费用，应由铁路运输企业全额承担，但对于王小丽今后发生的假肢维修、更换费用等其他费用，应属于后续治疗费用，包括在赔偿的限额中，不应另行支付。同时，根据《铁路旅客意外伤害强制保险条例》的有关规定，本案亦属于保险责任范围内的事故，应由铁路运输企业向王小丽支付保险金2万元。王小丽因伤害造成三级伤残，肢体残缺，妨碍了正常生活和健康，其生理、心理和精神上所受到的损害是客观存在的，理应受到适当的精神抚慰和补偿。根据司法实践和本案的实际，以及我国经济发展形势和当前社会人们普遍的生活水准，王小丽请求给予精神赔偿应予支持。但王小丽请求精神赔偿10万元的要求过高，难以全额支持。王小丽提出的其他诉讼请求，因超出法律规定的范围或证据不足，本院不予支持。宜昌车站是该伤害事故的处理站，襄铁分局又是宜昌车站的主管上级，都是铁路运输企业，均有义务和责任对该事故进行赔偿和处理。至于本伤害事故的责任人是谁，是铁路运输企业内部划责问题，赔偿后由铁路有关部门进行内部清算。襄铁分局提出不是本案被告的理由不能成立，本院不予采纳。宜昌车站依据王小丽的"委托书"与其父亲王帮清签订的《协议书》，对该"委托书"的内容和指纹王小丽本人予以否认，襄铁分局和宜昌车站对此也无其他证据证实是王小丽所为，在庭审时，均提出进行司法鉴定，但未提交书面申请和鉴定费用，因此本院不再进行司法鉴定。同时，王小丽对该《协议书》中的事实和责任划分均无异议，仅对适用赔偿依据和赔偿数额提出异议，该《协议书》是伤害事故发生后，铁路运输企业与受伤害者进行赔偿的行为，并不影响受伤害者向法院提起诉讼的权利。本案在开庭审理时，襄铁分局和宜昌车站均提出反诉请求，但未提出具体请求，且未缴纳反诉费，本院不予审理。依照《中华人民共和国铁路法》第十条、第五十八条第一款，《铁路旅客意外伤害强制保险条例》第八条，最高人民法院《关于审理铁路运输损害赔偿案件若干问题的解释》第十一条第三款、第十三条，《铁路旅客运输损害赔偿规定》第五条、第六条之规定，做出如下判决：(1)襄铁分局和宜昌车站向王小丽支付赔偿金4万元；(2)襄铁分局和宜昌车站向王小丽支付保险金2万元；(3)襄铁分局和宜昌车站向王小丽支付假肢安装费和法医活体检验鉴定费共计38210元；(4)襄铁分局和宜昌车站负担王小丽住院治疗期间实际支出的费用43745.70元；(5)襄铁分局和宜昌车站向王小丽支付精神损害赔偿金5万元；(6)驳回王小丽的其他诉讼请求。上述一、二、三、四、五项合计191955.70元；减去襄铁分局、宜昌车站已负担和支付的138745.70元，襄铁分局和宜昌车站还应向王小丽支付53210元，于判决生效之日起十日内付清。案件受理费16080元，王小丽负担13980元，本院已准许免交；襄铁分局和宜昌车站负担2100元。

判决后，原告王小丽、被告襄铁分局不服，向河南省高级人民法院提出上诉。王小丽上诉称，原判决认定事实不清，适用法律不当，判决赔偿假肢费用的数额过低，请求二审法院依法改判，支持其诉讼请求。襄铁分局上诉称，原审判决认定事实、划分责任与客观不符，造成王小丽受伤的418次列车不是该分局的旅客列车，乘务员亦不是该分局的工作人员，故不应承担赔偿责任。其次原审判决适用法律不当，并应扣除超过限额的赔偿部分，请求二审法院依法进行改判。宜昌车站针对王小丽的上诉请求答辩称，王小丽受伤后，该车站对王小丽实施了积极的救助，并与之协商达成了意外伤害赔偿协议，并已得到实际履行，请求二审法院驳回上诉请求。

二审法院审理查明的事实与原审判决认定的事实一致。河南省高级人民法院经审理认为:本案系铁路旅客运输人身损害赔偿纠纷。王小丽在铁路旅客运输责任期间受到伤害,是由于铁路运输企业的工作人员违章操作所造成,未能保证旅客的安全,属铁路运输企业责任,故铁路运输企业应当承担赔偿责任。原审判决在查明本案事实后,依照有关法律、法规,并充分考虑了双方的客观实际情况,确定的赔偿数额是正确的,本院应予以认定。因本案系铁路运输人身损害赔偿纠纷,最高人民法院对此有明确的司法解释,本案应适用特别法的规定确定赔偿数额。鉴于王小丽致残的实际情况,原判适当予以补偿合情合理。但王小丽上诉请求精神赔偿10万元并要求赔偿假肢费用等其他费用,因缺乏相应的法律依据或超出法律规定的范围,本院不予支持。因宜昌车站是该伤害事故的发生站和该事故的善后处理站,襄铁分局又是宜昌车站的上级主管部门,均属于铁路运输企业,均有义务和责任对该事故进行赔偿和处理。赔偿后由铁路有关部门进行划责清算。襄铁分局上诉称不是本案被告,不应承担赔偿责任的理由不能成立,本院不予支持。王小丽和襄铁分局的上诉理由均不予采纳,予以驳回。原审判决认定事实清楚,处理正确,本院予以维持。根据《中华人民共和国民事诉讼法》第一百五十三条第一款第(一)项之规定,做出如下判决:驳回王小丽、襄铁分局的上诉,维持原判。二审诉讼费16080元,王小丽负担8040元,本院已准许王小丽免交;襄铁分局负担8040元。

本案系因公民身体权受到侵害索赔成讼。案件经过一、二审法院审理,二被告最终应共同支付的赔偿金额总计为19万余元,而根据铁道部有关行政规章的规定,单名旅客人身伤亡的赔偿限额仅为4万元,故有关媒体在进行相关报道的同时以"破'限'一判"为题作了简要评述,认为法院的判决结果是适用法律上的重大突破,依法突破了行政规章对民事赔偿最高限额的限制,符合已生效不久的《立法法》的立法思想,对突破其他行业的民事伤害限额赔偿也有借鉴作用,对推动法制建设,特别是加强对公民人身权利的保护有积极意义。笔者试对本案中涉及的公民身体权以及侵害公民身体权的赔偿数额确定等做一评析:

虽然民法通则没有对公民身体权做出明文规定,但我们不能否认身体权是公民的一项独立的民事权利。如最高人民法院《关于确定民事侵权精神损害赔偿责任若干问题的解释》(法释【2001】7号)第一条中即有明确的"身体权"概念,这实际上是将民法通则中规定的生命健康权这一人格权利明确细化为生命权、健康权和身体权。因此,身体权是公民维护其身体的完好性的权利,是基本人格权之一。本案原告王小丽因铁路运输企业的责任造成身体完好性受到侵害,丧失了双脚,给受害人造成的损害后果有疼痛、残疾以及由此产生的精神痛苦。根据民法通则或有关特别法的规定,侵害人应承担相应的民事赔偿责任,此外,上述最高人民法院法释【2001】7号解释还规定了身体权受到侵害可起诉请求精神损害赔偿,法院可判令侵权人赔偿相应的精神抚慰金。

事实上,涉及公民身体权受到侵害的赔偿数额的确定一直是审判实务中的难点。对于本案的赔偿数额的确定,笔者认为,它既涉及一般法(指民法通则)与特别法(指铁路法律、法规及规章)的适用关系问题,也涉及精神损害赔偿金的确定的问题。一审判决适用了有关铁路特别法规如《铁路旅客运输损害赔偿规定》、《铁路旅客意外伤害强制保险条例》的规定,判决二被告支付限额赔偿金4万元、保险金2万元,两个数额均取了上限。同时,判决二被告支付原告假肢安装费、法医鉴定费及住院期间实际支出费用共8万余元。对上述赔偿额的确定,一审法院仅强调假肢安装费、法医鉴定费及住院期间实际支出费用等应由铁路运输企业负责或全额承担,不包含在赔偿限额中,但没有适用明确的法律规定。此外,尽管本案审理时,最高人民法院法释【2001】7号解释还未颁布，但一审判决仍根据司法实践和案件的实际以及我国经济发展形势和当前社会人们普遍的生活水平，支持了原告5万元的精神损害赔偿的请求。可见，一审判决在确定赔偿数额时并未局限在特别法规定的赔偿限额内，对受害人治疗中实际支出的费用及精神损害赔偿金均作了考虑，体现了《民法通则》第119条的财产损失全部赔偿的原则以及对原告因致残所受的精神痛苦的安抚。不过应当注意，二审判决虽然维持了一审判决，但其"本院认为"部分则明确指出，"因本案系铁路运输人身损害赔偿纠纷，最高人民法院对此有明确的司法解释，本案应适用特别法的规定确定赔偿数额。鉴于王小丽致残的实际情况，原判适当予以补偿合情合理"。可见，二审判决认为一审确定的在限额赔偿及保险金以外的赔偿额是"补偿"而非"赔偿"。换句话说，一审判决是一个"合理"但不一定"合法"的判决，并未在一般法与特别法的适用上予以突破。其是根据案件实际及被告的承受能力及态度并运用司法裁量权所做的一种处理。从案件实际情况可以看出，法院最终判决的赔偿额除精神赔偿5万元外，其他的数额基本上是被告本身在诉讼前予以认可并大部分支付了的。原告实际的诉讼价值仅体现在5万元的精神损害赔偿上。因此，二审判决在阐明其对本案的处理观点的同时，判决维持了一审判决，体现了对受害者权益的善意保护，较好地处理了情与法的协调。另外，两级法院均对王小丽应负担的诉讼费准许免交，王小丽也得到宜昌市法律援助中心提供的无偿法律服务，因此，应该说本案处理的社会效果是很好的。但是，如何处理好有关侵害公民身体权诉讼中一般法或特别法的适用关系，应当引起立法部门、司法部门及法学理论界的重视，应尽早进行探讨、研究并制定出相应的适用规则，以公正地保护受害人及其近亲属的合法权益。

借款纠纷案

【案情介绍】

原告:乙公司。

被告:甲公司。

2013 年 6 月 20 日,甲公司购买乙公司产品,给乙公司出具了一张欠条,没有注明还款日期。乙公司由于种种原因,一直未向甲公司催要欠款。2016 年 7 月 15 日,乙公司向甲公司催要货款,甲公司未能偿还。2016 年 8 月 2 日,乙公司诉至法院,要求偿还欠款及利息。甲公司辩称,该欠款欠条形成时间是 2013 年 6 月 20 日,到原告起诉之时已经超过两年诉讼时效;即使未过诉讼时效,由于欠条没有约定利息,也不应该承担利息。

【案件焦点】

本案诉讼时效起算日期。

【分析与结论】

在审理中就诉讼时效的起算时间问题形成了三种意见。

第一种观点认为,本案诉讼时效起算时间应为欠条形成时间,即 2013 年 6 月 20 日。理由是欠条形成之时,双方的权利义务已经确定,甲公司此后不还款,就侵害了乙公司的债权,因此依据《民法通则》的规定,诉讼时效期间应该从此时起算。

第二种观点认为,本案诉讼时效起算时间应为乙公司向甲公司催要欠款之日,即 2016 年 7 月 15 日。理由是不定期债权的当事人没有约定履行期限,当事人的债权始终处于圆满的状态;只有在债权人主张债权时,债务人如果拒不履行,其债权才会受到损害。由于未约定还款期限的欠条属于不定期债权,其诉讼时效的起算应自权利主张之日起算。

第三种观点认为,本案诉讼时效起算时间应为乙公司向甲公司催要欠款之日的一个月的宽展期后起算,也就是本案诉讼时效起算时间应为乙公司向甲公司催要欠款之日,即 2016 年 8 月 15 日。理由是本案为不定期债权,债权自债权人主张债权、宽展期结束之时成立。此时,债权才受到损害,诉讼时效时间也才应该起算。

笔者同意第三种观点。

一、我国诉讼时效起算点的规定和国外立法例是一致的

1. 我国诉讼时效起算点的规定和国外立法例的基本规定。我国《民法通则》第 137 条明

确规定了诉讼时效的起算时间是“从知道或者应当知道权利被侵害时起计算”。我国诉讼时效期间的起算点以权利被侵害时为准，即坚持“侵害论”。《德国民法典》第198条规定：“消灭时效自请求权发生之日起开始进行。请求权以不作为为目的，消灭时效自违反行为开始时进行。”其第99条规定：“权利人应催告债务人后始得请求给付时，消灭时效自得为催告之时开始进行，债务人自催告后须经过一定的期间始履行其给付者，消灭时效在此期间存续中不开始进行。”我国台湾地区的《台湾民法典》第128条规定：“消灭时效，自请求权可以行使时起算，以不作为为目的的请求权，自行为时起算。”《日本民法典》第166条第一款规定：“(消灭时效的进行)消灭时效，自取得行使权利之时起进行之。”由此可见，域外诉讼时效起算点通行的是以权利能够行使时作为判断标准，即坚持“请求权得行使之时”，即“行使论”。

2. 就侵权法和有期债权而言，国内外的规定是一致的。我国关于诉讼时效的起算时间的规定究竟和国外是一致的还是略有差异呢？就侵权法而言，权利被侵害之时，同时请求权产生，可以说权利被侵害之时与“请求权得行使之时”是一致的。作为债权法而言，有期债权因为有履行期限的存在，自履行期限届满才产生债权的请求权，在履行期限届满时，债务人就产生了履行的义务，如果不履行债务，就侵害了债权人的债权。应该说，有期债权请求权的产生时间和债权被侵害的时间完全一致。

3. 无期债权请求权的产生时间和无期债权被侵害的时间也是一致的。

首先，债权成立的时间和债权请求权得以行使的时间是一致的。由于债权本身属于请求权的一种，债权成立之时，请求权同时成立并能够行使，因而债权成立的时间和债权作为请求权得以行使的时间是一致的。

其次，债权成立以后，债务同时成立，债务不履行本身就是对债权的侵害。因此，债权成立之时，就是债权受到损害之时，同时也是债权请求权得以行使之时。

最后，无期债权不具有请求权的属性，无期债权需要确定债务履行时间来使得债权真正成立。也就是说无期债权不是真正的债权，需要转化为有期债权才能行使债权的请求权。在无期债权转化为有期债权以后，债权的请求权成立时间和债权被侵害的时间就获得了一致性。

二、对无期债权能够行使请求权时间的具体分析

我们在使用无期债权这一概念时，一般是指没有还款期限的欠条或者以其他形式表现的欠款。这种债权一般是依据合同履行所形成的结果。不外乎两种情况：一是一方履行了义务，而另一方接受履行后未能按照合同约定还款而出具欠条；二是双方没有约定履行还款期限，在一方履行终了后，另一方出具欠条，此时的情况与合同上未约定履行期限的债权具有相同的性质。

对于前一种情况，根据最高人民法院《关于债务人在约定的期限届满后未履行债务而出具没有还款日期的欠款条诉讼时效期间应从何时开始计算问题的批复》的规定，双方当事人原约定，供方交货后，需方立即付款。需方收货后因无款可付，经供方同意写了没有还款日期的欠款条。根据《中华人民共和国民法通则》第一百四十条的规定，对此应认定诉讼时效中断。如果供方在诉讼时效中断后一直未主张权利，诉讼时效期间则应从供方收到需方所写欠款条之日的第二天开始重新计算。可见，最高人民法院的司法解释，是将该种情况作为诉讼时效中断的一种情形，此种欠条虽然没有约定还款期限，但是从欠条形成之日再一次起算诉讼时效。如果仅仅针对该张欠条而言，似乎将其理解为欠条的诉讼时效期间从欠条成立之日起算也无不可。

对后一种情况，双方从没有约定过还款期限，实际上属于合同中未约定履行期限的情况，对于这种情况，根据我国《民法通则》第88条第2款第2项规定："（合同）履行期限不明确的，债务人可以随时向债权人履行义务，债权人也可以随时要求债务人履行义务，但应当给对方必要的准备时间。"依据《民法通则》的这一规定，无期（合同）债权的成立需要先向债务人请求，等到宽展期之后才能成立，此时才能行使真正意义上的请求权，也就是说，只有在宽展期到期后，债务人仍然不履行债务，才发生侵害债权的情况。由此看来，《民法通则》所规定的无约定期限的合同之债的诉讼时效的起算时间，需要符合两个要件：一是债权人行使请求权，二是宽展期到期。

本案中，双方当事人没有就付款期限达成任何协议，因此，本案实际上属于合同中未约定履行期限的情况，应该在债权人要求债务人履行义务，并给对方必要的准备时间才能起算诉讼时效期限。不过，关于合同中是否约定了履行期限或者有法定的履行期限，还应该考虑行业的惯例，比如欠饭店的餐饮费，一般情况下，餐饮费应该即时结清，在长期客户的情况下，一般也是在年底结清，在计算诉讼时效起算时间时应该予以考虑。

笔者认为，本案诉讼时效起算时间应为乙公司向甲公司催要欠款之日的一个月的宽展期后起，也就是本案诉讼时效起算时间应为乙公司向甲公司催要欠款之日，即2016年8月15日。理由是本案为不定期债权，债权自债权人主张债权、宽展期结束之时成立。此时，债权才受到损害，诉讼时效时间也才应该起算。

房屋买卖合同纠纷案

【案情介绍】

原告：张某，男，汉族，农民，住丰城市×镇×街。

被告：刘某，男，汉族，农民，住丰城市×镇×街。

2006年10月，原告张某经审批取得国有土地使用权证，2007年10月建造商住楼三层三间，但未领取过房屋所有权证。同月，原告张某与被告刘某签订房屋买卖协议，约定价款30万元。协议签订后，被告刘某付清房款，原告张某也将房屋交付给被告刘某占有、使用，并把土地使用权证一同交付。被告刘某未办理土地使用权过户手续，也未申请领取房屋产权证。2010年8月，因房屋大幅度涨价，该房估价已达50万元，张某向刘某提出要求增加房款，遭刘某拒绝，张某遂向法院起诉要求确认买卖合同无效，返还房屋。

【案件焦点】

房产证是不是房屋买卖合同的必备要件？出卖无证自建房屋属于有权处分，能否作为认定合同效力的依据？

【分析与结论】

我国《合同法》第一百三十一条规定："出卖的标的物，应当属于出卖人所有或者出卖人有权处分。法律、行政法规禁止或者限制转让的标的物，依照其规定。"可见，只要标的物合法、有权处分，对于标的物是否有相关证照，《合同法》并无特别要求。从不动产的特性看，房屋所有权证只是证明所有权归属的一种书面凭证而已，并不是房屋本身。房产证也不具有代表房屋所有权的功能。无房产证不等于不享有房屋的所有权，持有房产证也不等于拥有该房屋。

首先，在我国目前，不动产登记是国家不动产行政管理机关根据申请人的申请做出的一种行政确认，它所体现的仅仅是国家行政权力对不动产物权关系的一种干预，它与物权法规范意义上的不动产登记存在本质上的区别。因为依不动产法规则，不动产登记（或不动产物权登记）是指不动产物权的各种变动在不动产所在地的专门机关所设立的不动产登记簿上予以记载的事实。它的法律意义在于，它是不动产物权变动的法定公示手段，是因法律行为的物权变动的生效要件，也是物权依法获得承认和保护的基本依据。而在我国《城市私有房屋管理条例》中规定："办理城市私有房屋所有权登记或转移、变更登记手续时，对证件不全或房屋所有权不清楚的，暂缓登记，待条件成熟后办理。"可见，房管部门发证的前提是权属清楚，对于权属有争议的，相对人不能通过办证得以确认权属。即便在证件发出后，利害关系人对所发的证书有异议，对于行政确权不服，也可要求行政机关予以撤销或向法院提起行政诉讼请求撤销。所以，行政机关的发证行为，只能满足对房屋进行行政管理的需要，不能达到依据物权公示原则对物权交易进行保护的目的，只有法院对房屋所有权的确认，才真正具有确权意义。

其次，自建房屋不论是否领取权属证书甚至是否属于违章建筑，都属房屋建造者原始取得物，未办理房产证并不能表示对房屋不拥有所有权。换言之，某人经合法审批，在自己的土地上建造房屋，当然拥有该房屋的产权。尤其是有的房屋未办理所有权证，只是缺一道行政手续而已，没有权属证书的房产只表明该房屋未得到房屋行政机关认可，在民法上属于权利瑕疵。显然，这种瑕疵是可以通过补办手续得到弥补的。虽然有些房屋可能存在违反法律规定的情况，如超面积、超高建筑，甚至有的属于违章建筑，将来不可能取得权属证书，但这并不影响原始建造人对该建筑物的所有人地位。对于违章建筑问题，我国内地学者很少有研究，但在台湾地区，通常认为违章建筑物已符合不动产定着物的要件，系独立于土地外之不动产，由原始建筑人取得其所有权。可见，违章建筑物不因其无从办理所有权证而丧失物权客体的资格。总之，不论何种情况，没有权属证书的房屋属于权利有瑕疵的物，应当由出卖人承担权利瑕疵担保责任。但这种责任属于违约责任，不存在合同效力问题。根据《合同法》第一百五十条的规定，出卖人就交付的标的物，负有保证第三人不得向买受人主张任何权利的义务。出卖人未能履行权利担保的义务，使得合同订立后标的物上的权利缺陷没有去除，属于出卖人不履行债务的一种情况，买受人可以依照《合同法》总则第七章违约责任的规定，请求出卖人承担违约责任。即使在标的物的部分权利属于他人的情况下，也可以认为出卖人的行为构成了根本违约。

第三，《城市房地产管理法》第三十七条规定不属于效力性规范，不能作为认定合同效力的依据。

法律行为违反强制或禁止性规定的无效，在大多数成文法国家都有相应的规定。德国民法第一百三十四条规定“法律行为违反法律上的禁止时，无效，但法律另有规定的除外”，我国台湾地区民法第七十一条也作了相同规定。我国民法继承了大陆法国家的做法，在《民法通则》和《合同法》中作了相应的规定，《民法通则》第五十八条规定“违反法律或者社会公共利益的民事行为无效”，《合同法》第五十二条规定“违反法律、行政法规的强制性规定的合同无效”，这体现了国家对合同自由的干预。但也有少数国家，如日本，法律没有直接规定违反法律规定的合同无效，而是以“违反公共秩序和善良风俗”取代“违反法律”，这是采用公法与私法效力分离的模式，是基于近代民法理念，把国家的介入、干涉限定在最小的限度内。需要讨论的是，是否所有违反了国家强制性规定的合同都应当被认定无效？在德国、我国台湾，尽管法律规定了违反法律强制性规定的法律行为为无效行为，但对于强制性规范是区分对待的，并非所有的法律、行政法规的强制性规范都作为认定法律行为无效的依据。我国台湾地区“最高法院”的做法是对强制规定采取类似“取缔规定”和“效力规定”的二分法，学者也都主张把强行法规范进行区分。如学者史尚宽先生认为：“法律行为违反强制或禁止之规定者无效，但其规定并不以之为无效者，不在此限。何谓并不以之为无效，其意义有二：其一因法律本身有明文规定其他效力者，其二自法律规定之目的言之，唯对于违反者加以制裁，以防止其行为，非以之为无效者，此种规定，称为取缔的规定，与以否认法律上效力为目的之规定相对称。所谓法律规定，并不以民法为限，变通刑法所处罚之行为，亦此所谓之禁止规定。强行法得为效力规定与取缔规定，前者着重违反行为之法律行为价值，以否认其法律效力为目的；后者着重违反行为之事实行为价值，以禁止其行为为目的。强行规定，是效力规定或取缔规定，应探求其目的以定之。

即可认为非以为违法行为之法律行为为无效，不能达其立法目的者，为效力规定，可认为仅在防止法律行为事实上之行为者，为取缔规定。”这种理论值得我国审判实务参考。

应当指出，法律行为或合同效力以《民法通则》第五十八条概括性地以“违反法律”认定无效，已被《合同法》第五十二条“违反法律、行政法规的强制性规定”无效所取代，杜绝了以违反规章及政策作为判断合同效力的依据，缩小了合同无效的范围，但这种规定仍然难免过于概括，仍然会有大量存在的法律、行政法规的强行规定压缩私法自治的空间。对此，我国学者也有相似的认识，认为违反法律、行政法规的强制性规定之法律行为或合同，原则上应为无效。但也有例外，即法律、法规依其意旨，并不以为无效的，并不影响该行为的效力。笔者认为，强行性规范应当进一步区分为管理性规范和效力性规范，只有违反效力性规范的合同才能被认定为无效，并建议在合同法司法解释中予以明确，以指导审判实践。

首先，同为强行性规范，但在强制性上存在显著的差异。传统民法理论以“二分法”将民事法律规范区分为强行性规范与任意性规范，过于粗疏，如果直接运用于对合同效力的判断，则难免会出现差错。例如，经营者销售不合格产品；房地产商未完成开发投资总额的百分之二十五而开发、出售房屋的，都违反了国家法律的强行性规定，如认定买卖合同无效，则消费者只能要求销售者、开发商退还价款，无权主张合同权利，势必损害消费者的合法权利，显然这不符合强行法规范的立法目的，也有悖于民法意思自治原则的基本精神。

其次，如果按照法律条文中含有“必须”、“不得”或“禁止”的规范作为强行性规范理解，则法律、行政法规的强行性规范过于庞大，必然会产生大量的合同被不适当地认定为无效。在我国，私法相对于公法明显欠发达，国家在社会管理中主要依靠行政性法规发挥作用，所以必然会在法律、行政法规中设置大量的强行性规范，这些规范不仅在社会公共管理领域发挥着作用，还渗透到本来应当属于私法自治的领域，严重干扰着私法自治原则。对此，王涌博士在《私法的分析与建构》一文中尖锐地指出：“由于计划经济传统之影响，目前它（行政法）对中国民法的影响在许多方面是消极的，说得严重一点，有些行政法规颇似粗暴的野狼，侵占着民法的领域，扭曲着民法的精神，使得民法中的许多原则在实践中形同虚设。”

再次，在法律制度有缺陷时，司法行为应当校正这种制度缺陷。审理民事案件，常常会遇到因民事立法严重滞后，存在法律模糊、法律冲突、法律出现漏洞的现象，此时，法官应当高举“私法自治”的大旗，以权利为本位，依据民法基本原则，以法官的智慧和良知，探求法律真谛。在审判实务中，有的法官担心认定合同无效而被指责不依法办案，采取保守的态度，简单化地认定合同无效，看似依法办案，实质上既损害了当事人的合法权益，也最终损害了司法的权威。结果导致类似于本文所提出的问题得不到公平合理的解决，很值得关注。

何为效力性规范、何为管理性规范？依笔者之见，应当从法律、行政法规的立法目的出发，运用目的解释方法，综合案情实际加以研究。法律已明定其目的时，应严格遵循其目的；法律未明定其目的时，法官应进行必要的基本价值判断，探求立法的价值取向。对于具体的强行性规范还应具体情况具体分析，做到“三看”：

一是看法律、行政法规着重于禁止标的物内容还是禁止主体资格，前者应认定买卖合同无效，如淫秽物品、毒品等买卖，不论主体是谁，均为无效；对于后者，则应当加以区分对待。有些法律、行政法规禁止或限制的是主体从业资格，如《建筑法》规定禁止超资质承揽工程，这是一种管理性规范。因为建筑法对资质管理的目的，是禁止无资质经营，《建筑法》的立法目的在于“保证建筑工程的质量和安全，促进建筑业健康发展”。在实务中，有人认为对于施工企事业单位超越资质等级订立的建筑工程施工合同，应原则上确认无效，理由是对合同内容违法应作广义解释，合同主体资格违法亦应当包括在合同无效情形之中。这是值得商榷的。

二是看法律禁止的是结果还是行为手段。如法律、法规所禁止的是结果的发生，不问手段如何均为禁止时，其行为无效。但如禁止的仅仅是行为手段或行为方式，依其他手段也发生同一效果时，为交易之安全，并不因此认为其无效。如无证出售烟花爆竹的买卖合同、禁渔期内所捕鱼产品的买卖合同，均应为有效，因为相关法律只是出于管理需要，禁止无证销售行为和禁止一定时期内捕鱼。

三是看禁止的对象、范围是什么。如《城市房地产管理法》第三十四条规定，房地产权利人转让房地产，应当如实申报成交价，不得瞒报或作不实申报。这里禁止的对象是出让人，范围仅涉及与税收有关的纳税基础即成交价。不论出让人是否向买受人故意瞒报成交价，都不影响合同的效力。特别是在涉及消费者、劳动者等弱势群体利益时，还应根据个案情况而定，不宜一概认定为无效。经营者出售不合格产品、假冒伪劣产品，都是法律所不允许的，如果买卖合同无效，消费者将得不到合同上的权利，显然对消费者不利。

在解释法律中，由于立法目的往往与公共政策有关，在法律及公共政策均不允许时，如集体土地买卖、国有划拨土地的转让等，与法、与国家政策均不符，则不应以“私法自治”之名，放弃国家的干预。但在强制性质的民事规范是否具有特殊公共政策目的不甚明确的时候，基于对私法自治的尊重，即应朝单纯自治规范的方向去解释，法官应避免假设有特殊公共政策目的的存在，或对合目的性作扩大解释，而斫伤了自治机制，换言之，就是“有疑义，从自治”。

关于本案的讨论，我国《城市房地产管理法》属于行政性法规是确定无疑的，其立法的重心在于加强对城市房地产的管理。该法对于私法的干预主要表现在第三十七条、第三十八条。第三十七条规定“下列房地产，不得转让：……（六）未依法登记领取权属证书的”。第三十八条第二款规定“转让房地产时房屋已经建成的，还应当持有房屋所有权证书”。从立法目的看，制定城市房地产管理法的主要目的，是要解决房地产业发展中存在的房地产开发和交易行为不规范的问题。因此，该法中虽然对反映房地产归属的静态物权关系作了一些规定，如出让土地使用权、房地产抵押权等，但主要调整的不是民事物权关系，而是对房地产的生产、流通、消费各环节动态流转关系的规定。这样比较容易处理好与现行的土地管理法和将来还要制定的物权法、土地法之间的关系。第三十七条规定的目的是“为了维护房地产市场秩序，避免国家收益的流失，减少交易纠纷”，对于该条第（六）项，“之所以制定该项规定，是因为房地产未依法领证说明该房地产来源不清、归属不明。如进入市场流通，则违背了市场交易的房地产必须权属明晰的规则，不利于市场秩序的维护，不利于国家对房地产的管理和监督”。从《城市房地产管理法》的法律名称看，已十分鲜明地表达了其立法目的，从法律规范设计上看，该法第六章中单设了“法律责任”一章，都是行政责任，并无民事责任的法律规范。从价值取向看，合同无效无视买受人的合法权益，让出卖人通过不合理的反悔得到利益，不仅违反了“不允许任何人因自己的过错而合法获利”的原则，而且违反了诚实信用的公理性原则，损害了民事流转的安全性。同时，还会助长出卖人的投机心理，进而影响交易秩序和社会风气。原告、被告都有买卖、交付房屋的意思表示，原告就有义务就房屋权属向有关部门办理手续，以符合法律的要求，这是原告的应尽义务。原告违反该义务，不应得到法律的保护。被告作为买受人，其购买没有权属证书的房屋，虽然没有审查权属证书、没有依法进行买卖，但其交清房款后占有房屋是诚实信用的。

有观点认为，如果让没有权属证书的房屋在市场上流转，则会损害国家的税收利益，法律必须禁止，合同应当无效。这种观点是值得商榷的。合同效力问题是私法问题，应由民事法律调整；漏税是公法问题，应当通过税法调整，对于漏税问题应当由税务行政部门通过加强行政管理加以解决。违反法律、行政法规管理性规范的合同不认定为无效，并不等于说就是适法行为了。由于违反管理性规范的事实并不因合同有效消失，既然当事人的行为违反了国家意志，理应受到来自国家强制力的约束，所以只要违法行为构成刑事处罚、行政处罚的，就应当依照刑法、行政法的规定予以制裁。所以，损害国家利益应予以禁止，是从公法意义上进行分析的。根据房屋买卖契税的性质，是在房屋买卖有效后，由买受人向征税机关交纳的税目，其只在买受人与征税机关之间产生行政法律关系，与房屋买卖双方当事人之间没有民事上的权利义务关系，买受人未缴纳税款，不影响买卖合同的效力。再说，如合同无效，买卖消失，则国家税收根本无从谈起。

笔者认为，在民事审判实务中，对于违反法律、行政法规强行规定的合同，应根据具体情况，以《民法通则》为依据加以解决。有些合同虽然违反的不是效力性规范，但违反管理性规范又违反公序良俗或损害社会公共利益的，同样也可依法否定其合同效力。但这时合同无效的原因不是由于其违法性，而是法律行为带有反社会性等原因。有些合同虽不能确定为无效，但在受欺诈、因不知情买受不合格产品等情形下，可以行使撤销权，或者以合同的目的不能行使合同解除权，从而获得法律上的救济。对于上述案件的处理，则应当区分不同情况作如下处理：

1. 房屋建造本身合法，只是手续未办的，依据《合同法》第一百三十五条"出卖人应当履行向买受人交付标的物或者交付提取标的物的单证，并转移标的物的所有权的义务"的规定，责令出卖人协助补办手续，出卖人不愿协助的，也可直接判决权属归买受人所有，由买受人直接通过行政部门办理所有权证，办证时补交税款，判决时明确税费由谁负担。

2. 房屋建造存在违法行为，不能取得所有权证的，向行政管理部门发出司法建议，先进行行政处罚，如处罚后获取产权证的，产权直接归属买受人。如行政部门认定为违章建筑而拆除处理的，则出卖人因交付不能，应承担违约责任。只有这样才能平衡双方当事人的利益，及时定纷止争。

据此法院认为，双方签订的合同因违反《城市房地产管理法》第三十七条"未取得权属证书的房地产不得转让"规定无效，双方各自返还已取得的财产，判决由张某返还 20 万元房款及按银行同期贷款利率所计的利息，房屋归张某所有。

业主家中被盗与物业公司责任承担纠纷案

【案情介绍】

原告:臧中建,男,汉族,小区业主,住北京市西城区德外新明胡同甲1号1门301号。

被告:北京市华丽楼宇物业管理有限责任公司(该小区的物业管理公司,以下简称华丽物业)。

2000年11月24日,原告购买了位于北京市西城区德外新明胡同甲1号1门301号的房屋一套,2001年3月1日,原、被告就该房签订了"房屋委托管理合同"。该合同约定:被告负责维护小区的公共秩序,包括巡视、门岗值勤、盘查可疑人员;被告方违反合同的约定,未达到约定的管理目标,造成原告经济损失的,被告应给予原告赔偿。

2003年11月15日凌晨4时30分许,原告之妻潘宝鸿发现家中有异常,认为家中发生了盗窃,遂拨打物业电话,随后物业管理员赶到现场,并拨打"110"报了警,后民警赶到现场进行了勘察,发现屋内有翻动的痕迹,但至本案庭审结束时,该案件尚未侦破。另据原告报案称,家中丢失了三星手机一部、索尼收录机一台及现金130元。

原告臧中建诉称,由于被告管理不严,监控设备失效,保安人员失职,导致家中发生入室盗窃案件,还险些造成人员伤亡。故要求被告承担违约责任,赔偿被盗物品的经济损失。

被告华丽物业辩称,由于原告所述盗窃发生时,被告积极进行了协助,履行了合同及法定义务,不存在过错;且盗窃案件尚未侦破,无法认定盗窃事实的存在,也无法准确确定财产的实际损失,更何况盗窃属于犯罪行为,应由犯罪分子承担责任,故不同意原告的诉讼请求。

【案件焦点】

当事人对自己提出的诉讼请求所依据的事实是否有证据?

【分析与结论】

法院经审理认为:当事人对自己提出的诉讼请求所依据的事实,有责任提供证据加以证明,没有证据或者证据不足以证明当事人的事实主张的,由负有举证责任的当事人承担不利后果。本案中,原告要求被告承担因盗窃所造成的损失,但至本案庭审结束时,刑事案件尚未侦破,原告的损失尚无法准确界定,而原告亦未向本院提交其他证据证明其所受到的损失,故对原告要求被告赔偿经济损失的诉讼请求,本院不予支持。最终法院判决驳回了原告的诉讼请求。

本案原、被告之间存在物业管理合同,该合同不违反法律、行政法规的强制性规定,应属合法、有效。但第三人侵权是造成本案的直接原因。实践中，往往由于刑事案件未侦破或损失未完全挽回，业主转而要求物业公司承担责任。现实中，此类案件屡见不鲜。但由于法律、行政法规对此规定较少，导致各级法院在处理此类案件时，主观性比较大，同案不同判的情况比比皆是，笔者在承办本案时，也曾多次与合议庭成员探讨、查阅资料，合议庭最终认为，要解决本案，必须搞明白以下问题：

(一)物业管理合同的性质问题

1. 其类似于《合同法》中的委托合同

物业管理，一般是指根据业主、业主委员会或者其他组织的委托，物业管理机构对物业进行维护、修缮、管理，对物业区域内的公共秩序、交通、消防等事项提供协助管理或者服务的活动。物业管理机构与业主、业主委员会或者其他组织所签订的合同即是物业管理合同。本文所指的物业管理合同仅指业主和物业管理机构所签的合同。物业管理合同作为连接物业公司和业主的契约，是物业公司的物业经营权产生的原因，同时，也是业主要求物业公司承担违约责任的主要依据。

就物业管理合同的性质而言，我国《合同法》并未单设此种类型的合同，其应属无名合同。但鉴于物业管理合同是基于委托的前提而产生的，其构成要件类似于《合同法》中的委托合同，但《合同法》第124条对无名合同的法律调整问题做了明确规定：《合同法》总则或其他法律没有明文规定的合同，运用总则的规定，并可以参照总则或其他法律最类似的规定。因此，可以比照委托合同来处理物业管理合同。但其与委托合同也不完全一致，比较明显地表现在合同的解除上，委托合同基于合同双方的信任而产生，如果信任消失，任何一方均有权单方解除合同；而物业管理合同是典型的双务合同，双方均不得任意取消或解除合同。

2. 物业管理合同中物业公司的义务

综观各类物业管理合同，物业公司的合同义务归结起来主要有以下三大类：(1)公用设施、设备、场所的维护修缮义务；(2)环境卫生、园林绿地的维护义务；(3)保安义务。本案涉及的是物业公司的保安义务。保安义务是指物业公司根据物业管理合同的约定，为维护小区的公共秩序而实施的安全保卫工作。《物业管理条例》第四十七条规定："物业管理企业应当协助做好物业区域内的安全防范工作。发生安全事故时，物业管理企业在采取应急措施的同时，应当及时向有关行政管理部门报告，协助做好救助工作。"由此可见，物业公司的保安义务是属于防范性质的，因为它毕竟只是平等主体之间的合同义务，这与公安机关的维护社会秩序、保护公民合法权益的法定职责还是有根本区别的。明确了物业公司保安义务的防范性质，在处理此类问题上就有了指导性的意见，就不会出现凡是第三人侵权造成业主损失时，物业公司均要"背黑锅"的现象，这对物业公司的成长无疑是不利的。

(二)第三人侵权的情况下，物业公司是否构成违约责任与侵权责任的竞合

1. 违约责任与侵权责任竞合的概念

违约责任与侵权责任的竞合是指行为人实施的某一违法行为违反了合同规范和侵权规范，同时具备违约责任与侵权责任的构成要件，导致违约责任与侵权责任同时产生的一种法律现象。这种现象在民事责任中大量存在，各国民法界亦十分关注这个问题，对于各种理论分歧，暂不赘述，仅就本案中存在的焦点问题做些论述。

违法行为是指某一行为违反了法律、行政法规规定的强制性义务。《物业管理条例》第三十六条第二款规定："物业管理企业未能履行物业服务合同的约定，导致业主人身、财产安全受到损害的，应当依法承担相应的法律责任。”该条规定了物业公司的法定义务，同时成为业主要求物业公司承担责任的法律依据，也奠定了违约责任与侵权责任竞合的法律基础。

2. 责任竞合的构成要件

虽然违约责任与侵权责任在构成要件、免责条件、归责原则、举证原则等方面多有不同，但在发生竞合责任时，都必须具备以下三个条件：(1)在当事人之间存在合法有效的合同关系；(2)债务人违反了合法有效的合同；(3)债务人违反合同的行为同时侵犯了债权人的人身财产权利。只有具备了以上三点，才在法律上具备了二者竞合的要件，受害人即债权人才存在行使选择请求权的可能。

3. 违约责任与侵权责任竞合时如何处理

《合同法》第一百二十二条规定：“因当事人一方的违约行为，侵害对方人身、财产权益的，受损害方有权选择依照本法要求其承担违约责任或依照其他法律要求其承担侵权责任。”这就是说在二者发生竞合时，受损害方有权选择其一来保护自己的权益。这无疑在实践中为法院处理此类案件提供了法律依据。但由于普通老百姓对此类专业问题知之甚少，而如何选择又直接关系到诉讼的成败及当事人的切身利益，这就要求法官在承办此类案件时，要综合考虑以下因素，充分对当事人予以释明，以便更充分地保护当事人的利益。

(1)诉讼时效的长短不同。最高人民法院《关于适用〈民事诉讼法〉若干问题的意见》第一百五十三条规定：“当事人超过诉讼时效期间起诉的，人民法院应当受理。受理后查明无中止、中断、延长事由的，判决驳回其诉讼请求。”由此可见，法律对于超过诉讼时效的诉讼请求一般情况下是不予支持的。这主要是基于以下 3 个因素：①确保经济秩序和法律秩序的稳定；②促使权利人积极行使权利；③避免证据灭失，有利于法院查明事实。由于《合同法》规定违约责任起诉的时效为 2 年，但《民法通则》规定造成人身损害要求对方承担侵权责任的时效为 1 年。如果侵权时效已过，这就要求法院在处理此类案件时，引导当事人选择有利于自己主张的请求。

(2)承担责任的范围不同。由于我国在违约责任方面采取的是“损失填平原则”，一般情况下只考虑直接损失，对于间接的精神损害是不予赔偿的，这主要考虑的是“可预见性原则”；而侵权责任如果造成受害人人身和精神损害的，则包括精神损害赔偿。

(3)法院管辖的区别。合同纠纷的管辖有约定管辖和法定管辖之分，总体包括被告住所地、合同履行地、合同签订地、原告住所地、标的物所在地等，其可选择性比较大。而侵权纠纷的管辖地仅为被告住所地和侵权行为地，选择性较少。如果当事人选择的诉因不对，则该法院无管辖权，这无疑会浪费当事人的诉讼成本。

(4)证据规则的运用不同。违约责任适用的是严格责任原则，受害人只要证明对方有违约行为，不用证明对方的主观过错。但是侵权之诉的归责原则主要是过错责任原则，受害人要得到赔偿，除了需要举证证明对方有过错之外，还要证明对方的过错和损害之间有因果关系，这对于作为弱势一方的业主来说无疑是一件比较困难的事情。在这种情况下，最好选择提起违约之诉，以便最大限度地减少损失。

(三)本案的处理

本案表面上看是由于第三人的犯罪行为造成的，但由于原、被告存在合同关系，再加上侵权人又暂时没有抓到，作为业主的原告只得起诉作为物业公司的被告，要求其赔偿自己的损失。对原告予以充分释明的情况下，原告选择以违约之诉对被告提起诉讼，要求被告承担未履行合同规定的保安义务的违约责任。

基于以上因素，承办人在审理中查明，虽然事发后被告华丽物业的工作人员及时赶到现场并拨打了报警电话，但由于原告家处于小区的边缘，属于监测的盲区，从当天的录像根本无法看到原告家的具体情况。于是个别合议庭成员主张，由于被告的录像存在盲区，可据此认定华丽物业没有适当履行保安职责，构成违约，以此来判定华丽物业承担全部责任。

但笔者认为，不应判决被告华丽物业承担违约责任。原因在于以下方面：

1. 有违民法的公平原则。民法强调权利义务对等原则，表现在本案中即华丽物业承担的保安义务与其收取的保安费用是对等的，这也是民法的最高原则即公平原则的具体体现。因为本案中华丽物业是以提供服务来收取微薄的费用的，其收取的每年750元的物业费中仅包含了60元的保安费。如果不考虑其收取服务费的多少而让其对业主的人身和财产损害承担一切责任，那么显然违反了民法的公平原则，这对物业公司也是不公平的；同时也不利于物业管理行业的健康发展。因为物业公司为了转嫁风险，必定会收取高额的物业费，这无疑会最终加大业主的负担，造成恶性循环，那么就违背了保护业主权益的初衷。即使最终认定物业公司有过错，也应考虑到刑事案件的不可预测性，并综合考虑收费的多寡来判定责任的比例。即使这样，也不应忽视证据规则的运用，合理分配举证责任。

2. 本案应遵循“谁主张、谁举证”的证据规则。无论原告选择了违约之诉还是侵权之诉，均要举证证明损失的存在即损害后果的发生。《民法通则》第一百一十二条第一款规定，“当事人违反合同的赔偿责任，应当相当于另一方因此所受到的损失”。本案中，原告虽报案称丢失物品，但未向法院提交所丢失物品的购买发票，再加上刑事案件尚未侦破，原告是否遭受损失及损失的准确数额均无法判定。依据《最高人民法院关于民事诉讼证据的若干规定》第二条的规定，当事人对自己提出的诉讼请求所依据的事实有责任提供证据加以证明，没有证据或者证据不足以证明当事人的事实主张的，由负有举证责任的当事人承担不利后果。结合本案，原告臧中建并未举证证明自己遭受的损失，故法院不应支持其诉讼主张。

还有一个很重要的原因，即承办人在向公安机关了解案情的过程中，发现与本案有出入之处，即原告所称丢失物品的种类及数量有所不同，再加上原告无法准确说出其购买的时间及型号，就使本案在处理上面临一大难题即损失无法准确界定。为避免此案与日后刑事案件的认定有所出入，法院最终以证据不足驳回了原告的诉讼请求。

林文骞等诉林子中债务纠纷案

【案情介绍】

原告:林文骞,男,38 岁,个体经商。

原告:刘达森,男,37 岁,个体经商。

原告:林其田,男,41 岁,个体经商。

原告:潘儒山,男,55 岁,国家公务员。

原告:林文进,男,37 岁,个体经商。

原告:王生堂,男,41 岁,个体经商。

被告:林子中,男,47 岁,个体经商。

被告:刘秀凤,女,41 岁,系林子中之妻。

1989 年至 1993 年间,被告林子中、刘秀凤夫妇因经商资金不足,先后向原告林文骞、刘达森、林其田、潘儒山、林文进、王生堂 6 人借款 48 万元,其中林文骞 17 万元,刘达森 10 万元,林其田 75 000 元,潘儒山 45 000 元,林文进 25 000 元,王生堂 65 000 元。1992 年 7 月 10 日,林子中与福建省三明市三元区旧城改造办公室签订预购福建省三明市三元区崇荣路 109 幢 4 号店面房合同,该合同规定:房屋建成后,由林子中验收,并负责办理房产证。1993 年 2 月 25 日,林子中交清房款 229 469 元,并于同年 9 月 28 日从卖房单位接管使用所购店面房,但未依约向房管部门申办产权登记和领取房产证书。此后,因欠 6 名原告借款未还,被告林子中、刘秀凤于 1994 年 2 月 5 日与原告林文骞、刘达森达成以店面房抵债协议,该协议约定:坐落在福建省三明市三元区崇荣路 109 幢 4 号店面房以 48 万元抵偿给林文骞、刘达森,产权归其所有;林子中、刘秀凤欠林其田、林文进、王生堂、潘儒山 21 万元债务转由林文骞、刘达森承担;林子中、刘秀凤将购房发票交由林文骞、刘达森办理房产证,有关费用由林子中、刘秀凤负担。协议签订后,林其田、林文进、王生堂、潘儒山均同意林子中、刘秀凤所欠债务转由林文骞、刘达森承担。林子中、刘秀凤在收回 6 原告全部欠条并销毁后,将店面房及购房合同书、发票交给林文骞、刘达森。同年 2 月 15 日,林文骞、刘达森又与林子中、刘秀凤签订店面房租赁协议,约定:林子中、刘秀凤每月付租金 2 000 元,继续使用 4 号店面房做生意至同年 12 月份。林文骞、刘达森一次性收取了租金 2 万元。1994 年 12 月中旬,林文骞、刘达森委托他人到福建省三明市三元区旧城改造办公室(卖房单位)办理店面房户主更名手续,因林子中、刘秀凤与他人发生其他债务纠纷,该店面房于 1994 年 12 月被福建省三明市三元区人民法院查封,致使林文骞、刘达森未办成店面房产权登记、过户手续,林文骞、刘达森也未偿还林子中、刘秀凤尚欠林其田、林文进、王生堂、潘儒山之借款,引起纠纷。林文骞、刘达森于 1995 年元月诉至福建省三明市三元区人民法院，请求判令林子中、刘秀凤归还欠款48万元或将讼争店面房判归其所有。福建省三明市三元区人民法院在审理时追加林其田、林文进、王生堂、潘儒山作为共同原告参加诉讼，他们要求被告归还其欠款，或要求原告林文骞、刘达森归还替被告承担的欠款，并支付欠款利息。

被告辩称：所欠6原告的借款，已经用其店面房与原告林文骞、刘达森签订以店抵债协议偿还。原告林文骞、刘达森未及时到有关部门办理房产证，是造成该房被法院冻结而无法办证的原因，其责任应由原告林文骞、刘达森承担。

【案件焦点】

未办产权登记的房产抵债协议的效力如何认定?

【分析与结论】

三明市三元区人民法院经审理认为：原告林文骞、刘达森与被告签订以店面房抵债协议时，被告的店面房未按有关规定申办所有权登记，也未办理过户手续，违反了有关法律、法规规定，该协议属无效协议。基于该协议而派生的债务转移及店面房租赁协议，亦无法律效力。原告林文骞、刘达森向被告收取的店面房租金应退还给被告。被告未归还所欠6原告的借款，是导致本案纠纷的原因，被告应归还所欠原告的借款，并偿付银行利息。根据《中华人民共和国民法通则》第五十八条第一款第(五)项、第一百一十五条，《中华人民共和国城市房地产管理法》第三十七条第(六)项，《城镇房屋所有权登记暂行办法》第十条，《福建省房屋抵押管理暂行规定》第十条第(一)项，《中华人民共和国民事诉讼法》第一百三十条之规定，于1995年3月17日判决如下：

1. 原、被告间所签订的以店面房抵债协议无效。

2. 原告林文骞、刘达森退还收取的2万元租金给被告。

3. 前项金额冲抵借款，被告应偿还林文骞、刘达森借款27万元及同期银行利息29 737.5元(自1994年2月6日起至1995年3月5日止，按月息9.15‰计算)。

4. 被告应偿还林其田借款7.5万元及同期银行利息1 040.63元(自1994年12月22日起至1995年3月5日止，按月息5.55‰计算)。

5. 被告应偿还潘儒山借款4.5万元及同期银行利息624.38元(自1994年12月22日起至1995年3月5日止，按月息5.55‰计算)。

6. 被告应偿还林文进借款2.5万元及同期银行利息2 973.75元(自1994年2月6日起至1995年3月5日止，按月息9.15‰计算)。

7. 被告应偿还王生堂借款6.5万元及同期银行利息7 731.75元(自1994年2月6日起至1995年3月5日止，按月息9.15‰计算)。

宣判后，被告林子中、刘秀凤不服，以用店面房抵债属双方自愿，没有违反法律规定，应认定有效，以及原审将不存在的诉讼标的进行处理显然不当等为理由，上诉至福建省三明市中级人民法院。

福建省三明市中级人民法院经审理认为：双方当事人之间的债权债务事实清楚，证据充分。上诉人林子中、刘秀凤应偿还所欠被上诉人的48万元借款。上诉人林子中、刘秀凤因无钱还款，将其向福建省三明市三元区旧城改造办公室购买并已实际占有、使用、收益的店面房，用以抵偿债务，系自愿所为，与被上诉人林文骞、刘达森签订的以店抵债协议内容没有违反法律规定，应受法律保护。该协议非买卖店面房，林子中个人未办理产权证，不影响该协议效力，基于该协议而产生的债务转移及店面租赁协议也合法有效。上诉人提出以店抵债有效理由成立，予以采纳。原审认定事实有误，适用法律不当。依照《中华人民共和国民事诉讼法》第一百五十三条第一款第(二)项之规定，于1995年7月18日做出如下判决：

1. 撤销三元区人民法院民事判决。

2. 上诉人林子中、刘秀凤与被上诉人林文骞、刘达森签订的以店面房抵债协议合法有效，三明市三元区崇荣路109幢4号店面房产权归林文骞、刘达森所有；林子中、刘秀凤欠林其田、潘儒山、林文进、王生堂借款21万元，由林文骞、刘达森负责偿还。

本案一、二审法院认定事实相同，但处理结果截然相反，分歧在于对被告以其所有但还未办理产权登记的房产，与原告林文骞、刘达森签订的抵债协议应如何认定？

从本案事实来看，被告向三元区旧城改造办公室预购了4号店面房，预购合同约定：房屋建成后，由林子中验收并负责办理房产证。此后，被告交清了购房款，取得了发票，出售方交付了房屋，被告已予以使用。从这种预购房屋关系来看，出售方交付了预购的房屋，购买方接受了预购的房屋，房屋产权即转移到购买方，剩下的仅是购买方凭购房手续办理产权登记。因此，不能认为购买方未办理产权登记就不享有房屋产权。本案被告既然已经享有4号店面房的产权，就有权用其所有的财产向债权人抵债。债权人同意债务人的抵债行为，与债务人所签订的抵债协议，依法即成立生效。从债务人将抵债物交付于债权人时起，债权债务关系消灭，抵债物所有权转移给债权人所有。所以，二审法院以当事人之间的协议并非买卖房屋，林子中个人未办理产权证，不影响该协议的效力为理由，认定本案抵债协议有效，是正确的。随后所签订的租赁协议也随之有效。

在该协议中还有债务承担转移的内容。这种债务承担转移的协议是否有效，不取决于债务人和接受其债务的人之间的协商一致，而取决于债权人的同意。本案其他4个对被告享有债权的人，同意被告与林文骞、刘达森达成的债务承担转移协议，该协议依法就对他们发生法律效力。因为该债务承担转移内容是依附于抵债协议的，林文骞、刘达森是以取得抵债的店面房的所有权为条件同意接受被告对其他4名原告的债务的，故抵债协议是否有效，直接影响到债务承担转移内容的效力。抵债协议无效，被告与6个原告之间的债权债务关系依然存在；抵债协议有效，则被告与6个原告之间的债权债务关系归于消灭。由于这种利害关系，6个债权人又有要求确认抵债协议有效的相同意思表示，故在林文骞、刘达森起诉后，一审法院追加另4个债权人为共同原告，就是正确的。而如另4个债权人并不要求确认抵债协议有效，只要求被告偿还欠款，则不能追加为共同原告。

另外，虽然依本案事实可以认定抵债协议有效，但由于被告未办理产权登记，根据不动产没有办理产权登记的不得对抗第三人的原理，本案原告林文骞、刘达森取得房屋产权还是有缺陷的，可能发生被第三人追索的法律后果。在这种情况下，原所有权人负有保证受让人不被追索的义务。故本案二审判决还存在不足，还应加判如该房产因第三人追索不能作为抵债物清偿债务的情况下，被告应另行清偿债务。

医疗事故赔偿纠纷案

【案情介绍】

原告:顾某、江某夫妇,汉族,农民,住大余县×镇×街。

被告:大余县×镇路边卫生所。

大余县×镇中心卫生院。

大余县×镇路边卫生所医生彭某。

大余县×镇路边卫生所负责人李某。

2005年3月至2006年6月,原告顾某、江某之六子顾小某连续在大余某饲料有限公司工作。2006年6月25日顾小某回家后出现发热、怕冷,遂请大余县×镇路边卫生所(负责人被告李某,以下简称卫生所)医生被告彭某到家诊治,被告彭某以其患的是“伤寒”病打针、输液共三天,并给口服氯霉素糖衣片。6月30日下午及7月3日、7月7日,彭某继续给患者输葡萄糖液、氯化钠加氯霉素。7月11日彭某改用“先锋”再输一次。7月12日上午,患者被送至大余县×镇中心卫生院(以下简称卫生院)住院治疗,诊断为:(1)伤寒可能;(2)其他待查。并为患者使用氯霉素药物,后建议转市级医院治疗。7月15日,患者转上饶175医院治疗。诊断为:(1)骨髓抑制;(2)继发性感染;(3)电解质紊乱;(4)急性上消化道出血;(5)呼吸性碱中毒。住院8天后转上饶市医院治疗,诊断结论与175医院基本一致。经专家会诊、检查、抢救,患者因骨髓抑制、继发感染等于7月24日医治无效死亡,共计花去医疗费人民币15918.72元。原告夫妻共生育八个子女,均已成年。经委托上饶市医学会进行技术鉴定,结论为本案病例属于一级甲等医疗事故,卫生所、卫生院共同承担次要责任。为此,原告诉请判令被告彭某、李某、卫生所、卫生院共同赔偿原告医疗费15918.72元,死亡赔偿金275065.6元,丧葬费9659元,被扶养人生活费117335元,护理费5400元,交通费2 000元,住宿费1 500元,误工费9204元,住院伙食补助费2160元,营养费5000元,精神抚慰金100000元,合计人民币445463.72元。

【案件焦点】

1. 医疗事故的构成要件。
2. 本案的法律适用问题。
3. 共同侵权人的责任承担问题。

【分析与结论】

一、关于医疗事故的构成要件

2002年9月1日国务院公布的《医疗事故处理条例》(以下简称《条例》)第二条规定:"本条例所称医疗事故,是指医疗机构及其医务人员在医疗活动中,违反医疗卫生管理法律、行政法规、部门规章和诊疗护理规范、常规,过失造成患者人身损害的事故。"据此,医疗事故的构成要件应包括:(1)主体是医疗机构及其医务人员。这里所说的"医疗机构"是指取得《医疗机构执业许可证》的机构。这里所说的"医务人员"是指依法取得执业资格的医疗卫生专业技术人员,如医师和护士等,他们必须在医疗机构执业。(2)造成患者人身损害的事实。(3)行为的违法性。这里所指的导致医疗事故发生的直接原因是因为医疗机构和医务人员违反医疗卫生管理法律、行政法规、部门规章和诊疗护理规范、常规,其行为违法。(4)医院的过失行为与患者人身损害存在因果关系。(5)主观上存在过失。医疗机构及其医务人员在对患者治疗的过程中,主观上要存在过失行为,而非故意。本案事实符合上述医疗事故的构成要件,属医疗事故损害赔偿纠纷。

二、关于本案法律适用问题

国务院《条例》和最高人民法院的《关于参照〈医疗事故处理条例〉审理医疗纠纷民事案件的通知》相继出台后,医务界、法学理论界以及审判实务界对医疗损害赔偿纠纷案件的适用法律问题一直争论不休。对医疗损害赔偿纠纷究竟应该适用《民法通则》还是《条例》,有观点认为,按照特别法优于普通法这一基本的司法原则,应优先适用《条例》,因为《民法通则》属于普通法,《条例》属于特别法,特别法应该优于普通法而优先适用;另有观点认为,按照法律的高阶位优先适用的原则,《民法通则》属于上位法,《条例》属于下位法,当上位法和下位法的法律规定不一致的时候,应优先适用上位法即《民法通则》及《最高人民法院关于审理人身损害赔偿案件适用法律若干问题的解释》(以下简称《解释》);还有观点认为,按照《条例》第四十九条第二款"不属于医疗事故的,医疗机构不承担赔偿责任"的规定,当然不能再适用《民法通则》和《解释》。又有观点认为,《民法通则》的法律效力高于《条例》,且《民法通则》与《条例》也不是基本法与特别法的关系,从有利于实现当事人的合法权益最大化出发,应按《民法通则》和《解释》的规定进行处理,这也是以人为本司法理念的体现和对人的健康、生命的尊重。上述争论,使法官在司法实务中无所适从。

笔者认为,《条例》是国务院针对特定领域制定的专业性很强的行政法规,对法院审理此类案件具有当然的法律效力。《条例》第三条规定:"条例实施后,人民法院审理因医疗事故引起的医疗赔偿纠纷民事案件,在确定医疗事故赔偿责任时,参照条例第四十九至第五十二条的规定办理。"2003年1月6日最高人民法院颁布的《关于参照〈医疗事故处理条例〉审理医疗纠纷民事案件的通知》规定:"条例施行后发生的医疗事故引起的医疗赔偿纠纷,诉到法院的,参照条例的有关规定办理;因医疗事故以外的原因引起的其他医疗赔偿纠纷,适用民法通则的规定。"上述通知第三条规定:"条例实施后,人民法院审理因医疗事故引起的医疗赔偿纠纷民事案件,在确定医疗事故赔偿责任时,参照条例第四十九条、第五十条、第五十一条和第五十二条的规定办理。"因此,在处理医疗事故引起的医疗赔偿纠纷案件时必须严格按照《条例》的规定适用法律，而不能适用《民法通则》和《解释》，只有不构成医疗事故的其他医疗纠纷的人身损害赔偿案件，才能适用《民法通则》和《解释》的规定处理。本案属医疗事故引起的人身损害赔偿案件，应适用《条例》的规定处理。

三、关于共同侵权人的责任承担问题

共同侵权行为可分为意思联络的共同侵权行为和无意思联络的共同侵权行为，本案即属于无意思联络的共同侵权行为。构成共同侵权，数个加害人均需要有过错，或者为故意，或者为过失，但是无须共同的故意或者意思上的联络；共同侵权行为，以各个侵权行为所引起的结果，有客观的关联即可，各行为人之间的意思联络非成立要件。对共同侵权人的侵权行为，如果能区分其责任大小，则可以根据其过错或者过失承担区别责任，若无法区分，则应由共同侵权人承担共同赔偿责任。英美法系国家的侵权行为法也认为，各自独立的行为结合在一起而造成他人损害，从而对受害人负有连带责任的人，是共同侵权人。共同侵权人中的每一个人都有义务向被害人支付赔偿金。如《美国侵权行为法重述(第二次)》第 875 条规定："两人或多人之每一人的侵权行为系受侵害人之单一且不可分之法律原因者，每一人均须对受害人就全部伤害负责任。"最高人民法院《解释》将二人以上既没有共同故意也没有共同过失但行为直接结合造成同一个损害结果的，也认为是共同侵权行为，应当承担连带责任。《民法通则》第 130 条也规定："二人以上共同实施侵权行为，造成他人损害的，应当承担连带责任。"上述条文的内容，就是包括主观的共同侵权和客观的共同侵权，并不是只有共同过错才构成共同侵权。共同的行为造成一个结果，原因行为和损害结果不可分的，同样可以认定为共同侵权行为，同样要承担连带责任。本案中，卫生所、卫生院在对患者进行治疗的过程中均存在不同的过错行为，尽管双方的过错行为分别实施，在主观上并无意思联络，但客观上双方的过错行为紧密结合，均与本案损害结果的发生存在因果关系，且难以区分过错责任孰大孰小，因此，应认定为无意思联络的共同侵权。综上，一、二审法院均判令卫生院、卫生所共同承担赔偿责任是正确的。

大余县人民法院经审理认为：卫生所对患者的诊疗存在诊断行为不规范，导致治疗错误；卫生院对患者的诊疗存在病史采集记录不规范、不详细，病情分析不详细，导致诊疗失误。上述两家医疗机构的医疗过错行为与患者的死亡存在一定的因果关系。上饶市医学会做出的鉴定结论认为卫生所、卫生院共同承担次要责任是正确的，应作为本案定案依据。卫生所、卫生院应对原告的合理损失合计人民币 402672 元承担 30％的赔偿责任。被告彭某、李某是卫生所的医生，在执业期间履行卫生所职务，所产生的法律后果应由卫生所承担，故原告请求被告彭某、李某承担赔偿责任无法律依据，不予支持。据此，依照《中华人民共和国民法通则》第一百一十九条、《医疗事故处理条例》第四十九至第五十二条、《最高人民法院关于审理人身损害赔偿案件适用法律若干问题的解释》第十七条、第二十九条的规定，做出如下判决：

1. 被告卫生所、卫生院应在本判决生效后十五日内共同赔偿原告因顾小某死亡造成的各项经济损失人民币 402672 元的 30％即 120801 元；

2. 驳回原告的其他诉讼请求。

一审宣判后，卫生所、卫生院不服，均向上饶市中级人民法院提起上诉。

上饶市中级人民法院经审理认为：本案被上诉人是以医疗事故损害赔偿为诉因提起诉讼，且事故已经上饶市医学会鉴定为医疗事故，各方当事人对此也没有争议，根据《最高人民法院关于参照〈医疗事故处理条例〉审理医疗纠纷民事案件的通知》第一条第(一)项的规定，应参照

《条例》的规定审理。原审确定本案的赔偿责任既适用上述通知的规定，又同时适用《民法通则》及《解释》的规定，没有正确区分上述法律依据所调整的不同对象，适用法律错误，予以纠正。根据《条例》的规定，死亡赔偿金并不是法定的赔偿项目，原审将其列为赔偿项目，缺乏法律依据，本院予以纠正，该部分费用应扣除。综上，上诉人关于原审判决将死亡赔偿金列为赔偿项目不当的主张本院予以采纳。考虑到原审存在适用法律错误的情况，本院予以全案审查。根据《条例》的有关规定，对各赔偿项目的数额调整如下：医疗费 15918.72 元，误工费 1269.6 元，护理费 2539.2 元，住院伙食补助费 180 元，交通费 1000 元，被扶养人生活补助费 12150 元，精神抚慰金 58846.26 元，丧葬费 9659 元，处理丧事误工费 634.8 元，合计 102197.58 元。卫生所、卫生院在对患者进行治疗的过程中均存在不同的过错行为，尽管双方的过错行为分别实施，在主观上并无意思联络，但客观上双方的过错行为紧密结合，均与本案损害结果的发生存在因果关系，难以区分过错责任孰大孰小，原审认定双方构成共同侵权，应承担共同赔偿责任并无不当。故卫生院关于原审未区分其与卫生所的各自责任，按共同赔偿处理明显不当的理由不能成立，不予采纳。在医疗事故损害赔偿案件中，作为患者一方并没有过错，原审认定顾某、江某自负主要责任缺乏事实依据，同时考虑到患者的原发疾病对于本案损害结果也有一定的原因，故本院对双方责任承担予以纠正，由上诉人共同承担 70%的赔偿责任。综上，上诉人的上诉理由部分可以成立，其上诉请求部分予以采纳；原审适用法律错误，且部分缺乏事实依据，予以纠正。依照《中华人民共和国民事诉讼法》第一百五十三条第一款第(二)项的规定，改判如下：

1. 维持(2007)余民初字第 406 号民事判决第(二)项；

2. 变更(2007)余民初字第 406 号民事判决第一项为："上诉人应在本判决生效后十五日内共同赔偿被上诉人因死亡造成的各项经济损失 71538.3 元。"

不良信用谁说了算

【案情介绍】

目前，由中国人民银行牵头，在全国范围内各大小银行机构联网对个人、企业等逐步建立了“不良信用”记录档案，有“不良信用”记录的人在其今后的“银贷”问题上要受到严格的限制：“七年内，各大小银行将不再对其放贷”。“不良信用”记录对防范银行金融系统信贷危机，乃至促进社会诚信建设，都具有非常重要的积极意义。但“不良信用”记录应该遵循严格的审核程序，对客户负责。一方面银行有理由把“不良”客户拒之门外；另一方面银行进行“不良信用”记录必须实事求是，依法进行。否则，“不良信用”记录不实，将构成对他人名誉权的侵犯，将承担相应的民事责任。

案例链接：

这是一起因出借居民身份证给他人购买手机而拖欠话费，造成银行信用卡恶意透支，导致出借人被银行记录为“不良信用人”，而引发的名誉侵权纠纷案件。

原告杜×与被告黄×系同事。2004 年 8 月，被告黄×得知某联通公司与中国银行某支行联合举办 CDMA 手机优惠活动，事业单位工作人员带身份证和单位证明均可办理，因其身份证丢失，于是，借原告杜×身份证去办理。按照活动要求，凡办理此业务，均要填写中国联通某分公司 CDMA 业务客户登记表和长城信用卡申请表。其中载有关于接受 CDMA 手机及入网规定并委托用长城卡代缴话费规定。被告黄×在持卡人签名栏上，签上原告杜×的名字，办理了 CDMA 手机购买、入网业务和中行长城信用卡代缴代扣话费业务。被告黄×使用手机一段时间后，将手机转与他人使用，但没有办理手机过户手续。2006 年 10 月，原告杜×在某工商行支行办理贷款时，被告知其存在银行系统信用不良记录，7 年内各商业银行对其均不能放贷。后杜×得知该不良记录系由黄×借其身份证办理手机业务所致。杜×随后找到黄×，因该手机已转让他人，由黄×补交了欠款。

此后，黄×、杜×多次要求中国银行某支行将杜×不良信用记录删除，但始终未果。杜×遂以黄×、某联通公司、中国银行某支行为被告诉至法院。

【案情分析】

1. 央行有权组织商业银行记载“不良信用记录”

根据中国人民银行《个人信用信息基础数据库管理暂行办法》第二条、第三条、第四条、第五条的规定，个人信用信息包括个人基本信息、个人信贷交易信息以及反映个人信用状况的其他信息。个人基本信息是指自然人身份识别信息、职业和居住地址等信息；个人信贷交易信息是指商业银行提供的自然人在个人贷款、贷记卡、准贷记卡、担保等信用活动中形成的交易记录;反映个人信用状况的其他信息是指除信贷交易信息之外的反映个人信用状况的相关信息。中国人民银行负责组织商业银行建立个人信用信息基础数据库,并负责设立征信服务中心,承担个人信用数据库的日常运行和管理。个人信用数据库采集、整理、保存个人信用信息,为商业银行和个人提供信用报告查询服务,为货币政策制定、金融监管和法律、法规规定的其他用途提供有关信息服务。中国人民银行、商业银行及其工作人员应当为在工作中知悉的个人信用信息保密。从上述条文中可以看出,中国人民银行有权组织商业银行对个人的信贷交易信息以及反映个人信用情况的其他信息予以记载,并在中国人民银行及各商业银行内部之间进行网络公布,以便维护金融稳定,防范和降低商业银行的信贷风险,促进个人信贷业务的良好发展。

2. 不实的信用记录必须纠正

如何消除不实的“不良信用”记录?中国人民银行《个人信用信息基础数据库管理暂行办法》第二条规定:“中国人民银行负责组织商业银行建立个人信用信息基础数据库,并负责设立征信服务中心,承担个人信用数据库的日常运行和管理。”第十一条规定:“商业银行发现其所报送的个人信用信息不准确时,应当及时报告征信服务中心,征信服务中心收到纠错报告应当立即进行更正。”根据上述条文可以看出,商业银行无权直接更改个人信用信息,必须上报中国人民银行征信服务中心,由征信服务中心予以核查更正。因此,法院对记录不实的个人信用信息记录,只能判决责令商业银行在一定的期限内将记录不实的情况上报中国人民银行征信服务中心,由征信服务中心核查后更正,而不能直接责令商业银行更正记录不实的个人信用信息记录。

【案件结果】

法院审理认为,银行将他人记载为不良信用人,是一种对他人社会信用程度的贬低性评介。贬低性评介如果没有客观事实根据,则构成对他人名誉权的侵犯。本案原告杜×并没有办理 CDMA 手机入网手续,也没有办理银行长城信用卡手机话费代扣业务,其本人当然不会有信用卡恶意透支而拖欠话费的行为,银行以恶意透支拖欠话费为由将其记录为不良信用人,没有事实根据,构成了对其名誉权的侵犯。但是原告被记录为不良信用人,却是多因导致一果,各责任人都应因此承担各自的责任。我国居民身份证法明确规定,禁止出租、出借、转让居民身份证。原告杜×违反法律规定将身份证出借他人,是造成其被记录为不良信用人的原因之一;被告黄×违反法律规定借用他人身份证办理手机购买和入网话费信用卡代扣手续,后将手机转让他人使用,没有及时办理手机过户手续,造成拖欠手机话费、信用卡透支,是导致原告被记录为不良信用人的主要原因之一;根据《中国银行长城人民币信用卡章程》的规定与某联通公司和中国银行某支行联合办理 CDMA 手机业务规则的要求,某联通公司和中国银行某支行在办理该手机入网业务和信用卡手机话费代扣业务中,应当负有严格审查“办证人”所持的身份证是否是其本人的注意义务。基于上述原因法院依法判决:一、被告中国银行某支行于判决生效后十日内,将原告杜×的个人信用信息准确地上报中国人民银行,消除在此次信用卡业务中银行系统造成的原告不良信用的记录;二、被告黄×于判决书生效后十日内赔偿原告杜×评估费损失 210 元,精神抚慰金 1 000 元;三、被告某联通公司赔偿原告杜×精神抚慰金 300 元。

【相关法规】

1.《征信业管理条例》第二十五条规定:信息主体认为征信机构采集、保存、提供的信息存在错误、遗漏的,有权向征信机构或者信息提供者提出异议,要求更正。征信机构或者信息提供者收到异议,应当按照国务院征信业监督管理部门的规定对相关信息作出存在异议的标注,自收到异议之日起 20 日内进行核查和处理,并将结果书面答复异议人。经核查,确认相关信息确有错误、遗漏的,信息提供者、征信机构应当予以更正;确认不存在错误、遗漏的,应当取消异议标注;经核查仍不能确认的,对核查情况和异议内容应当予以记载。

2. 第二十六条规定:信息主体认为征信机构或者信息提供者、信息使用者侵害其合法权益的,可以向所在地的国务院征信业监督管理部门派出机构投诉。受理投诉的机构应当及时进行核查和处理,自受理之日起 30 日内书面答复投诉人。信息主体认为征信机构或者信息提供者、信息使用者侵害其合法权益的,可以直接向人民法院起诉。

3. 第十六条规定:征信机构对个人不良信息的保存期限,自不良行为或者事件终止之日起为 5 年;超过 5 年的,应当予以删除。在不良信息保存期限内,信息主体可以对不良信息作出说明,征信机构应当予以记载。

因见义勇为引发的经济补偿纠纷案

【案情介绍】

谭彬与李敏系夫妻关系，其子谭亮与被告陈明为同校同学，均就读于北京市房山区某中学。2008 年 5 月 20 日下午 3 时许，谭亮等 5 名同学一起到房山区长沟镇北泉河橡胶坝游泳。因陈明不习水性，故未下水，只是坐在橡胶坝上观望。后其从坝上站起时不慎滑入水中，其余四人急忙施救。最后，陈明获救，但谭亮不幸溺水身亡。2010 年 4 月 19 日，中共北京市房山区委、北京市房山区人民政府做出了对谭亮同学进行表彰的决定，并追认其为房山区"见义勇为好少年"。事后，谭李夫妇因爱子身亡，给自己在精神上造成极大痛苦，故向被告提出了经济补偿的要求。经房山区长沟镇人民政府综治办调解仍未达成协议。2011 年 6 月 26 日，谭李夫妇向房山区人民法院提起了诉讼。

两原告诉称："我子谭亮因见义勇为，在营救落水同学被告陈明的过程中，不幸溺水而亡。他死后，我夫妇二人痛不欲生，虽经长沟镇政府做工作，仍未能得到圆满解决，为此诉至法院，要求二被告赔偿我二人经济损失 60000 元、精神损失费 80000 元、丧葬费 1000 元。"

被告辩称："原告所诉事实经过基本属实。事情发生后，我们找到村委会要求协商解决，真心愿意给予原告经济补偿。但因原告要求过高，我家庭经济条件难以承受，故无法达成协议。仍同意补偿原告 20000 元。"

在庭审中，两原告向法院提供了陈明和相关人员的证言、证明及北京市房山区长沟镇人民政府、北京市房山区长沟中学的请示和中共北京市房山区委、北京市房山区人民政府关于对谭亮同学进行表彰的决定和荣誉证书，证实谭亮系在对陈明施救时溺水身亡、被追认为房山区"见义勇为好少年"的事实；被告对此均予以认可。同时，被告也提供了北京市房山区石楼粮食收储库及北京市房山区长沟中心卫生院的证明，证实自己的家庭收入情况；原告对此未提出异议。

【案件焦点】

1. 对见义勇为的行为性质的界定。
2. 从法律层面为见义勇为者提供救济的必要性。

【分析与结论】

这是一起由见义勇为引发的经济补偿纠纷案件。

在物质文明高度发达的今天，大力弘扬见义勇为的精神，不仅有助于社会主义市场经济的健康发展,也符合以德治国的历史潮流。但在现实生活中,对见义勇为者及其家人事后的保障、救助往往与其付出不成比例,差强人意,造成“英雄流血又流泪”的尴尬局面。如何认定和正确对待见义勇为这一行为,从而避免由此衍生出的一系列社会问题和纠纷,需要我们从道德和法律的不同层面共同关注并予以解决。

就本案而言,从法律的角度切入,有以下问题值得探讨:如何对见义勇为这一行为进行定性?对其行为人是否有提供法制救济、补偿的必要?如确需补偿,其依据何在,标准如何?

(一)对见义勇为的行为性质的界定

见义勇为一词,在我国最早来源于《论语·为政》“见义不为,非勇也”。其含义是:看到体现正义的事,却不去做,就是一种不勇敢的行为。意译过来就是:我们应当勇敢地去做匡复正义之事。

目前,我国现有的法律法规对此并未有明确的规定,它更多的是存在于道德的范畴,而实务中则大多类推适用民法中关于无因管理的规定,二者在内涵和外延上的确有相似之处,但也存在一些不同。根据已有的案例和相关的处理,我们可以大致归结出见义勇为的基本构成要件:(1)行为主体一般应是实施该行为时不负有法定或约定义务的自然人,而非法人或其他组织。由于这是一种事实行为,而非民事法律行为,不以意思表示为要素,所以无须要求行为人具有完全的民事行为能力,只要事实上有此行为,即当然地发生相应的法律效果。(2)行为客体的范围应做广义理解,既有物质利益,也有人身利益,同时并不局限于他人权益,还包括了国家、集体的利益,且应是合法权益,不违背公序良俗。(3)主观上应是力图使国家、集体、他人的合法利益避免遭受损失,且多不畏危险。但这一主观意思并不需要行为人明确地表示出来,也不宜单纯地依据客观行为后果判断,最好以一较宽松的标准,如通过其具体行为来确定。(4)客观上实施了积极具体的救助行为,至于最后是否达到了理想的救助效果并不影响该行为的成立。(5)大多是在面临较大的人身危险或可能遭受较大损失等很紧急的情况下实施了该行为,往往附带一定的风险。可见,它与民法中“没有法定的或者约定的义务,为避免他人利益遭受损失进行管理或者服务的,有权要求受益人偿付由此而支付的必要费用”的无因管理存在一定的交叉融合的地方,可视为广义的无因管理;同时,由于其时间上的紧迫性、人身危险性,又对行为人的个人品德、觉悟提出了更高的要求,应受到法律的积极肯定。本案中,无论是从法律还是从约定考虑,谭亮都不负有救助落水同学陈明的义务,但在后者面临生死存亡的紧急关头,毅然出手相助,使之得救,并因此献出了自己的生命。可见,其行为完全符合见义勇为的构成要素。

(二)从法律层面为见义勇为者提供救济的必要性

由上可知,见义勇为无论是对公民个人,还是对社会的进步,都有着积极的促进意义,有利于经济、文化的良性发展,应是受法律所肯定的一种行为。因此,如何看待对见义勇为者的善后问题应引起我们的重视。

长期以来,我国更多情况下都习惯于用道德来调整这一行为,尚未上升到法律的层面。而我国的传统道德理念中向来认为“君子喻于义,小人喻于利”。故应“重义轻利”,见义勇为之后不应再向所救之人寻求利益上的报酬抑或补偿。其出发点固然是好,但首先,它忽视了人性的本质——人有社会属性,所以会主动对共同生活的其他社会个体施以援手;但同时,人也具有自然属性,故而也会有最基本的需求,其中包括精神需求,更包括物质需求,这既是人作为生物得以生存下去的基本要素,也是基本人权的重要组成部分。所以不应把见义勇为者在物质方面的补偿需求简单地视作与“义”相对立的“利”，视作生命的一般等价物，予以否定，而应客观看待。毕竟在行为过程中，他在脑力上、体力上均有所付出，有些甚至还献出了生命，所谓的“利”更多情况下是一种事后补偿，弥补其所付出的代价，尽可能地使其生活恢复到原状，是一种“反救助”，在行为人和受益者之间实现利益的平衡。否则，当见义勇为者帮助他人避免损失后，自己的切身利益却无法得到应有的保障，长此以往，社会公众对这种行为的安全感自然会发生缺失，互助积极性降低，从而导致道德危机，同时，还会由此引发一系列纠纷。本案即是因为在经济补偿方面双方无法达成协议才诉诸法院寻求解决。

其次，当出现此类纠纷，尤其是在涉及金钱利益时，仅仅依靠道德，或者说仅依内心的自觉性往往很难寻求到利益平衡的支点，并妥善地定纷止争。毕竟道德具有不确定性和内心强制性。而法律作为一种外在的调节机制追求的恰是各方当事人之间利益的均衡与协调，调节方式上多以公平为目标，以利益为手段，更利于为见义勇为者的合法权益提供更完备的保障。当然，也不可否认，即使是最完备的法律也无法做到完全的公平，只是尽可能地接近那个层面。这里所说的公平，不应局限于形式公平，更重要的是力求实现实质上的公平，这才是法治的终极目标。所以，在个案处理时，不应只是利益的简单平均分割，而是通过具体灵活的司法操作，将法条中的立法本意与个案特点有机结合，区别对待，依据法律对传统道德做一定程度的“修正”，兼顾各方利益，使问题的解决既有合法性，即有法可依；又有合理性，即符合公众最基本的公平正义的理念。可见，从法律层面为见义勇为者提供救济是很有必要的，将对他的救助、褒奖等善后工作从道德层面落实到物质层面，确保了当事人的基本权益，从而进一步促进良好社会公德的弘扬，形成一种良性互动，符合社会主义市场经济发展的要求，这也是社会主义法制所追求的目标。

（三）对见义勇为者进行救济、补偿的依据和相关标准

1. 由于见义勇为的实施，使被救助人的利益得以避免受损，同时却给行为人造成了损失，这就在受益人和受害人之间形成了一种利益的失衡，这是对后者进行补偿的事实依据。

这里所说的损失从不同的角度，一可分为物质上的损害和精神上的损害。前者也可称为财产损害，它原则上可以适用同质救济即直接救济恢复原状。如果不能，则以金钱补偿来代替，此即赔偿金。这种损害最大的特点在于它可以用金钱这种一般等价物来衡量。而后者也可称为非财产损害，包括肉体上的和精神上的痛苦，它既可以适用恢复原状，如赔礼道歉、消除影响等；也可以在上述措施都难以实施时代之以金钱补偿，即支付抚慰金。由于非财产损害大多是无形的，无法用金钱来计算，故所谓的金钱补偿更多的只是起到抚慰的功能，而且这还决定了其认定、取证极为困难，大多只能借助于法官的自由裁量权，即衡平司法。二可分为现有利益的减损和可得利益的丧失。前者即当时即可看到的、现实存在的利益的减少。而后者是指对于行为发生时尚未存在、但依正常情况将来预期可得的利益所享有的一种期待权的损失。

但无论适用何种划分标准，都可以认定见义勇为者在自身的权益上有所缺失，而被救助人从中受益，因而他对前者存在着补偿义务。双方间的“所失”和“所得”可能无法完全用金钱来加以衡量、代替，但至少通过经济补偿的形式能弥补部分损害并抚慰精神创伤，既是基于衡平之考虑，也符合法律公平正义之理念。

2. 现有法律虽对见义勇为没有明确的规定，但在对受害人的救济方面依然可以寻求到相关的法律依据。

目前，我国大多通过两种途径对见义勇为者提供法律保障：一是类推适用“无因管理”的规定，如《民法通则》第93条，“没有法定的或约定的义务，为避免他人利益受损失进行管理或者服务的，有权要求受益人偿付由此而支出的必要费用”，以及《关于执行〈民法通则〉若干问题的意见》第132条，“民法通则第93条规定的管理人或者服务人可以要求受益人偿付的必要费用，包括在管理或者服务活动中直接支出的费用，以及在该活动中受到的实际损失”。二是适用“损失补偿”原则，如《民法通则》第109条，“因防止、制止国家的、集体的财产或者他人的财产、人身遭受侵害而使自己受到损害的，由侵害人承担赔偿责任，受益人也可以给予适当的补偿”。同时，《关于执行〈民法通则〉若干问题的意见》第142条规定：“为维护国家、集体或者他人合法权益而使自己受到损害，在侵害人无力赔偿或者没有侵害人的情况下，如果受害人提出请求的，人民法院可以根据受益人受益的多少及其经济状况，责令受益人给予适当补偿。”二者相比，前者更适于对行为进行定性，而后者在确定补偿的标准金额上更易于操作。个案审理中，审判人员对于法律依据和补偿标准的选择适用有着较大的自由裁量权。

3. 在本案中，当事人的损失主要集中于人身权方面，即非财产损害。人身权包括人格权和身份权。前者是自然人对其自身主体性要素和整体性结构的专属性支配权，又可分为物质性人格权和精神性人格权。而后者则是自然人基于其身份或在社会生活中所处的地位而享有的伦理性权利，同样以一定的人格要素存在为前提。本案中就见义勇为者谭亮本人而言，他丧失的是其生命权，即自然人以其性命维持和安全利益为内容的人格权。该权利的客体是他的生命，是他作为自然人的物质性人格权的集中体现。当他生命终止时，则其余一切人格要素及基于此产生的人身权益也均归于消灭。此权利如此重要，可对其的救济却十分困难，尤其是在涉及损害补偿的类型化和定量化时。此外，就本案原告死者的父母而言，他们丧失的是对谭亮的亲权，即父母对未成年子女的身心抚养教育、监护管理的权利。这一权利包含在身份权中，借助于情感的交流，使权利人享有了来自相对人的情感利益，它已超越了物质上的供养扶助。而由于死者的早逝，生死两隔，亲权无从谈起，精神上也必受重创。无论是谭亮的生命权的丧失还是他父母的亲权的缺损，都是无法用金钱来弥补的，而判决经济补偿也只是力图借助物质手段最大限度地减轻当事人精神上的痛苦，消除其内心的愤懑与不平，换取某种利益上的平衡，以更切实地保障民事主体的合法权益。

其实，在同类纠纷中，通常会涉及三方当事人：加害人、受益人（被救助人）、受害人（见义勇为者），他们之间存在着不同的法律关系。首先是加害人和受害人之间，构成侵权之债，后者及其家属可以依据过错归责原则提出损害赔偿请求权，这也是终极的财产责任。其次，受益人和受害人之间，形成补偿关系。当存在加害人时，就出现了责任的竞合，受害人应先向加害人求偿，在后者无力偿付或去向不明时，受益人仍应就未受完全填补的部分损失在自己所受利益的范围内予以补偿，此后再向加害人追偿，以实现利益上的均衡，体现了民法的公平原则。反之，没有加害人时，例如本案，受益人应基于自身的受益多少、经济基础，在物质上履行补偿的责任。

4. 至于具体的补偿标准，由于案情不同，地区间也有差异，故做法不一，但大多适用损害赔偿金的相关规定。

对此，意大利的做法是：对受害者的赔偿以即时的和直接的损失为限，如果不能准确地证实损失的精确数额，则由法官通过公正估价进行确定，同时，还可以考虑对可得而未得到的利益进行估价；当人身损害具有永久性质时，赔偿金得由法官根据双方当事人的条件和损害的性质以终身年金的形式确定，在该情况下，法官将要求提供适当的担保。

英美国家则认为:从理论上讲,赔偿的作用在于使胜诉的原告恢复到最初的状态,而当事实上这已不可能时,只能将它视为对原告所遭受损失或者损害的一种物质填补。其中,对于生命的补偿,其标准应是他生活得幸福,而非生命的长度,所以,对其损失的较合理的推定方法应是判定一个较少的金额,数量应当适中,因为如果他的生命能够存续,此存续期间的幸福是难以计算的;此外,他的社会经济地位和他的"生命期望"无关;对非常年幼的儿童,这种赔偿数额还应减少。

而在我国,司法实务中除依据前文所述的民法及相关司法解释外,大多类推适用损害赔偿金的标准。本案审理时,原告最先诉请以谭亮 14 岁以前的抚育费作为依据计算经济损失,同时要求偿付精神损失费和丧葬费。对此,审判人员首先考虑到《民法》第 109 条及相关的司法解释明确规定了法院可责令受益人给予适当补偿,与案情十分贴近,更易于实际操作,方便权衡双方利益,故选择适用此条。其次,所谓的抚育费缺乏明确的计算标准,所以不予采纳;而根据精神损害赔偿责任的司法解释,自然人只有在人格权遭受非法侵害时才可向人民法院起诉请求赔偿精神损害,由于本案并未涉及侵权行为,因此不存在精神损失费的赔偿问题;至于丧葬费,因数额不大,结合当地民情,也就没有涵盖在补偿费之中。最后,结合北京高院出台的《关于印发〈关于审理人身伤害赔偿案件若干问题的处理意见〉的通知》第 26 条,"死者的近亲属以受害人死亡给自己造成精神痛苦为由请求死亡赔偿金的,应予支持。赔偿金数额可根据致害行为的性质、致害人的过错程度、请求权人所受痛苦之程度以及其与死者的关系等酌定。但一般不得超过我市城镇职工上年平均工资的 10 倍,死者的近亲属限于死者的配偶、父母、子女。死者的配偶、父母、子女缺位的,形成赡养、抚养、扶养关系的其他近亲属有权请求死亡赔偿金"。由此参照死亡赔偿金的标准,并综合考虑案件的具体情况:被告家中经济条件并不宽裕,且谭亮死亡时年仅 14 岁,尚属年幼,所耗费的抚养物资自然有限,所以在死亡赔偿金的上下限内选择了一个较小的比例,判决本案被告补偿原告经济损失五万元,同时驳回了原告其他诉讼请求。其实,依据上述通知的立法本意,这里的死亡赔偿金已经包括了对死者近亲属精神损害的抚慰了。

法院经审理认为:原告之子谭亮与被告陈明一起游泳时,见后者落水,便与其他同学积极施救,使他得以逃脱危险,自己却不幸身亡。谭亮的行为,应予以表彰。其被人民政府追认为"见义勇为好少年"当之无愧,其舍己为人的精神永存。谭亮的行为虽获此表彰与奖励,但被告陈明及其法定代理人陈国庆作为受益人,对谭亮之死造成的损失,应对谭亮的父母给予适当补偿。补偿标准应参照谭亮的死亡赔偿金,并考虑被告家中的实际负担能力。其中,死亡赔偿金应参照谭亮死亡的上一年北京市在岗职工年平均工资计算。综上考虑,原告之请求显属过高,就其过高部分,法院不予支持。遂判决被告补偿原告经济损失 50000 元。

因医疗纠纷父母将子女遗留医院的责任问题的案件

【案情介绍】

原告：江夏区妇幼保健院。

被告：宋蓉，女，城市居民，住江夏区×路。

被告：徐林，男，城市居民，住江夏区×路。

2009年2月，宋蓉因怀孕到区妇幼保健院进行常规产前检查，6月13日区妇幼保健院为宋蓉做三维彩超检查，未见异常，9月26日宋蓉在区妇幼保健院剖宫产下一女，10月1日宋蓉与其女出院。2010年6月25日，宋蓉与其夫徐林带新生女到区妇幼保健院看病，初步诊断为心脏收缩期杂音及重症肺炎。宋蓉与徐林认为区妇幼保健院在为宋蓉做产前检查时没有尽职尽责，没有检查出小孩患先天性疾病，即将小孩留在区妇幼保健院后离去。区妇幼保健院考虑到小孩患有重症肺炎，而自己没有治疗小孩肺炎的能力，遂将小孩送到四川省人民医院（以下简称"省医院"）治疗，并预交了相关的治疗费用。此后，区妇幼保健院多次与宋蓉、徐林联系，告知小孩在省医院住院治疗，希望二人到省医院看望小孩并办理相关住院手续。同时区妇幼保健院向公安机关报案，经公安机关多次调解未果。至今，小孩在省人民医院住院治疗已产生9000余元的医疗费。为了正常的医疗活动，保护其合法权益，区妇幼保健院向法院提起诉讼，诉请法院判决：(1)宋蓉、徐林夫妇承担法定的抚养义务和监护责任；(2)宋蓉、徐林付给区妇幼保健院预交的医疗费9000元。

上述案件是一起典型的医疗纠纷，被告宋蓉、徐林认为医院没有善尽义务，没有检查出小孩患先天性疾病，遂将小孩留在区妇幼保健院，对此小孩的父母应当承担什么责任？对于被告宋蓉、徐林遗留在医院的小孩，区妇幼保健院又应当承担什么责任？针对上述问题，笔者认为，本案涉及的是亲权及对未成年人监护责任、管理责任或一般职业看护责任的问题，由于亲权及对未成年人的监护内容丰富，因此，本文仅限于讨论因医疗纠纷父母将小孩遗留在医院的责任问题。

【案件焦点】

1. 父母不履行亲权或滥用亲权的责任。
2. 医疗机构对遗留的未成年人的责任。

【分析与结论】

父母对子女的责任或者说权利与义务，来自两个方面：一是亲权，二是监护。亲权是指父母对未成年子女在人身和财产方面的管教和保护的权利和义务。而监护是指监护人对未成年人和精神病人的人身、财产和其他合法权益依法实行的监督和保护。亲权缘于身份，仅限于父母对未成年子女行使；监护基于法律设定，监护人不仅包括被监护人的尊亲，如祖父母、外祖父母，兄、姐，包括关系密切的其他亲属、朋友等，还包括监护机关等。无论是亲权还是监护，其目的都是保护未成年人健康成长以及未成年人的合法利益。笔者区分亲权与监护，目的在于明确父母对子女的责任。

一、亲权与监护

1. 亲权。亲权在罗马法称为父权(patria protests)，有支配权利之意义，在日耳曼法称为Mundane(Mont Mind)，有保护权利之意义。近代法已有由支配权利而趋于保护权利之趋势。亲权由单独父权而趋于父母之共同亲权，不复仅为权利而为权利义务之综合。在我国，亲权概念仅存在于学理之中，并没有以法律的形式明确地加以规定，但有学者认为，尽管法律没有明确使用亲权这一概念，仍可从法条中读出关于亲权的规定，如江平教授认为：我国《民法通则》没有亲权概念，以监护包含亲权。我国民法中的父母对子女的监护权就是亲权。彭万林教授认为：未成年人通常处于父母的亲权保护下，在其父母已经死亡或丧失行使亲权的能力时，由父母以外的亲属与非亲属担任监护人，因此，监护制度是亲权制度的补充或延续，《民法通则》第16条第1款尽管称未成年人的父母为“监护人”，但未将父母列入包括祖父母、外祖父母、兄、姐等监护人的顺序，表明立法对父母与其他监护人区别看待。正因如此，《民法通则》第16条第1款的规定，宜解释为亲权而非监护。而杨立新教授则认为：《婚姻法》第23条(原为第17条)关于“父母有保护和教育未成年子女的权利和义务”这一规定的全部内容，就是亲权的全部内容，与亲权的概念完全相合，只是这一规定过于简略，没有规定亲权的具体内容，但这并不妨碍确认亲权的概念。《婚姻法》第23条(原为第17条)就是亲权，是对亲权制度的法律确认。笔者赞成上述两种意见，认为：无论是《民法通则》第16条第1款还是《婚姻法》第23条，实际上是对亲权的另一种描述，其已包含亲权的内容，即对未成年子女保护和教育的权利和义务。因为身份的缘故，父母担负了保护、教育未成年子女的义务，基于这种天然(法定)义务，理应尽职尽责。亲权不能任意抛弃，因为亲权和父母对未成年子女的义务紧密联系，不能单独存在，这是亲权的本质属性。父母只有通过行使亲权，才能履行自己对未成年子女的义务，放弃亲权，意味着拒绝履行义务，为法律所禁止。如果父母滥用亲权或出现重大懈怠，则可依法予以剥夺。

2. 监护。监护是指监护人对未成年人和精神病人的人身、财产和其他合法权益依法实行的监督和保护，是在自然人具有权利能力而无行为能力的情况下，帮助这种自然人的权利能力得到实现，从而得到生存和发展，使家庭成员与社会成员之间的互助义务得到法律的强制性的保障。《民法通则》规定“未成年人的父母是未成年人的监护人”，此外，还规定未成年人的祖父母、外祖父母、兄姐也可作为法定监护人；当没有法定监护人或者法定监护人之间对担任监护人有争议的情况下，可以由职能部门或法院指定监护人。关于监护的性质，在我国，无论是民法理论还是审判实务中，认为监护是一种身份权，是父母的义务，同时也是父母的权利；法定义务必须履行，而法律赋予的权利不能被剥夺，二者相加构成监护权，并确保未成年人健康成长。然而事实上，在《民法通则》关于监护的规定中，从来就没有赋予监护人任何利益，监护人也不可能在履行监护义务时获得利益。尽管《民法通则》第 18 条第 2 款规定"监护人依法履行监护的权利，受法律保护"，但这个"权利"并没有通常意义上可带来利益的权利，仅仅是保护监护人履行监护义务。因此，笔者认为，监护不是法律赋予监护人的权利，而是基于保护未成年人的利益，为监护人设立的法定义务。

监护被错误地认为是一种权利，与我国民事法律规范没有明确区分监护与亲权有关。一般情形下，父母是未成年人的天然监护人，没有父母，未成年人的祖父母、外祖父母、兄姐是监护人，这就很容易导致人们认为，监护是建立在亲权基础上的一种身份权。但其实不是，监护并不仅仅依赖于亲权而产生，亦不能等同于亲权。亲权与监护虽然都包含对无行为能力人的人身和财产两方面的保护和管理，但亲权缘于血亲，而监护则由法律设定。亲权可以有与身份相关的权利，亲权人还可以对未成年人的财产享有用益权，而监护人不能通过监护获得任何利益。由于监护是一种单纯义务性责任，因此，法律将其确定为强制性义务，明确负有监护义务的监护人，必须履行监护职责，保护被监护人的利益。

二、不履行或滥用亲权的确认

不履行或滥用亲权，是指父母以不作为的方式怠于行使亲权，对未成年人人身是否面临危险漠不关心，或者不正确行使亲权，疏于保护未成年人，放任自流，或者利用未成年人获取不正当利益。不履行或滥用亲权与虐待、遗弃等构成刑事犯罪的情形有较大的区别。例如，父母因为新生儿有较为严重的先天残疾，将其遗弃在路边或某一个车站等，造成弃儿死亡或者造成严重的人身伤害，那么即可依照《刑法》第 261 条的规定，以遗弃罪论处。如果社会危害性不大，没有造成严重后果，且情节轻微，即使行为人违反了法律规定，依照《刑法》的关于"情节显著轻微危害不大的，不认为犯罪"的规定，就不能适用《刑法》加以处罚。《刑法》上的"情节显著轻微危害不大的，不认为犯罪"应当是民法上的不履行或滥用亲权的分界线；刑法上不认为犯罪，民法上则认为构成虐待、遗弃。而不履行或滥用亲权较二者次之。本案例的被告宋蓉、徐林认为医院没有善尽义务，没有检查出小孩患先天性疾病，遂将小孩留在区妇幼保健院，并不是法律意义上的遗弃行为。因为二被告并没有遗弃的意思，而是凭经验自认为医院不会对新生儿置之不理，其主观上具有以新生儿为筹码获得利益的因素，同时，由于产妇的产前保健及生育均在保健院进行，保健院要找到他们并不困难，不具有"弃"的条件，所以不能认为二被告的行为是遗弃。二被告只是采用了错误的纠纷解决方式，其行为已经构成不履行或滥用亲权。

三、不履行或滥用亲权的责任

父母不履行或滥用亲权，分为人身和财产两个方面，本文仅讨论人身上的违反义务，未涉及财产上的违反义务。要确认父母不履行或滥用亲权，首先应当明确亲权法律关系和当事人之间的关系。在亲权法律关系中，当事人是父母和未成年子女，传统民法理论认为，亲权法律关系包括亲权人和客体，亲权人为父母，客体为子女。对上述观点，我国民法理论不能接受，原因是，在身份权法律关系和一切民事法律关系中，人不能成为客体，不能是主体。学理认为，权利与义务所共同指向的标的，就是民事法律关系的客体。如果将子女作为亲权的客体，等于认可子女为亲权权利与义务的标的，这显然不符合民事法律关系的基本原理。因此，我国学者认为，亲权的客体是亲权人（父母）的身份；父母是权利人，未成年子女在形式上是义务人。未成年子女是亲权法律关系中形式上的义务主体，不是权利客体。现代亲权法律关系中义务的实际履行人是父母，这意味着亲权和父母对未成年子女的义务不可分离。父母可以支配未成年子女，但这种支配以维护未成年子女的利益为宗旨，不是主体对客体的支配。父母的支配意在行使对未成年子女人身利益的保护，其中抚养就是保护的重要内容，也是亲权的核心内容。在亲权抚养关系中未成年子女是权利主体，亲权人（父母）是义务主体。亲权人（父母）对未成年子女抚养是法定的义务。针对父母不履行或滥用亲权的责任，我国并没有明确直接的规定。通常是依照《民法通则》第 18 条第 3 款关于“监护人不履行监护职责或侵害被监护人的合法权益，应当承担相应的责任……人民法院可以根据有关人员或者有关单位的申请，撤销监护人的资格”的规定，以及《未成年人保护法》第五十三条关于“父母或者其他监护人不履行监护职责或者侵害被监护的未成年人的合法权益，经教育不改的，人民法院可以根据有关人员或者有关单位的申请，撤销其监护人的资格，依法另行指定监护人。被撤销监护资格的父母应当依法继续负担抚养费用”的规定，对行为人的行为做出裁判。但是，由于我国没有关于剥夺亲权的规定，且审判实务中，存在尊亲中难找监护人的情形，职能机关负担重，不能及时解决监护问题，以及判决后执行困难等实际情况，就目前笔者所了解与掌握的情况看，尚无剥夺亲权的判例。

四、医疗机构对遗留的未成年人的责任

医生治病救人，但医生不是万能的，判断医务人员是否已尽职业的注意，应着眼于医务人员做出的是否是最佳的判断，着眼于现行医疗技术的水平，着眼于医务人员善意的关怀。病人家属借口医生未尽最佳职业注意，将病人遗留在医院，实不可取。特别是病人家属将未成年的病人遗留在医院，借追究责任之名获取不当利益，更是不能允许。但就医院而言，不能因为病人家属遗留病人不对就对病人弃之不理，仍然应当忠实地履行救死扶伤的职责。

（一）医院应当继续履行职责

对于因与医院发生医疗纠纷产生怨气，将未成年人遗留在医疗机构，医院不能因为其亲权人不行使亲权或滥用亲权，对未成年病人置之不理，仍然应当将该未成年人视为病人，继续进行治疗。因为，无论未成年人的亲权人的行为是否合法，与医院形成医疗关系的是未成年人，即病人，而不是未成年人的亲权人。尽管亲权人不履行亲权或滥用亲权，可能会给医疗行为造成困难，如有些治疗需亲权人的签名认可，缴纳相关的治疗费、药费等。但是，困难并不等于医院与病人之间医疗关系的终结。在医院与病人之间仍然存在医疗关系时，医院就不能终止医治活动，否则，医院就要承担违约责任或损害赔偿责任。

同时，由于医院的特殊性，在正常的医疗行为没有结束之前，医院可以将亲权人遗留未成年人的行为报告职能机构，请求相应的机构给予帮助，要求亲权人正确行使亲权。在没有获得职能机构允许的情况下，医院不能将未成年人移送至民政收养机构，更不能将亲权人遗留的未成年人视为弃儿送给其他人。

（二）医院应当承担看护责任

亲权人将未成年人遗留在医院，只是暂时不履行亲权，其行为不能等同于亲权人丧失亲权，此时，由于未成年人没有亲权人监护，医院必然要代替亲权人行使部分职责，但这个责任不是监护责任，而是医院正常地看护病人的职责。因为亲权的丧失和监护的取得，均需要法定程序，不能依突变的情形自然获得。如《未成年人保护法》第五十三条规定：父母或者其他监护人

不履行监护职责或者侵害被监护的未成年人的合法权益，经教育不改的，人民法院可以根据有关人员或者有关单位的申请，撤销其监护人的资格，依法另行指定监护人。

1. 亲权的丧失。在现代立法思想中，亲权关系不仅为亲权之私法的关系，同时为“国家”所应保护之公法上的关系，故父母如对未成年子女不尽其为亲权人之义务或滥用其权利时，“国家”依申请或依职权，予以干涉。所谓亲权的丧失，是指亲权人因法定的原因而失去行使亲权的资格。一般认为，亲权人丧失亲权的法定原因有以下几种：(1)亲权人对未成年子女人身实施犯罪；(2)教唆或引诱未成年子女犯罪；(3)侵害未成年子女人身权利和财产权利；(4)不履行亲权义务，达到一定的严重程度；(5)滥用亲权造成一定后果；(6)亲权人有显著劣迹。在我国，血缘备受重视，血浓于水之情结浓厚，且历史上也无剥夺亲权之传统，因而现在司法实务中尚无剥夺亲权之程序。当出现上述危害亲权的情形时，通常依靠亲权人之外的其他尊亲，或者社会力量监护未成年人，而不是直接由人民法院依诉讼程序剥夺亲权。因此，尽管亲权人怠于行使亲权，使未成年人暂时处于无人监护的情形，基于亲权是父母对未成年子女的身份权，未经法定程序，仍不能随意剥夺亲权。

2. 监护的取得。亲权与监护是两个不同的法学概念，两者关系可以理解为有亲权无监护，监护是亲权的延伸和补充。设立监护的条件，一是那些不在亲权照顾下的未成年人（其他无民事行为能力人另当别论），二是亲权人不能行使亲权的未成年人。依照《民法通则》的规定，除父母外，其他被列为顺序的自然人或者相关职能机构可以担任监护人，具体有两种方式，一是可以由有监护资格的法定监护人约定；二是由未成年人住所地的居民委员会或村民委员会指定。未经上述程序，无论是自然人还是其他社会团体，均不能获得监护。对于未成年人暂时脱离亲权人，如在幼儿园、学校生活、学习的未成年人，幼儿园、学校担任的是管理责任，不是监护责任。本案被遗留的未成年人虽然处于不在亲权照顾之下，医院也不能因此取得监护。

综上所述，由于亲权人遗留未成年人不导致亲权丧失，基于有亲权无监护的原则，不发生监护变更，医院也不能取得监护。因此，对于父母不履行亲权，医院承担的既不是临时监护责任，也不是管理责任，而是其职业的看护责任。如果未成年病人被治愈，亲权人仍然不履行亲权，医院不能放任不管或擅自转移到其他地方，而应当报告相关职能机构，在征得同意后，将未成年人送至民政收养机构。

五、完善相关立法的建议

（一）建立亲权制度

当前，在我国现行法律中并没有明确使用亲权，有关亲权的规定也只是零星散见于《民法通则》《婚姻法》和《未成年人保护法》。因此，有学者认为，“社会主义法系多未设亲权制，但有亲权的实际内容”。笔者认为，由于在大陆法系国家（包括我国）的民事立法中，亲权与监护是两个不同的法学概念，二者不宜混同使用，因而应通过立法弥补这一缺陷，适应现代家庭的需要，建立符合我国国情的亲权制度无疑是适当的。通过对民法或婚姻法的修正，从亲权的主体、行使亲权的原则、亲权的内容、亲权的丧失、恢复和消灭等方面加以明确规定以切实保护亲权，保护未成年人。

（二）完善违反监护的责任

《民法通则》第18条第3款规定：“监护人不履行监护职责或侵害被监护人的合法权益，应当承担相应的责任……”但问题是，接下来法律并没有规定不履行监护责任应当承担什么样的责任，尽管这里留有区别情况处以相应责任的意思。但是，由于规定过于笼统、空洞，在审判实务中很难操作。因此，笔者认为，完善违反监护的责任应属当然。但在制定相关责任时，不能脱离我国的家庭、亲属传统，以及现行法制建设的现状，明确在违反监护责任时应当承担什么样的民事责任、行政责任和刑事责任。同时还应考虑到，涉及亲属关系不仅是一种法律关系，也是一种家庭关系，各种责任不宜划分过细，应留有余地，给相关职能机构分工合作、多层次适用法律创造条件。

刑法编

刑法是规定犯罪、刑事责任和刑罚的法律，是掌握政权的统治阶级为了维护本阶级政治上的统治和经济上的利益，根据其阶级意志，规定哪些行为是犯罪并应当负刑事责任，给予犯罪人何种刑事处罚的法律。刑法有广义刑法与狭义刑法之分。广义刑法是指一切规定犯罪、刑事责任和刑罚的法律规范的总和，包括刑法典、单行刑法以及非刑事法律中的刑事责任条款。狭义刑法是指刑法典。

本编所选案例基本上是来自最高司法机关公报、机关刊物和业务指导出版物所刊载的典型案例(或谓指导性案例)。主要供江西广播电视大学学生使用，并作为司法实务工作者和其他专业人士的参考用书。通过对疑难、复杂、重大案件的分析与讲解，以期达到从学理层面对司法审判实践的参考性作用。既对官方文献所刊载的典型案例予以真诚尊重，又不放弃理论研究所应当持有的适度批判立场。

关于《刑事审判参考》第1136号案例的商榷意见:串通竞拍就是串通投标行为

形式解释论的形式,是罪刑法定的形式,也就是行为整体的形式,实质解释论的实质,是罪刑法定的实质,也就是行为整体的实质。罪刑法定决定了形式与实质同时存在,不可分割。因此,形式解释论的再宣示有缺陷,实质解释论的再提倡同样有不足。

【案情简介】

2009年11月19日至30日,经濉溪县人民政府批准,濉溪县国土资源局挂牌出让濉国土挂(2009)023号地块国有建设用地使用权。安徽通和煤炭检测有限公司法定代表人杨坤(另案处理)借用淮北圣火房地产开发有限公司(以下简称圣火公司)名义申请参加该宗土地使用权挂牌出让竞买活动,山东日照利华房地产开发公司(以下简称日照利华公司)、淮北春盛公司(以下简称春盛公司)、淮北国利房地产开发有限公司(以下简称国利公司)、淮北金沙纺织服装有限公司(以下简称金沙公司)均报名获得竞买资格。同年11月29日,杨坤与无业人员被告人张建军商议,以承诺给付补偿金的方式,让其他竞买人放弃竞买。当日,张建军在淮北市"爵士岛"茶楼先后与其他竞买人商谈,春盛公司副经理马大中同意接受200万元退出,金沙公司法人代表邵春海、国利公司皇孝利均同意接受250万元退出。日照利华公司提出同意接受500万元退出,杨坤向张建军表示,最多给付450万元让日照利华公司退出。张建军即通过被告人刘祥伟与日照利华商谈,日照利华公司同意接受300万元退出竞买。此后,张建军仍告知杨坤日照利华公司同意450万元退出。次日,在濉溪县国土局023号地块竞买现场,按照杨坤的安排,日照利华公司、春盛公司均未举牌竞价,金沙公司法人代表邵志潮以8 100万元的价格举牌竞价一次,杨坤以8 200万元举牌竞价一次,杨坤的朋友张峰持国利公司皇孝利的号牌以8 300万元举牌竞价一次,杨坤与皇孝利又分别加价100万元各举牌竞价一次,最终杨坤以8 600万元(保留底价8 500万元)竞买成功。后张建军、刘祥伟伙同杨坤共付给参与竞买的其他公司相关人员贿赂840万元。其间,张建军、刘祥伟采取多报支出等方式,侵吞违法所得共计355万元。

【案情分析】

分歧意见:对被告人张建军、刘祥伟通过贿赂指使参与竞买的其他人放弃竞买,串通投标,使请托人杨坤竞买成功的,应如何定性,有三种不同意见:

第一种意见认为,二被告人的共同犯罪部分,仅构成串通投标罪一罪,理由是,挂牌出让系原国土资源部《招标拍卖挂牌出让国有建设用地使用权规定》(以下简称《规定》)规定的国有建设用地出让的重要形式。虽然挂牌和招标在设置目的、运作形式等方面有很多不同点，在目前尚未出台相关法律对该制度予以规制的情况下，挂牌制度的操作也是参照招标进行的。本案中，被告人张建军、刘祥伟在国有建设用地使用权挂牌出让过程中，通过贿赂参与竞买的其他公司的负责人的方法，指使其他公司负责人串通报价，放弃竞拍，使杨坤以低价获得国有建设用地使用权，其行为均构成串通投标罪。二被告人受杨坤指使向其他竞买人行贿，该行为属于前行为，是串通投标整体行为中的一部分，不应单独定罪。因此，二被告人的行为不构成对非国家工作人员行贿罪。

第二种意见认为，被告人张建军、刘祥伟受杨坤之托，在国有建设用地使用权挂牌出让过程中，向参与竞买的其他公司的负责人行贿，数额特别巨大，指使其串通报价，放弃竞拍，使杨坤以低价获得国有建设用地使用权，其行为同时构成对非国家工作人员行贿罪和串通投标罪。

第三种意见认为，对二被告人的共同犯罪部分应以对非国家工作人员行贿罪一罪定罪。从刑法规定来看，尚没有对挂牌竞买人相互串通、情节严重、追究刑事责任的规定，也无相关司法解释。本案中，二被告人为达到让几家竞买企业串通报价，从而使请托人杨坤顺利竞买成功的目的，采取了行贿的手段，该行为显然触犯了刑法的规定，构成对非国家工作人员行贿罪。

评析：本案二被告人的行为符合串通投标罪和职务侵占罪的构成要件，应当数罪并罚。

法律规范本身就是一个行为整体，具有五大统一的属性。法律适用有两种途径：一是利用法律规范的价值属性，不需要解释法律规范，将法律规范视为不可拆分的法律行为，对生活行为与法律行为进行价值衡量，两者价值相等，生活行为直接按法律行为定性。这种以价值衡量为核心的法律适用模式，在我国具有悠久历史，直到近代学习、移植西方法学理论才被废弃了。二是利用法律规范的事实属性，需要解释法律规范，需要用到大前提、小前提、三段论，这就是我国近代才开始移植的西方法律适用模式。西方法学家虽然创造了通过解释法律规范、使用三段论的法律适用模式，但是他们始终没有搞清楚——法律解释的实质就是价值衡量。法律解释学近百年来，止步于字面含义，停滞不前。例如，认为对法律概念的解释，不能远远超出其核心含义；再例如，认为扩张解释与类推解释是没有明确界限等。事实上，法律解释与法律规范中的字、词、句的字面含义没有直接关系，只与法律规范作为行为整体的自身价值有直接关系。只要生活行为的价值与法律规范的价值两者相等，该法律规范就可以解释为该生活行为。所谓两种行为价值相等，就是两种行为从形式与实质都相同。就行为犯而言，从形式到实质都相同。这种情形容易判断，不会出错。就结果犯而言，行为方式千差万别，最终结果从形式到实质都是相同的。这种情形难以判断，容易出错。所以，所谓扩张解释不能远远超出字面核心含义的观点，所谓扩张解释与类推解释没有明确界限的观点等，其实是西方法律解释学仍然还在黑暗中徘徊的表现。

本案裁判否定两被告人的行为构成串通投标罪，其主要理由就是挂牌竞买不同于招投标，挂牌出让远远超出招投标的核心含义。认为“两者无论在概念文义，还是适用范围、操作程序、出让人否决权等方面都存在显著差异，二者的差异性远大于相似性。尽管从实质上看，挂牌出让中的串通竞买行为也具有社会危害性，但在刑法明确将串通投标罪的犯罪主体界定为投标人、招标人的情况下，客观上已不存在将挂牌出让解释为招投标人从而予以定罪的空间”。实际上，本案中的挂牌人就相当于招标人，竞买人就相当于投标人，到现场举牌竞买，就相当于投标人向招标人报送自己投标的标的。招投标中投标方私下串通，相当于挂牌出让中的竞买方私下串通。从最终结果看，无论在竞买现场举牌的竞买者，还是没有举牌的竞买者，他们最终都提交了自己的报价，这些报价正是他们私下串通的报价。因此，这种挂牌出让方式，价值上完全等同于招投标，串通投标罪能够成立，这是毋庸置疑的。由此可见，本案就是典型例子，刑法解释与刑法用语的字面含义没有直接关系。

本案两被告人受杨坤的委托，代表杨坤所在的公司与其他参与挂牌竞买者协商谈判，采取行贿的方式相互串通，损害挂牌出让人的利益，破坏市场竞争秩序，其行为构成单位串通投标罪，应当追究两被告人串通投标罪的刑事责任。同时，根据案情材料看，行贿的单位、受贿的单位都不是国有单位，故对单位行贿罪或者单位受贿罪不成立。因此，本案应当认定涉案单位构成串通投标罪。另外，两被告人利用职务之便，采取多报支出等方式，侵吞受托单位（杨坤所在的公司）财物355万元，其行为符合职务侵占罪的构成要件。因此，应当追究两被告人串通投标罪、职务侵占罪的刑事责任。本案裁判仅追究两被告人对非国家工作人员行贿罪的刑事责任，并不妥当。其实本案并非是向非国家工作人员个人行贿，而是向非国有单位行贿。非国有单位对于非国有单位行贿，尚未纳入我国刑法调整的范畴，故本案两被告人不构成对非国家工作人员行贿罪，上述第二、第三种意见均与本案查明的事实不相符合，第一种意见正确但遗漏了职务侵占罪，存有缺陷。

男子酗酒产生“幻觉”抢车被判刑

【案情介绍】

44岁的邯郸人李某平时嗜酒如命，他没想到，正是这香醇的杯中酒，不仅麻痹了他的神经，还将他送进了监狱。

2011年9月13日晚，李某独自在外面喝酒，一直喝到次日凌晨，他才醉醺醺地往家的方向走。他东倒西歪地走着走着，脑子里竟产生了幻觉，觉得身后有人追着要打他。为了摆脱“追赶”，他一路跌跌撞撞地“逃”到某路口。

就在这时，恰好一辆出租车开过来，李某连忙招手拦下车，然后一屁股坐了进去。

当出租车开到某县某镇某村附近时，李某突然伸出双手死死掐住司机单师傅的脖子，并用嘴咬他。就这样，他抢走了单师傅的手机和25元现金，还抢过出租车自己开车逃跑。

被扔下车的单师傅马上报警，李某也随之落网。

在随后的审讯中，李某告诉民警，他之所以要抢走出租车，是为了“逃命”。

明明没人追，李某却拼命“逃命”，这是怎么回事？原来，他喝酒喝出了精神障碍。

酗酒损害身体健康，这个大家都知道，但很少有人知道，喝酒还能喝出精神病。某县中心医院资深心理咨询师介绍说，虽然常见的各类醉酒属于急性酒精中毒，但如果长期醉酒，便有可能发展成精神疾病。

心理咨询师说，如果喝酒成为生活的一种规律，一旦没有酒喝，会感觉难受、焦虑，千方百计找酒喝，而且非常害怕戒酒，就是酒精依赖症的表现。慢性酒精依赖会由酒精引发一些行为精神症状，使人的脑部引起病变，不但控制能力减弱，还会产生幻觉、嫉妒妄想、轻微痴呆，包括认知功能下降、记忆力减退、注意力不集中等。“很多人醉酒出院后没多久又喝上了，这样反复醉酒会使人产生一种酒精依赖性，从而导致精神障碍。”

【案情分析】

限定刑事责任能力人也要负刑事责任。

李某的情形正好印证了心理咨询师的说法。李某的饮酒史已有多年，平时嗜酒如命，天天酒不离口，一日三餐从不间断。喝了酒之后，他常常满口胡言，平时家人也没在意，没想到日积月累，已经损害到他的精神健康了。

经精神疾病司法鉴定，由于长期过量饮酒，李某已经出现精神活动异常，产生意识障碍和被害感，辨认能力和控制能力大大削弱。按照《中国精神障碍分类与诊断标准》，李某作案时的精神状态符合“酒精所致精神障碍”诊断标准，被认定为限定刑事责任能力人。

然而,“限定刑事责任能力人”的认定并不能让李某摆脱惩罚。

某县法院做出一审判决。法官认为,李某以非法占有为目的,采用暴力手段劫取他人财物,数额巨大,其行为已构成抢劫罪。鉴于李某作案时因酒精导致精神障碍,系限定刑事责任能力人,案发后,涉案款物均已被追回并发还给被害人,可酌情从轻处罚,遂判处李某有期徒刑 7 年 6 个月,并处罚金 7 000 元。

【相关法规】

经精神疾病司法鉴定,由于长期过量饮酒,李某已经出现精神活动异常,产生意识障碍和被害感,辨认能力和控制能力大大削弱。按照《中国精神障碍分类与诊断标准》,李某作案时的精神状态符合“酒精所致精神障碍”诊断标准,被认定为限定刑事责任能力人。

李某等三人敲诈勒索案

【案情介绍】

公诉机关:平顶山市新华区人民检察院。

被告人:李×,男,1977 年 6 月 6 日生,回族,小学文化,住平顶山市新华区焦店镇西斜街,无业。

被告人:韩×,女,1988 年 8 月 9 日生,汉族,大专文化,河南省获嘉县人,住平顶山市工学院二区 5 号楼 1 楼 106 室,平顶山市工学院 06 级化工系学生。

被告人:王×,男,1979 年 8 月 9 日生,汉族,初中文化,住平顶山市湛河区曹镇乡关庄 5 号,无业。

2008 年 11 月 19 日 21 时许,被告人李×、韩×预谋敲诈韩×网友鞠×,后由韩×约其男网友鞠×在鹰城广场见面并在李庄迎宾招待所开房,李×和王×尾随其后,在鞠×进入房间不久,李×就以欺负表妹为名对鞠进行殴打,后以到派出所报案并通知其妻子相要挟,向鞠×索要现金 10000 元,李×从鞠×钱包内拿走 800 元,后又还给鞠×200 元,其间王×一直在现场,而后,李×电话通知陈×前来招待所看住鞠×,自己又拿鞠×的银行卡去银行取出现金 4900 元,后鞠×写下欠韩×4000 元的欠条一张。事后王×和陈×各得赃款 200 元,其余的由李×所得。韩×在到案后主动配合公安机关抓获被告人李×。

平顶山市新华区法院认为:被告人李×、韩×、王×以非法占有为目的,采用暴力胁迫手段,当场向被害人索要现金 10000 元,并从被害人身上获得现金 600 元,又用其信用卡从银行取款 4900 元,还逼迫被害人写下 4000 元的欠条一张,其行为已构成敲诈勒索罪。平顶山市新华区人民检察院指控被告人李×、韩×、王×犯抢劫罪的公诉意见与抢劫罪的构成要件不符,不予支持。被告人李×、韩×、王×对公诉机关指控的犯罪事实均无异议,但对公诉机关指控犯抢劫罪有异议。被告人韩×的辩护人对公诉机关指控被告人韩×犯罪的事实和证据无异议,认为其行为构成敲诈勒索罪的辩护意见与法院查明的事实相符,予以支持。被告人韩×协助公安机关抓获被告人李×属立功,可以从轻或减轻处罚。被告人王×在本案中起次要作用,系从犯,应当从轻、减轻处罚。依照《中华人民共和国刑法》第二百六十条、第二十五条、第二十七条、第六十八条、第五十二条、第五十三条之规定,判决如下:被告人李×犯敲诈勒索罪,判处有期徒刑二年,并处罚金人民币 6000 元。被告人韩×犯敲诈勒索罪,判处有期徒刑一年,并处罚金人民币 4000 元。被告人王×犯敲诈勒索罪,判处有期徒刑一年,缓刑一年,并处罚金人民币 3000 元。一审判决后,公诉机关未抗诉,被告人亦未提出上诉。一审判决已发生法律效力。

【案件焦点】

抢劫罪与敲诈勒索罪如何区分?

敲诈勒索罪与抢劫罪都有可能当场进行胁迫,两者区别的关键在于犯罪的客观方面。应注意从手段、暴力程度、胁迫的紧迫性等方面进行判断。以揭露隐私为手段的应认定为敲诈勒索罪。

【分析与结论】

一、对本案被告人犯敲诈勒索罪还是抢劫罪认定的分歧意见

第一种意见认为被告人构成抢劫罪,理由是:我国《刑法》第二百六十三条明文规定抢劫罪就是“以暴力、胁迫或者其他方法抢劫公私财物的行为”。根据该条,刑法学界对抢劫罪的犯罪构成做了具体的诠释:“抢劫罪,是指以非法占有为目的,当场使用暴力、胁迫或者其他方法强行劫取财物的行为。”被告人李×、韩×、王×以非法占有为目的,采用暴力胁迫手段,当场劫取他人财物,其行为已构成抢劫罪。

第二种意见认为被告人构成敲诈勒索罪,理由是:我国《刑法》第二百七十六条是简单罗列罪状,没有具体规定敲诈勒索罪的概念。根据刑法理论界的通说,敲诈勒索罪是指“以非法占有为目的,对被害人使用威胁和要挟的方法,强行索取公私财物数额较大的行为”。被告人以非法占有为目的,采用暴力胁迫手段,当场向被害人索要现金 1 万元,并从被害人身上获得现金 600 元,又用其信用卡从银行取款 4900 元,还逼迫被害人写下 4000 元的欠条一张,其行为已构成敲诈勒索罪。

二、对敲诈勒索罪与抢劫罪区别问题的法律分析

笔者认为,本案主要涉及抢劫罪与敲诈勒索罪的区别问题,司法实践中,可以从犯罪客体和客观方面来区分这两类犯罪。

1. 犯罪客体的区分。两罪都在侵犯公私财产所有权的同时,侵犯了公民的人身权利,但是侵犯公民人身权利的具体内容却不完全相同。抢劫罪侵犯的是公民的生命权与健康权,而敲诈勒索罪侵犯的范围明显要广,还包括公民的名誉权等。如果行为人以当场或事后诋毁他人名誉相威胁,就构成敲诈勒索罪,而非抢劫罪。本案中,被告人以到派出所报案并通知其妻子相要挟,向鞠×索要现金,其行为更加符合敲诈勒索罪的构成要件。

2. 犯罪客观方面的区分。犯罪客观方面是区分两罪的关键。抢劫罪表现为当场以暴力或威胁抑制被害人反抗,从而当场直接取得财物;而敲诈勒索罪一般表现为通过要挟或威胁的方法,对被害人精神上施加压力使其感到恐惧,从而被迫交出财物。在司法实践中,我们可以从以下五个方面区分两罪的客观方面。

一是采取的手段、方式有区别。抢劫罪一般是以杀害、伤害等实施人身暴力或威胁。而敲诈勒索的内容比较广泛,可以是以暴力相威胁,但大多是以揭发隐私、毁坏财物、损害名誉等实施精神强制,要挟被害人交出财物,威胁的内容只要足以使被害人产生恐惧即可,不必实际产生恐惧心理。

二是犯罪手段所要达到的暴力程度有区别。抢劫罪中的暴力表现为对被害人人身和财产

安全的双重威胁，强度达到足以抑制被害人使其不能反抗、不敢反抗的程度。敲诈勒索罪的暴力主要表现为一种精神上的强制，且是不足以抑制他人反抗的轻微暴力。需要注意的是，不能把抑制反抗的标准定得过严，否则可能放纵罪犯，导致重罪轻判。实践中，如何认定“足以抑制被害人反抗”，是区别抢劫与敲诈勒索的难点所在。笔者认为，一般应从暴力、胁迫的形态、手段、时间、场所等因素，结合被害人的年龄、性别、体力等实际情况，进行综合判断。同一性质的胁迫对一个人可能“足以抑制反抗”，而对另一个人则未必，所以在具体案件中，应以个案中“具体的人”为标准进行认定，而不能以“一般人”为标准，否则不利于实现个案的公正。在行为人当场实施暴力的情况下，如果足以抑制被害人的反抗，则应认定为抢劫，否则宜认定为敲诈勒索。

三是获取的非法利益有可能不同。抢劫罪占有的只能是在场的财物，限于动产，且没有具体的数额要求。而敲诈勒索罪占有的既可以是动产，也可以是不动产，甚至可以是财产性利益，既可以是在场财物，也可以是不在场的财物，且必须数额较大，才构成犯罪。

四是侵害付诸实施的时空跨度或紧迫性不同。笔者认为在实践中，不可因“当场”使用暴力手段一概认定为抢劫。抢劫罪以“当场”实施暴力侵害相威胁，如果被害人不“当场”交出财物，行为人将“当场”把威胁的内容付诸实施，强调方法手段行为与目的结果行为的时空同一性，被害人受到侵犯是现实直接的。敲诈勒索罪的威胁不具有紧迫性，行为人往往扬言如不满足要求将把威胁内容变成现实，通常设定某种不利后果转为现实的时间间隔，时空跨度一般较大，在一定程度上为被害人遭受物质或精神上的伤害提供了缓冲的余地。“当场”的法律意义不仅指空间，关键更在于时间，而且要从抢劫的手段行为和目的行为的承接关系上去理解它。行为人胁迫被害人“当场”交付财物，否则“日后”将侵害被害人的，宜认定为敲诈勒索罪。行为人对被害人“当场”实施暴力或以“当场”实施暴力相威胁，其目的不在于对被害人造成人身伤害，而在于使被害人内心产生恐惧，利用其担心受到更为严重侵害的心理，使其确定地在将来某个时间交付财物的，这样的暴力应是敲诈勒索罪中要挟手段的强化，而非抢劫罪的暴力，应以敲诈勒索罪定罪处罚。

五是被害人在受到侵害时的意思表示不同。抢劫的被害人不能充分表达自己的意思，丧失了意思表示的自由，处于极度紧迫的危险状态，除了当场交付财物之外，没有选择的余地，否则其生命、人身当场会遭受侵害。而敲诈勒索的被害人没有完全丧失自由意志，还可以采取权宜之计，尚有选择的余地，但由于精神上感到恐惧，有能力反抗而没有反抗，为了保护自己更大的利益不得已而处分数额较大的财产，意思表示上存在瑕疵。

本案中，李×等人都具有非法占有鞠×财物的故意，并且为此进行预谋。在实施犯罪的过程中，被告人虽然对鞠×实施暴力，但综观全案，这里的“暴力”其目的不在于对被害人造成人身伤害，而在于使被害人内心产生恐惧，特别是后来以到派出所报案并通知其妻子为由实施威胁、向鞠×索要现金的行为更表明，其主观上具有敲诈勒索的意图，其行为完全符合敲诈勒索罪的构成要件，应以敲诈勒索罪定罪量刑。

盗窃还是职务侵占

【案情介绍】

抗诉机关:湖南省人民检察院。

原审被告人:谌×。

谌×系安化县邮政局职工,担任该局邮政储蓄金库外勤出纳,负责东坪城区各储蓄点头寸箱的发放和回收。2014 年 12 月 3 日下午 6 时,谌×将头寸箱归库后离开金库。因当时正值停电,金库内勤出纳李×收到上交的残币及用 5 号邮袋装的 10 万元现金后,就在邮政局办公大楼一楼的拉闸门内金库外走道上清点残币,李×将残币清点好后入库,却将 10 万元现金遗忘在走道上。同日下午至次日,有 2 名经警负责在金库值班室值班,当晚将拉闸门锁好。次日上午 7 时许,谌×上班第一个打开拉闸门后,发现门内有一邮袋内装 10 万元现金,就将此款提到走道内的值班室桌上,谌×同值班经警将头寸箱发放至城区各储蓄点后返回金库,见钱仍放在桌上,李×还未来上班,遂将钱连同邮袋拿走。案发后,赃款已全部追回。

安化县人民检察院指控,被告人谌×犯侵占罪。安化县人民法院一审认为,被告人谌×以非法占有为目的,秘密窃取公共财物,数额特别巨大,其行为构成盗窃罪。谌×利用熟悉环境、容易进入现场的工作之便,窃取属于本单位控制下的财物,其行为符合盗窃罪的构成要件。谌×已退回全部赃款,未给单位造成损失,可酌情从轻处罚。依照《中华人民共和国刑法》第二百六十四条、第五十二条、第五十三条之规定,判决如下:被告人谌×犯盗窃罪,判处有期徒刑十年,并处罚金一万元。谌×不服,向益阳市中级人民法院提出上诉。益阳市中级人民法院二审认为,上诉人谌×系安化县邮政储蓄所外勤出纳,值班经警负责金库安全保卫,二者均对李×遗忘在楼梯间的 10 万元没有管理的职责。此 10 万元对能合法自由地进入楼梯间的人而言,处于一种失控状态,而对于非法进入现场的人来讲,这 10 万元在邮政局大楼的控制范围内。因此,进入大楼是否合法,以及现金所放地点直接影响案件的定性。谌×系邮政局职工,可以自由出入现场,他上班时经过捡到,并没有采取秘密窃取的手段,虽然他主观上具有非法占有的目的,但客观方面不符合盗窃犯罪的构成要件。因此,其行为不构成盗窃罪。安化县人民检察院指控上诉人谌×犯盗窃罪的罪名不能成立,安化县人民法院认定上诉人谌×犯盗窃罪错误。依法裁定:(1)撤销安化县人民法院(2005)安刑初字第 69 号刑事判决;(2)发回安化县人民法院重新审判。安化县人民检察院撤回起诉后又以谌×犯盗窃罪向安化县人民法院起诉,安化县人民法院重审后判决:被告人谌×犯盗窃罪,判处有期徒刑十年,并处罚金一万元。谌×又不服,向益阳市中级人民法院提出上诉。益阳市中级人民法院重审认为,检察机关在再审期间提交的证人证言、证词并不能否定被李×遗忘的 10 万元现金在谌×捡到前是处于失控状态的属性，故其行为不构成盗窃罪。故判决：(1)撤销安化县人民法院(2005)安刑初字第235号刑事判决；(2)安化县人民检察院指控上诉人谌×犯盗窃罪的罪名不能成立，宣告上诉人(原审被告人)谌×无罪。该判决已发生法律效力。

湖南省人民检察院抗诉提出：(1)谌×非法占有的公共财物仍处于管理者的合法控制和管理范围内，不属于遗忘物。(2)谌×具有非法占有的故意并采取了秘密窃取的手段，其行为符合盗窃罪的特征。

湖南省高级人民法院再审决定：(1)指令益阳市中级人民法院另行组成合议庭对本案进行再审。(2)本案在再审期间不停止原判决的执行。益阳市中级人民法院再审后裁定：维持本院(2005)益中刑二终字第61号刑事判决。该判决已发生法律效力。湖南省人民检察院再次向湖南省高级人民法院提出抗诉。

湖南省高级人民法院再审后认为：被告人谌×以非法占有为目的，秘密窃取金融机构的公共财物，数额特别巨大，其行为构成盗窃罪。谌×非法占有的公共财物仍处于管理者的合法控制和管理范围内，不属于遗忘物，谌×的行为不构成侵占罪。

谌×具有非法占有的故意并采取了秘密窃取的手段，其行为符合盗窃罪的特征。虽然谌×不具有法定的减轻处罚情节，但是鉴于谌×犯意的产生是在发现本该入库的10万元现金被遗忘入库后，案发具有一定的偶然性，其行为与有预谋或者采取破坏手段盗窃金融机构的犯罪有所不同，谌×的主观恶性不是很大，且已退回全部赃款，未给单位造成损失等犯罪情节和对社会的危害程度不大等特殊情况，对谌×可在法定刑以下判处刑罚。依照《中华人民共和国刑法》第二百六十四条第(一)项、第六十三条第二款、第六十四条和最高人民法院《关于审理盗窃案件具体应用法律若干问题的解释》第三条、第八条的规定，判决如下：被告人谌×犯盗窃罪，判处有期徒刑三年，缓刑四年。本判决依法报请最高人民法院核准后生效。

最高人民法院经审查后认为：被告人谌×采取了秘密手段，秘密窃取公共财物数额特别巨大，其行为已构成盗窃罪。谌×虽不具有法定减轻处罚情节，但鉴于其系由客观原因引发犯意，案发后认罪、悔罪态度较好，赃款已全部追回等特殊情况，可以对其在法定刑以下判处刑罚。湖南省高级人民法院判决认定的犯罪事实清楚，证据确实、充分，定罪准确，量刑适当。审判程序合法。依照《中华人民共和国刑法》第六十三条第二款和《最高人民法院关于执行〈中华人民共和国刑事诉讼法〉若干问题的解释》第二百七十条的规定，于2009年7月14日裁定如下：核准湖南省高级人民法院(2008)湘高法刑再终字第2号以原审被告人谌×犯盗窃罪，在法定刑以下判处有期徒刑三年、缓刑四年的刑事判决。

【案件焦点】

利用担任邮政储蓄所外勤出纳的便利，将同事遗忘在金库外通道上的金融机构公共财物秘密占有的行为是否构成犯罪？如果构成犯罪，是定盗窃罪、职务侵占罪还是侵占罪？

【分析与结论】

行为人利用担任邮政储蓄金库外勤出纳的便利，窃取在邮政局特定的封闭场所之内款项的，其行为构成盗窃罪而非侵占罪。在本案的审理过程中，关于谌×的行为如何定性的问题有三种不同的意见：

第一种意见认为，谌×利用担任安化县邮政储蓄所外勤出纳这一职务上的便利，进入邮政局特定的封闭场所之内，拿走由其他工作人员保管的公共财物。谌×的行为已构成职务侵占罪。

第二种意见认为，谌×作为安化县邮政局的邮政储蓄外勤出纳，其职责是负责头寸箱的发放及回收，其对另一同事遗忘在楼梯间的10万元现金没有管理职责。虽然楼梯间（即金库外的走道）属邮政局值班经警控制范围，但邮政储蓄现金的指定存放的安全处所是金库，所以10万元现金在谌×捡到前是处于失控状态，是遗忘物。谌×在上班时捡到10万元现金，因未采取秘密窃取的手段，故其行为不构成盗窃罪，而是一般侵占行为。案发后，赃款已全部追回，邮政储蓄所不告诉，谌×无罪。

第三种意见认为，侵占行为的特点是行为人将代为保管的他人财物或拾得的遗忘物、埋藏物非法占为己有。本案中的财物在行为人采取秘密手段盗离邮政局之前，仍在邮政局特定的封闭场所之内，并且没有脱离邮政局其他责任人，如保安、经警等的控制。因此，谌×的行为不符合侵占罪的特征，其采用秘密窃取的手段，将仍在邮政局尚未失去控制的款项盗取后非法占有的行为，应认定构成盗窃罪。

笔者同意第三种意见，原因在于：10万元现金不属于遗忘物。刑法意义上的遗忘物的本质特征是此财物是否实际失控，而并非只要财物所有人或持有人主观上对财物的忘记即可构成。10万元现金是因为内勤出纳李×的疏忽而将它遗忘在通道上，而此通道在邮政局特定的封闭场所之内，款项尚在安化县邮政局的控制范围内，故该10万元现金不属于遗忘物。因此，行为人的行为不符合侵占罪的特征。

在单位内部人员窃取本单位财物的情况下，行为人的主体身份和行为人实施窃取行为时是否"利用了职务上的便利"与"利用了工作上的便利"是确定罪名的关键。本案中，谌×系安化县邮政储蓄所外勤出纳，负责东坪城区头寸箱的发放及收缴，对李×遗忘在楼梯间的10万元既没有职务上的主管、管理职责，也没有经手此财物的便利。其利用担任外勤出纳可以进入现场的便利条件，窃取由其他工作人员保管的款项，故谌×不是利用职务上的便利，而是利用工作上的便利。其行为不构成职务侵占罪。

所谓秘密窃取，是指行为人采取自认为不为财物所有者、保管者或者经手者发觉的方法，暗中将财物取走的行为。其有三个特征：一是取得财物的过程未被发现，是在暗中进行的。二是秘密窃取是针对财物所有人、保管人、经手人而言的，即财物的所有人、保管人、经手人没有发觉。在窃取财物的过程中，只要财物所有人、保管人、经手人没有发觉，即使被他人发现的，也应属秘密窃取。三是行为人自认为没有被财物所有人、保管人、经手人发觉。至于方式则多种多样，如撬锁破门、割包掏兜、顺手牵羊等，不论形式如何，只要本质上属于秘密窃取，即构成盗窃。谌×在给李×打电话确认李×未发现10万元遗忘在通道上后，趁无人注意之机，将10万元提出办公楼，然后藏入摩托车尾箱后带离。其行为符合秘密窃取的特征。

综上所述，由于财物在行为人采取秘密手段盗离邮政局之前，仍在邮政局特定的封闭场所之内，并且没有脱离邮政局其他责任人，如保安、经警等的控制，谌×在本案中利用了其工作上的便利而非职务上的便利，因此其行为构成盗窃罪，而非职务侵占罪或者无罪。

刘某未尽保护责任致人死亡案

【案情介绍】

被告人:刘某,男,43岁,河南省安阳县人,系安阳县水冶镇武装部部长。1993年7月3日被逮捕。

1992年7月5日下午2时许,被告人刘某到被害人逯中秋(男,10周岁)家,提出要带逯中秋去附近水库游泳。逯中秋之母马玉兰告诉刘某,逯中秋不会游泳,叮嘱李要照看好逯。约3时许,刘某带领逯中秋、徐勇(男,13周岁)到达水库,租了3个救生圈,3人一起下水游泳约一个小时,尔后一起上岸休息。休息片刻后,逯中秋提出再次下水,刘某开始不允许,经逯再三要求,乃表示同意。逯中秋、徐勇各带一救生圈下水,刘某则在岸上抽烟并与人闲谈,没有照看2人。逯中秋下水游泳不久,因救生圈脱落而沉入水中,徐勇发现后喊叫刘某,刘急忙下水施救,但已寻找不到人。后逯中秋从水中漂出,被送往安阳县第一人民医院抢救无效死亡。经诊断为溺水死亡。案发后,经过调解,刘某赔偿了被害人亲属的损失。

【案件焦点】

未尽保护职责致儿童死亡是否构成杀人罪?

【分析与结论】

河南省安阳县人民法院经公开审理认为,被告人刘某带领不会游泳的儿童去水库游泳,负有保护其安全的义务和责任。对被害人逯中秋再次下水可能发生溺死的后果,刘某本应当预见,但因自己抽烟和与别人闲谈,忽视了采取安全措施,导致逯中秋溺水死亡的严重后果,其行为已构成过失杀人罪。依照《中华人民共和国刑法》第一百三十三条的规定,于1993年7月2日判决如下:被告人刘某犯过失杀人罪,判处有期徒刑三年。

宣判后,刘某不服,以逯中秋的死亡属于意外事件,自己不构成过失杀人罪为理由,提出上诉。其辩护人辩称:逯中秋是溺水死亡还是水中猝死未经法医解剖检验,其死因不明,不能认定刘某犯有过失杀人罪,请求依法予以改判。

安阳市中级人民法院经过二审审理认为,上诉人刘某带小孩去游泳,对小孩负有保护的义务,这种义务是由其先前的行为派生出来的,由于其疏忽大意的过失,以致发生了逯中秋溺水死亡的严重后果,其行为属于不作为犯罪,原审法院认定其犯过失杀人罪是正确的,上诉人所谓逯中秋死亡属于意外事件的理由不能成立。逯中秋溺水后被送往医院抢救时,参加抢救的医生证明,对逯做人工呼吸时,发现他腹腔有水,口鼻有水和白沫,符合溺水死亡的特征,故辩护人关于逯中秋死因不明的辩护理由也不能成立。但根据本案的具体情况，刘某的犯罪情节轻微，不需要判处刑罚。据此，该院依照《中华人民共和国刑事诉讼法》第一百三十六条第（二）项和《中华人民共和国刑法》第一百三十三条、第三十二条的规定，于 1993 年 11 月 10 日判决如下：

1. 撤销安阳县人民法院的刑事判决的量刑部分；

2. 上诉人刘某犯过失杀人罪，免予刑事处分。

本案在审理过程中，对被告人刘某的行为如何定性有较大的分歧。

一种意见认为，被告人刘某与被害人逯中秋的父母平时关系较好，刘带逯去游泳并无恶意。在游泳过程中，刘为逯中秋、徐勇租了救生圈，第一次游泳时在旁边保护。逯中秋要求第二次下水时，刘开始并不同意，在得知逯沉水后立即下水救护。从整个过程看，应当认为刘某采取了一定的保护措施，也尽到了保护责任，逯中秋溺水死亡属于无法预料的意外事件，刘某不构成犯罪。

另一种意见认为，刘某的行为构成了不作为形式的过失杀人罪。理由如下：

（1）刘某负有保护逯中秋游泳安全的特定义务。这一义务是基于刘某的先行行为而产生的。逯中秋系儿童，且不会游泳，本不应到水库中去游泳。刘某主动提出并带领逯到水库游泳，这无疑使逯中秋处于危险的境地，因而也就产生了刘某应当负责保护逯中秋游泳安全的特定义务。这种义务要求刘某在整个游泳过程中，应当以积极的行为，采取足以保证逯中秋生命安全的保护措施，防止可能发生的危险，直至游泳结束，将逯安全送回家中。

（2）刘某的不作为与逯中秋溺水死亡之间有直接的因果关系。从本案情况看，在第一次游泳时，刘某确实采取了一定的保护措施，如租赁救生圈，一起下水在旁看护等，因此保证了两名未成年人游泳的安全。但是，当逯中秋要求再次下水时，刘某先是未能坚决阻止，在同意之后又没有一同下水进行保护或在岸边照看，而是在岸上抽烟并与人闲谈。以致在逯中秋出现危险时未能及时发现，无法及时救助。应当说，刘某在逯中秋再次下水时未予保护的不作为，与逯在脱圈沉水时得不到救助以致溺水死亡之间，存在着直接的因果关系。

（3）刘某主观上有疏忽大意的过失。刘虽然不是故意不履行保护责任，希望或者放任逯中秋溺水死亡的发生，但也绝非对逯的溺死无法预料和不能抗拒。刘明知逯是不会游泳的儿童，应当预见到如果不加以保护，很可能发生溺水死亡的危险。事实上刘对此也是十分清楚的，因此才在第一次游泳时采取了一定的保护措施。但在逯中秋再次下水时，刘却因抽烟和与别人闲谈，疏忽了对两名未成年人的保护。不幸的是，正是这一时的疏忽大意，酿成了逯中秋被溺死的严重后果。在如本案这样的特殊情况下，疏忽大意造成的致命恶果往往就是在片刻之间甚至一刹那间发生的。刘某在此之前所采取的保护措施和在此之后所采取的救助行为，都不能否定他在逯再次下水时因一时疏忽而未尽保护责任的事实。正是由于刘某的这种过失行为导致了逯中秋的溺水死亡。

根据我国刑法规定，由于自己的过失行为致他人死亡的，构成过失杀人罪。一、二审法院认定被告人刘某犯过失杀人罪是正确的。

张某某枪杀抢劫犯案

【案情介绍】

张某某在某村经营一养殖场，养有价值60余万元的多种犬类，该养殖场与乡养猪场紧邻，且养猪场的门房设在养狗场的院墙外，为了对狗进行饲养和保护，张某某雇用了3名工人与其在养殖场内共同工作。2009年11月初，张某某在狗市听说一养狗场遭人抢劫后，担心自己的狗场也出事，遂将长期私藏于家中的一枝双筒猎枪和一枝自制火枪拿到养狗场，以防不测。同年11月10日凌晨，张某某与工人们忽听到外面有狗叫声，起床到院内查看，隔着院门门缝发现一辆130汽车车头顶在狗场的大门前，同时听到院外有杂乱的脚步声，接着听到院外有砸门、砸玻璃的声音和人的叫嚷声。张某某遂让工人们回屋，并说："可能是抢狗的。"回到屋内，张某某即给其父亲打电话，说："狗场来了好多人，可能是抢狗的，你赶紧通知派出所。"这时屋内的工人告诉张外面有人上墙了，张某某发现大门东西两侧的南墙上均有人影，于是取出双筒猎枪，捅碎窗户玻璃向大门西侧墙上的人影开了一枪，致此人头部中弹，经抢救无效死亡。

经查，2009年11月9日，谭某等九人预谋到张某某的养殖场抢狗，并准备了铁棍、狗链等工具。10日凌晨，九人驾驶汽车来到该养殖场，将车头顶在养殖场的大门前，谭某等人下车后先来到养猪场的值班室，砸碎门窗进屋，将正在值班的王某毒打后捆绑，在问明狗场内的人数之后，谭某等人便开始翻墙准备进入狗场实施抢劫，谭某在翻墙时遭到枪击死亡，其余人逃跑，后被抓获。

【案件焦点】

张某某是否构成故意杀人罪？

【分析与结论】

对张某某是否构成故意杀人罪存在分歧意见：

第一种意见：张某某应构成故意杀人罪。认为谭某等人虽已上墙，但并未着手实施具体的抢狗行为，更未危及张某某等人的人身安全。张某某明知双筒猎枪发射的子弹是霰弹，且距离目标近，命中面积大，仍开枪打死一人，主观上属直接故意杀人。

第二种意见：张某某应构成故意伤害（致死）罪。认为张某某已打电话让其父通知派出所，但在有人上墙的紧急情况下开枪，这时张某某的目的是想把来人吓走，对其使用的枪支、弹型来不及细致考虑，主观上只是伤害的故意。

第三种意见：张某某的行为属正当防卫。认为张某某实施防卫的背景是处于深夜，面对突发事件和人员的劣势，难以准确判断不法侵害的手段及程度，且抢劫人已经上墙，公安人员尚未赶到，在危急时刻为了防止财产和人身安全遭受不法侵害，被迫采取了防卫措施。其行为符合《刑法》第20条第3款的规定，属于正当防卫。同时，张某某非法持有枪支的行为已涉嫌非法持有枪支罪，应对此罪负刑事责任。

第四种意见：张某某的行为属防卫过当，应以故意杀人罪减轻处罚。认为张某某对养猪场王某遭殴打、绑架一事并不知晓，而谭某等人对养狗场及张某某本人实施的仅是上墙的行为，既未开始抢狗，又未伤害张某某等人，此时开枪打死一人明显超过必要限度。对未危及人身安全的抢劫行为，不适用《刑法》第20条第3款的规定。

笔者同意第三种意见，并试作分析如下：

四种意见分歧的焦点有两个：一个是防卫适时、不适时的问题，即对本案抢劫开始的认识；另一个是防卫是否明显超过必要限度造成重大损害的问题。本案中张某某开枪打死谭某的行为符合正当防卫的条件。

首先，张某某进行防卫时不法侵害已经开始且正在进行中。不法侵害的开始，就是不法侵害行为着手实行之时，但对于那些侵害严重且具有积极进攻性的不法侵害行为，虽然尚未着手实行而只是临界着手，由于其已使合法权益面临着遭受不法侵害的紧迫危险性，就应视为不法侵害的开始，允许实行正当防卫。如果等到侵害者已着手实行，被侵害者无法进行防卫时，保护合法权益也就成了一句空话。本案中，谭某等人从预谋抢狗并准备了铁棍、狗链等作案工具，到10日凌晨驾驶汽车到养狗场将车头顶在养狗场大门前，把近邻养猪场值班室的门窗砸碎进屋，毒打并捆绑值班人员王某，问明狗场内的人数，均为谭某等人实施抢劫的预备过程。当谭某等人翻墙准备进入狗场时，应视为抢劫行为已着手实施。在抢劫人已经上墙、自己难以准确判断不法侵害的手段及程度的情况下，张某某面对突发事件和人员的劣势，为保护自己的合法权益不受现实的、正在进行的不法侵害而对侵害人进行打击，其主观上具有防卫的故意，而不是伤害的故意。第一、二种意见只注意了张某某开枪的后果，忽视了谭某等人抢劫行为已经开始这一事实，没有考虑张某某在如此危急的情况下实施先发制人防卫的合法性，而将张某某的行为定为故意杀人罪或故意伤害（致死）罪，因此是不正确的。理解不法侵害的开始，不能过于机械、过于狭隘，应根据案件的情况，特别是要根据不法侵害的轻重缓急和对合法权益威胁的程度，灵活掌握。

其次，张某某开枪打死一人（谭某）的防卫行为没有超过必要限度造成重大损害。要正确界定防卫行为是否过当，要对不同的案件作具体分析。根据不法侵害行为侵害的权益性质、强度、缓急以及防卫人的防卫能力和客观条件等情况，进行综合认定。只要防卫人的防卫行为没有超过制止不法侵害行为所需的界限造成过于悬殊的不必要重大损害，都属于正当防卫。第四种意见认为“张某某对养猪场王某遭殴打、捆绑一事并不知晓，而谭某等人对养狗场来说既未抢狗又未伤人，此时开枪打死一人明显超过必要限度”，这种意见是值得商榷的。谭某等人的抢劫目标是价值特别巨大的养殖犬。王某遭殴打、捆绑在张某某开枪前已成不以张某某的意志为转移的客观事实，谭某等人以抢劫巨额财产为目的的暴力行为已经开始。张某某在发现汽车、听到有杂乱脚步声以及砸门、砸玻璃和人的叫嚷声并发现有人上墙后，判断有人要进养狗场抢劫是正常的。面对已经开始的抢劫暴力行为，张某某为保护自己价值60余万元的巨额合法财产而开枪，不论是从保护的合法权益来说，还是从制止的不法侵害行为的强度来说，张某某的行为都没有明显超过必要限度。况且，实施防卫行为不能明显超过必要限度造成重大损害，这是对一般不法侵害行为而言的。本案中，张某某面临的是抢劫这种严重危及人身安全的暴力犯罪。《刑法》第 20 条第 3 款规定："对正在进行行凶、杀人、抢劫、强奸、绑架以及其他严重危及人身安全的暴力犯罪，采取防卫行为，造成不法侵害人伤亡的，不属于防卫过当，不负刑事责任。"即对那些正在进行的严重危及人身安全的暴力犯罪，任何公民都有实行无限防卫的权利，无论采取何种防卫手段，也不论对不法侵害人造成何种严重的伤害，都不存在防卫过当的问题。

第三，张某某应对自己非法持有枪支的行为负刑事责任。本案中，张某某长期私藏枪支的行为符合非法持有枪支罪的构成要件：侵犯了公共安全和国家对枪支的管理制度；客观方面具有长期非法持有枪支的行为；在主观方面是故意，即其明知是枪支而非法持有。《最高人民法院关于审理非法制造、买卖、运输枪支、弹药、爆炸物等刑事案件具体应用法律若干问题的解释》（以下简称《解释》）第五条规定："具有下列情形之一的，依照《刑法》第一百二十八条第一款的规定以非法持有、私藏枪支、弹药罪定罪处罚：……（二）非法持有、私藏以火药为动力发射枪弹的非军用枪支一支或者以压缩气体等为动力的其他非军用枪支二支以上的。"张某某非法持有枪支二支，在数量上符合《解释》的规定，应以非法持有枪支罪对张某某定罪处罚。

【相关法规】

《最高人民法院关于审理非法制造、买卖、运输枪支、弹药、爆炸物等刑事案件具体应用法律若干问题的解释》第五条规定："具有下列情形之一的，依照《刑法》第一百二十八条第一款的规定以非法持有、私藏枪支、弹药罪定罪处罚：……（二）非法持有、私藏以火药为动力发射枪弹的非军用枪支一支或者以压缩气体等为动力的其他非军用枪支二支以上的。"

《刑法》第 20 条第 3 款规定：(1)为了使国家、公共利益、本人或者他人的人身、财产和其他权利免受正在进行的不法侵害，而采取的制止不法侵害的行为，对不法侵害人造成损害的，属于正当防卫，不负刑事责任。(2)正当防卫明显超过必要限度造成重大损害的，应当负刑事责任，但是应当减轻或者免除处罚。(3)对正在进行行凶、杀人、抢劫、强奸、绑架以及其他严重危及人身安全的暴力犯罪，采取防卫行为，造成不法侵害人伤亡的，不属于防卫过当，不负刑事责任。

保安员监守自盗构成什么罪

【案情介绍】

2010 年 5 月 15 日凌晨，被告人刘某在 J 市前进区“某歌厅”值班时，趁歌厅无人之机用锤子将歌厅经理室的门砸坏，将手机二部、三五香烟(5 盒)、中华香烟(4 盒)、云烟(7 盒)及人民币 3 400 元盗走。经价格鉴定，被盗手机价值人民币 500 元，被盗香烟价值人民币 359 元，被盗财物总价值人民币 4 259 元。案发后，赃款已返还被害人。

【案情分析】

对被告人刘某的行为的认定有两种不同的意见。一种意见认为，刘某盗窃歌厅财物的行为是利用了对工作环境熟悉的便利，因此应构成盗窃罪。另一种意见认为，刘某是该歌厅的保安，对歌厅财物负有安全保卫的责任，是利用职务上的便利，因此这种监守自盗的行为属于职务侵占。

J 市前进区人民法院认为，被告人刘某以非法占有为目的，盗窃他人财物，数额较大，其行为构成盗窃罪。公诉机关指控的罪名成立，适用法律意见正确，予以支持。鉴于被告人系初次犯罪、当庭认罪态度较好、已返还赃款等具体情节。依照《中华人民共和国刑法》第二百六十四条、第五十二条、第五十三条的规定，判决如下：

被告人刘某犯盗窃罪，判处有期徒刑一年六个月，并处罚金人民币 8 000 元。

本案的争议焦点是，刘某盗窃财物的行为是利用了工作上的便利还是职务上的便利，两种不同的便利所产生的后果大不一样。盗窃罪数额较大的起点是一千元，职务侵占的起刑点是五千元。认定盗窃还是职务侵占是属于罪与非罪的界限。

《刑法》第二百七十一条规定，公司、企业或者其他单位的人员，利用职务上的便利，将本单位财物非法占为己有的行为，构成职务侵占罪。利用职务上的便利是指在本人的职权范围内或者因执行职务而产生的主管、经手、管理单位财物的便利条件。主管财物，主要指领导人员在职务上具有对单位财物的购置、调配、流向等决定权力。经手财物，主要指因职务而领取、使用、支配单位的财物等权力。管理财物，主要是指对单位财物的保管与管理。这种保管一般是指因工作需要单位将特定财物交付职工进行保管。

【案情结果】

本案中被告人刘某为该单位保安员，其工作职责是对该单位的财物负有看护、守护的责任，与职务侵占罪中的主管、经手、管理财物具有一定的区别。被告人刘某是利用了在该单位工作、对单位的环境熟悉的便利，故刘某的行为属盗窃。

【相关法规】

《刑法》第二百七十一条规定，公司、企业或者其他单位的人员，利用职务上的便利，将本单位财物非法占为己有的行为，构成职务侵占罪。利用职务上的便利是指在本人的职权范围内或者因执行职务而产生的主管、经手、管理单位财物的便利条件。主管财物，主要指领导人员在职务上具有对单位财物的购置、调配、流向等决定权力。经手财物，主要指因职务而领取、使用、支配单位的财物等权力。管理财物，主要是指对单位财物的保管与管理。这种保管一般是指因工作需要单位将特定财物交付职工进行保管。

叶某信用卡诈骗案

【案情介绍】

公诉人:广东省丰顺县人民检察院。

被告人:叶某。

广东省丰顺县人民检察院审理查明,2008 年 7 月 5 日下午 3 时许,被告人叶某到中国农业银行丰顺县河滨支行自动柜员机取款时,窥视到被害人吴某在柜员机上取款时输入的密码,因被害人吴某取完款后忘记取出留在柜员机内的中国农业银行金穗卡,被告人叶某持该金穗卡到中国邮政储蓄银行丰顺三门凹支行和中国农业银行丰顺河滨支行自动柜员机上分别取走现金人民币 2 500 元、1 000 元。2008 年 7 月 11 日,被害人吴某的亲戚往该卡存入现金人民币 69 000 元。2008 年 7 月 13 日至 2008 年 7 月 21 日,被告人叶某分别到广东省丰顺县、惠州市、广州市、江西省信丰县等地的银行自动柜员机上分 27 次取出该卡内的现金人民币 68 800 元,总计取款 29 次,共取出现金人民币 72 300 元。

公诉人认为被告人叶某的行为已构成信用卡诈骗罪,诉请法院依法惩处。

广东省丰顺县人民法院审理后认为,被告人叶某无视国家法律,以非法占有为目的,拾得他人信用卡并在自动柜员机上取款,数额巨大,其行为已构成信用卡诈骗罪。依照《中华人民共和国刑法》第一百九十六条、第五十二条、第五十三条、第六十四条和最高人民检察院《关于拾得他人信用卡并在自动柜员机(ATM 机)上使用的行为如何定性问题的批复》之规定,判决如下:被告人叶某犯信用卡诈骗罪,判处有期徒刑五年六个月。

上诉人叶某提出,其从中国农业银行广东省丰顺县河滨支行自动柜员机上捡得信用卡,有权进行合理使用,并没有违反法律规定;被害人没有保管好自己的信用卡密码,并将卡遗留在柜员机内,因此上诉人的行为不构成信用卡诈骗罪。

广东省梅州市中级人民法院审理后认为,上诉人叶某无视国家法律,以非法占有为目的,拾得他人信用卡后,在自动柜员机内取款,数额较大,其行为已构成信用卡诈骗罪。叶某上诉提出,其从中国农业银行广东省丰顺县河滨支行自动柜员机上捡得信用卡,有权进行合理使用,并没有违反法律规定;被害人没有保管好自己的信用卡密码,将卡遗留在柜员机内,导致本案发生,有一定的过错。经查,上诉人叶某借被害人在取款时偷窥被害人信用卡密码,后又利用被害人遗忘在柜员机内的信用卡,在自动柜员机上取款,其行为属于冒用他人信用卡进行诈骗的行为,符合信用卡诈骗罪的构成要件;被害人没有保管好自己的信用卡密码及将卡遗留在柜员机内,不能成为上诉人实施诈骗的理由。判决:上诉人叶某犯信用卡诈骗罪,判处有期徒刑四年。

【案件焦点】

被害人取款时将信用卡遗忘在自动柜员机内，被告人偷窥被害人信用卡密码后，利用信用卡在自动柜员机上取款的行为，构成何罪？

【分析与结论】

关于被告人的行为构成何罪，存在两种意见。

第一种意见认为，其行为构成信用卡诈骗罪。主要理由是：信用卡诈骗罪是以非法占有为目的，利用信用卡虚构事实，隐瞒真相，骗取公私财物数额较大的行为。刑法规定有使用伪造的信用卡、作废的信用卡、冒用他人信用卡、恶意透支的情形之一，进行信用卡诈骗活动的，构成信用卡诈骗罪，其构成要件是：

(1)主观方面是故意。以非法占有他人财物为行为目的，即行为人明知利用信用卡侵占他人财物是非法的行为而故意实施。刑法条文中没有明确写出本罪的故意目的性，但是比照诈骗犯罪的本质属性和该罪侵犯的客体来看，除要求行为人主观上具有故意之外，还必须具有非法占有他人财物的目的。

(2)在客观方面要求符合下列情形之一。第一，使用伪造的信用卡。伪造信用卡，一是指从表现形式到具体内容，完全模仿真实的信用卡，按照真实信用卡的图案、版块、模式及磁条密码完全地非法制造新的信用卡；二是指在真实的信用卡基础上进行伪造，比如随意涂改真实信息，或在空白的信用卡上输入其他用户的真实信息或输入虚假信息。使用伪造的信用卡是信用卡诈骗的一个重要形式，在这里行为人必须有使用伪造信用卡的行为才构成本罪。第二，使用作废的信用卡。作废的信用卡是指因法定原因失去效用的真实信用卡。无论是哪一种失效原因，凡是利用作废的信用卡进行侵占他人公私财物的行为均属于信用卡诈骗罪。第三，冒用他人的信用卡。冒用他人的信用卡是指未经持卡人同意或者授权，非法持有信用卡并擅自以持卡人的名义使用该信用卡，实施信用卡法定功能的消费、提现等诈骗行为。冒用他人的信用卡，行为人必须是以非法占有为目的。冒用他人信用卡进行诈骗犯罪的行为人主观上必须具备骗取他人财物的目的。

本案的被告人叶某趁被害人在取款时偷窥被害人信用卡密码，后又利用被害人遗忘在柜员机内的信用卡，在自动柜员机上取款，不能认为信用卡持有人有将自己的信用卡借给被告人使用的行为，也不是经持卡人同意由被告人使用信用卡的行为。因此，被告人主观上以非法占有持卡人的财物为目的，客观上实施了冒用他人信用卡进行诈骗的行为，具备信用卡诈骗罪的本质特征，其行为构成信用卡诈骗罪。

第二种意见认为，本案应定为盗窃罪。理由是：盗窃罪是指以非法占有为目的，秘密窃取数额较大的公私财物或者多次盗窃公私财物的行为，主观方面由故意构成，并且具有非法占有的目的，在客观方面表现为行为人实施了秘密窃取数额较大的公私财物或者多次盗窃的行为。根据规定，盗窃信用卡并使用的，应以盗窃罪论处。所谓盗窃信用卡并使用，是指犯罪分子盗窃他人的信用卡并使用该信用卡进行诈骗财物的行为，包括犯罪分子盗窃信用卡后自己使用该信用卡，也包括犯罪分子的同伙或朋友明知是盗窃来的信用卡而使用该信用卡。信用卡是一种支付凭证，盗窃信用卡在很大程度上是占有了他人的财物，虽然盗窃信用卡后，行为人还要通过使用行为才能达到真正占有他人财物的目的，但使用信用卡的过程，是将信用卡不确定价值转化为具体财物的过程，实质上是盗窃犯罪的继续，因此应以盗窃罪论处，该种观点和有关司法解释与立法精神一致。在银行ATM机上取款，虽然ATM机不具有人的灵性，但是，其能为客户服务，是建立在人为设置的程序基础上的。只有持卡人本人才能使用此信用卡，ATM机为客户服务亦需验证身份后进行，对于ATM机，客户的密码即等于客户的身份，客户输入密码进入程序其实就是验证身份的过程，使用他人密码支取款项，属于秘密窃取他人财物的行为，符合盗窃罪的构成要件。

笔者同意上述第一种意见，认为一、二审法院认定被告人的行为构成信用卡诈骗罪恰当。从理论上说，信用卡诈骗罪是以非法占有为目的，利用信用卡虚构事实、隐瞒真相、骗取公私财物数额较大的行为。要求具有主、客观方面的表现特征，具体到本案，被告人叶某主观上以非法获取他人财物为目的，客观上趁被害人在取款时偷窥被害人信用卡密码，后又利用被害人遗忘在柜员机内的信用卡，在自动柜员机上取款，其行为属于冒用他人信用卡进行诈骗的行为，并不是盗窃信用卡后进行使用的行为，既不能认定为信用卡持有人将自己的信用卡借给被告人使用，也不能确定是持卡人同意由被告人使用信用卡。因此，被告人的行为具备信用卡诈骗罪的本质特征，其行为构成信用卡诈骗罪。

盗窃还是诈骗

【案情介绍】

公诉机关:上海市虹口区人民检察院。

被告人:周×。

被告人周×以非法占有为目的,在事先通过强光照射某超市发行的积点充值卡密码涂层、已知晓密码的情况下,于2009年1月8日上午,先后至本市瑞虹路某超市门口、曲阳商务中心门口,将200张面额均为1000元人民币的“超市积点充值卡”分别出售给被害人曹×、张×。之后被告人周×利用事先已知晓的上述积点充值卡密码,通过电话转账方式将其中179张积点卡内合计179 000元人民币的资金秘密转移至其预先准备好的10张“联华超市会员卡”内,在此过程中被被害人发现。在审理中,公诉机关提供了被害人曹×、张×的陈述及辨认笔录,证人顾×、姜×的证言,上海市公安局虹口分局出具的《调取证据清单》及该超市电子商务有限公司出具的有关单据、资金转账明细等证据。公诉机关指控称被告人周×以非法占有为目的,秘密窃取公民财物,数额特别巨大,其行为已构成盗窃罪。本案系犯罪未遂。据此,提请法院依照《中华人民共和国刑法》第二百六十四条、第二十三条之规定,对被告人定罪处罚。

被告人周×及其辩护人对公诉机关指控的犯罪事实及定性均无异议。

一审法院认为,被告人周×以非法占有为目的,秘密窃取公民财物,数额特别巨大,其行为已构成盗窃罪。上海市虹口区人民检察院指控被告人周×犯盗窃罪罪名成立。被告人周×到案后认罪态度较好,可酌情从轻处罚。本案系犯罪未遂,应予以减轻处罚。故判决被告人周×犯盗窃罪,判处有期徒刑五年,并处罚金五千元。

宣判后,被告人周×未提出上诉,检察机关亦未提出抗诉,一审判决已经发生法律效力。

【案件焦点】

行为人将已事先通过一定手段而知晓密码的超市充值卡出售给他人后,再通过该密码取回充值卡内资金的行为应如何定性?

【分析与结论】

本案作为一种盗窃行为与诈骗行为交织在一起的新型经济犯罪案件,具有一定的典型性,值得做进一步的深入评析。

对于本案中被告人周×的行为该如何定性,司法实践中,存在两种不同意见:

第一种意见认为,本案应定性为盗窃罪。被告人周×通过技术手段事先获取密码,再在被害人完全不知情的情况下，秘密通过该密码将充值卡内的资金取回的行为完全符合盗窃罪的特征，应以盗窃罪追究其刑事责任。

第二种意见认为，本案应定性为诈骗罪。被告人周×在获知密码后，隐瞒自己已知晓超市充值卡密码的事实真相，编造公司内部低价处理充值卡的幌子，将已经知晓密码的充值卡出卖给被害人（黄牛），骗取被害人信任并支付相应对价。这种隐瞒事实真相、骗取对方财物的行为完全符合诈骗罪的特征。

对此，笔者赞同第一种意见。理由如下：

诈骗罪和盗窃罪是现实生活中很常见的两种侵犯他人财产权利的犯罪，这两种罪的区别主要体现在两个方面：一是行为人获取财物主要是采取了欺骗手法还是秘密窃取手法；二是真正的被害人是否具有处分其财产的自主意思表示或者行为。一般来说，我们判断一起案件究竟是诈骗犯罪，还是盗窃犯罪，都是比较好区分的。因为前者的行为人客观上都是使用隐瞒真相、虚构事实的欺诈方法获取被害人财物，而后者的行为人在客观方面则会采取秘密窃取手段取得被害人财物。可见，是采取骗术获取财产，还是采用窃取手段获取财产，是区别诈骗罪与盗窃罪的最本质的法律标准。但是在司法实践中处理一些具体个案时，我们也发现，如果仅仅将一个案件中是否使用了隐瞒真相、虚构事实的欺诈方法作为区分盗窃犯罪与诈骗犯罪的唯一标准，那么对有些案件还是难以做出正确的认定，比如在被告人取得财产的过程中，既采用了秘密窃取手法，又实施了隐瞒真相、虚构事实的欺诈行为，两种行为特征交织混杂在一起，认定起来就比较复杂。我们认为，对这种情况，到底是定盗窃犯罪，还是定诈骗犯罪，除了要看最终获取被害人的钱财的手段主要是靠窃术还是骗术之外，最合理的做法就是要看财产所有人或持有人即真正的被害人是否有处分财产的意思和相应行为。也就是说，行为人最终取得财产，到底是在真正的被害人不知晓的情况下发生了财产转移占有，还是在真正的被害人“知晓”的情况下发生了“自愿”转移财产占有。行为人的一系列犯罪行为虽然交织了秘密窃取行为和诈骗行为，但财产所有人或持有人即真正的被害人并无任何自愿转移财产占有的意思表示或者行为，该犯罪人的行为仍应定为盗窃犯罪而不能定为诈骗犯罪。

按照这种分析，我们来看被告人周×的犯罪过程：

第一，被告人通过强光照射某超市发行的积点充值卡密码涂层、获知并记录下密码的行为，是为实现犯罪目的而制造条件的行为，虽然属于一种犯罪预备行为，但产生不了任何实际犯罪后果，故还不具备独立犯罪评价的意义。因为该批 200 张超市充值卡属于被告人通过正常渠道购买，其不按常理刮开密码涂层获取密码，而采用强光照射密码涂层的方法来获取密码的行为属于其对卡的一种利用行为，别人无权干涉，由于该行为本身并没有产生实际的犯罪后果，故不做单独的犯罪评价。之后，被告人携带此批超市充值卡先后至瑞虹路某超市门口、曲阳商务中心门口，将 200 张面额均为 1000 元人民币的“超市积点充值卡”分别兜售给被害人曹×、张×（均系黄牛）。该行为中，被告人周×是采取了一定的骗术，隐瞒自己已知晓超市充值卡密码的事实真相，编造其所在公司内部低价处理充值卡的幌子，将已经知晓密码的充值卡兜售给被害人（黄牛），骗取被害人信任并支付了相应对价。该行为毫无疑问属于典型的诈骗行为，但被告人的行为仍不能就此构成诈骗罪，因为在此行为中，被告人的兜售行为尽管带有一定的欺骗性，但因为这种诈骗行为本身并没有导致被害人最终的财产损失，也没有实现非法占有充值卡内资金的目的，故还不属于获取卡内资金的最终手段行为，还不能认定其为诈骗罪。实际上从后面的整体行为来看，这种虚构事实、隐瞒真相的兜售行为还是属于一种正常的处理充值卡的商业行为，如果没有后面的窃取行为，从表面看到此一切还是正常的。由于该行为的顺利完成，实际上已为被告人之后秘密使用密码转移占有被害人卡内资金进一步制造了犯罪条件，与之前通过技术手段获取密码的行为，同系犯罪预备行为。最后被告人周×利用该密码，通过电话转账方式将其中 179 张充值卡内合计 179 000 元人民币的资金秘密转移至其预先准备好的 10 张“联华超市会员卡”内，由于该行为是在被害人完全不知道的情况下发生的，故而被告人的行为完全符合“秘密窃取”的行为特征，是一种盗窃行为。综上可以看出，被告人的行为过程尽管一开始交织了诈骗的手段，但其最终获得被害人财物的方式还是靠盗窃手段而非诈骗手段，前面的诈骗手段只是其为最终顺利获取财物的盗窃手段打下的一个铺垫行为，故本案应定为盗窃罪而非诈骗罪。

第二，从被害人交付财物的“自愿”性程度来看。我们知道，诈骗罪的被害人一般是在知情的情况下“自愿”交付其相关财物给犯罪人，而盗窃罪则是被害人在不知情的情况下被“不自愿”地转移了相关财产的占有。那么，在本案中，相对于曹×、张×这样的真正被害人而言，由于超市充值卡是其通过合法手段购得的并打算再行出售，被害人是不会想到充值卡的有关密码已被被告人事先获取，更不知道被告人已通过电话转账方式，秘密窃取了充值卡内的资金。所以，被告人周×最终转移财产占有的行为显然是在被害人毫不知情的情况下，“不自愿”发生的，符合盗窃罪的特征。

毒品犯罪死刑复核案

【案情介绍】

被告人张×梅，女，1950年出生，初中文化，下岗工人。2014年2月7日因涉嫌贩卖毒品罪被逮捕。

被告人刘×堂，男，1966年出生，小学文化，农民。2014年2月7日因涉嫌贩卖毒品罪被逮捕。

被告人李×生，男，1963年出生，汉族，文盲，农民。2014年2月7日因涉嫌贩卖毒品罪被逮捕。

安徽省蚌埠市人民检察院以被告人张×梅、刘×堂、李×生贩卖毒品罪，向蚌埠市中级人民法院提起公诉。

公诉机关认为：被告人张×梅、刘×堂、李×生贩卖海洛因600余克的行为已构成贩卖毒品罪，提请依法追究三被告人刑事责任。

被告人张×梅对起诉书指控其贩卖毒品的事实供认不讳。但辩称购买毒品是给其儿子吸食，目的是为了帮助儿子戒毒；毒品含量不对，要求重新鉴定。其辩护人提出了与张×梅相同的辩护意见。

被告人刘×堂对起诉书指控其贩卖毒品的事实供认不讳。但辩称，查获的毒品中掺入了配料，海洛因的实际重量只有100多克；自己既没有买毒品也没有卖毒品，毒资也不是自己的，不构成贩卖毒品罪。其辩护人提出了与刘×堂基本相同的辩护意见，并建议对刘×堂从轻处罚。

被告人李×生对起诉书指控其贩卖毒品的事实供认不讳。但辩称，毒品是刘×堂、刘×春带去的，自己只提供了掺入毒品中的配料。其辩护人对起诉书指控的罪名不持异议，但提出指控李×生提供毒品货源并实施加工证据不足；毒品鉴定从形式到程序存在严重问题，请求重新鉴定。

【案情分析】

一审

蚌埠市中级人民法院经公开审理查明：

2013年12月，被告人张×梅通过电话与家住临泉县的刘×堂联系，欲从刘×堂处购买海洛因。同年12月30日，张×梅与孙×超从蚌埠市赶到临泉县，张×梅与刘×堂商定次日在××市进行交易，之后，刘×堂通过电话与李×生联系，要李×生准备毒品。次日上午，张×按照其姐张×梅的要求租车将166 000元人民币送到××市交给张×梅。同日上午，刘×堂邀约刘×春一起从临泉县到××市李×生租住的房间内，刘×春到后去街上闲逛，刘×堂和李×生在房间内加工毒品，将掺入配料的毒品压成三个圆形块状，连同没有用完的配料装入一个纸袋中。随后，刘×堂携带两小包毒品样品到××市某茶楼一房间内，交给在此等候的张×梅、孙×超验货，张×梅用锡箔纸烤试后同意要货。刘×堂又返回李×生的租住处，将加工好的毒品交给在××市某茶楼等候的张×梅、孙×超，张×梅将68 800元人民币交给刘×堂。张×梅携带装有海洛因的红色纸袋来到新世纪广场，将海洛因交给其弟张×准备带回蚌埠时，被公安人员抓获。当场从张×梅、张×手中缴获海洛因657克及配料103.5克，刘×堂、李×生、孙×超、刘×春亦先后被公安人员抓获。

另查，2010年下半年至2011年初，吸毒人员顾×通过殷×红，以每克人民币300元的价格先后两次从被告人张×梅处购买了8克海洛因。

蚌埠市中级人民法院认为：被告人张×梅、刘×堂、李×生等人，共同贩卖海洛因657克，其行为均构成贩卖毒品罪。在共同犯罪中，张×梅起意贩毒，主动联系刘×堂，要其胞弟张×用出租车运送巨资购买海洛因，行为积极主动，系主犯，应依法惩处。其辩称购买毒品是给其儿子吸食，目的是为了帮助儿子戒毒的理由不能成立。此外，张×梅还向他人贩卖8克海洛因，其贩卖海洛因的总数应认定为665克。被告人刘×堂在贩卖毒品的共同犯罪中，行为积极主动，系主犯，应依法惩处。其辩护人提出，本案所涉毒品的数量是大量掺假后的数量的辩护意见不予采信。被告人李×生在共同犯罪中提供配料，掺配加工毒品，利用他人拎送毒品，行为积极主动，系主犯，其辩护人提出，毒品含量的鉴定真实性存在问题的意见不予采信。依照《中华人民共和国刑法》第三百四十七条第二款的规定，判决如下：

被告人张×梅、刘×堂、李×生犯贩卖毒品罪，分别判处死刑，剥夺政治权利终身，并没收个人全部财产。

二审

一审宣判后，张×梅、刘×堂、李×生不服，均向安徽省高级人民法院提出上诉。

被告人张×梅上诉提出：(1)购买毒品是给其儿子吸食，目的是帮助儿子戒毒，不是为了贩卖毒品；(2)购买毒品的数量应为130克，查获的657克毒品是掺了配料的重量；(3)没有通过殷×红向顾×贩卖8克海洛因；(4)蚌埠市公安局对毒品含量的鉴定不客观。其辩护人除提出与张×梅上诉理由相同的辩护意见外，还提出，张×梅购买海洛因的行为应是非法持有毒品；毒品含量的鉴定应以二审期间委托上海市毒品检验中心的鉴定为准；张×梅有检举他人盗窃经查证属实的立功行为，要求对张×梅从轻处罚。

被告人刘×堂上诉提出：其在共同犯罪中处于次要地位，系从犯，要求从轻处罚。其辩护人除提出与刘×堂上诉理由相同的辩护意见外，还提出根据上海市毒品检验中心的鉴定，刘×堂参与贩卖的毒品大量掺假，且犯罪后能如实供述其犯罪事实，要求对刘×堂予以改判。

李×生上诉提出：毒品是刘×堂和刘×春带来的，其只提供了掺假的配料，在共同犯罪中是从犯，且查获的毒品数量是大量掺假后的数量，毒品未流入社会，要求对其从轻处罚。其辩护人除提出与李×生上诉理由相同的辩护意见外，还提出认定李×生提供毒品并加工的证据不足，要求对李×生从轻处罚。

人民法院经审理查明：

一审判决认定的事实清楚，证据确实充分，予以确认。对张×梅的上诉理由及其辩护人的辩护意见，经查，张×梅为贩卖而购买毒品一节，有同案上诉人刘×堂供述证明张×梅购买毒品是想挣点钱；证人殷×红、顾×、宫×峰、胡×萍证明张×梅多次贩毒，其辩称购买毒品是为了其儿子戒毒无证据证明，不予采信。公安人员抓获张×梅、张×时查获毒品海洛因 657 克，应予认定，其辩称只购买 130 克海洛因一节不予采信。关于张×梅通过殷×红向吸毒人员顾×贩卖 8 克海洛因一节，有殷×红、顾×的证言证实，且能相互印证，应予认定。关于其提出蚌埠市公安局对毒品含量鉴定不客观的理由，二审审理期间，上海市毒品检验中心对该毒品的含量重新鉴定，鉴定结论经二审庭审质证，其辩护人提出的毒品含量的鉴定应以上海市毒品检验中心的鉴定结论为准的辩护意见应予采纳，但该鉴定的毒品含量均不属于“毒品含量极少”的情形，且毒品的数量不以纯度折算，不能因此减轻其罪责。张×梅检举他人盗窃 2 辆电动车虽经查证属实，但不属于重大立功，不足以减轻其罪责，故对张×梅上诉及其辩护人要求对张×梅从轻处罚的意见不予采纳。

对刘×堂上诉理由及其辩护人提出的辩护意见，经查，刘×堂在共同犯罪中和张×梅商谈毒品买卖事宜，联系李×生共同贩卖海洛因，将毒品的样品和大量毒品分次交给张×梅，收取资金，其行为积极主动，应为主犯，其辩称是从犯的理由不能成立。根据上海市毒品检验中心的鉴定结论，刘×堂参与贩卖的毒品不属于“毒品含量极少”的情形，不足以影响对刘×堂的量刑，其犯罪后如实供述犯罪事实一节，亦不能因此减轻其罪责，故对刘×堂上诉及其辩护人要求对刘×堂予以改判的意见不予采纳。

对李×生上诉理由及其辩护人提出的辩护意见，经查，李×生辩称毒品是刘×堂、刘×春带来的一节无事实依据，不予采信。李×生在共同犯罪中提供毒品并进行加工一节，有刘×堂的供述予以证实，且李×生亦做过与刘×堂的供述相互印证的供述，应予认定，其在共同犯罪中的行为积极主动，系主犯，其辩称是从犯的理由不予采纳。虽然查获的毒品的数量是掺假后的数量，根据法律规定毒品的数量不以纯度计算，毒品未流入社会一节不足以减轻其罪责，故对李×生及其辩护人要求对李×生从轻处罚的理由不予采纳。

安徽省高级人民法院经审理认为：被告人张×梅、刘×堂、李×生贩卖海洛因的行为，均已构成贩卖毒品罪，且贩卖毒品数量大，在共同犯罪中，张×梅、刘×堂、李×生系主犯，均应从重处罚。一审判决认定的事实清楚，证据确实充分，定罪准确，量刑适当，审判程序合法。依照《中华人民共和国刑事诉讼法》第一百八十九条第（一）项的规定，于 2015 年 7 月 25 日裁定如下：

驳回三被告人上诉，维持原判。

人民法院依法将此案报请最高人民法院核准。

最高人民法院经复核确认：

2013 年 12 月 30 日，被告人张×梅与孙×超（同案被告人，已判刑）从安徽省蚌埠市到临泉县，找被告人刘×堂联系购买海洛因，并商定次日在××市进行交易，随后，刘×堂给被告人李×生打电话，通知李×生准备好海洛因。次日上午，张×（同案被告人，已判刑）将 16.6 万元人民币送到××市交给张×梅。刘×堂邀约刘×春（另案处理）从临泉县赶到××市李×生的租住房处，刘×堂与李×生将 130 克海洛因掺入配料后压成三个圆块状。随后，刘×堂携带两小包海洛因样品到××市某茶楼张×梅、孙×超所在的房间内，让张×梅、孙×超验货。张×梅用锡箔纸烤试后同意要货。刘×堂返回李×生的租住处，将加工好的海洛因连同没有用完的配料装入一个红色纸袋中，带到某茶楼交给张×梅、孙×超，张×梅将6.88万元人民币交给刘×堂。之后，张×梅携带装有海洛因的红色纸袋来到新世纪广场，将纸袋交给张×准备带回蚌埠市时，被公安人员抓获。当场缴获海洛因657克及配料103.5克。随后，公安机关将刘×堂、李×生、孙×超、刘×春抓获归案。

另查明，2010年下半年至2011年初，被告人张×梅以每克人民币300元的价格，先后两次通过殷×红贩卖给吸毒人员顾×海洛因8克。

最高人民法院认为：被告人张×梅、刘×堂、李×生贩卖海洛因的行为，均已构成贩卖毒品罪。贩卖毒品数量大，应依法惩处。一审判决和二审判决认定的事实清楚，证据确实、充分，定罪准确，审判程序合法。鉴于本案的具体情况，对张×梅、刘×堂、李×生判处死刑，可不立即执行。依照《中华人民共和国刑事诉讼法》第一百九十九条和《最高人民法院关于执行〈中华人民共和国刑事诉讼法〉若干问题的解释》第二百八十五条第(三)项、《中华人民共和国刑法》第三百四十七条第二款第(一)项、第四十八条第一款、第五十七条第一款的规定，判决如下：

1. 撤销蚌埠市中级人民法院(2014)蚌刑初字第65号和安徽省高级人民法院(2015)皖刑终字第170号刑事判决中对被告人张×梅、刘×堂、李×生的量刑部分；

2. 被告人张×梅犯贩卖毒品罪，判处死刑，缓期二年执行，剥夺政治权利终身，并处没收个人全部财产。

3. 被告人刘×堂犯贩卖毒品罪，判处死刑，缓期二年执行，剥夺政治权利终身，并处没收个人全部财产。

4. 被告人李×生犯贩卖毒品罪，判处死刑，缓期二年执行，剥夺政治权利终身，并处没收个人全部财产。

【案件结果】

最高人民法院认为：被告人张×梅、刘×堂、李×生贩卖海洛因的行为，均已构成贩卖毒品罪。贩卖毒品数量大，应依法惩处。一审判决和二审判决认定的事实清楚，证据确实、充分，定罪准确，审判程序合法。鉴于本案的具体情况，对张×梅、刘×堂、李×生判处死刑，可不立即执行。依照《中华人民共和国刑事诉讼法》第一百九十九条和《最高人民法院关于执行〈中华人民共和国刑事诉讼法〉若干问题的解释》第二百八十五条第(三)项、《中华人民共和国刑法》第三百四十七条第二款第(一)项、第四十八条第一款、第五十七条第一款的规定，判决如下：

1. 撤销蚌埠市中级人民法院(2014)蚌刑初字第65号和安徽省高级人民法院(2015)皖刑终字第170号刑事判决中对被告人张×梅、刘×堂、李×生的量刑部分；

2. 被告人张×梅犯贩卖毒品罪，判处死刑，缓期二年执行，剥夺政治权利终身，并处没收个人全部财产。

3. 被告人刘×堂犯贩卖毒品罪，判处死刑，缓期二年执行，剥夺政治权利终身，并处没收个人全部财产。

4. 被告人李×生犯贩卖毒品罪，判处死刑，缓期二年执行，剥夺政治权利终身，并处没收个人全部财产。

【相关法规】

1. 为了严厉打击毒品犯罪,《刑法》第三百五十七条第二款明确规定,毒品的数量以查证属实的走私、贩卖、运输、制造、非法持有毒品的数量计算,不以纯度折算。

2. 毒品犯罪往往是共同犯罪居多,具有一定的组织性。

3. 毒品犯罪的一个显著特点就是一般具有隐蔽性。

丁敏合同诈骗案

【案情介绍】

公诉机关：江苏省张家港市人民检察院。

被告单位：张家港市恒达纺织有限公司。

诉讼代表人：丁松华，张家港市恒达纺织有限公司董事长。

被告人：丁敏，原张家港市恒达纺织有限公司总经理。

2008 年 9 月 18 日，被告人丁敏在担任被告单位张家港市恒达纺织有限公司（以下简称恒达公司）总经理期间，因被告单位急需资金归还到期欠款，即以个人做生意需要资金周转为名，隐瞒被告单位资不抵债的事实，由蒋铭明担保，与张家港市锦泰典当有限公司（以下简称锦泰公司）签订了借款人民币 200 万元的合同，扣除借款利息后实际骗得人民币 194 万元。借款到账后，被告人丁敏即将其中的 180 万元转至其妻赵碧霞的银行账户，令其归还被告单位恒达公司的欠款，自己则于当天下午携余款人民币 14 万元逃匿。被害单位报案后，公安机关于 2008 年 10 月 6 日在新疆库尔勒市将丁敏抓获，追缴人民币 100.28 万元，暂存于张家港市公安局。张家港市人民检察院以被告单位恒达公司、被告人丁敏犯合同诈骗罪于 2009 年 7 月 22 日向张家港市人民法院提起公诉。

被告单位的诉讼代表人丁松华、被告人丁敏及其辩护人的主要辩解、辩护意见是：被告单位恒达公司、被告人丁敏没有虚构事实、隐瞒真相，无非法占有的故意，不构成合同诈骗罪，本案只是一起普通的民事纠纷。

张家港市人民法院经公开审理认为：被告单位恒达公司、被告人丁敏目无法制，被告人丁敏作为被告单位直接负责的主管人员，为单位利益，以非法占有为目的，在签订、履行合同过程中，采用虚构事实、隐瞒真相的手段诈骗公司钱财，数额巨大，被告单位恒达公司、被告人丁敏均构成合同诈骗罪。关于被告单位、被告人丁敏及辩护人提出的没有虚构事实、隐瞒真相、无非法占有的故意的辩解、辩护意见，经查：被告人丁敏借款的目的是为了偿还公司债务而非用于个人做生意；借款时恒达公司连年亏损，处于停产的状态，已无履约能力；借款到账后被告人丁敏即将其中的 180 万元转至其妻赵碧霞的银行账户，令其归还被告单位恒达公司的欠款，自己则于当天下午携余款人民币 14 万元逃匿。从被告单位的履约能力、被告人丁敏的主观目的、订立和履行合同时采用的方法、获取款物的处置等方面综合分析，被告单位恒达公司、被告人丁敏均构成合同诈骗罪。公诉机关指控事实清楚，证据确凿充分。被告单位恒达公司、被告人丁敏及辩护人提出的辩解、辩护意见无证据证实，故不能成立，不予采纳。据此，依照《中华人民共和国刑法》第二百二十四条第（五）项、第二百三十一条、第六十四条之规定，做出如下判决：

1. 被告单位张家港市恒达纺织有限公司犯合同诈骗罪，判处罚金人民币三十万元。

2. 被告人丁敏犯合同诈骗罪，判处有期徒刑九年，并处罚金人民币十万元。

3. 扣押的人民币100.28万元，予以发还被害单位张家港市锦泰典当有限公司。

4. 责令被告单位恒达公司退赔给被害单位张家港市锦泰典当有限公司尚未追缴的赃款人民币93.72万元。

一审宣判后，被告人丁敏以原判量刑过重为由提出上诉。

二审法院经审理认为，原审被告单位张家港市恒达纺织有限公司以非法占有为目的，在签订、履行合同过程中，采用虚构事实、隐瞒真相的手段诈骗公司钱财，数额巨大，其行为已构成合同诈骗罪；上诉人丁敏作为原审被告单位直接负责的主管人员，其行为亦已构成合同诈骗罪。上诉人丁敏及其辩护人关于原判量刑过重的上诉理由，经查，原审人民法院根据丁敏的犯罪事实和量刑情节所作量刑是适当的，故该上诉理由及辩护意见不予采纳。原审人民法院认定事实清楚，证据确凿，定罪准确，量刑适当，审判程序合法。据此依法做出裁定：驳回上诉，维持原判。

【案件焦点】

单位主管人员为偿还公司债务而与他人签订借款合同借款的行为如何定性？如何判断合同诈骗罪与普通合同纠纷的区别及认定“非法占有为目的”？

【分析与结论】

本案被告单位和被告人均否认其具有非法占有的目的，辩护人则进一步辩护说本案只是普通的合同纠纷，不构成合同诈骗罪，而控诉机关则认为被告人具有非法占有的目的，构成合同诈骗罪。控辩双方争议的焦点即被告单位和被告人是否构成合同诈骗罪。围绕这一争议焦点，笔者拟从合同诈骗罪的概念及构成、它与普通的合同纠纷有什么区别、怎样正确认定非法占有目的三个方面进行阐释。

一、合同诈骗罪的概念及构成

《刑法》第二百二十四条规定：有下列情形之一，以非法占有为目的，在签订、履行合同过程中，骗取对方当事人财物，数额较大的，处3年以下有期徒刑或者拘役，并处或者单处罚金；数额巨大或者有其他严重情节的，处3年以上10年以下有期徒刑，并处罚金；数额特别巨大或者有其他特别严重情节的，处10年以上有期徒刑或者无期徒刑，并处罚金或者没收财产：(1)以虚构的单位或者冒用他人名义签订合同的；(2)以伪造、变造、作废的票据或者其他虚假的产权证明作担保的；(3)没有实际履行能力，以先履行小额合同或者部分履行合同的方法，诱骗对方当事人继续签订和履行合同的；(4)收受对方当事人给付的货物、货款、预付款或者担保财产后逃匿的；(5)以其他方法骗取对方当事人财物的。从该条规定可以看出，合同诈骗罪即指以非法占有为目的，在签订、履行合同过程中，采取虚构事实或者隐瞒真相等欺骗手段，骗取对方当事人的财物，数额较大的行为。

对于合同诈骗罪的构成，可以从客体、客观方面、主体、主观方面来分析。从客体来看，该罪侵犯的客体是国家对合同的管理制度、诚实信用的市场经济秩序和合同当事人的财产所有权,因此合同诈骗罪的犯罪客体是复杂客体。它不仅直接侵害了合同当事人的财产所有权,同时,也妨害了国家对经济合同的管理及正常的、良好的社会主义市场经济秩序。从客观方面来看,该罪的客观方面,表现为在签订、履行合同过程中,以虚构事实或者隐瞒真相的方法,骗取对方当事人财物,数额较大的行为,具体体现为上述第 224 条列举的 5 种形式,行为人只要实施上述一种诈骗行为,便可构成该罪。该罪的主体为一般主体,包括单位和个人。该罪的主观方面,表现为直接故意,并且具有非法占有对方当事人财物的目的。

在本案中,丁敏与恒达公司为一般主体,丁敏作为被告单位直接负责的主管人员,为单位利益,主观上基于非法占有锦泰公司借款的目的,客观上隐瞒恒达公司此时已资不抵债的真相,虚构借款用于丁敏做生意等事实,以签订合同的方式实施了诈骗行为,且数额巨大,客观方面给锦泰公司造成巨大损失,极大地损害了诚实信用的社会主义市场经济秩序,妨害了国家对合同的管理,因此,从合同诈骗罪的犯罪构成来看,丁敏与恒达公司均构成合同诈骗罪。

二、合同诈骗罪与普通合同纠纷的区别

合同诈骗犯罪往往与合同纠纷交织在一起,罪与非罪的界限容易混淆,如何正确区分合同纠纷与合同诈骗罪一直是司法实践中的难点问题。笔者认为,正确区分二者,应结合行为人签订合同时的主观目的、履约能力、履约行为、未履约的原因等方面综合予以考虑。

1. 从行为人的主观目的来看,普通的合同纠纷的行为人主观上没有非法占有他人财物的目的,合同诈骗犯罪的行为人则从签订合同时起主观上就具有非法占有公私财物的目的。

2. 从行为人的实际履约能力来看,由于合同纠纷的双方当事人是为了谋求合法经济利益而签约的,因此,他们在签约时,一般具有履行合同的实际能力或担保。而利用合同诈骗的行为人一般没有履行合同的条件或物质基础,他们为促使合同的签订往往采取隐瞒真相、夸大或虚构事实等方式以证明自己有履约能力。

3. 从行为人的履约行为来看,合同纠纷的当事人签订合同后往往会积极、主动地履行合同约定,以期尽快实现自己的利益。合同诈骗罪的行为人在合同签订后,往往没有积极履约行为,他们或者百般推诿拒不履约或者以“拆东墙补西墙”的办法消极履约,或者干脆逃匿。

4. 从行为人未履约的原因来看,合同纠纷当事人是由于客观上的原因诸如经营决策失误、不可抗力或第三人的原因导致当事人不能履行合同,而合同诈骗犯罪的行为人具有诈骗财物的故意,是主观方面的原因导致合同不能履行。

在本案中,丁敏的辩护人提出,丁敏的行为不属于犯罪行为,其与锦泰公司之间只是普通的合同纠纷。事实上,丁敏作为恒达公司的总经理,在明知公司已无实际履约能力的情况下,仍然采取欺骗手段与锦泰公司签订了借款合同,从其主观目的来看,其具有非法占有他人钱财的目的;从履约能力来看,恒达公司自 2002 年开始一直亏损,靠借款度日,且已处于停产的状态,根本没有履约能力;从履约行为来看,丁敏拿到借款后不是积极履行合同约定,将借款按约定用于做生意,而是将一部分借款用于还债,并携另一部分借款逃匿;从未能履约的原因来看,借款未能偿还的原因并不是客观原因,不是丁敏做生意亏本了不能偿还,而是其主观上不想偿还。显然,丁敏的行为不属于普通的合同行为,而是已构成合同诈骗罪,其辩护人的辩护意见是不正确的。

三、“非法占有目的”的认定

对于如何认定“非法占有目的”的问题,《最高人民法院关于审理诈骗案件具体应用法律的

若干问题的解释》第2条做了明确规定：行为人具有下列情形之一的，应认定其行为属于以非法占有为目的，利用经济合同进行诈骗：(1)明知没有履行合同的能力或者有效的担保，采取下列欺骗手段与他人签订合同，骗取财物数额较大并造成较大损失的：①虚构主体；②冒用他人名义；③使用伪造、变造或者无效的单据、介绍信、印章或者其他证明文件的；④隐瞒真相，使用明知不能兑现的票据或者其他结算凭证作为合同履行担保的；⑤隐瞒真相，使用明知不符合担保条件的抵押物、债权文书等作为合同履行担保的；⑥使用其他欺骗手段使对方交付款、物的。(2)合同签订后携带对方当事人交付的货物、货款、预付款或者定金、保证金等担保合同履行的财产逃跑的。(3)挥霍对方当事人交付的货物、货款、预付款或者定金、保证金等担保合同履行的财产，致使上述款物无法返还的。(4)使用对方当事人交付的货物、货款、预付款或者定金、保证金等担保合同履行的财产进行违法犯罪活动，致使上述款物无法返还的。(5)隐匿合同货物、货款、预付款或者定金、保证金等担保合同履行的财产，拒不返还的。(6)合同签订后，以支付部分货款，开始履行合同为诱饵，骗取全部货物后，在合同规定的期限内或者双方另行约定的付款期限内，无正当理由拒不支付其余货款的。以上规定是我们认定非法占有目的的依据。在本案中，丁敏为了偿还公司债务，在签订合同时明知公司已无还款能力，但仍谎称借钱是为了做生意，且10日内可归还，采取欺骗的手段与锦泰公司签订了200万元的借款合同。在签订借款合同时，为促使合同尽快订立，丁敏故意与陈照华等人通电话，大谈纸、煤生意，给他人造成自己做生意很赚钱的假象，借款到账后丁敏即留信和离婚协议给其妻子，让其妻将其中的180万元用于偿还公司债务，自己则携带剩余借款逃跑，其非法占有借款的意图已很明显。根据《最高人民法院关于审理诈骗案件具体应用法律的若干问题的解释》的上述规定，其行为无疑应认定为以非法占有为目的，利用经济合同进行诈骗。

综上所述，被告人丁敏作为被告单位直接负责的主管人员，为单位利益，以非法占有为目的，在签订、履行合同过程中，采用虚构事实、隐瞒真相的手段诈骗公司钱财，数额巨大，恒达公司与丁敏均已构成合同诈骗罪。

恐吓信未发　敲诈罪已成

【案情介绍】

“周老板，你老丈人的骨灰盒在我们手中，如果你想要回你老丈人的骨灰，请送五个大钱（意指5万元）到你老丈人放骨灰盒的房子北边的渠沟里，上边用草盖上，如果你不照办的话，当心你以后见不到你儿子和你自己的生命安全。如果你报警的话，我们也不怕，但是你要小心你们全家人都有危险!!!!!!

黑社会组织”

信的左下方画了一个骷髅头，旁边写了六个“杀”字。

这是周老板的邻居缪×伙同他人企图敲诈而密谋写的恐吓信。近日，法院对被告人缪×、小宝（系未成年人，化名）、金×以敲诈勒索罪（预备），分别判处有期徒刑一年缓刑二年，并处罚金2 500元；拘役三个月缓刑六个月，并处罚金1 000元；有期徒刑六个月缓刑一年，并处罚金2 000元。听到法院宣判，缪×耷拉着脑袋后悔地说：“我这真是偷鸡不成反蚀把米啊，幸好恐吓信还未发出，否则后果更严重，又得多蹲几年。”

家住如东县洋口镇W村的缪×，曾因盗窃罪于1997年11月4日被判处有期徒刑三年。见同村的周老板这几年经商发了财，心中很是羡慕。又听说周老板这几年几次被人敲诈过，于是他也想敲诈点钱。可他一人又不敢下手，只好等待时机。

2012年9月的一天，缪×去南通给儿子送粮油的时候，无意中来到一家中介所。该所的杨老板让缪帮助介绍些人来找工作，并许诺给一定比例的手续费。见这是个赚钱的机会，缪回家后便介绍数名邻居前往中介所找工作。有3人交了钱可工作没找到，便多次找缪要钱。缪无奈之下便于10月16日来到中介所找杨老板。杨不同意给钱，但同意安排三个人去缪家花3天时间对那些要钱的人讲清楚，退钱与缪无关系，同时让缪给这3人500元。这3人分别是外地来中介所打工的小亮（系未成年人，化名）、在南通某饭店打工的小宝、杨的朋友金×。

缪单独将小宝拉到一边，说：“我家那儿有个老板很有钱，已被人家敲诈过4次。他岳父的骨灰盒就埋在我家田头。只要把那骨灰盒藏起来，然后给老板写封信，那老板肯定会送钱。此事我想了很久，你是否敢弄？”小宝当时没吱声，然后将此情况告诉金×。

3人于当日跟随缪来到他家。吃晚饭的时候，缪×对他们说：“那个老板就住在我家东边三层楼房里，他老丈人的骨灰盒在我家前面田头。他家有辆汽车值50多万，平常身上带五六千元，老婆的手链很大，只要吓一下就有钱。”3人没吱声。

10月17日上午，有两人来缪家索要报名介绍费，他们3人进行一番解释后将两人打发走了。下午，因3人要提前回南通，缪×提议写完信再走。缪×又说那老板有钱，只要把骨灰盒移走就能搞到钱，并拿出信纸、手套和笔。由于小亮是外地人，听不懂当地话，便没参与。缪、小宝、金3人便商议，由金×戴手套执笔（以免留下指纹），以“黑社会组织”的名义，写封恐吓信，企图敲诈周某5万元，并商定由小宝、金回南通后确定好送信的时间再通知缪将信送出。金写完后，小宝接过去在信的左下方画了一个骷髅头，旁边写了六个“杀”字。信写好后用纸包起来，放在缪家饮水机底下。当晚，小宝、金向缪索要事先答应的500元费用，缪说不会少。

10月18日早晨，缪借口借钱出去了。在没有借到钱、回去又怕他们3人打他的情况下，到当地派出所，说有三个人到他家要500元钱，想通过派出所赶走3人，平息此事，同时还说这3人写了封敲诈信准备敲诈周某，但隐瞒了自己参与的情况。当日上午，缪带领公安人员去家中将恐吓信搜出。小宝、金×、小亮就这样“稀里糊涂”地被依法传唤至派出所。至此，一起以“黑社会组织”名义企图敲诈钱财案得以告破。

法院审理后认为，被告人缪×、小宝、金×行为已构成敲诈勒索罪（预备），且属共同犯罪。被告人小宝犯罪时不满18周岁，依法应从轻处罚。三被告人系犯罪预备，依法可比照既遂犯减轻处罚。据此，依法做出前述判决。

【案情分析】

仅仅是预谋作案，怎么也是犯罪呢？也许有人对此不能理解。

我国《刑法》第22条规定，为了犯罪，准备工具、制造条件的，是犯罪预备。由于行为人在主观上有实施犯罪的直接故意，客观上有为犯罪而开始实施诸如准备犯罪工具、制造犯罪条件的预备行为，对社会存在着实际的威胁，具有社会危害性，因此法律规定为犯罪行为。但它又是一种不完整的犯罪形态，区别于犯意表示。犯意表示是指行为人在实施犯罪活动之前，以口头、书面等方式对犯罪意图所做的表露。犯意表示仅是一种犯罪意思的流露，虽然有错误，但没有也不可能对社会造成实际危害，不具有犯罪构成的内容，不是犯罪行为。而犯罪预备则是表现犯意的客观行为，属于犯罪行为。

本案中，犯意是由缪×提出，三人经过商议，由金×执笔，小宝在最后画了个骷髅头并写了六个“杀”字，且信的最终发出由金×和小宝决定。虽因种种原因信未发出，但3人已明确商定了实施犯罪的计划和方法，这已并非共同犯意表示，而是犯罪预备了。同时，综观本案，起初作案的酝酿、筹备、策划虽是由缪×牵头发动，但在参与预谋写信中，作用相当，因而不宜区分主从犯。但在量刑时，充分考虑到各被告人的主观恶性程度而区别量刑，因此本案的判决充分体现了罪、责、刑相适应的刑法原则。

缪×见邻居发财了，不是虚心学习其致富经验，而是图谋敲诈钱财，结果不但没敲到钱，反而触犯刑法，构成预备犯罪，被判处缓刑的同时，还被处以罚金2 500元，正如他自己所说，偷鸡不成反蚀把米。假如他将恐吓信发出，犯罪行为已完成，那肯定得蹲监几年。即使没敲诈到钱，也构成犯罪未遂，量刑也比犯罪预备重得多。此案再次告诫我们，歪念动不得，歪财发不得，唯有守法经营、辛勤付出，才能发家致富。

【案件结果】

法院对被告人缪×、小宝（系未成年人，化名）、金×以敲诈勒索罪（预备），分别判处有期徒刑一年缓刑二年，并处罚金2 500元；拘役三个月缓刑六个月，并处罚金1 000元；有期徒刑六个月缓刑一年，并处罚金2 000元。

【相关法规】

《刑法》第 22 条规定:“为了犯罪,准备工具、制造条件的,是犯罪预备。对于预备犯,可以比照既遂犯从轻、减轻处罚或者免除处罚。”第 274 条规定:“敲诈勒索公私财物,数额较大的,处三年以下有期徒刑、拘役或者管制;数额巨大或者有其他严重情节的,处三年以上十年以下有期徒刑。”

非为个人利益是否构成挪用公款罪

【案情介绍】

公诉机关：涟水县人民检察院。

被告人：王×。

2000年7月24日，被告人王×被中国共产党涟水县委员会任命为江苏今世缘酒业有限公司(以下简称今世缘公司)副总经理。2005年3月28日，涟水县人民政府发文改制今世缘公司为国有控股公司。2005年4月5日，今世缘公司表决通过被告人王×任今世缘公司党委委员、副总经理。

2006年3月，林×和姬×、朱×、韦×四人合伙承包酒精生产线，3月16日林×作为丙方与今世缘公司、破产企业职工安置办签订了合作协议，约定由乙方今世缘公司借资200万元用于项目建设，林×方不以法人资格对外，以自然人身份受聘管理酒精生产经营业务，对内实行独立核算、自主经营、自负盈亏，前两年每年上缴承包金等费用300万元，后三年每年400万元；合作期限为五年，协议期满后，技改投入形成的全部资产产权归甲方破产企业职工安置办所有；今世缘公司所用酒精按市场公允价全部从林×方采购，其富余酒精可对外销售，货款经公司账户。协议签订后，林×等人按约对酒精生产线进行了技术改造，今世缘公司亦按约借给其200万元。2006年7月下旬，林×找到被告人王×，表示技改结束，需流动资金启动生产，酒精车间无产权证，无法办理抵押贷款，请其帮助解决流动资金问题，被告人王×让林×将资产抵押给今世缘公司，同意借款300万元给其经营。后被告人王×和企管部孙×讲，林×要借300万元，让孙×拟订借款协议，并告诉孙×协议的主要内容：金额300万元，期限一年，用林×投入的资产抵押，利息按银行同期贷款年利息上浮5%计算，并在协议上注明“经董事长授权同意”的字样去盖章。孙×办好手续交给林×，经被告人王×审批后，将300万元借给了林×。2007年7月，被告人王×向董事长周×汇报工作时，说共借出了500万元，周×找孙×和林×了解300万元借款情况，才得知300万元是经王×手借出去的。孙×将周×追查300万元借款的事告诉了被告人王×，被告人王×便让林×尽快还款，至案发前，林×已归还1 406 430.88元。2003年10月至2005年6月，被告人王×在任江苏今世缘酒业有限公司副总经理期间，利用职务之便，非法收受周×送给的财物计人民币6.32万元。2007年9、10月份的一天，被告人王×收受姬×为感谢其在任今世缘公司副总经理期间对他们承包酒精车间给予关照以及挪用今世缘公司300万元公款帮该车间解决资金困难而送给的人民币2 000元。

一审法院认为被告人王×身为国家工作人员，利用职务之便，挪用公款供个人使用，数额巨大；非法收受他人财物，为他人谋取利益，其行为已构成挪用公款罪、受贿罪。被告人王×在因涉嫌挪用公款罪被司法机关采取强制措施后，能如实供述司法机关尚未掌握的受贿犯罪事实，系自首，依法可以减轻处罚。其亲属代为退赃，酌情可从轻处罚。判决被告人王×犯挪用公款罪，判处有期徒刑十一年；犯受贿罪，判处有期徒刑三年，并处没收财产人民币 10 000 元，决定执行有期徒刑十三年，并处没收财产人民币 10 000 元。被告人王×所退的现存于涟水县人民检察院账户上的人民币 64 700 元，系受贿赃款，予以追缴，上交国库。未退受贿赃款人民币 500 元继续追缴，上交国库；未退挪用公款赃款人民币 1 593 569.12 元继续追缴，发还被害单位。被告人王×不服一审判决，向淮安市中级人民法院提出上诉。上诉理由及辩护意见如下：(1)今世缘公司已于 2005 年改制为非国有公司，改制后该公司的国有投资主体并未委派上诉人作为国有投资主体的代表，对国有资产行使监督、管理职权，故上诉人不再具有国家工作人员的身份；(2)上诉人的行为不构成挪用公款罪；(3)受贿罪中一审判决认定的部分事实有误，林×等四人在上诉人母亲生病住院期间所送的人民币 2 000 元，送钱时上诉人已调离今世缘公司，故不属于受贿，而是礼尚往来；(4)上诉人有自首情节，归案后能积极退赃，认罪悔罪，请求二审法院对其所犯受贿罪给予较轻量刑。上诉人王×另外还提出了以下上诉理由：(1)周×所送的英纳格牌手表是送给上诉人的四十岁生日礼物，不属受贿；(2)其未收受周×的 6 万元人民币；(3)周×所送的空调是送到上诉人的老家，送给上诉人父母，而不是送给上诉人的。淮安市人民检察院出庭履行职务的检察人员认为，一审判决认定事实清楚，证据确实、充分，定罪准确，量刑适当，应予维持。

淮安市中级人民法院经审理认为：一审判决认定王×的行为构成挪用公款罪的证据不足，理由是：(1)上诉人王×是以单位名义将公款借出；(2)借款人林×等人是由今世缘公司招商引资作为酒精生产线技术改造的合作一方，受聘从事该公司的酒精生产经营业务，所借款项用于酒精生产，王×借款给林×也是希望酒精生产线能顺利投产，借款人林×不是与今世缘公司毫无关联的自然人，而是该公司的合作伙伴，双方存在着一定的利益关联，互有权利与义务，故现有证据不能排除王×的借款动机是为了本单位利益；(3)对王×于 2007 年 9、10 月在其母生病住院期间收受姬×代表林×等人所送的 2000 元的事实，因该笔贿赂是在借款一年之后，因其母生病的特定事由而送，且王×所收该笔贿赂款的全额与其挪用 300 万元公款的风险责任相距甚远，故认定该 2000 元是王×为挪用公款所谋取的个人利益依据不足，本案现有证据尚不足以证明王×借款给林×的动机是为谋取其个人利益。上诉人及其辩护人所提该条上诉及辩护意见成立，予以采纳。一审判决认定的受贿部分事实清楚、证据确凿，定性准确、量刑适当。上诉意见不能成立，不予采纳。判决维持涟水县人民法院(2008)涟刑初字第 481 号刑事判决第一项中对原审被告人王×受贿罪的定罪和量刑部分及第二项中对王×所退的现存于涟水县人民检察院账户上受贿赃款，予以追缴，上交国库，未退受贿赃款继续追缴，上交国库的判决部分；撤销该判决第一项中对王×挪用公款部分的定罪和量刑及第二项中对挪用公款未退赃款继续追缴的判决。

【案件焦点】

非为个人利益也不能排除是为单位的利益的情况下，将公款给个人使用的，是否构成挪用公款罪？

【分析与结论】

在本案审理过程中，对被告人王×是否构成受贿罪没有异议，但对被告人王×是否构成挪用公款罪则存在分歧：

第一种观点认为，被告人王×构成挪用公款罪，一是本案是被告人个人决定将公款借给自然人使用，符合《全国人民代表大会常委会关于〈中华人民共和国刑法〉第三百八十四条第一款的解释》（以下简称《人大解释》）中第（一）项的规定“将公款供本人、亲友或者其他自然人使用”的情形；二是本案中不能认定被告人借款的动机是为了单位利益，也就不符合《全国法院审理经济犯罪案件工作座谈会纪要》（以下简称《纪要》）中“单位负责人为了单位的利益，决定将公款给个人使用的，不以挪用公款罪定罪处罚”的规定。

第二种观点认为，被告人王×不构成挪用公款罪，一是本案中被告人王×是个人决定以单位名义出借，未谋取个人利益，不应适用《人大解释》第（一）、（二）项的规定，也不符合（三）项规定的“个人决定以单位名义将公款供其他单位使用，谋取个人利益的”的情形；二是本案不能完全排除借款是为了单位的利益，根据刑法的谦抑性原则和从有利于被告人的角度出发，不以挪用公款罪定罪处罚。自1988年全国人大常委会《关于惩治贪污罪贿赂罪的补充规定》规定挪用公款罪以来，挪用公款罪的认定标准随着我国市场经济的发展和各种新的挪用公款形式的出现逐步完善。挪用公款罪的主体、“归个人使用”、“为单位利益”与“谋取个人利益”等问题一直是理论和实践的争议焦点。本案认定被告人不构成挪用公款罪的缘由，笔者将逐一分析：第一，主体方面。今世缘公司改制后是国有控股公司，该公司的董事会、监事会成员全部是由县委、县政府建议、提名，被告人王×在该公司任职，也是由县委、县政府研究决定，并由县长亲自到会提名后，表决通过。根据《纪要》精神，委派形式包括任命、指派、提名、批准等，故王×的身份应当属于受国家机关委派到非国有公司从事公务的人员，具有国家工作人员的身份，符合挪用公款罪的主体要求。第二，“谋取个人利益”的界定。“谋取个人利益”既可以表现为一种主观意图，也可以表现为一种客观行为，且不以谋取利益行为之实施为必需，个人利益是否实现，不影响犯罪的成立。“谋取个人利益”既包括行为人与使用人事先约定谋取个人利益实际尚未获取的情况，也包括虽未事先约定但实际已获取了个人利益的情况。

就本案而言，从查明的事实看，被告人王×没有与林×方有任何谋取个人利益的事先约定。一审法院将受贿的2 000元作为被告虽未约定但已谋取的个人利益考虑。该个人利益如果从受贿罪看，有一定的道理，但是受贿罪的收受他人财物与挪用公款谋取的个人利益是不同的。受贿罪即使事前没有约定收受财物，过段时间后明知为了前面的谋利事项而收受的仍是受贿，其收受财物时才是受贿犯罪构成时，也即既遂时。而用最高人民法院于2003年做的《关于挪用公款犯罪如何计算追诉期限问题的批复》对照本案，王×将300万元挪给林×用于经营，其实已是挪用，如要认定其构成挪用公款罪，其谋取的个人利益这时即应存在，而不是挪用公款后一年多在被告母亲住院时送的2 000元，且从常理分析收受2 000元利益与挪用300万元公款的风险责任严重不对等。

另外，若谋取个人利益，则应有私密性，从本案中被告王×行为的客观表现看，签订了借款协议，并且经过总经理助理孙×办理，也没有逃避财物监管，有财务部门多人经手，被告王×后来还向董事长周×做了汇报，这些都与挪用公款罪所要求的谋取个人利益具有的特征不符。不可认定被告存在“谋取个人利益”。

第三，《人大解释》关于“归个人使用”中第（一）项规定的“将公款供本人、亲友或者其他自然人使用”的情形虽未明确包括谋取个人利益，但细分析可知其中有“谋取个人利益”之意：（1）挪用给本人和亲友使用必然包含着为个人谋取利益；（2）没有人会无缘无故地挪用公款给与自己没有任何利益关系的“其他自然人”。既然排除了被告存在“谋取个人利益”，则不可适用该第(一)项之规定。故关于被告王×是否构成挪用公款罪的第一种观点不成立。

第四，本案“为单位的利益”的认定，是否在排除了被告王×存在“谋取个人利益”的情况下就推定是“为单位利益”？当然不可以，这种推定是不符合刑事诉讼的证明规则的，是否为单位利益和是否谋取个人利益是两个独立的事实，不存在“非此即彼”的关系。就本案而言，今世缘公司与借款方林×等人之间存在着一定的利益关联，例如，本案中借款方是王×等人招商引资来的，作为今世缘公司技改的合作一方，承包了酒精车间，借款是用于车间生产，其借款给林×方也是想让酒精车间能顺利投产；合作期满后技改投入的资产将全部归今世缘公司所有；合作协议要求在同等条件下优先聘用今世缘公司富余人员；虽约定按市场价收购酒精，但还存在着一经本厂车间生产出来就能直接用于勾兑成酒的便利，而外购的还存在运费、时间等投入。以上这些不能排除借款动机是“为了单位利益”。另外，本案被告王×在向董事长周×汇报工作时还汇报了林×借款的事情，从这点也侧面印证王×的挪用动机有为单位利益而非个人利益的成分，否则他不敢向董事长汇报。

综上所述，本案现有证据能排除被告王×挪用公款系为“谋取个人利益”，排除适用《人大解释》“归个人使用”的第(二)、(三)项之规定。依刑法的谦抑性原则、刑事诉讼严格证明规则和从有利于被告人的角度出发，并根据《纪要》规定的“单位负责人为了单位的利益，决定将公款给个人使用的，不以挪用公款罪定罪处罚”立法精神，不以挪用公款罪定罪处罚。

汪某不作为是否构成偷税

【案情介绍】

被告人:汪某,男,35 周岁,某私营服装企业总经理。

2008 年 12 月 14 日,被告人汪某正在查看财务账簿,突然收到某市国税局的一封信,信中要求他于一周内去国税局进行纳税申报。看完该信后,汪某即亲自动手修改账簿,多列支出、少列收入,弄虚作假,最终少交税款 3 万元(占其应纳税数额的 20%)。

检察机关以偷税罪对被告人汪某提起公诉。一审法院经公开审理查明:被告人采取多列支出,少列收入等手段,逃避履行纳税义务,偷税数额占其应纳税数额的 20%,共计 8 万元,构成偷税罪,根据现行刑法第 201 条的规定,对被告人汪某判处有期徒刑 2 年,并处罚金 6 万元。

【案件焦点】

对于本案的定性,理论上看法一致,但对于该案究竟属于作为犯,还是不作为犯,理论上存在着分歧。一种观点认为,被告人汪某为偷税而多列支出、少报收入,并造假账,因而汪某是以积极的作为形式实施偷税罪,应当属于作为犯;而另一种观点则认为,作为犯与不作为犯的区别并不在于行为人是否实施了积极的身体动作,而是在于行为人是否履行其应当履行的行为。本案被告人汪某是法定纳税人,负有法定的纳税义务,而汪某通过多列支出、少报收入等手段逃避履行纳税义务,应当是不作为犯。

【分析与结论】

我们认为,上述第二种看法是正确的,本案应当属于不作为犯。

由于犯罪现象的复杂性,危害行为在客观现实中的表现形式也千姿百态,但概括起来,仍然不外乎两种基本形式:作为与不作为。从司法实践看,大多数犯罪行为都只能或者可以以作为方式实施,而少数犯罪行为只能由不作为形式构成。

1. 作为

对于作为,理论界比较一致的看法是,作为是指行为人以积极的举动实施刑法所禁止实施的行为,具有以下两个特征:第一,作为首先表现为人的一系列积极的身体举动,对外界造成了一定的影响,引起了外界的某种变化。例如,持刀砍向他人等。第二,行为人实施的积极的身体举动是刑法所禁止的,即违反刑法的禁止性规范,不当为而为之。从其表现形式来看,作为通常有以下形式:(1)行为人利用自己身体动作的作为,如拳打脚踢等;(2)行为人利用物质工具的作为,如持枪杀人、驾车撞人等;(3)行为人利用无刑事责任能力人的作为,如诱骗未成年人放火烧毁他人财物等；(4)行为人利用动物的作为，如放狗追咬他人等；(5)行为人利用自然力的作为，如借雨决水等；(6)行为人利用自己职务的作为，如监守自盗等。

2. 不作为

不作为在理论上成为危害行为的表现形式，不如作为形式那样久远。19世纪初期的资本主义社会，经济上奉行的是亚当·斯密的"自由放任主义"学说，刑法上则以个人主义的自由主义为本位，犯罪被看成是对法益或者权利的侵害，因而在犯罪问题上考虑的只有作为，刑法上的所有问题几乎都是围绕着作为犯而展开，对不作为构成犯罪的问题几乎不予考虑，只有在涉及违反法律的规定或者由于违反契约的义务的问题时，才例外地认定其违法性。

自由竞争发展到一定程度，垄断随之出现，垄断的出现，又反过来限制着自由竞争，这在一定程度上阻碍了经济的进一步发展。为了反对垄断，保护自由竞争，资本主义国家纷纷放弃了"自由放任主义"学说，而将眼光转向了凯恩斯的"国家干预主义"理论，以期能够限制垄断。表现在刑事法律领域，集体主义或全体主义抬头，取代个人主义的自由主义成为刑法的本位。而随着全体主义在刑法上主导地位的确立，"因其重视社会生活之相互扶助，故对于不实行在社会生活上所期待之作为，皆视为违反公序良俗而成为违法行为。于是，犯罪之本质，已不限于侵害法益或权利，而扩及于违反人对于社会所应负之义务。刑法对于前者之情形(即侵害法益和权利)，因其系积极侵害人的利益的行为之表现，故对之设立禁止规范，以维持并防卫社会的秩序；对于后者之情形(即违反对社会所负担之义务)，因其侵害社会秩序之犯罪系消极的不实行法所期待之行为的表现，故对之设立命令规范，以维持并防卫社会秩序。禁止规范系以作为犯为其内容，命令规范则系以不作为犯为其内容，于是不作为犯之应构成犯罪，不特不成为问题，且已成为明文化矣"，行为人负有实施某种行为的法律义务为前提。这样，上述第二种和第三种观点，因未将义务限定为法律义务，而可以被扩大解释为道德义务、宗教义务、习惯上的义务等，从而扩大了不作为的成立范围，不尽合理。此外，义务只要是法律义务即可，如果将其限制为刑法义务，则有相当一部分不作为又被排除在不作为的范围之外。

不作为是否都是消极行为？我国刑法学界绝大多数学者把人体的动静形式或者积极与消极表现，视为区分作为与不作为的标准，因而把不作为视为一种消极行为或者身体的静止。对此，有学者提出了异议，认为"如果把危害行为的身体动静形式或积极与消极的表现，同作为和不作为等同起来，就难以解释下列现象：遗弃罪被认为是'只能由不作为构成的犯罪'，但却能以积极的行为实施，比如父母出于遗弃的故意，将自己的婴儿抱往'容易为人发现的地方，丢弃……这就足以证明，危害行为在客观表现上的'动'与'静'，或者'积极'与'消极'，不是划分作为与不作为的主要标准"。我们认为，这种观点是有道理的。尽管在多数情况下，不作为是以消极的行为或者身体的静止表现出来，但也不能排除以一定的积极动作表现不作为的例外情况。例如，抗税罪、拒不执行判决、裁定罪等，都是刑法上的不作为犯罪，但其行为却是以积极对抗的形式甚至暴力形式表现出来的。

违反命令规范是否应当是不作为的特征？我们认为，将违反命令规范视为不作为的特征，对于那些只能以不作为的形式成立的犯罪即纯正不作为犯来说，是正确的，但对那些既可以由作为形式，也可以由不作为形式构成，实际上却是以不作为的形式构成的犯罪即不纯正不作为犯来说，则不尽然。例如，现行刑法第232条规定的故意杀人罪，其规范性质是禁止规范，这是毫无疑问的。但如果行为人以不作为的形式实施该罪，成立的是不作为的故意杀人罪，但这时，违反的仍然是禁止规范，而不是命令规范。所以，将"违反命令规范"作为不作为犯的基本特征，甚至以其作为区分作为与不作为的标准，不仅在司法实践中行不通，而且将造成理论上的混乱。

不作为是否以“应防止危害结果发生而不防止”为限？我们认为，在多数不作为构成的犯罪中，行为人由于其职务、业务或者其他法律关系，负有防止某种危害结果发生的义务，如消防人员负有扑灭火灾的义务，海关人员有缉私的义务，等等，如果能够履行这种义务而不履行，即应防止危害结果的发生而不防止，当然应当构成不作为犯罪，但在另一些不作为犯罪中，情况却不是这样。“例如向国家纳税，其积极意义在于要求公民以积极行为为国家做出贡献，而不在于防止发生某种危害结果的可能性或危险性。”

通过上述分析，我们认为，刑法上的不作为应当具有以下基本特征：第一，行为人系负有特定的法律义务的人，亦即特定的法律义务的存在，是不作为成立的前提条件；第二，行为人具有履行法定义务的能力；第三，行为人未履行法定义务。

本案中，被告人汪某作为法定的纳税人，负有法定的纳税义务，并且，汪某也能够履行这一义务，但其采取各种手段弄虚作假，不履行法定的义务，这完全符合不作为的基本特征，因此，我们认为，本案是一起由不作为形式构成的犯罪，属于不作为犯。

丁某交通肇事案

【案情介绍】

某日深夜0时许，被告人丁某驾驶汽车，沿一座拱桥下坡时，由于拱桥桥面的自然拱起遮挡视线，加之天黑，丁某未发现醉倒在拱桥另一侧下坡桥面的被害人李某，将李某碾压于车下。事后，丁下车查看，发现有一人躺在汽车下，想将被害人从车下拉出，但没有拉动，被告人就用千斤顶将车顶起，将被害人从车底拉出来丢弃在路边，驾车逃离现场。被害人李某后来被他人送到医院，经抢救无效于当日死亡。经法医鉴定，李某是由于内脏损伤，创伤性失血性休克死亡。交警大队对事故现场进行勘察，认定死者李某趴在桥下坡约5米(桥全长14米)处偏右位置，经开车试验，该位置在汽车上桥时是不能发现的，而在汽车从桥顶下坡，如果是夜里，就较难发现，即使发现也肯定来不及采取措施。

【案件焦点】

本案主要有两个争议:(1)丁某撞人行为的定性，是否属于意外事件?(2)丁某的逃逸行为应如何界定?

【分析与结论】

(一)丁某撞人的行为属于意外事件

《刑法》第16条规定，行为在客观上虽然造成了损害后果，但不是出于故意或者过失，而是由于不能抗拒或者不能预见的原因所引起的，不是犯罪。

根据这一规定，所谓意外事件，就是指行为虽然在客观上造成了损害后果，但行为人不是出于故意或者过失，而是由于不能预见的原因所引起的情形。其最本质的特点就是行为人无罪过且损害结果的发生是由于不能抗拒或不能预见的原因所引起的。

虽然从法医的鉴定结论中可以认定，被害人李某的死亡和丁某的撞人行为有着直接的因果关系，但是，交警大队对事故现场进行勘察和试验的报告材料可认定，丁某撞人的主观状态既非故意也非过失，而是因为拱桥本身的构造和事故发生时天黑的客观原因以及被害人李某醉酒的主观过失造成的。这里有一个质疑:作为一个司机，在下坡的时候肯定应减缓速度，注意安全，若是司机尽到这个注意义务，那么即使撞人了，被害人李某也不至于由于内脏损伤，创伤性失血性休克导致死亡，是不是李某主观上也存在疏忽大意的过失呢?

被害人李某本身存在一定的过错，深夜醉酒倒在危险的地方。一般正常的人都不会选择在距离拱桥下坡处较近的位置躺着，那里是较为危险的地段。司机以自己的惯常思维，无法预料到桥下坡约5米处偏右位置会躺着一个人，尤其还是在深夜。法医的鉴定报告中说明了被害人李某并没有当场死亡。即使司机减缓速度(深夜，如果周围不安全，司机也不敢放太慢的速度)，若撞的是要害部位，也不能避免给被害人李某造成严重伤势的后果。是被告人丁某对被害人的遗弃给本身受害的李某增加死亡的概率。而且法律不应当强人所难，实际情况中没有那么多的如果，并且依存疑时有利于被告的原则，没有断定被告人丁某造成损害的结果是故意或过失的证据，应当做出对被告人丁某有利的裁定和判决，不应当判定丁某在撞人行为上违反了交通运输法规。因此，在此案中，被告人丁某的撞人行为应当认定为意外事件。

(二)丁某的逃逸行为应当认定为间接故意杀人

1. 基于第一点的判断，由于被告人丁某的撞人行为是意外事件，因此，可以排除交通肇事罪的认定。交通肇事罪与交通事故中意外事件的区别关键在于行为人主观上是否具有过失和客观方面是否违法了交通运输管理法规。主观上有过失，违反了交通运输管理法规的，则构成交通肇事罪；如行为人没有违反交通运输管理法规，并且是由于不能预见、不能抗拒、不能避免的原因引起交通事故，则不存在罪过，不能认定为犯罪。

《刑法》第133条规定：违反交通运输管理法规，因而发生重大事故，致人重伤、死亡或者使公私财产遭受重大损失的，处三年以下有期徒刑或者拘役；交通运输肇事后逃逸或者有其他特别恶劣情节的，处三年以上七年以下有期徒刑；因逃逸致人死亡的，处七年以上有期徒刑。从法条中分析，交通肇事罪主要是指从事交通运输的人员，由于违反交通运输规章制度，发生重大事故，致人重伤、死亡或者使公私财产遭受重大损失的行为。本罪的主观方面只能是过失，即对事故后果的发生由于疏忽大意而没有预见或者因过于自信轻信能够避免。客观方面表现为违反交通运输管理法规，这是交通肇事的原因，同时违反交通运输管理法规的行为还必须造成重大事故，导致重伤、死亡或公私财产重大损失的严重后果。被告人丁某的撞人行为是由于不能抗拒或者不能预见的原因所引起的，不存在主观上的故意和过失，并且被告人丁某在客观方面并没有违反交通运输管理法规。是否构成交通肇事罪，主要看行为人有无违章行为，造成了多大的危害后果，主观上有无过失，这种过失与发生的重大事故有无必然联系。综上所述，被告人丁某逃逸的行为不构成交通肇事罪。

2. 被告人丁某的逃逸行为构成间接故意杀人。间接故意杀人是指行为人明知自己的行为可能会导致当事人死亡的后果，但主观上却放任这种危害行为的发生，从而导致当事人死亡，则行为人犯的是间接故意杀人罪。被告人丁某发现有一人被其撞伤后，想将被害人从车下拉出，但没有拉动，于是用千斤顶将车顶起，将被害人从车底拉出来丢弃在路边，驾车逃离现场。被告人丁某将被害人李某丢弃在路边是一种怎样的心理状态呢？是知道李某未死，害怕承担责任而逃离，还是心里觉得李某死了，害怕而逃离呢？若是前者，被告人丁某显然是明知自己的丢弃也许会造成本已重伤的李某因未及时得到救助而死亡，却对这种危害结果的发生持放任、不作为态度，最终导致被害人李某因未及时得到救治而死亡，被告人丁某构成了间接故意杀人罪。如果是后者，那么被告人丁某构成的是过失致人死亡罪。过失致人死亡罪是指行为人因疏忽大意没有预见到或者已经预见到而轻信能够避免造成他人死亡，剥夺他人生命权的行为。

过失致人死亡罪和间接故意杀人罪的区别是：首先，前者对危害结果的心理状态是轻信可避免，并且希望死亡结果不要发生，也即行为人对死亡结果的发生是持否定态度的，死亡结果的发生是违背行为人的意志的；后者则对危害结果的发生与否，听之任之，持放任态度。其次，前者对死亡结果认为可以避免，是有所依据的轻信；而后者不希望危害结果发生是没有任何根据的。

被告人丁某对被害人李某是具有救助义务的，根据《中华人民共和国道路交通安全法》第76条第二款的规定，机动车与非机动车驾驶人、行人之间发生交通事故的，由机动车一方承担责任；但是，有证据证明非机动车驾驶人、行人违反道路交通安全法律、法规，机动车驾驶人已经采取必要处置措施的，减轻机动车一方的责任。而丁某却不对李某进行作为义务，对李某的现状听之任之，并不是过失致人死亡罪中对死亡结果的发生持否定态度的心理状态。即使被告人丁某主观上认为李某死了，害怕而逃离，但是，没有对李某判断是生是死而大意逃离仍然是被告人丁某的过错，即使李某死亡，丁某仍然不应当丢弃被害人李某，应当由医生对李某的生死进行评断。

存疑时有利于被告原则在这里不应当得到适用。存疑时有利于被告原则的含义是在对事实存在合理疑问时，应当做出有利于被告人的判决、裁定。张明楷教授认为此原则有以下几种适用界限：(1)只有对事实存在合理怀疑时，才能适用该原则；(2)对法律存在疑问时，应根据解释目标与规则进行解释，不能适用该原则；(3)在立法上就某种情形设置有利于被告的规定时，对被告人的有利程度，应当以刑法的明文规定为根据；(4)在对行为人的主观心理状态的认定存在疑问时，应进行合理推定，而不能适用该原则宣告无罪；(5)虽然不能确信被告人实施了某一特定犯罪行为，但能够确信被告人肯定实施了另一处罚较轻的犯罪行为时，应择一认定为轻罪，而不得适用该原则宣告无罪。

对当事人的听之任之的主观心理的推断是合理的，不论被告人丁某是认为李某已死还是未死，对于李某来说，最坏的结果就是死亡，而被告人丁某却放弃了给李某一丝生存的机会，选择了最坏的结果，那是法律不允许的，法律不能强人所难，但是也必须合理公正。

综上所述，被告人丁某的逃离行为构成间接故意杀人罪。

潘某等寻衅滋事案

【案情介绍】

被告人:潘×,男,1961 年 6 月 1 日生,汉族,小学文化,吉林省东丰县人,个体业主。

被告人:王×,男,1958 年 3 月 12 日生,汉族,初中文化,吉林省东丰县人,农民。

被告人:张×,男,1959 年 7 月 1 日生,汉族,小学文化,吉林省东丰县人,个体业主。

被告人:刘×,男,1976 年 8 月 7 日生,汉族,吉林省东丰县人,司机,住东丰县黄泥河镇洪岗村六组。

被告人潘×于 2015 年 6 月 25 日晚五时许,在东丰镇内"美国加州牛肉面"吃饭时,因哈尔滨啤酒业务员吴×无意间将菜盘子放在潘×经销的华丹啤酒箱上,而与之发生口角,被他人劝阻。潘×不甘罢休,打电话给张×,让其找人来"教训"吴×,张×随即找到王×,携带尖刀、水果刀(携刀情节潘不知情),乘坐刘×的出租车至东丰镇内的"美国加州牛肉面"饭店,与潘×会面后,潘暗中指认了吴×,并告之轻点整,别打出事,随后离开。张×、王×、刘×三人待吴×坐人力三轮车离开饭店后,乘坐刘×租来的一电动三轮车将其撵上拦住,张×用铁锁链猛击吴×的头部,吴跳下车后,王×用刀将吴×左腹部、左肩胛部、左股骨、右股骨等多处刺伤,刘×因付车费,而没有参加打斗,此后刘×因被他人追撵而逃至德客隆超市门口,然后回车将张×等人接回,送回东丰县黄泥河镇。经法医鉴定被害人吴×失血性休克,左股动、静脉破裂,属重伤。

【案件焦点】

1. 该案的总体定性,即潘指使王、张等人对吴进行泄愤报复,是寻衅滋事还是聚众斗殴或是故意伤害?

2. 各嫌疑人行为的性质。

【分析与结论】

关于总体定性:

第一种观点认为此案是一起寻衅滋事案。理由是:从动机上看,被告人潘×是出于逞强好胜,以打人取乐,从而寻求精神上的刺激;从案件特征上看,具有"随意性""临时性"及"寻求精神刺激性";从案件的起因看,潘×找人对吴×进行殴打是没有原因和理由的,他所说的原因和理由是对其殴打他人和违背社会公序良俗的"借口"。因此,此案从总体上看应视为一起寻衅滋事案。

第二种观点认为此案是一起聚众斗殴案。理由是:从主观方面看,被告人潘×经销东丰县华丹啤酒，与吴×所经销的哈尔滨啤酒有积怨，二人在"美国加州牛肉面"所发生的口角，只是一个导火索，因此，被告人潘×是基于私仇旧怨，为争霸一方、报复一方这一不正当的目的，而召集人手对吴×进行殴打。从侵害对象上看，本案的侵害对象比较固定，主要矛头是针对吴×的。因此，此案系一起聚众斗殴案。

第三种观点认为此案是故意伤害案。理由是：被告人潘×的动机与目的明确，是为了泄愤报复；侵害对象明确，是被害人吴×。主观故意和客观行为完全符合故意伤害的行为特征，所以此案是一起出于直接故意而进行的伤害。

此案应为一起寻衅滋事案。本案中的张×、王×、刘×与被害人吴×在案发之前应当是素不相识，他们之所以会去打吴×，是受了潘×的指使，因此在本案中潘×的行为性质决定了本案的案件性质。被告人潘×与吴×二人在"美国加州牛肉面"所发生的口角，是本案的一个导火索，因此，这起斗殴的性质是一起流氓行为，所以本案应是一起寻衅滋事案。

综上，本案的总体定性应该是寻衅滋事。

关于各行为人行为的性质存在以下不同意见：

(一)被告人潘×的行为定性

1. 潘×的行为构成故意伤害罪。被告人潘×因琐事指使他人随意殴打他人身体，致人重伤，他在共同犯罪中起到了组织、策划、指挥的作用，系主犯，因此，潘×虽然未对吴×进行直接的伤害，但由于主要实行者造成了重伤后果，其行为性质转化为重伤，故潘的行为应随之转化。

2. 潘×的行为构成寻衅滋事罪。本案中潘×在打电话给张×、让其找人来"教训"吴×时，曾交待让其轻点，别打出事，并且潘×并不知道王×等人是带刀去的，由此，可以证明潘×只是想教训一下吴×，并不想让其出现重伤或是死亡的后果，王×等人带刀去打吴×并致其重伤，这一结果超出了潘×进行寻衅滋事的犯罪故意，因此，王×的行为是过限的行为，因此，只能认定潘×的行为构成寻衅滋事罪。

(二)被告人张×的行为定性

1. 张×的行为构成故意伤害罪。本案中张×用铁锁链猛击吴×的头部，并致吴×拇指受伤(轻微伤)，因此，本案中张×也存在共同伤害的故意，行为人对其共同行为人的殴打行为所可能造成的危害后果是应当有所预见，但他不加以制止，任其自然发展，所以张×在主观上是对危害结果采取了放任的态度，在客观上他亦参加了殴斗，因此，张×与王×的行为是整体的行为，在案件的转化过程中，应当一同转化，以故意伤害罪追究其刑事责任。

2. 张×的行为构成寻衅滋事罪。张×的行为，不应当随着王×致吴×重伤结果而对此案进行全部的转化，在本案中，吴×受重伤这一结果有直接的、明确的伤害行为人即王×，因此，这一结果应当直接由王×来承担，张×虽然也参与了殴斗，但其与吴×受重伤这一结果无直接的、必然的联系，在刑法上无必然的因果关系的犯罪，就应以其所实施的行为追究其责任，即对张×以寻衅滋事罪追究其刑事责任。

(三)被告人王×的行为定性

对王×的行为定性无争议，均认为系故意伤害罪。

(四)被告人刘×的行为定性

1. 刘×的行为构成故意伤害罪。刘×在本案中的行为性质，应当随着本案的主犯即潘×、王×的行为性质一同转化。因为刘×与吴×并不相识，是受潘×之约而参与殴斗的，因此，刘×在此案中是从犯，那么他的行为性质就应当根据"主犯决定论"而一同由寻衅滋事罪转化为故意伤害罪。

2. 刘×的行为构成寻衅滋事罪。刘×的行为不应当随着王×的行为一同转化为故意伤害罪。刘×在此案中的故意应当说仅限于寻衅滋事的故意,他所能认识到的结果是吴×被殴打的后果,重伤这一结果已超出他的认识因素,且刘×未参加直接殴斗,吴×重伤的结果与刘×的行为之间无因果关系,因此他的行为不应当与王×的行为一同转化为故意伤害罪。

综合上述观点,笔者认为,被告人张×、王×的行为构成故意伤害罪,被告人潘×、刘×的行为构成寻衅滋事罪。

对于被告人潘×的行为是否构成故意伤害罪,争论的焦点就是潘×在打电话给张×,让其找人来“教训”吴×时,曾交待让其轻点别打出事,此后,王×用刀将吴×刺成重伤这一结果,是否是“过限”行为。一般情况下,只要参与滋事者实施的行为是其约定的一部分,不论行为性质、危害的范围及程序如何,都不违背其主观意志,首要分子都应对此承担刑事责任。只有对实行人的行为方式、规模、程序、后果做了明确的禁止性要求,而实行人的行为明显超出首要分子的故意范围,违背了上述禁止性要求,其行为才属于实行过限,行为后果也就只能由结果的直接实行人单独负责。本案中,潘×不知道张×等人是带刀过去的,并交待张×让其“轻点,别打出事”,这句话充分证明了他所要求的结果不包括重伤、死亡这样的结果,因此潘×对张×这一交待应当说是明确的,因此,王×致吴×重伤这一结果,作为本案的指挥者潘×,不应对这一结果承担责任。

对于张×是否构成故意伤害罪,争论的焦点就是王×的行为是否超出了张×的认识范围,笔者认为没有超出。因为张×作为本案的第二个组织者,他明知王×是带刀过去的,并且张×亦用铁链击打吴×的头部,张×与王×是共同致害人,他对王×的殴打行为所可能造成的危害后果是应当有所预见的,但他不加以制止,任其自然发展,所以张×在主观上是对危害结果采取了放任的态度,在客观上他亦参加了殴斗,因此,张×与王×的行为是整体的行为,在案件的转化过程中,应当一同转化,应一同以故意伤害罪追究其刑事责任。

对于刘×的行为是构成故意伤害罪还是寻衅滋事罪,第一个争论的焦点是在寻衅滋事致人重伤后,是共同犯罪的每个人的行为都进行转化,还是区别地对待。本人认为应当有所区别,应当依照共犯构成理论及“实行过限行为”“缺乏共同犯意的行为”加以区分。本案中,张×接到潘×的电话后,就伙同王×搭乘刘×的出租车找到了潘×,此时,刘×对张×等人的行为性质并不知情,在潘×指认吴×后,就帮助王×、张×二人租车找到吴×,案发后又将王×、张×接走,因此可见在整个案发过程中刘×仅起到中途运送及案发后的护送作用,因此对刘×的行为评价,应就刘×为张×等人雇车这一行为展开,对于其案发后的护送行为,应认为其是事后行为,不能在本案中一同评价。那么,被告人刘×仅有雇车这一行为,是无法认识到王×会用刀对吴×猛刺,从而致吴×重伤这一结果的,且刘×自身是没有持械行为的,因此,刘×对于王×的故意伤害行为是缺乏共同犯罪故意的,但仅对其三人进行寻衅滋事这一犯罪故意存在共同认识。因此,对刘×应以寻衅滋事罪追究其刑事责任。

经济法编

经济法是国家从整体经济发展的角度，对具有社会公共性的经济活动进行干预、管理和调控的法律规范的总称。经济法的概念是经济法学研究的首要问题，也是经济法立法、司法等活动的基础问题。第二次世界大战结束以后，经济法现象在世界各国大量出现，经济法概念问题也成为经济法学界争执最多的问题。

经济法案例注重理论联系实际，内容充实、结构严谨、重点突出、通俗易懂、深浅适中，具有科学性、典型性、针对性等特点。

诉讼代理合同纠纷案

【案情介绍】

原告京衡律师集团上海事务所诉称：原告受被告委托，作为被告代理人办理被告与宁波建工股份有限公司之间企业借贷纠纷案，现该案判决已生效并已执行终结，但被告未按照原被告之间签订的委托代理合同支付原告相关律师费用 1 156 400 元。为此，原告诉至法院，请求判令：(1)被告支付原告 1 156 400 元律师费；(2)被告赔偿原告因拖欠律师费所产生的利息损失（自 2012 年 3 月 19 日被告收到原告付款通知书之日起至判决生效、执行完毕日止按中国人民银行同期贷款利率计算）。

被告宁波中汇宏基房地产开发有限公司辩称：(1)2011 年 2 月 11 日原、被告签订的《委托代理合同》中计算代理费的基数“实际收回款项”是指原告代理被告公司起诉宁波建工借款纠纷，实际获取的比不提起该诉讼增加的经济利益。(2)如对“实际收回款项”有两种理解，因原告系提供格式条款一方，应做出对其不利的解释。(3)即使“实际收回款项”应理解为诉讼标的额，因原告在合同履行中有重大过错，被告无须支付律师费。一方面，原告应预见到不仅不能实现被告诉讼目的，而且还可能增加诉讼成本及损失，但原告律师却疏于预见；另一方面，原告不仅未在风险代理合同签订的同时做出风险代理的必要提示和风险告知，而且未就该借款纠纷的诉讼风险履行告知义务。(4)律师服务收费应当遵守公平、等价有偿的民事基本准则，律师承担的风险事项应当与其代理成功所能取得的高比例代理佣金相适应，风险代理不得以无风险事项作为费用计算基础。(5)被告已支付律师费 3 万元。综上，请求驳回原告的诉讼请求。

法院经审理查明：宁波建工为与宁波中汇宏基房地产开发有限公司（以下简称中汇公司）建设工程施工合同纠纷一案，于 2009 年 9 月 28 日向宁波市江北区人民法院起诉【(2009)甬北民初字第 1227 号，以下简称“建设工程施工合同纠纷案”】，就返还履约保证金部分，宁波建工原先起诉的标的额为 300 万元及逾期利息。因庭审中，中汇公司抗辩 700 万元系借款而非保证金的退还并辩称已向宁波市江东区人民法院起诉宁波建工【(2009)甬东商初字第 1146 号，以下简称“企业借贷纠纷案”】，要求宁波建工归还借款 700 万元并支付利息，故宁波建工将返还履约保证金的诉讼标的额增至 1 000 万元及逾期利息。经审理，宁波市江北区人民法院于 2011 年 1 月判决中汇公司返还宁波建工 1 000 万元履约保证金并赔偿自 2009 年 6 月 5 日起按中国人民银行同期贷款基准利率计算的利息损失（宁波市中级人民法院二审维持该项判决）。“企业借贷纠纷案”审理过程中，宁波市江东区人民法院以“建设工程施工合同纠纷案”尚未审结为由，中止审理。待“建设工程施工合同纠纷案”二审宣判后，宁波市江东区人民法院于

2011年3月判决宁波建工返还借款本金700万元并支付自2009年11月26日至判决确定履行日止按中国人民银行发布的同期同档次贷款基准利率计算的逾期利息。

2011年9月，宁波建工与中汇公司协商确认(2009)甬东商初字第1146号与(2011)浙甬民二终字第146号("建设工程施工合同纠纷案"二审案号)两案合并履行方案。"企业借贷纠纷案"本金700万元，逾期利息709 665.75元，合计7 709 665.75元；"建设工程施工合同纠纷案"履约保证金1 000万元，逾期利息1 272 712.33元，合计29 185 755.38元。两案相抵，中汇公司尚需支付宁波建工21 476 056.63元。此后，中汇公司陆续履行了付款义务。

为解决"建设工程施工合同纠纷案"、"企业借贷纠纷案"，京衡律师集团上海事务所(以下简称京衡上海所)、中汇公司分别于2010年7月30日、2011年2月11日签订《委托代理合同》，京衡上海所受托后指派陈鲁宁律师(陈鲁宁律师原为上海磐德律师事务所律师，后转所至京衡上海所执业，转所后，双方重新签订了《委托代理合同》作为中汇公司委托代理人参与诉讼。就律师服务费，双方在"建设工程施工合同纠纷案"的委托代理合同中约定律师费由办案基本费(5万元)加风险金方式(反诉部分收回款项总金额的15%)构成，中汇公司实际支付了682 250元律师费；在"企业借贷纠纷案"的委托代理合同中约定律师费按实际收回款项金额的15%为标准，不迟于10日内支付，签订"企业借贷纠纷案"的委托代理合同。当日，中汇公司支付京衡上海所律师费3万元。

2012年3月16日京衡上海所向中汇公司邮寄《付款通知书》，要求中汇公司支付律师费，邮件于2012年3月19日被签收。

宁波市江北区人民法院于2012年7月18日做出(2012)甬北商初字第248号民事判决，判决：(1)被告中汇公司于判决生效后十日内支付原告京衡上海所律师费7万元，并赔偿以7万元为本金自2012年3月19日至本判决确定的履行日止按中国人民银行公布的同期同档次贷款基准利率计算的逾期付款利息损失；(2)驳回原告京衡上海所的其他诉讼请求。如果未按本判决指定的期间履行给付金钱义务的，应当依照《中华人民共和国民事诉讼法》第229条之规定，加倍支付延迟履行期间的债务利息。案件受理费15 208元，减半收取计7 604元，由原告京衡上海所负担6 829元，由被告中汇公司负担775元。宣判后，京衡上海所提出上诉。宁波市中级人民法院于2012年11月13日做出(2012)浙甬商终字第679号民事判决，驳回起诉，维持原判。

法院生效裁判认为：本案讼争的《委托代理合同》系为"企业借贷纠纷案"而签订，内容约定明确，抵消也应为债权实现的方式，如果仅有"企业借贷纠纷案"，原告诉请符合法律规定。但因"企业借贷纠纷案"的提起系在"建设工程施工合同纠纷案"的审理过程中，且系双方对中汇公司支付宁波建工的700万元款项的性质存在争议而起，故而须将两案结合来看。综合两案，原告无权要求被告支付全额律师费，理由如下：

1."企业借贷纠纷案"的提起损害了中汇公司的利益。宁波建工已在"建设工程施工合同纠纷案"中将700万元作为履约保证金的返还并免除了中汇公司相应债务，中汇公司若坚持认为该700万元的性质系借款，就700万元本金部分完全可在"建设工程施工合同纠纷案"主张抵消权而无须另案起诉。另案起诉的结果是中汇公司不仅多支付了10万余元的利息(因"建设工程施工合同纠纷案"中汇公司应当返还宁波建工保证金的时间早于"企业借贷纠纷案"宁波建工应当返还借款本金的时间)而且增加了诉讼费支出("建设工程施工合同纠纷案"中为700万元保证金部分的诉讼费，"企业借贷纠纷案"为利息部分的诉讼费)，增加了当事人诉累。

2. 原告未尽注意、提醒义务，存在重大过错。律师是指依法取得律师执业证书，接受委托或者指定，为当事人提供法律服务的执业人员。在执业过程中，律师应当诚实守信，勤勉尽责，充分运用自己的专业知识和技能，尽心尽职地根据法律的规定完成委托事项，最大限度地维护委托人的合法利益，维护法律正确实施，维护社会公平和正义。原告及其指派的律师作为专业有偿受托人，其负有高度注意、提醒义务。中汇公司向宁波建工交付款项700万元，双方并未签订借款合同，也没有证据表明双方存在利息的约定，法院不可能支持其按银行同期贷款利率4倍计算的利息诉请。原告作为专家，应预见到法院的判决结果，并向当事人如实告知诉讼风险。如果原告切实履行了注意、提醒义务，中汇公司仍坚持提起“企业借贷纠纷案”，相应损害后果便由中汇公司自行承担。现原告未能举证证明其已履行相应义务，应承担不利后果。

综上，“企业借贷纠纷案”的提起损害了中汇公司利益，原告在有偿委托合同中作为专家受托人未尽注意义务，存在重大过错，提供的服务质量存在瑕疵。同时，被告中汇公司作为房地产公司系典型商事主体，无论是保证金的返还还是借贷关系都并非复杂的法律关系，应属其认知范围，故原告在其与被告之间的法律服务合同履行过程中，对自己的事务缺乏应有的注意，对其损失的发生也存在过失。故被告有权请求减少代理费而非免除所有支付义务。综合全案，酌定被告应支付原告的律师费为10万元，鉴于被告已举证其在合同签订当日支付3万元律师费，对此原告抗辩系用于支付其为被告提供的其他法律服务的费用，但未提供相应证据予以证明，法院不予采纳，故被告应支付给原告的律师费为7万元。关于赔偿逾期付款利息损失的诉请，原告主张按《付款通知书》签收之日起计算，于法不悖，法院予以支持。

【案件焦点】

《委托代理合同》内容约定明确，并无歧义，原告诉请是否能够得到支持，审理中形成三种观点：第一种观点认为，合同合法有效，原告诉请应得到全部支持；第二种观点认为，“企业借贷纠纷案”的提起损害了委托人的利益、增加当事人的诉累，同时也浪费了诉讼资源，不利于社会的和谐稳定，应为无效，原告无权要求被告支付律师费，应驳回原告诉请；第三种观点认为，“企业借贷纠纷案”的提起损害了委托人的利益，律师未尽专家注意提醒义务，中汇公司作为典型商事主体，自身对其损失也存在过错，酌定被告支付10万元律师费。

【分析与结论】

最终法院采纳了第三种观点，具体分析如下：

一、律师对委托人承担的民事义务

根据《律师法》第2条规定，律师是指依法取得律师执业证书，接受委托或者指定，为当事人提供法律服务的执业人员。律师应当维护当事人的合法权益，维护法律正确实施，维护社会公平和正义。与普通人相比，律师拥有更丰富的专业知识和技能，更熟悉相关专业服务的技术方面和法律法规规定，委托人对律师具有高度信赖，因而律师负有高度注意及忠实义务。

（一）高度注意义务

注意义务是一种积极义务，高度注意义务要求律师对所托付之事必须履行一个“善良管理人”应尽的注意，即以诚实的方式、以谨慎之人应有的注意从事活动，依法运用自己的才能、技能、知识、判断和经营达到某种勤勉尽责的程度，不得怠于履行职责。何为“善良管理人”，正如王利明教授指出的那样，从各国采纳的标准来看，无论是“良家父”标准，还是“合理人”标准，基本都是“中等偏上”标准，在我国的司法实践中应当采用这样的标准即律师队伍中“中等偏上”的谨慎、勤勉。

因在非诉法律事务代理中，注意义务与受托职责紧密相关，不一而足，在此列举在诉讼代理中，律师的高度注意义务包括但不限于：(1)受托后及时采取法律措施；(2)对案件进行审查，针对适当的被告提出适当的诉讼请求；(3)充分利用法律赋予律师的权利，采取恰当的措施，保证委托人利益的最大化，例如在法定期限内举证、采取保全措施、申请强制执行等；(4)妥善保管委托人的各种资料，对委托人的个人隐私和商业秘密采取适用的保密措施；(5)按照程序要求参加诉讼活动等。

(二)忠实义务

忠实义务广义上而言，也属于高度注意义务，这里与注意义务并列表述，主要强调其作为消极义务的一面，它要求律师在处理相关事务时不得为个人利益而损害或牺牲委托人之利益，是道德义务的法律化。委托人与律师之间的委托代理关系不同于一般的委托关系，是因为信赖而形成的紧密、带有人身依附的特别关系。

根据《律师法》第38条、第39条、第40条第(2)、(3)项及《律师职业道德及执业纪律规范》第28条、第36条、第37条、第39条等相关规定，律师忠实义务主要包含以下几个具体要求：(1)律师不得因自身的身份而受益；(2)律师不得收受与委托人有利害冲突之人的贿赂、某种秘密利益或所允诺的其他好处；(3)律师必须严守竞业禁止原则，不得从事与委托人委托事项有冲突的行业(如受托担任破产管理人的律师不得从事破产债权人的经营行业)；(4)律师不得利用受托事项的信息和商事机会；(5)不得泄露委托人的隐私和秘密。

二、律师执业过失的评判标准

律师在执业过程中承担专家责任，请求权基础有侵权说、违约说及竞合说。不管当事人做出何种选择，律师承担责任的前提是其职业过程中存在过错，包括故意和过失。本着“举轻以明重”原则，本文仅集中论述律师的执业过失。

过失就其本质而言应当是一种主观现象或主观范畴，表现为加害人因疏忽或轻信而未达到应有的注意程度的一种不正常或不良的心理状态，但过失的标准应当是客观的。结合上述案例就律师违反注意义务、忠实义务的情形进行细述。

(一)违反注意义务的情形

1. 提供错误的法律意见。当律师向委托人提供的法律意见中存在着显而易见的错误时，可认定负有执业过失。本案中，如中汇公司向宁波建工交付的700万元确实是借款，则双方之间的企业借款合同关系成立。因司法实践中对企业借贷的效力从无效说到符合一定条件的有效说，尚无法律对此做出明确规定。但因为双方没有书面合同，也没有证据证明对还款时间、利率有过规定，诉请宁波建工从起诉之日起按中国人民银行同期同档次贷款基准利率的4倍计算利息，定然无法得到法院支持，律师作为专家，对此应当注意到却未注意到，故本案律师存在过失。

2. 疏于提供法律意见。如果律师根据法律的规定负有向当事人提供法律意见的义务而未能提供造成当事人损失的，可认定为负有过失。具体为：(1)向委托人报告委托事项的进展情况；(2)分析与筛选对委托人利益有重要影响的信息，并向委托人提醒；(3)严格按照授权范围行事;(4)向委托人指明委托事项的风险所在;(5)向委托人解释相关的法律文件。

本案宁波建工在“建设工程施工合同纠纷案”中就保证金部分已经免除了中汇公司700万元的返还责任,仅主张300万元,虽然案件并未查明最先要求提起“企业借贷纠纷案”的是律师还是中汇公司,但律师都应该向委托人提示:如仅对700万元款项的性质提出异议,可以在“建设工程施工合同纠纷案”行使抵消权,另案起诉后将存在“建设工程施工合同纠纷案”的债务标的额相应增加、诉讼费也会随之增加等风险。如果律师向当事人提示了相应风险,当事人仍坚持提起“企业借贷纠纷案”,律师可以免责,否则律师仍应为其执业过失承担相应责任。

3. 诉讼律师违反注意义务的情形。(1)诉讼请求或答辩意见缺乏胜诉的可能性,致使委托人陷入诉讼泥潭,耗费无谓的金钱和精力,但这种败诉应为显而易见的;如本案在“企业借贷纠纷案”中提出的有关4倍利息的诉请。(2)疏于对证据的审查和处理。律师负有对诉讼证据的真实性、合法性以及与案件的紧密性进行审查的义务,还包括对证据的策略性选择和使用。只有在律师违反了相关法律和司法解释的明文规定或者根据律师职业的惯例推断其有明显疏忽时,方能认定负有过失。实践中,法院通常会让当事人及诉讼代理人就其提供的证据的真实性、合法性提出承诺,律师的承诺通常附带称“向法庭提供的证据都是当事人交付给律师的,且当事人表示证据均为真实、合法的”。此时律师意欲通过委托人的保证来免除其律师的审查义务,但如果律师通过审慎审查、询问可以发现证据材料之间存在矛盾、虚假却疏于审查而向法庭提供的,仍应承担过错责任。(3)怠于履行与诉讼程序相关的行为,致使案件败诉或当事人的可得利益不当减少。如律师因疏忽大意逾期提交上诉状、导致败诉的,可认定为负有执业过失。(4)误委托其他专业人士或机构,致使当事人蒙受不必要的损失。

(二)违反忠实义务的情形

前面已经论述了违反忠实义务的几种情形,共同特点是律师与委托人之间存在着利益冲突。本案中,“企业借贷纠纷案”的提起增加了中汇公司及宁波建工的诉累、浪费诉讼资源,中汇公司的利益受到损害,唯一获利的是律师,即代理一起毫无风险的案件却能收取700余万元本息15%的代理费。可见,为“企业借贷纠纷案”而签订的《委托代理合同》系律师事务所一方获利的合同,该纯粹自益性质的行为不应受法律保护。

三、责任范围认定之衡平

关于律师是否存在过错举证责任的分配,实践中基本已达成一致,即律师在掌握法律知识上居优势地位,律师与委托人之间信息不对称,律师对委托人的服务几乎脱离了委托人的控制,普通当事人并不一定都有能力来证明律师在执业过程中存在过错。故应当由委托人先行举出律师在执业过程中存在过错的表面证据,由律师来证明其在执业过程中不存在过错。鉴于此,关于举证责任分配问题不再细述。在此谈谈律师专家责任的范围。

律师专家责任保险制度在很多发达国家已经很完善,我国很多财产保险公司虽然也已开发相应险种,但整体营销情况极不理想。部分地区为了分散律师行业的风险,成立律师赔偿互助基金,由各地律协组织,律师事务所自愿出资建立本地的律师赔偿互助基金,所筹资金用于参加互助基金的律师事务所在发生损害赔偿时支付赔偿金。上述两种制度都存在很大局限性,即尚难以真正胜任分散律师行业风险的重任。

在此情况下,如对律师规定较重的义务、要求承担较重的赔偿责任,将可能制约律师行业的发展。因而,在律师专家责任的承担上,应同时适用过失相抵规则和损益相抵规则,更为合理地确定律师应承担的责任范围。所谓过失相抵,也称为与有过失或比较过失,是指对损害的发生或扩大,受害人与有过失的场合,法院可依其职权,按一定的标准减轻或免除加害人赔偿的金额,从而公平合理地分配损害的一种制度。《侵权责任法》第26条做了相应规定。所谓损益相抵原则,亦称损益同销,是指损害赔偿请求权人,因该损害原因而得到利益,应将所受利益自赔偿金额中扣除,以定赔偿范围。这也符合我国损害赔偿补偿性原则。

本案中,中汇公司作为房地产公司系典型商事主体,无论是保证金的返还还是借贷关系都并非复杂的法律关系,应属其认知范围,故在法律服务合同履行的过程中,其对自己的事务缺乏应有的注意,对其损失的发生也存在过错。鉴于律师在提供法律服务过程中违反了注意、忠实义务,其服务存在瑕疵,根据《合同法》第111条之规定,委托人中汇公司有权要求减少报酬,结合浙江省律师收费办法的相关规定,酌定中汇公司应支付的报酬金额为10万元。

律师在执业过程中是否违反注意、忠实义务,是否存在过错,涉及价值判断,内含法官的自由裁量。在对职业共同体做出价值评判时应秉持尤为审慎的原则。笔者通过个案对律师执业过程中专家责任的梳理,以期对往后此类案件的审理能有所借鉴,也希望以此推动律师执业更加规范化,共同推动社会法治进程。

公司决议撤销、股东资格确认纠纷案

【案情介绍】

原告尹国明诉称:2007 年 11 月原告与第三人刘成桥各自出资 10 万元和 21 万元,成立被告驻马店市统领墙体新型材有限公司(以下简称统领公司)。2011 年 6 月 2 日刘成桥在没有通知原告的情况下召开由第三人参加的股东会,同时做出决议,决定增加其他五位第三人为新股东。在决议中,把原告的出资全部转让给崔凯,原告被退出公司,不再是公司的股东;同时既变更了公司的注册资本,也变更了公司章程。在原告股权转让中,冒充原告签名伪造出资转让协议和收付款证明。次日,驻马店市工商局根据刘成桥的变更登记申请及上述材料等办理了被告公司变更登记。据上述事实,原告认为股东会的会议召集程序、表决方式违反法律和公司章程,决议内容违反法律。据此,请求:撤销被告于 2011 年 6 月 2 日做出的股东会决议和章程修正案,恢复原告的股东身份。

法院经审理查明:在被告统领公司成立时的工商登记档案上显示,2007 年 11 月 15 日,原告尹国明与第三人刘成桥共同发起成立被告统领公司,并经驻马店市工商行政管理局核准成立。在股东名册中,股东刘成桥认缴出资额为 21 万元,持股比例为 67.7%;股东尹国明认缴出资额为 10 万元,持股比例为 32.3%。该出资额经驻马店市永恒会计师事务所验资证明。2007 年 11 月 13 日,为成立统领公司,两股东制定了公司章程,其中第 11 条第 2 款约定"召开股东会会议,应当于会议召开 15 日以前通知其他股东"。上述成立公司中所有文件上"尹国明"的签名均不是尹国明所签,而是由刘成桥代签;同时尹国明的出资,系由刘成桥借用他人的资金而出资。

在统领公司经营的过程中,2011 年 6 月 2 日,在刘成桥没有通知尹国明参加会议的情况下,召开了该公司 2011 年度的第 1 次股东会会议,并形成增加其他五位第三人为股东、将公司注册资金增加至 100 万元的股东会决议。其中尹国明的出资转让给第三人崔凯,并签订了出资转让协议,同时刘成桥的出资由 21 万元减持为 15.9 万元,5.1 万元转让给崔凯,在股东会决议及转让协议的签名不是尹国明本人所写,同样系由刘成桥代签。当日,统领公司对该公司的原公司章程中第 1 条修改为,统领公司由刘成桥、崔凯、刘建静、段桂云、孙台军和张贺清 6 方共同出资;第 6 条修改为,注册资本为 100 万元;第 7 条修改为刘成桥以货币形式出资 15.9 万元,刘建静以货币形式出资 23.8 万元,张贺清以货币形式出资 12 万元,段桂云以货币形式出资 23.8 万元,崔凯以货币形式出资 15.9 万元,孙台军以货币形式出资 7.9 万元。

另查明:在上述召开股东会的当天,统领公司在《天中晚报》刊登声明,称该公司的公章及财务章丢失。2011 年 8 月 29 日,刘成桥通知尹国明补交股东投资款 10 万元,尹国明至今没有缴纳10万元的投资款。2012年1月8日,刘成桥通知尹国明于2012年1月28日召开股东会,因尹国明没有到会而没有开会。

河南省驻马店市释城区人民法院于2012年3月29日做出(2011)释民初字第2040号民事判决:(1)驳回原告尹国明的诉讼请求。(2)确认原告尹国明不具备被告驻马店市统领墙体新型材有限公司的股东资格。宣判后,尹国明向驻马店市中级人民法院提起上诉。二审中,尹国明撤回上诉,驻马店市中级人民法院予以准许,并于2012年8月10日做出一审判决发生法律效力的裁判。

法院生效裁判认为:判断本案尹国明和统领公司的本诉与反诉请求是否得到支持的前提是,确认尹国明是否为统领公司的股东。依照《公司法》第25条和第26条的规定,股东身份需具备两个要件:一是向公司出资;二是股东姓名被记载在公司股东名册并签署公司章程。

1. 在统领公司成立时的公司章程上,尹国明没有签名,有限责任公司的股东受公司章程的约束,依照《公司法》的规定股东应当在公司章程上签名;因此在形式意义上,没有在公司章程上签名,一是说明不受公司章程的约束,二是说明尹国明就不具备统领公司的股东资格。

2. 尹国明自始至终没有缴纳在形式意义上所记载的投资款10万元,公司是以盈利为目的的社团组织,其资产的来源就是股东的出资,没有出资当然不是公司的股东。综上,尹国明不论在实质意义还是在形式意义上,均不具备统领公司的股东资格。至于在公司股东名册上记载有尹国明的股东身份,但其没有在公司章程上签名,说明尹国明没有履行公司成立的法律行为,另外也没有出资,因此不属瑕疵出资的股东。尹国明不具备统领公司的股东资格,故不能请求撤销被告统领公司于2011年6月2日做出的股东会决议和章程修正案,并恢复其股东身份,因此对其请求予以驳回。基于同样的理由,对统领公司的反诉请求本院予以支持。

【案件焦点】

被告统领公司辩称:本案原告不具备统领公司股东资格,也不是本案适格的原告,其没有诉权,应当驳回原告的起诉。

第三人刘成桥、崔凯、张贺清、孙台军、段桂云、刘建静述称:同意被告的答辩意见。

被告统领公司反诉称:被反诉人不具备反诉人的资格,根本无权要求恢复股东身份和要求撤销股东会决议及章程修正案。请求:确认被反诉人不具有反诉人的股东资格。

原告尹国明对反诉辩称:(1)原告是公司股东,在工商局有登记,具备本案的原告资格;(2)公司不具有反诉人资格,应由其他股东提出反诉;(3)反诉的事实及理由不成立。据此应驳回反诉、支持本诉。6名第三人对被告的反诉述称:同意被告的反诉意见。

【分析与结论】

本案尹国明请求撤销统领公司的股东会决议,依照《公司法》第22条第2款②规定,其诉讼请求法院予以支持的条件是:(1)尹国明应是统领公司的股东。(2)统领公司股东会的会议召集程序、表决方式违反法律、行政法规或者公司章程,或者决议内容违反公司章程。(3)尹国明起诉必须在统领公司做出决议之日起60日内。诉讼中,统领公司提起反诉,请求确认尹国明不具有统领公司的股东资格。结合原被告本诉与反诉请求,共同所指向的条件与请求,也即当事人争议的中心焦点,是尹国明是否具备统领公司的股东资格。为此,法院在认定事实的基础上,所要解释及适用的法律包括:(1)确认自然人或者法人成为有限责任公司股东的法律构成要件。(2)撤销有限责任公司股东会决议的法律构成要件。《公司法》第22条第2款规定:“股东会或者股东大会、董事会的会议召集程序、表决方式违反法律、行政法规或者公司章程,或者决议内容违反公司章程的,股东可以自决议做出之日起六十日内,请求人民法院撤销。”股东是向公司出资并记载在公司章程的人。由此,股东身份的确定要同时具备两个条件:一是向公司出资;二是被记载在公司章程上。前者是实质条件,后者是形式要件。前者说明的原理是,只有在公司进行了出资才能成为公司的股东。后者说明的原理是,投资人只有被记载在公司章程上才能成为公司股东,否则便不是公司股东,比如购买公司债券的人。两个条件的前提是,股东还应当签署公司章程,只有签署公司章程,才能进行投资和被记载在公司章程上,其原因在于,公司章程是对公司及其成员具有拘束力的关于公司组织和行为的自治性规则。

以上只是认定公司股东的一般原则,还应当处理以下的具体问题。(1)股东履行了出资义务或者依法继受股权后,而公司章程没有记载或者变更其是公司股东的情况。在此情况下,股东有权要求公司予以记载或者变更。其主要原因在于,作为公司章程,《公司法》要求有限责任公司的全体股东共同制定章程,公司所有股东应当全部在公司章程中予以记载,实践中可能因种种原因而没有记载。对此情况,股东主要证明其已经实际履行了出资或者依法继受股权,对没有记载的情况依《公司法》的规定予以补正记载。(2)公司章程或者股东名册对股东进行了记载,但股东的出资或者继受行为确有瑕疵的情况。其中还有两种情况:一是股东出资有瑕疵,譬如,股东没有按期足额缴纳其出资,股东出资评估不实或者虚假出资,应当承认其股东身份。依《公司法》的规定,如果是没有按期足额缴纳出资,除应当向公司足额缴纳外,还应当向已按期足额缴纳的股东承担违约责任;如果是作价不实,则应由缴付该出资的股东向公司补缴其差额,公司设立时的其他股东承担连带责任。二是股东的继受行为有瑕疵,股东能否继续保有其股东身份,则取决于其继受行为是否依法被撤销或者无效。如果股权转让合同本身被撤销或者无效,股东身份自然无法继续保有。如果股东在该种交易中有欺诈或者其他违法行为,并因该合同的撤销或者无效而给公司或者善意第三人造成损失,应当承担民事责任。(3)股东已经履行了出资义务或者依法继受股权,但公司却没有签发出资证明书或者没有交付股票的情况。在这种情况下,有限责任公司的股东有权请求公司签发出资证明书。(4)已经履行了出资义务或者依法继受股权,但公司却没有在工商行政管理机关进行登记或者变更登记的情况。在这种情况下,股东有权请求公司进行登记或者变更登记。公司有义务满足股东的请求。在没有登记或者变更登记前,不影响股东权利的行使,公司不得以没有进行登记或者变更登记而对抗股东。

除上述的一般原则和具体问题的处理,还有名实不符情况下股东资格认定的情况,在正常情况下,公司章程或者股东名册上记载的股东就是实际出资人或者依法继受股权的人。实践中,往往会出现“名实不符”的情况,即在公司章程记载的股东并不是实际出资人。这一问题分为如下两种情况:(1)“隐名股东”问题,是指实际出资人以他人名义履行出资义务。与此相对应的概念是显名股东。这里所谓的“隐名”或者“显名”,是指其姓名或者名称是否在公司章程中予以记载。以他人名义出资导致名义上的股东与实际出资人不一致,那么,法律上应当将谁视为股东呢?关于这一问题,法理上存在着两种不同的学说:一是实质说,二是形式说。实质说认为,应当将实际出资人或者股份认购人视为股东,无论名义上的股东是谁。其理论依据是,在显名股东与隐名股东之间存在着一个契约,因为它是当事人意思自治的体现。同时,确认隐名股东为真正的股东有利于做到名实相符。形式说认为,法律上应当将名义上的股东视为股东。其理论依据是:公司行为是团体行为,如果否认名义股东的股东身份,则很可能导致公司的行为无效,从而影响交易安全。如果确认实际出资人为股东,将会极大地增加公司的负担。比较而言,形式说更为可取。民法重意思,商法重表示。民法重个人,商法重团体。这不仅是为了提高商事交易的效率,而且是为了保护交易的安全。因此,原则上,当名义股东与实际出资人不一致时,应以外观表示为原则来确认股东的身份,即应将名义股东视为股东。但是,这一原则也有例外,即如果公司明知实际出资人的身份,并且已经认可其以股东身份行使股东权利的,如果不存在违反强行法规定的情形,则可以认定实际出资人为股东。这是因为,之所以在隐名股东的情况下,以形式标准来确认股东身份,是为了免除公司的调查之苦,若公司明知实际出资人的身份,并且已经认可其以股东身份行使股东权利的,则应当认定实际出资人的股东身份。(2)"冒名股东"问题,是指实际出资人以虚拟人的名义或者盗用他人名义履行出资人义务。在以虚拟人名义出资的情况下,由于虚拟人是不存在的,不存在对立的利害关系人,所以,应当认定实际出资人为股东。在盗用他人名义的情况下,同样应认定实际出资人为股东,因为被盗用名义的人本人并不知情,不能享有权利或者承担义务。

有限责任公司的股东因取得方式的不同而有区别,分别称之为原始股东、继受股东。股东因取得方式的不同,在构成要件上也有一定的区别。

原始股东,是基于对公司发起时认购公司出资额或者在公司增资时认购新股、签署并承认公司章程的股东。依据上述定义,原始股东又分为公司设立时的原始股东和公司增资时的新股东。

关于原始股东,《公司法解释(三)》第1条规定:"为设立公司而签署公司章程、向公司认购出资或者股份并履行公司设立职责的人,应当认定为公司的发起人,包括有限责任公司的股东。"该条既规定了股份公司发起人股东的条件,也规定了有限责任公司原始股东的条件,本评析只讨论有限责任公司的原始股东的条件。

公司原始股东的条件,一是向公司认购公司出资额,二是签署公司章程,且两个条件必须同时具备。公司设立时,在现实中一般推荐公司股东作为全体股东的委托代理人进行必要的设立活动,其他股东则不做这些工作。据此,设立时的原始股东,又分为公司发起人股东和认股股东。发起人股东与认股股东的区别是,发起人股东履行了设立公司的职责,包括公司名称的启用、组织制定章程、确定公司的经营范围、向工商登记机关申报,特别是为公司的设立而进行相关的经营活动等,而认股股东则不履行这些职责。

公司增资时新股东的条件规定在《公司法》第179条第1款,新股东与设立时的股东和认股股东只是在认缴出资额的时间上不同,其他条件均是相同的。

继受股东,是指基于其他合法原因而取得股东地位的股东。公司在成立后,股东不能抽回其投资,股东可能有其他原因而不能继续成为股东,便出现有限责任公司中股权转让,通过转让行为而取得股东地位的是继受取得的股东。在因继受而取得股东地位的情形中还包括因受赠、继承、合并、强制执行等而取得的股东地位。继受取得股东的条件规定在《公司法》第72、73、75和76条。

综合了认定公司股东的条件,看似任何自然人和法人均可成为公司的股东,但其中也有限制条件,其条件是发起人应当具备民事权利能力,具有公务员身份的自然人不能成为公司的股东,在其公务员身份不存在时,才能成为公司的股东,但在国有独资公司中也有例外。

本案中,尹国明依统领公司的工商登记档案,在记载内容的外观形式判断上,包括公司章程、股东名册、认购出资额等公司成立文件上完全具备了统领公司的原始股东资格，但结合公司股东认定的条件，尹国明并不具备统领公司的原始股东资格。理由是：

1. 在统领公司成立的所有文件上均没有原告尹国明的签名，证明以下事实：尹国明在统领公司成立前的筹备成立阶段，不知道统领公司筹备成立的事实；在成立阶段，没有与成立时的股东刘成桥达成成立统领公司的合意，没有成立统领公司在意思上的表示；在统领公司成立时，没有亲自参与公司成立，也没有委托其他人参与公司的成立；没有认购被告统领公司的出资额和签署公司章程。由尹国明的行为和被告统领公司为有限责任公司的性质，依照《公司法》的规定，在成立人合公司的情形下，尹国明的行为表明，尹国明不认可统领公司的公司章程，其缺失作为统领公司股东应当具备的签署统领公司章程的条件。

2. 尹国明没有签署统领公司的公司章程，统领公司章程记载的尹国明认购的统领公司的出资额是不存在的，即尹国明没有认购统领公司的出资额。同时，尹国明也没有实际出资。尹国明既没有签署统领公司的公司章程，也没有认购统领公司的出资额，缺失认定为公司股东两个条件同时具备的任何一个条件。依据《公司法解释(三)》规定的原始股东条件，尹国明不具备被告统领公司的股东资格，尹国明不是统领公司的股东。

3. 尹国明在公司股东资格认定的条件完全不具备后，统领公司工商登记中其中一名股东为“尹国明”的记载，没有法律上的任何效力。附带说明，尹国明也不是前述说明的冒名股东。尹国明不具备统领公司的原始股东资格，该认定结果，证明统领公司的反诉请求成立。

撤销股东会决议，其条件包括了提起诉讼的一方主体应是公司的股东，尹国明不被认定为统领公司的股东后，请求撤销统领公司股东会决议就欠缺了其中一项条件。第二个条件是，公司股东会的会议召集程序、表决方式违反法律、行政法规或者公司章程，或者决议内容违反公司章程。《公司法》对此所设定的条件具有选择性。公司召集股东会的程序性条件，表现为召集程序和表决程序上。在召集程序上，《公司法》第 42 条第 1 款做了规定，由但书确定的内容，又分为《公司法》规定的条件和股东约定的条件两种，股东约定的条件因其有不同的约定，无法进行深入的讨论，但是，公司股东的约定不能违背《公司法》的相关规定。《公司法》规定的条件，是股东会的召集人，应当在股东会召集前的 15 日通知全体股东，关于通知期间的规定可以适用《民事诉讼法》关于期间的规定，而通知的方式如何解释，可能存在争议，按照法律解释的一般方法，应当与《民事诉讼法》关于送达的规定一致。

①《公司法》第 42 条第 1 款规定：“召开股东会会议，应当于召开十五日以前通知全体股东；但是，公司章程另有规定或者全体股东另有约定的除外。”

②从严格的意义上讲，公司章程也是股东之间的约定。

③依照《公司法》第 39 条的规定，有限责任公司首次股东会会议由出资最多的股东召集。在表决方式上，规定在《公司法》第 43 条和第 44 条上，该两条同样存在但书的情况，适用公司章程的情况已阐述，此处不再重复。而按比例行使表决权的规定，说明股东的权利依据股权的多少来行使，并按次序进行发言与表决；对公司修改公司章程、增加或者减少注册资本、公司合并、分立、解散或者变更公司形式的决议，必须经 2/3 以上的表决权通过。该处的解释与上述的解释方法是一致的，只是对公司的重大决定进行了列举说明和规定。第三个条件是提起诉讼必须在公司决议做出之日起 60 日内。该 60 日的规定是法律规定的除斥期间，该期间不得变更、中断和延长。

依照法律解释的文义解释，撤销股东会决议的三项条件应当是同时具备的。其中应当注意的是，在一、二项条件上，《公司法》规定的条件是单一的，是无选择的单一条件，提起撤销股东会决议的诉讼请求要得到支持，必须具备。而第二个条件，因其有选择性，只要符合会议召集程序、表决方式违反法律、行政法规或者公司章程，或者决议内容违反公司章程。对修改公司章程、增加或者减少注册资本、公司合并、分立、解散或者变更公司形式的决议，必须经2/3以上的表决权通过等条件中的任何一项均可。

本案中，尹国明不具备统领公司的股东资格，其诉讼请求当然不能得到法院的支持。

股东瑕疵出资责任承担认定案

【案情介绍】

原告苏燕芬诉称：其与厦门华溢房地产开发有限公司（以下简称华溢公司）之间的债权债务系多年累积而成。根据双方于2007年9月10日签订的经公证并赋予强制执行效力的还款协议，华溢公司截至2007年9月10日尚欠苏燕芬借款本金2 500万元及暂计至2007年8月份的利息600万元，并应于2007年12月31日返还。另外，华溢公司系由被告李明星与陈建平出资设立，其中李明星以厦门市湖滨南路皇达大厦第26层出资。直至今日，李明星未办理前述房产的过户手续，亦未以其他方式向华溢公司缴纳应认缴的200万元。故原审原告苏燕芬请求判令被告李明星在200万元范围内就华溢公司对其负有的债务承担连带清偿责任。被告李明星对原告苏燕芬陈述的事实及主张的诉请均无异议。

再审第三人厦门市嘉家置业代理有限公司（以下简称嘉家置业公司）认为：经公证确认的还款协议中，华溢公司的印章并非其真实印鉴，且代表华溢公司签字的陈建平并非其法定代表人，故苏燕芬对华溢公司享有的2 500万元公证债权的真实性值得怀疑，李明星明知厦门市中级人民法院已立案受理嘉家置业公司起诉要求李明星、陈建平承担股东瑕疵出资民事责任，还迅速与苏燕芬就此达成调解协议，损害了华溢公司债权人的合法权益。因此，嘉家置业公司请求撤销(2008)思民初字第10793号民事调解书。

法院审理查明：华溢公司的股东李明星以厦门市湖滨南路皇达大厦第26层办公房产出资，没有办理财产权转移登记手续，也没有将厦门市湖滨南路皇达大厦第26层房产交付给华溢公司使用。华溢公司的债权人苏燕芬就厦门市鹭江公证处做出的(2008)厦鹭证执字第10号《执行证书》向厦门市中级人民法院申请强制执行。在执行过程中，厦门市中级人民法院认为，“厦门华溢房地产开发有限公司系陈建平实际控制的企业之一，而陈建平已于2008年9月29日携款潜逃，目前公安机关已对其以涉嫌合同诈骗罪为由立案侦查。本案目前客观上无继续执行之可能”，遂于2008年12月15日做出(2008)厦执行字第337号民事裁定书，裁定终结本次执行程序。

在本案起诉之前，嘉家置业公司已于2008年10月13日向本院起诉，以华溢公司的股东李明星以实物出资未到位为由要求股东陈建平、李明星在1090.7万元范围内连带赔偿嘉家置业公司转让款。在本案再审期间李明星称，因嘉家置业公司在前案的诉讼请求多达1000多万元，而本案苏燕芬的诉讼请求只有200万元，因此，其选择与苏燕芬调解履行200万元出资未到位责任。另外，李明星在原审调解后已将200万元款项支付给苏燕芬。

厦门市思明区人民法院于2008年12月4日做出(2008)思民初字第10793号民事调解，

即“被告李明星同意在未对厦门华溢房地产开发有限公司出资的200万元范围内就厦门华溢房地产开发有限公司对原告苏燕芬负有的债务承担连带清偿责任，于2008年12月15日前一次性向原告支付200万元”。调解书发生法律效力后，案外人嘉家置业公司以原审调解书损害其合法权益为由向一审法院提出申诉。厦门市思明区人民法院经复查，于2009年8月18日做出(2009)思民监字第1号民事裁定书，裁定对本案进行再审。再审过程中，经嘉家置业公司申请追加其作为无独立请求权第三人参加诉讼。厦门市思明区人民法院于2011年8月31日做出(2010)思民再初字第2号民事判决：(1)撤销本院(2008)思民初字第10793号民事调解；(2)驳回原审原告苏燕芬的诉讼请求。宣判后，苏燕芬不服提出上诉。厦门市中级人民法院于2011年12月1日做出(2011)厦民再终字第40号民事判决：驳回上诉、维持原判。

法院生效的裁决认为：

1. 原审原告苏燕芬的诉讼请求缺乏事实和法律依据。苏燕芬起诉要求李明星在200万元范围内就华溢公司对其负有的债务承担连带清偿责任，在再审阶段称，其起诉的法律依据是《公司法》关于股东应当缴足认缴的出资额的规定，《最高人民法院关于适用〈中华人民共和国公司法〉若干问题的规定(二)》关于公司财产不足以清偿债务时，债务人主张未缴出资股东，以及公司设立时的其他股东或者发起人在未缴出资范围内对公司债务承担连带清偿责任的，人民法院应依法予以支持的规定。首先，《公司法》第28条确定股东出资应当到位的义务，注资对象是公司，而不是公司的债权人。其次，根据上述司法解释，公司的债权人要求瑕疵出资股东承担连带清偿责任，必须举证证明同时具备几个事实：公司债务真实存在，股东出资未缴足，公司进入解散和清算程序、公司财产不足以清偿债务等。而本案中，华溢公司还存在，虽然作为债务人被法院强制执行，但不等于进入解散和清算程序，执行程序尚未终结其名下财产和债权债务尚未查清，当事人仅凭华溢公司大量债务远超过其注册资本，就主观认为公司财产不足以清偿债务，理由不充分。尽管原被告一致陈述公司债务真实存在、李明星作为股东出资未到位，但是原告诉求的必备要件不完整，事实依据不足，不能适用该司法解释。

2. 原审的调解协议违反法律基本原则和禁止性规定，应当予以撤销。(1)如前所述，原告苏燕芬的诉求缺乏事实和法律依据，而《民事诉讼法》第9条规定：“人民法院审理民事案件，应当根据自愿和合法的原则进行调解。”因此，对于当事人对自己权利不合法的处分，法院不应当加以确认。(2)调解协议侵害了华溢公司的财产权。公司股东应当将认缴的出资交给公司，由公司支配包括用于还债，而原审确认李明星将应交给公司的出资款支付给苏燕芬，客观上导致了公司可支配的财产减少、偿债能力下降；在华溢公司主体存在、具备法人正常的行为能力的情况下，股东超越公司意志擅自处分应支付给公司的款项，也侵害了公司的财产处分权。(3)在华溢公司被法院强制执行的情况下，李明星擅自处分应缴给公司的出资款，客观上侵害了包括第三人嘉家置业公司在内的其他华溢公司申请执行人的合法权益。(4)李明星认缴的出资分文未到位，本身对公司的权利已经受限，其以股东身份“放弃对债权人的抗辩，选择支付给债权人”，从而欲抵消其股东出资义务，没有法律依据。根据《公司法》第20条规定，“公司股东应当遵守法律、行政法规和公司章程，依法行使股东权利，不得滥用股东权利损害公司或其他股东的利益；不得滥用公司法人独立地位和股东有限责任损害公司债权人的利益。”综上，该调解协议违反了民法的合法、公平原则和《公司法》的禁止性规定，原审调解确有错误，应予撤销。

3. 对于第三人嘉家置业公司提出查明苏燕芬与华溢公司债务的真实性要求，法院不予审理。本案原告苏燕芬的诉讼请求是行使对公司股东的代位求偿权，嘉家置业公司在再审中以无独立请求权第三人参加诉讼，再审主要审查本案对其权利的行使是否造成障碍，而其提出对苏燕芬与华溢公司债权债务公证文书的质疑，与本案属不同法律关系，故不予审理。法院在审查认为原告的诉求缺乏基本事实要件和法律依据的情况下，对于原被告双方当事人均无争议的债务真实性问题，本着“不告不理”的原则，无须再进行主动审查。综上所述，上诉人苏燕芬在原审的诉讼请求缺乏事实和法律依据，原审调解违反法律的基本原则和禁止性规定，依法应予以撤销。苏燕芬的上诉意见缺乏事实和法律依据，不予采纳。原审法院再审撤销调解、改判驳回原告诉讼请求，审判程序合法、认定事实和适用法律正确，应予以维持。

【案件焦点】

本案系股东瑕疵出资责任承担的典型案件。案件审理涉及两个问题：(1)股东瑕疵出资责任承担条件的认定；(2)在无证据表明公司财产不足以清偿债务、其他债权人先行主张的情况下，瑕疵出资股东可否单独向个别公司债权人承担股东瑕疵出资责任？

1. 股东瑕疵出资责任承担条件的认定

公司法人人格独立和股东有限责任是公司制度的基石。瑕疵出资股东对公司债权人承担清偿责任则是公司法人人格独立的例外。关于此种责任的性质，学术界存在着不同观点。有学者认为，瑕疵出资股东应当对公司债权人承担补充赔偿责任，其法理依据为《合同法》规定的债权人的代位权。

2. 无证据表明公司资不抵债、其他债权人又先行主张的情况下，瑕疵出资股东可否单独地向个别公司债权人承担股东瑕疵出资责任

从法理分析，股东瑕疵出资责任的性质是“补充责任”、“有限责任”和“一次性责任”。所谓补充责任，是指债权人只有在公司不能清偿其债权时，就不能清偿的部分请求承担赔偿责任；所谓有限责任，是指承担责任的范围是以股东未履行出资的本金及利息范围为限；所谓一次性责任，是指已赔偿的总金额达到责任限额时，其他债权人就不能再以相同事由向瑕疵出资股东提出赔偿请求。因股东瑕疵出资责任的性质属性，在无证据表明公司资不抵债、其他债权人又先行主张的情况下，瑕疵出资股东不得单独向个别债权人承担责任。

公司资不抵债并不能否认公司的独立法人人格。股东瑕疵出资实际上是其对公司负有债务，该债权应属公司财产。在无证据表明公司资不抵债时，瑕疵出资股东直接单独对个别债权人承担责任，是对公司财产的侵害及对公司独立法人人格的不当否定。同时基于债权平等和公平原则，个别公司债权人向瑕疵出资股东主张后，应将其所得利益归于债务人即公司，该所得应成为公司对全体债权人债务的担保，应与其他债权人以平等地位参与债务清偿，而不能由个别债权人直接优先受偿。

【分析与结论】

分析本案，首先，李明星作为瑕疵出资股东，在华溢公司被法院强制执行、仍有部分财产尚未处理的情况下，承担股东瑕疵出资责任，违反了法律相关规定。且李明星已明知其他公司债权人先行起诉主张股东瑕疵出资责任，却单独向个别债权人承担，虽然该行为履行了股东的出资义务、满足了个别债权人利益，却客观侵害了包括第三人嘉家置业公司在内的其他债权人的合法权益，有违公平原则。其次，瑕疵出资股东的个别清偿行为，侵害了公司财产权。瑕疵出

资股东对公司负有缴纳出资的义务，应由公司将财产支配包括用于还债。李明星个别向苏燕芬承担责任，擅自处分应交给公司的出资款，客观上导致了公司可支配的财产减少、偿债能力下降。在华溢公司主体存在、具备法人正常的行为能力的情况下，瑕疵出资股东超越公司意志擅自处分应支付给公司的款项，侵害了公司的财产处分权。

因此，在无证据表明公司资不抵债、其他债权人又先行主张的情况下，瑕疵出资股东不得单独向个别公司债权人承担股东瑕疵出资责任。原审原告苏燕芬的主张证据不足，其诉讼请求缺乏事实和法律依据，不应支持。双方当事人在原审中达成的调解协议没有事实和法律基础，原审调解仅以当事人合意为依据，违背了公平原则，应予撤销。

本案是原告作为华溢公司的债权人，直接起诉华溢公司的瑕疵出资股东对其债权承担连带清偿责任，而债务人华溢公司尚存在，且负有较多的其他债务，当时公司财产数额不清楚，已由法院查封。被告在明知另一债权人嘉家置业公司已起诉其出资不实要求其赔偿1000多万元的情况下，快速与原告达成调解协议并履行，之后以履行调解协议的情况证明其已完成出资义务，被告的行为损害了嘉家置业公司的合法权益。可是，在本案审理中，一审仅以债务纠纷为由进行了调解(调解书亦未写案件事实部分或事实的概括)，未对调解协议内容的合法性进行审查，造成了该案调解书被提起再审并被改判的后果。

当前人民法院在"调解优先、调判结合"的工作原则指导下，在民事案件审理中，首先考虑用调解方式处理案件，充分发挥司法调解及时化解纠纷的积极作用。但在调解中，要始终坚持依法调解的理念，遵循调解的合法性原则。调解合法性原则即指法官在主持调解中，必须做到调解过程和调解结果符合法律规定，具体体现在两个方面：一方面是确保协议过程中各方当事人的地位平等，能自由表达真实意思；另一方面是通过参与调解，引导当事人依法调解，并审查调解协议内容的合法性。依法调解是诉讼调解的本质要求，也是"自愿、合法"调解原则的具体体现。在司法实践中，特别是对当事人快速达成的调解协议，务必要对调解协议内容的合法性予以审查，避免出现类似本案调解协议损害他人合法权益的情形。也正因为此，2010年6月，最高人民法院下发的《关于进一步贯彻"调解优先、调判结合"工作原则的若干意见》(法发〔2010〕16号)明确规定，对调解协议的内容是否违反法律、行政法规的禁止性规定，是否有损害当事人之外的他人合法权利，侵害国家利益、社会公共利益等违法情形，以及是否违反当事人自愿原则等，由法院负责审查，并对调解协议的合法性予以确认。这是选登本案例的另一层意义。

公司决议效力确认纠纷案

【案情介绍】

原告傅东明、朱毅军共同诉称：傅东明、朱毅军均系无锡新中润国际集团有限公司(以下简称新中润公司)的股东。新中润公司于2011年4月11日召开股东会临时会议，做出新中润股字(2011)第5号决议(以下简称5号决议)，决议事项中包括以下内容：股东在履行本公司及本公司控股的子公司岗位职责时可能存在违反法律法规及公司章程、管理规定而给公司造成损失的，在损失及责任没有通过审计、诉讼等程序明确前，其转让或受让股权的登记、过户手续公司暂停办理。为尊重本公司股权结构的历史沿革，维护本公司现有股权结构的相对稳定，保护股东利益不受侵害，公司自然人股东的个人持股份额上限不得超过公司注册资本的15%(包含15%)。并同意修改公司章程相关条款，在公司章程第17条增加上述内容。上述决议中关于暂停办理股权转让手续的内容，违反《公司法》第74条、《公司登记管理条例》第35条及《公司法解释》第24条的规定；上述决议中关于持股份额不得超过15%(包含15%)的内容，违反《公司法》第72条、第73条的规定。请求法院确认5号决议中的上述决议事项无效。

被告新中润公司辩称：5号决议与现行法律、行政法规不冲突，且关于暂停办理股权变更手续内容与新中润公司股东创立大会通过的公司章程的规定“股东对公司负有到期债务的，在其转让或受让股权时，应当先行向公司清偿其债务，否则，公司不予办理登记、过户手续”相符，应认定为有效。请求驳回傅东明、朱毅军的诉讼请求。

法院经审理查明：新中润公司系依法设立的有限责任公司，工商登记股东和股权比例为：李了(10%)、闻汉良(5%)、王曜(5%)、曹幸(4.5%)、苏坚(4.2%)、傅东明(4%)、黄捷逊(3.68%)、朱毅军(3.5%)、蒋雄兵(3.3%)、袁雪平(3%)、蔡建新(2.47%)、江亚丰(2%)、新中润公司工会(职工持股会)(49.35%)。新中润公司设有董事会，董事长为江亚丰。2004年1月30日新中润公司股东创立大会通过的公司章程规定：股东对公司负有到期债务的，在其转让或受让股权时，应当先行向公司清偿其债务，否则，公司不予办理登记、过户手续。2011年4月11日，新中润公司召开由董事会召集、董事长江亚丰主持的股东会临时会议，会议形成5号决议，其中决议事项包括如下内容：(1)同意修改公司章程相关条款，在公司章程第17条增加“股东在履行本公司及本公司控股的子公司岗位职责时可能存在违反法律法规及公司章程、管理规定而给公司造成损失的，在损失及责任没有通过审计、诉讼等程序明确前，其转让或受让股权的登记、过户手续公司暂停办理。为尊重本公司股权结构的历史沿革，维护本公司现有股权结构的相对稳定，保护股东利益不受侵害，公司自然人股东的个人持股份额上限不得超过公司注册资本的15%(包含15%)”。(2)同意做出“股东在履行本公司及本公司控股的子公司岗位职责时可能存在违反法律法规及公司章程、管理规定而给公司造成损失的，在损失及责任没有通过审计、诉讼等程序明确前，其转让或受让股权的登记、过户手续公司暂停办理。为尊重本公司股权结构的历史沿革，维护本公司现有股权结构的相对稳定，保护股东利益不受侵害，公司自然人股东的个人持股份额上限不得超过公司注册资本的15%（包含15%）"的决议，上述两项决议事项经代表70%表决权的股东同意通过。

江苏省无锡市崇安区人民法院于2012年3月7日做出（2012）崇商初字第0182号民事判决：(1)新中润公司于2011年4月11日召开的股东会临时会议形成的5号决议中关于暂停办理股权转让手续的决议及同意公司章程作相应修改的决议无效。(2)驳回傅东明、朱毅军的诉讼请求。宣判后，双方当事人均未提起上诉。

法院生效裁判认为：《公司法》第22条规定："公司股东会或者股东大会、董事会的决议内容违反法律、行政法规的无效。"《公司法》第74条、《公司登记管理条例》第35条、《公司法解释》第24条均规定办理股权变更登记是公司的法定义务，故新中润公司不能通过股东会决议免除其应尽的法定义务或者为其应尽的法定义务设置前提条件。新中润公司股东创立大会通过的公司章程中规定，股东对公司负有到期债务的，在其转让或受让股权时，应当先行向公司清偿其债务，否则，公司不予办理登记、过户手续。该规定也与上述法律、行政法规、司法解释的规定相悖，且本案所涉决议内容的范围要宽于股东创立大会通过的公司章程规定的情形。傅东明、朱毅军主张5号决议中关于暂停办理股权转让手续的决议内容违反上述法律、行政法规、司法解释的规定，该院予以支持。《公司法》第72条规定："有限责任公司的股东之间可以相互转让其全部或者部分股权。公司章程对股权转让另有规定的，从其规定。"《公司法》第73条的规定也未排除第72条中"公司章程对股权转让另有规定的，从其规定"的适用，故5号决议中对股东持股比例的限制并未违反《公司法》第72条、第73条的规定。傅东明、朱毅军以5号决议中关于持股份额不得超过15.0%（包含15.0%）的内容违反《公司法》第72条、第73条的规定为由，要求确认上述决议内容无效的主张，该院不予支持。

【案件焦点】

该案涉及公司决议效力的认定问题。

【分析与结论】

一、股东通过诉讼确认公司决议效力是我国公司法赋予股东的权利

公司作为自治组织，其通过自治机构（股东大会或股东会、董事会）作出决议处理公司事务。公司股东会或者股东大会、董事会的决议属于意思表示，该意思表示也可能存在瑕疵，包括程序上的瑕疵和内容上的瑕疵。确定有瑕疵决议的效力，在法律上涉及两种相互冲突的利益需求。一方面，为了召集会议，公司付出了大量的人力和物力，已做出的决议产生了一定的影响，这些都要求维持决议的效力。另一方面，只有在决议是遵守法律、法规和公司章程规定的前提下做出的，相关的规定才能实现其保护目的。对决议采用相应的法律措施，是保护小股东利益的重要手段。我国《公司法》第22条第1款规定："公司股东会或者股东大会、董事会的决议内容违反法律、行政法规的无效。"该条规定赋予了公司股东通过诉讼确认公司决议效力的救济权利。

二、公司决议效力纠纷的审查重点

(一)审查股东应提起确认公司决议效力之诉还是公司决议撤销之诉

在民事诉讼理论中,根据原告诉讼请求的性质和内容,将诉分为给付之诉、确认之诉和形成之诉。确认之诉是原告请求人民法院确认其与被告间存在或不存在某种民事法律关系的诉。形成之诉是指当事人请求人民法院改变或消灭其与对方当事人之间现存的民事法律关系的诉。《公司法》第 22 条第 1 款规定的是确认决议效力的诉讼,即针对公司决议是否有效提起的诉讼,属确认之诉。《公司法》第 22 条第 2 款规定:“股东会或者股东大会、董事会的会议召集程序、表决方式违反法律、行政法规或者公司章程,或者决议内容违反公司章程的,股东可以自决议做出之日起六十日内,请求人民法院撤销。”该款规定的是公司决议撤销诉讼,即对公司决议行使撤销权提起的诉讼,属形成之诉。确认公司决议效力之诉和公司决议撤销之诉存在明显的区别。如果决议的内容违反法律、行政法规的,为无效决议,应提起确认之诉。如果会议召集程序违反法律、行政法规或公司章程的规定,或者表决方式违反法律、行政法规或公司章程的规定,或者决议内容违反公司章程规定,但不违反法律、行政法规的规定,只要存在上述三种情形之一,股东均可提起撤销诉讼,属形成之诉。另外,公司决议撤销之诉有期限限制,即只能自决议做出之日起 60 日内提起,而确认公司决议效力之诉则无此限制。在司法实践中,由于提起诉讼的股东自身对公司法缺乏理解能力,往往对上述两种诉讼不能进行正确区分,如果在审理中发现应当提起撤销之诉却提起了确认之诉,或者应当提起确认之诉却提起了撤销之诉,法官应就上述《公司法》的规定向原告进行法律释明,引导原告做出合适的选择。《最高人民法院关于民事诉讼证据的若干规定》第 35 条规定:“诉讼过程中,当事人主张的法律关系的性质或者民事行为的效力与人民法院根据案件事实做出认定一致的,不受本规定 34 条的限制,人民法院应当告知当事人可以变更诉讼请求。”如果经法官释明,原告不变更诉讼请求,根据“不告不理”原则应当驳回原告的诉讼请求。

(二)决议内容违反法律、行政法规的审查

法律有广义和狭义之分,广义的法律包括全国人大及其常委会制定的规范性文件,还包括行政法规、地方性法规、部门规章及地方性政府制定的各种规范性文件。《公司法》第 22 条规定同时包含有法律、行政法规,但该条规定中的法律应采狭义之意,即指全国人大及其常委会制定的规范性文件,行政法规则是指国务院制定并颁布的规章、命令、条例等行政规范。

根据法律理论,法律规范可划分为任意性规范和强行性规范。任意性规范是指当事人可以通过其约定排除其适用的法律规范。反之即为强行性规范。强行性规范可进一步划分为强制性规定和禁止性规定。强制性规定是指命令当事人应为一定行为的规定。禁止性规定是指命令当事人不为一定行为的规定。基于前述法律规范的分类,只有决议内容违反法律、行政法规强行性规范的,才能认定决议无效。

《公司法》第 74 条规定:“依照本法第 72 条、第 73 条转让股权后公司应当注销原股东的出资证明书,向新股东签发出资证明书,并相应修改公司章程和股东名册中有关股东及其出资额的记载。对公司章程的该项修改不需再由股东会表决。”《公司登记管理条例》第 35 条规定:“有限责任公司股东转让股权的,应当自转让股权之日起 30 日内申请变更登记,并应当提交新股东的主体资格证明或者自然人身份证明。”《公司法》属法律,《公司登记管理条例》属行政法规,上述规定均规定公司应履行办理股权变更登记的义务,属强行性规范。本案中,新中润通过的股东会决议明显与该规定相悖,应认定决议无效。

公司设立中发起人的法律责任问题

【案情介绍】

Z饮料有限责任公司成立于2013年7月2日，由X房地产开发有限责任公司与Y饮食有限责任公司共同发起设立。双方发起人按照《中华人民共和国公司法》的规定，订立了有关协议，详细约定了出资、机构设置等，同时约定公司筹备与注册登记由X房地产开发有限责任公司负责。同年8月15日，Y饮食有限责任公司依约将105万元投资款汇入X房地产公司账户。此后双方制定了公司章程，设置了董事会机构，并召开了会议。

此后，房地产公司却一直未按约定进行公司注册登记，到2016年10月，已超过约定注册时间近2年，公司仍未注册，公司业务亦未开展。此时，Y饮食有限责任公司方面因业务变化，要求抽回出资。双方发生争执。

Y饮食有限责任公司诉至法院，以对方违约为由，要求X房地产公司退回投资款。X房地产公司则称：双方签订协议，缴纳出资款，制定了章程，成立了董事会，虽未按约定履行注册登记手续，但新公司在实质上已合法成立。Y饮食有限责任公司在新公司成立后要求抽回投资，违反法律规定，请求法院判决驳回原告的诉讼要求。

【案情分析】

法院经审理认为：X房地产公司与Y饮食有限责任公司订立的设立Z饮料有限责任公司的协议合法有效，双方本应依照合同约定，全部履行自己的义务。但是，依约负责办理公司注册登记的X房地产公司未办理注册登记，致使Z饮料有限责任公司无法开展业务。因此，X房地产公司应当返还对方的投资款。

至于X房地产公司所称新公司已成立不允许抽回出资，与本案事实不符，因为Z饮料有限责任公司尚未按法律规定进行注册登记，因而公司尚未成立。最后法院判决X房地产公司返还Y饮食有限责任公司投资款105万元。

根据《中华人民共和国合同法》第九十四条规定："有下列情形之一的，当事人可以解除合同：

（一）因不可抗力致使不能实现合同目的；

（二）在履行期限届满之前，当事人一方明确表示或者以自己的行为表明不履行主要债务；

（三）当事人一方迟延履行主要债务，经催告后在合理期限内仍未履行；

（四）当事人一方迟延履行债务或者有其他违约行为致使不能实现合同目的；

（五）法律规定的其他情形。"

本案涉及公司设立中发起人的法律责任问题。

在公司未登记前，发起人一方违约，他方可行使解除权。合同法赋予合同当事人一方在另一方迟延履行时享有合同解除权，可以参考《中华人民共和国合同法》第九十四条规定。

公司法有关于出资的规定，《中华人民共和国公司法》第三十四条规定："股东在公司登记后，不得抽回出资。"但如果公司未注册登记，则情形相反。公司注册登记除一些实质要件外，须具备形式要件，主要指进行公司注册登记，领取法人营业执照。Z饮料有限责任公司没有这些形式要件，因而尚未成立。股东由于特殊的原因，可以在公司登记之前抽回自己的出资。

【案件结果】

X房地产公司与Y饮食有限责任公司订立的设立Z饮料有限责任公司的协议合法有效，双方本应依照合同约定，全部履行自己的义务。但是，依约负责办理公司注册登记的X房地产公司未办理注册登记，致使Z饮料有限责任公司无法开展业务。因此，X房地产公司应当返还对方的投资款。

【相关法规】

《中华人民共和国合同法》第九十四条规定："有下列情形之一的，当事人可以解除合同：

（一）因不可抗力致使不能实现合同目的；

（二）在履行期限届满之前，当事人一方明确表示或者以自己的行为表明不履行主要债务；

（三）当事人一方迟延履行主要债务，经催告后在合理期限内仍未履行；

（四）当事人一方迟延履行债务或者有其他违约行为致使不能实现合同目的；

（五）法律规定的其他情形。"

在公司未登记前，发起人一方违约，他方可行使解除权。合同法赋予合同当事人一方在另一方迟延履行时享有合同解除权，可以参考《中华人民共和国合同法》第九十四条规定。

公司法有关于出资的规定，《中华人民共和国公司法》第三十四条规定："股东在公司登记后，不得抽回出资。"

股权转让纠纷案

【案情介绍】

原告赵某嘉诉被告诸某瑞、许某芬股权转让纠纷一案，依照《中华人民共和国民事诉讼法》第二百四十三条之规定，法院具有管辖权。法院于2010年3月11日立案受理后，深圳市久某华电子有限公司（以下简称久某华公司）以本案处理结果与其存在利害关系为由，申请作为第三人参加本案诉讼，法院予以准许，并依法组成合议庭，于2010年6月11日公开开庭进行审理。原告赵某嘉委托代理人戴某涛，被告诸某瑞、许某芬共同委托代理人郭某群，第三人久某华公司委托代理人刘某到庭参加诉讼。本案现已审理终结。

原告赵某嘉诉称：原、被告系多年的生意伙伴。2008年5月24日，原告与被告签订了《股权转让及新公司合作协议》，在协议第一条中，两被告确认其为拥有第三人久某华公司100%股权的股东；第二条第一款约定两被告将其占有的久某华公司100%股权转让给原告，原告同意受让；第三条第二款第二项约定在协议签订当日，原告向被告支付转让款100万元；第三条第二款第三项约定在原、被告双方共同确认包括所有软硬件资产（如双方确定各固定设备资产、专利技术、文控文档等）清点造册并移交完毕后，原告再付被告人民币100万元；第五条约定在该协议签订后，为便于协议的履行，原告委派人员进入第三人久某华公司参与经营，同时做好移交前的各项准备工作，被告承诺予以全力协助。协议签订后，原告于2008年5月底向被告支付了100万元，两被告于2008年6月3日向原告出具了转让款收据。同月，原告委托人员依约进入久某华公司进行资产等的清点工作。后原告查询得知，被告诸某瑞并非久某华公司的股东，被告许某芬仅占70%的股权。原告立刻与被告沟通，质问被告隐瞒真实股权的状况，并提出在这种情况下，协议将无法履行，也无法通过工商部门的核准，原告的利益无法得到保护，要求重新签订协议。但在原告将新修改的协议交给被告协商时，被告又拒绝签订修正协议。原告的工作人员要求依约进行资产交接，被告非但拒绝对久某华公司资产进行全部清点交接工作，反而要求原告支付第二笔100万元的转让款，原告认为协议效力存在问题，且第二笔款付款条件不成就，因此要求原告完成资产清点交接后再进行支付。2008年7月8日，被告将原告的委托人员工卡收回，驱逐出久某华公司，并将委托人员的宿舍另外加锁，并通知保安不允许原告的工作人员使用。原告的工作人员在多次与被告沟通无果后，无奈之下，被迫离开。之后，原告多次通过电话、电子邮件等方式与被告沟通，也两次委托律师向被告发函，向被告申明《股权转让及新公司合作协议》的效力及被告违约的后果，并给定期限催促被告协商解决纠纷，但被告均未在给定时间内答复，以其行为表明被告拒绝了原告的请求。原告认为，被告作为股权转让方，虚构股权构成与原告签订合同，在原告发现后，被告在原告要求的时间内未依公司法等规定履行相关手续，且该合同没有按照有关法律履行审批手续，违反了有关行政法规的规定而未生效，被告依据该合同收取原告转让款，没有法律依据，应予返还。请求法院判令：(1)解除原、被告于2008年5月24日签订的《股权转让及新公司合作协议》；(2)被告向原告返还股权转让款人民币100万元，并承担占用100万元期间的利息（以100万元为基数，从2008年5月31日起按照银行同期贷款利率计算至清偿日，先暂计至起诉日为11.2万元）；(3)被告承担本案诉讼费用。

被告诸某瑞、许某芬共同辩称：第一，原、被告签订协议后，被告一直在积极按协议履行，而且要求原告履行，是原告不按协议履行，并不是被告不按协议履行。第二，该份股权转让协议是合法有效的，双方亦已实际履行了一部分，证明该协议是可履行的。原告曾经以该协议无效为由，于2008年提起过诉讼，但后来撤诉了。该行为充分证明原告主张协议无效是不成立的。第三，原告于2010年3月再次提起诉讼，要求解除该协议，现鉴于原告恶意违约，被告同意解除协议。但按协议约定及定金法则的规定，定金是不能退还的，超出定金之外的预付款，从事实角度上说应予退还，但由于原告违约造成被告及第三人的损失，被告主张该预付款用于赔偿被告及第三人的损失，因此原告的该项诉讼请求不成立。第四，关于利息的问题。本案是股权纠纷，是双方是否同意解除合作协议的问题，原告请求利息毫无根据，从2008年起算利息更无依据。综上所述，请求法院驳回原告的诉讼请求。

第三人久某华公司述称：2008年5月24日，原告与第三人股东兼（时任）法人代表许某芬签订了《股权转让及新公司合作协议》，协议约定被告收购第三人100%股权，2008年7月1日之前第三人所有债权债务由第三人股东承担，2008年7月1日之后第三人所有债权债务依公司法和相关法规执行，即由收购方被告承担。该协议签订后，原告于2010年3月11日向法院起诉，要求解除上述协议，因原告提出解除上述协议没有正当理由，属违约行为，客观上造成第三人半停产的损失不能归责于第三人的股东，依协议约定应由原告方承担。第三人自2008年7月1日至2009年12月31日期间，因处于半停产状态，共计亏损了358 683元，该损失系原告的违约行为造成，现鉴于原告已向法院提出诉讼，其诉请中的解除协议在法律上与第三人存在利害关系，故第三人作为有独立请求权的第三人向法院提出上诉请求，望合并审理，并支持第三人诉请。另，补充如下：从原、被告提供的证据可知，是原告未履行双方的合同义务，存在违约行为，委派的高级管理人员，大量采购原材料后就不告而别，导致第三人处于半停产的非正常经营状态，第三人的实际利益受到损害，出现较大亏损。根据双方的转让合同第7条的约定，2008年7月1日之前的盈亏是由卖方股东许某芬和诸某瑞承担的，相应的在其后是由股东赵某嘉承担的，因此，赵某嘉应承担第三人的赔偿责任，第三人也已向法庭提供了证据，证明公司存在实际亏损。

【案情分析】

经审理查明：

久某华公司成立于2005年8月3日，注册资本及实收资本均为人民币50万元，发起股东为许某芬和韦永英，出资额分别为35万元和15万元，出资比例分别为70%和30%。许某芬为该公司法定代表人兼总经理。

2008年5月24日，诸某瑞、许某芬（甲方、转让方）与赵某嘉（乙方、受让方）签订《股权转让及新公司合作协议》，主要内容为：1. 甲方为拥有在深圳市投资设立的深圳市久某华电子有限公司100%股权的股东。乙方赵某嘉(受让方代表),居住地中国香港。乙方为本次收购方的代表,代表收购方与甲方签订本协议。2. 股权转让的范围:2.1 转让标的为:久某华公司100%的股权与其名下的全部机器设备以及诸某瑞名下的专利等资产。转让范围内的具体资产由甲乙双方清查造册予以确认,该书面文件为本协议的附件,具有同等法律效力。2.2 转让的资产包括:甲方持有的中国实用新型专利(可换插脚)(专利号ZL200420015275.4);甲方持有的中国发明专利(防触电的可换插角)(专利号为ZL20510035558.4);甲方持有的美国发明专利(可换插脚)(专利号为USP7008246);甲方持有的美国发明专利(防触电的可换插脚)。上述专利在协议签订后,由甲方及诸某瑞本人协助变更登记到乙方收购后新久某华公司(指股东变更后的公司)名下(其中2.2.2及2.2.4所述专利,待甲方获得专利证书后办理过户手续)。3. 转让金额及支付:3.1 转让金额最终确定为300万元人民币。3.2 转让款的支付方式为可采用银行转账及开支票方式。协议签订当日支付定金人民币100万元给甲方,其中60万元为股权转让的定金,该定金在协议履行后转为转让款,不须另行退回给乙方。在甲乙双方共同确认包括所有软硬件资产(如双方确定各固定设备资产、专利技术、文控文档等)清点造册并移交完毕后,乙方再付甲方人民币100万元。余款人民币100万元在股权变更获得工商等部门审核通过,拿到工商局变更登记回执之日,由乙方支付给甲方。4. 股权变更后的合作事宜:新公司发行400万股,每股价值1元人民币。新公司以0.5元折让60万股给甲方(甲方占有新公司总集资的15%的股权)。甲方需在工商变更股东名册之前向公司出资人民币30万元(其余30万元由乙方替甲方出资),如甲方未按时支付,视甲方自动放弃新公司15%的股权。……6. 股权转让实施计划:双方共同确认在2008年7月1日前开始转让的工商变更登记事宜。……8. 违约责任及义务:8.1 甲方承诺其移交给乙方的全部生产生活等机器设备及仪器仪表等固定资产的合法性及有效(使用)性,并确保在移交的同时将各机器设备、仪器仪表等的购买合同(或发票)、使用说明书、保修卡(全国联保联系手册等)进行移交。甲方必须保证本协议所定义的所有资产不存在任何被抵押或质押,若在乙方接管后发现存在任何抵押或质押情形的,甲方须赔偿乙方因之造成的一切损失。……8.3 乙方应按照本约定按时支付转让款,如在签订后反悔不进行股权收购的,60万元定金甲方不予退还。造成损失的,甲方有权要求全部赔偿。8.4 甲方应按照协议的约定履行转让股份、配合乙方及有关部门履行相关股权转让的手续。如在本协议签订后反悔不进行股权转让的,应双倍返还乙方。……10. 其他约定:……10.3 转让所涉及的硬件,由于大部分是没有发票的,甲方提供发票难度较大,但甲方确保重要的机器都有厂家维护及维修,不存在无法正常使用的顾虑……

2008年6月3日,诸某瑞、许某芬向赵某嘉出具收款证明:内容为:“兹有诸某瑞、许某芬于2008年5月27日,收到深圳久某华电子有限公司第一批股权转让款100万元人民币(含60万元人民币定金),其中56万元港币(等值于50万元人民币)由SCEPTRE TECHNOLOGY (HK)LTD支付,另外50万元人民币由惠州代某果(个人)支付,以上均有银行支票或转账凭据做凭证。此证明一式两份,SCEPTRE TECHNOLOGY(HK)LTD一份,惠州代某果(个人)一份。”

其后,赵某嘉委托周某青、代某果参与股权转让及新公司合作事宜,并委托易某、明某林、杜某海、周某协助生产及交接,久某华公司为上述人员制作了工卡。后双方在对久某华公司资产进行登记造册过程中发生争议。赵某嘉称因发现诸某瑞、许某芬隐瞒真实股权状况,要求其变更合同主体、重新签订协议被拒绝而未能履行。诸某瑞、许某芬则称在交接过程中,因赵某嘉要求提供所有机器设备的原始发票而未能交接。2008 年 7 月 9 日，赵某嘉委派的周某青、代某果等人离开久某华公司，双方遂终止了交接工作。

2008 年 7 月 30 日，赵某嘉向诸某瑞、许某芬及久某华公司发出“律师函”，对公司拒不发货的问题及诸某瑞的股东身份提出异议，要求其在 24 小时内对具体发货安排及是否同意继续协商书面回复，否则视为单方终止履行合同。

2008 年 7 月 31 日，诸某瑞、许某芬回复赵某嘉“律师函”：久某华公司另一股东韦某英在双方签订协议之前已出具委托许某芬全权处理股权转让事宜的书面证明，并保证届时到有关部门配合办理相关手续，并说明货物是否出货取决于协议是否履行。

其后，赵某嘉拟定另一份股权转让协议，股权的转让方变更为许某芬、韦某英，受让方变更为周某青、诸某瑞，协议对转让价格和转让条件等亦做了变更。诸某瑞、许某芬未在该协议上签字。

2008 年 8 月 8 日，赵某嘉再次向诸某瑞、许某芬及久某华公司发出“律师函”，重申股权主体问题导致协议不能履行，同时不满其拒绝签订新协议的行为，要求其 48 小时内对是否发货及是否同意继续协商书面回复，否则通过法律途径解决。

2008 年 8 月 10 日，诸某瑞、许某芬回复赵某嘉“律师函”：(1)同意出货，但须见款出货。(2)同意修正原协议主体不妥问题。(3)请于本月 15 日前明确回复，逾期视为不同意履行协议并将登报重新转让“久某华公司”，届时定金将不予退还。

2008 年 10 月 10 日，韦某英(转让方、甲方)与诸某瑞(受让方、乙方)签订《股权转让协议书》，约定甲方将其持有的久某华公司 30%股权作价人民币 15 万元转让给乙方，并于 10 月 13 日进行了公证。久某华公司于 10 月 28 日就该股权变更向工商部门办理了股东变更登记。

另查，2008 年 9 月 27 日，赵某嘉以诸某瑞、许某芬虚构股权构成及未依公司法等规定履行相关手续为由向法院提起诉讼【案号为(2008)深宝法民二初字第 3658 号】，请求法院判令双方于 2008 年 5 月 24 日所签的《股权转让及新公司合作协议》无效，并要求被告向原告返还股权转让款人民币 100 万元及利息损失。

在该案诉讼中，诸某瑞、许某芬提交韦某英的承诺书一份，内容为“本人韦某英系许某芬的母亲，许某芬、诸某瑞夫妇注册深圳市久某华电子有限公司时，其二人本注册为股东，因其是夫妻关系，以其二人名义注册久某华公司可能不妥，故借用我的名字与许某芬共同登记为久某华公司股东，本人实为借名未投入任何资金，真实投资人为许某芬、诸某瑞夫妇，现其二人决定将久某华公司转让给赵某嘉，本人无任何意见，本人已书面授权许某芬全权办理与赵某嘉关于久某华公司的转让事宜，本人现着重承诺对 5 月 24 日许某芬、诸某瑞与赵某嘉签订的《股权转让及新公司合作协议》表示认同，本人愿积极配合赵某嘉先生办理股权转让公证”。

2010 年 2 月 24 日，赵某嘉向法院提出撤诉申请，法院于 2010 年 2 月 25 日做出(2008)深宝法民二初字第 3658 号民事裁定：准许赵某嘉撤回起诉。

2010 年 5 月 18 日，久某华公司股权发生变更，变更前股东：诸某瑞 15 万元，30%；许某芬 35 万元，70%。变更后股东：陈某香 10 万元，20%；刘某佩 1 万元，2%；许某芬 12.5 万元，25%；付某庆 2 万元，4%；诸某瑞 2.5 万元，5%；周某 2 万元，4%；张某君 20 万元，40%。

以上事实，有当事人的庭审陈述与股权转让及新公司合作协议、收款证明、授权书、承诺书、股权转让协议书、公证书、民事裁定书、工商登记资料等书证相互佐证，并经庭审质证，应予认定。

法院认为：本案系涉港股权转让纠纷。因双方当事人没有在合同中约定处理争议所适用的法律，而纠纷发生于中国内地，根据最密切联系原则，本案纠纷适用中华人民共和国法律。

涉案股权转让协议牵涉公司性质由内资企业变更为外资企业，根据《中华人民共和国外资企业法》的规定，设立外资企业，由国务院对外经济贸易主管部门或者国务院授权的机关审查批准。根据《最高人民法院关于适用〈中华人民共和国合同法〉若干问题的解释（一）》第九条之规定，法律、行政法规规定合同应当办理批准手续，或者办理批准、登记手续后才生效，在一审法庭辩论终结前当事人仍未办理批准手续的，或者仍未办理批准登记等手续的，人民法院应当认定该合同未生效。因本案当事人在法庭辩论终结前仍未办理相关审批手续，故涉案股权转让协议应当认定为成立但未生效。

涉案股权转让协议未发生法律效力，对双方当事人不产生法律约束力。行使合同解除权应针对有效合同而言，对于未生效的合同不存在解除权的问题。故对于原告要求解除涉案股权转让协议的主张，法院不予支持。未生效的合同不得强制履行，基于未生效合同取得的财产应当返还。因此，原告主张被告返还已收取的股权转让金100万元，法院予以支持。本案中，因双方当事人对于涉案股权转让协议未生效均负有过错，应各自承担因此而造成的损失，故对于原告要求被告赔偿股权转让款利息损失的诉请，以及被告以股权预付款40万元抵消原告违约给其造成损失的主张，法院均不予支持。此外，至于第三人以受让股东（即本案原告）违约解除合同造成其停产损失为由，要求原告赔偿损失的问题，因与本案股权转让纠纷非同一法律关系，本案不作处理，第三人可另案主张。

【案件结果】

依照《中华人民共和国合同法》第四十二条第（三）项、第四十四条，《最高人民法院关于适用〈中华人民共和国合同法〉若干问题的解释（一）》第九条，《最高人民法院关于适用〈中华人民共和国合同法〉若干问题的解释（二）》第八条之规定，判决如下：

一、被告诸某瑞、许某芬于判决生效后五日内退还原告赵某嘉股权转让款人民币100万元；

二、驳回原告赵某嘉的其他诉讼请求。

如果被告未按本判决指定的期间履行给付金钱义务，应当依照《中华人民共和国民事诉讼法》第二百二十九条之规定，加倍支付迟延履行期间的债务利息。

案件受理费14 808元、保全费5 000元，合计人民币19 808元，由原告赵某嘉负担1 995元，被告诸某瑞、许某芬负担17 813元。

【相关法规】

依照《中华人民共和国合同法》第四十二条第（三）项、第四十四条，《最高人民法院关于适用〈中华人民共和国合同法〉若干问题的解释（一）》第九条，《最高人民法院关于适用〈中华人民共和国合同法〉若干问题的解释（二）》第八条之规定。

共同欺诈而免除其借款合同保证责任

【案情介绍】

原告：四川省医药工业公司（下称医药公司）。

被告：中国工商银行成都市芷泉支行（下称芷泉支行）。

被告：四川省化学矿山公司（下称化矿公司）。

1988年10月，芷泉支行因进行有奖储蓄业务，急需200台平价彩色电视机，遂以提供平价彩色电视机为条件，向其开户单位化矿公司表示，可向其提供半年期贷款500万元。化矿公司接受芷泉支行提出的条件，并将本公司与广汉公司（该公司未办理工商企业注册登记）签订的购铑粉合同（合同约定履行期限为1988年9月23日前，始终未履行），以及和深圳经济特区对外贸易集团与外商签订的铑粉外贸合同，充作自己公司的内、外贸易合同提交给芷泉支行。同年10月14日，化矿公司依据上述合同，以购铑粉出口为名，向芷泉支行提出贷款申请。同日，芷泉支行与化矿公司签订借款合同，约定芷泉支行向化矿公司出借250万元用于购铑粉出口，月息7.5‰；如借方不能按期还款，贷方有权在担保单位存款账户内扣收；借款期限自1988年10月14日至1989年4月14日止。合同还载明：化矿公司产品销售收入累计完成900万元，利润累计43万元，购买铑粉数量为4公斤。化矿公司持填写上述内容的借款合同要求医药公司为其担保，医药公司同意担保，并在合同担保单位栏目内加盖印章。合同一式3份。合同签订后，芷泉支行单方将合同约定的借款数额改为230万元，将其中一份合同交化矿公司。为使借款金额与购货数量相符，又将其持有的另二份合同中写明的购进铑粉数量改为14公斤。修改后的合同未交医药公司。同月17日至20日，化矿公司向芷泉支行购买彩色电视机的供方支付20万元，作为芷泉支行购进200台彩色电视机的差价补贴。同月19日，芷泉支行将230万元拨入化矿公司重新设立的账户。同月20日和21日，化矿公司将借款中的100万元用于归还中国工商银行成都市分行信托投资公司借款；91.98万元支付给成都振川商行用于非法倒卖生丝；5.7万元支付成都红光电视机厂彩色电视机差价；20万元划拨入本公司在芷泉支行原开立的账户，用于填补已为芷泉支行支出的彩色电视机差价款；10万元支付橡胶公司货款。借款到期后，化矿公司未归还借款，芷泉支行即致函医药公司要求代偿。医药公司复函称：不知道合同借款数额已更改，且借贷双方的行为违反信贷制度，借款合同已失效，拒绝承担保证责任。芷泉支行即按借款合同中的约定，从医药公司账户陆续扣收33万元。医药公司经多次致函芷泉支行，要求停止侵害未果，遂向成都市中级人民法院提起诉讼。

【案件焦点】

存在共同欺诈的情况下，如何保证合同效力？

【分析与结论】

原告医药公司起诉称：其为化矿公司与芷泉支行签订的借款合同作担保，借款期届满，借款人化矿公司未还款，出借人芷泉支行便在1990年9月25日至1992年6月13日内分别从本公司账户内扣收33万元。由于借贷双方恶意串通欺诈担保人，也不向担保人送达担保合同，故请求确认担保合同无效，本公司不承担担保责任，由芷泉支行返还扣收的33万元及利息27 225元。

被告芷泉支行答辩称：借款合同经担保人签字盖章即成立。原告自愿为借款人担保，不存在欺诈。直接扣收原告账户资金，是履行合同约定，原告应立即履行担保义务，代偿尚欠贷款197万元及逾期利息和罚息。

被告化矿公司答辩称：芷泉支行以解决200台平价彩电为条件，主动向我公司贷款500万元。对于原告担保的230万元，我公司只是为了完备借款手续，主观上没有与芷泉支行恶意串通欺诈原告的故意。贷款的结果使我公司陷入更深的危机，真正受益的是芷泉支行。原告侵权，与我公司无关。成都市中级人民法院经审理，认为：化矿公司与芷泉支行签订借款合同时，隐瞒借款的真实用途，以购铑粉出口为名，骗取医药公司为其担保，该行为属欺诈行为，担保无效，医药公司的担保责任免除。芷泉支行违反信贷管理和《借款合同条例》的有关规定，对由此造成的后果应承担法律责任。根据《中华人民共和国民法通则》第五十八条第一款第三项，《中华人民共和国经济合同法》第七条第一款第二项的规定，该院于1994年5月17日判决如下：

1. 原告为化矿公司所做的借款担保合同无效，担保责任予以免除。

2. 被告芷泉支行返还原告33万元和利息2.7万元。在本判决发生法律效力之日起15日内付清。

案件受理费21 510元，其他诉讼费5 000元，共计26 510元，由被告芷泉支行负担13 255元，被告化矿公司负担13 255元。

芷泉支行不服一审判决，向四川省高级人民法院上诉，称："我支行与化矿公司签订的借款合同有效，医药公司为化矿公司提供担保亦有效。化矿公司虽然改变借款用途，但不影响借款合同和保证合同效力。医药公司自愿为化矿公司借款担保，双方之间不存在欺诈、胁迫。我支行扣取医药公司款项合法，请求撤销原判，确认保证合同有效，判令医药公司履行担保义务。"

被上诉人医药公司答辩称："上诉人与化矿公司签订借款合同，采用欺诈手段共同虚构借款用途，编造化矿公司的经营及资信情况，使我公司在违背真实意思的情况下提供保证，该保证行为依法属于无效。原判认定事实清楚，适用法律正确。请求维持原判，并加判上诉人继续偿付资金利息。"

化矿公司述称：原审法院收集调查证据齐全，判决认定事实清楚，适用法律正确，请求维持原判决。

四川省高级人民法院经审理后查明：截至1988年9月底，化矿公司销售收入为625万元，已亏损1.496万元，欠银行贷款370万元，其中包括由芷泉支行代成都信托公司向化矿公司出借的100万元。化矿公司的经营及资信情况已通过财务报表告知芷泉支行。

四川省高级人民法院经审理，认为：化矿公司与芷泉支行为实现各自的利益，由化矿公司虚构借款用于购买铑粉供出口的事实，向芷泉支行提出借款申请；芷泉支行明知化矿公司申请借款的合同依据虚假，仍与其签订借款合同，同时，隐瞒化矿公司经营及资信的真实情况，致使医药公司在不明真相、违背其真实意思的情况下，为化矿公司提供担保。嗣后，芷泉支行又擅自改变借款金额及购货数量，且未将正式合同文本返回医药公司，继续使医药公司处于不知情的状况。因此，化矿公司与芷泉支行的行为已共同构成对医药公司的民事欺诈，医药公司的担保行为因受欺诈而无效，担保责任应予免除。芷泉支行依据无效保证合同扣划医药公司的款项，没有合法依据，应承担返还所扣款及相应利息的责任。据此，芷泉支行上诉理由不能成立，不予支持。原审判决认定事实清楚，审判程序合法，适用法律正确。但芷泉支行占用资金利息应计算至付清之日止。依照《中华人民共和国民事诉讼法》第一百五十三条第一款第(一)项、《中华人民共和国民法通则》第六十一条第一款之规定，该院于1995年2月15日判决如下：

1. 维持成都市中级人民法院民事判决；

2. 加判芷泉支行继续向医药公司偿付33万元的资金利息，自1992年12月24日起按中国人民银行同期流动资金贷款利率计算至付清之日止，于本判决生效后15日内付清。

本案第二审案件受理费21 510元，其他诉讼费2 000元，共23 150元，由芷泉支行承担。

本案系保证合同纠纷。一、二审法院判决认定保证合同无效，保证人免除保证责任，是正确的。首先从本案事实看，借款合同无效。一、二审法院未确认借款合同的效力，主要是基于原告保证人的诉讼请求，因此法院着重审查保证合同效力及保证人的责任。本案借款合同借款方化矿公司以虚假购销合同作为申请借款的凭证，贷方芷泉支行明知此情仍予出借，双方显然属于恶意串通，借款合同当系无效。主合同无效，从合同也无效。因而医药公司所为之保证合同，亦属无效。

其次，保证合同无效，保证人的责任并非绝对免除，这还要视保证人对主合同无效在主观上有无过错，是否真实意思表示。医药公司是在化矿公司、芷泉支行双方的共同欺诈、不明真相的情况下提供担保的。化矿公司、芷泉支行共同欺诈的行为表现在以下方面：(1)借款人化矿公司虚构借款用途，并提供虚假的铑粉购销合同。(2)贷款方芷泉支行明知申请贷款合同依据虚假，但为非法谋取20万元彩电差价而予以确认，且因工商银行成都市分行贷款批准额度230万元的限定，擅自将合同借款数额由250万元改为230万元，购货数量由4公斤改为14公斤，修改后的合同也未再交保证人医药公司。(3)借、贷双方共同隐瞒借方化矿公司的经营及资信情况，使保证人处于受蒙蔽和不知情的状态，从而做出违背自己意愿的保证行为。最高人民法院《关于审理经济合同纠纷案件有关保证的若干问题的规定》第十九条规定："主合同债权人一方或者双方当事人采取欺诈、胁迫等手段，或者恶意串通，使保证人在违背真实意思情况下提供保证的，保证合同无效，保证人不承担责任。"据此，本案保证人不承担保证责任。

中银保险有限公司北京分公司保险合同纠纷案

【案情介绍】

原告周志成诉称:2010 年 8 月 23 日 16 时,原告在北京标龙汽车销售公司购买了一辆标致轿车,并通过汽车销售公司(被告的保险代理机构)在被告处投保了机动车交通事故责任强制保险、第三者责任险和机动车损失险,其中第三者责任险的保险金额为 30 万元,机动车损失险的保险金额为 151900 元,保险期间为 1 年。机动车损失保险条款约定:“发生保险事故时保险机动车没有公安交通管理部门及其他相关管理部门核发的行驶证、号牌,或临时号牌或临时移动证,不论任何原因造成保险机动车的任何损失和费用,保险人均不负责赔偿。”原告在投保时签署了投保单并在投保单上声明:“保险人已将投保险别对应的保险条款,特别是责任免除、投保人、被保险人义务、赔偿处理以及其他免除保险人责任的条款向本人做了明确说明,本人已充分理解;上述所填内容均属实,同意以此投保单作为订立保险合同的依据。”

2010 年 8 月 28 日,原告驾驶被保险车辆在北京市朝阳区朝阳路与姚春海驾驶的电动三轮车发生交通事故,导致姚春海驾驶的电动三轮车又与行人陈雨竹、张喜鹏接触,造成两车受损,原告、姚春海、陈雨竹和张喜鹏四人不同程度地受伤。经交通管理部门认定,原告负全责,姚春海无责。原告因此次事故支付被保险车辆修理费 9135 元,赔偿姚春海、陈雨竹、张喜鹏医疗费等损失共 208114.71 元。事故发生时,被保险车辆尚未办理车辆登记,在诉讼中取得了车牌号;事故发生后,被告赔偿原告交强险保险金 67550 元,但拒绝赔偿剩余损失。原告提起诉讼,要求被告赔偿车损险和三者险保险金,共 149697. 元。

被告中银保险有限公司北京分公司辩称:被告对双方订立保险合同及事故发生无异议,但提出,原告在投保时签订了投保单,声明已充分理解了免责条款。根据车损险条款和三者险条款的约定,被保险车辆在事故发生时没有悬挂任何号牌,属于免责范围,故不同意原告的诉讼请求。

在庭审过程中,原告称投保时虽然签署了投保单,但被告在投保时并未向原告送达保险条款,亦未提示和解释、说明免责条款,并向法庭提交了汽车销售公司销售顾问丛子涵的证人证言予以证明。丛子涵证实投保时确实没有向原告送达条款,也没有对免责条款进行解释说明。被告对丛子涵的证人证言无异议,但认为原告既然签署了投保书,就应当适用免责条款。本案的焦点为免责条款是否生效。

北京市东城区人民法院于 2012 年 6 月 1 日做出东民初字第 03609 号民事判决:判决被告赔偿原告车辆损失、保险金 9133 元及商业第三者责任保险金 98395 元,驳回原告其他诉讼请求。被告不服一审判决,提起上诉。在北京市第二中级人民法院的主持下,双方达成调解协议，如被告能在指定日期前向原告赔偿，则只需赔偿原告商业第三者责任保险金 98395 元，否则按照一审判决确定的金额进行赔偿。

法院生效裁判认为：原告在投保时虽然签署了投保单并声明被告已对免责条款做了明确说明，但是，证人丛子涵证实，在投保时未向原告送达保险条款，亦未对免责条款进行提示和说明，而被告对丛子涵的证人证言未提出异议。事实上，原告在买车当日 17 时即离开了汽车销售公司，而保险条款是在 17 时 53 分才打印出来，并且一直放在丛子涵处，直到保险事故发生时，原告才取得了保险条款。而丛子涵在向原告销售汽车和保险时，刚上岗 1 个月，自己对免责条款的内容和含义还不清楚，根本无法向原告解释和说明免责条款。

因此，丛子涵的证人证言具有较高的证明力，一审法院对被告在投保时没有向原告送达保险条款，也没有对免责条款进行解释说明的事实予以确认。根据《保险法》第 17 条的规定，订立保险合同，采用保险人提供的格式条款的，保险人向投保人提供的投保单应当附格式条款，保险人应当向投保人说明合同的内容。对保险合同中免除保险人责任的条款，保险人在订立合同时应当在投保单、保险单或者其他保险凭证上做出足以引起投保人注意的提示，并对该条款的内容以书面或者口头形式向投保人做出明确说明；未作提示或者明确说明的，该条款不产生效力。在被告确实没有履行免责条款的提示、解释和说明的情况下，即使原告签署了投保书并声明理解了免责条款，免责条款也不能生效。

但是，原告在购买新车后 4 个工作日的时间内，没有正当理由不办牌照上路行驶，违反了《道路交通安全法》的强制性规定，对造成免除责任条款的无效和保险事故的发生也有一定的过错，可适当减轻被告的赔偿责任，关于减轻的责任比例，一审法院酌情裁量为 30%。对于交强险已经赔付的部分，应予扣除。

【案件焦点】

在保险人确实没有履行免责条款的提示、解释和说明义务的情况下，即使投保人签署了投保书并在投保书上声明已经理解了免责条款，该免责条款也不产生效力。

【分析与结论】

本案中，被告是否能够依据免责条款对原告的损失拒赔？要回答这个问题，首先要明确免责条款生效的法律要件。

《保险法》第 17 条规定：订立保险合同，采用保险人提供的格式条款的，保险人向投保人提供的投保单应当附格式条款，保险人应当向投保人说明合同的内容。对保险合同中免除保险人责任的条款，保险人在订立合同时应当在投保单、保险单或者其他保险凭证上做出足以引起投保人注意的提示，并对该条款的内容以书面或者口头形式向投保人做出明确说明；未作提示或者明确说明的，该条款不产生效力。根据该条规定，保险人必须在投保时向投保人送达保险条款，并对其中的免责条款进行提示、解释和说明，免责条款才能具有法律效力。当发生了免责条款约定的事由时，保险人才能依据免责条款不予赔偿。而免责条款生效的法定条件是保险人确实在投保时履行了免责条款的提示、解释和说明义务，而不是投保人签署了投保单，或者声明其理解了免责条款。签署投保单和声明理解免责条款，都是对被告履行了免责条款的提示、解释和说明义务的记录，在诉讼中可以作为被告履行相应义务的证明。当有相反证据证明被告确实没有履行免责条款的提醒、解释和说明义务时，投保书的记录内容即不是案件事实,投保书自然也不能作为认定案件事实的依据,保险人也不能依据投保书免予赔偿。

保险人因从事保险业务的经营,精通保险合同条款,且保险合同条款通常为保险人预先做成的格式条款,大多经过保险业专门人士的字斟句酌。而投保人由于受到专业知识的限制,对保险业务和保险条款都不甚熟悉,对合同条款内容的理解也可能存在偏差、误解,这些情况都可能导致被保险人、受益人在保险事故发生后,无法得到预期的保险保障。因此,保险人在订立保险合同时应当按照最大诚信原则的要求,对保险合同条款,尤其是免责条款的内容、含义做出明确的解释和说明,使投保人能够正确理解合同,自愿投保。

在审理案件中发现,一些保险人在展业过程中,缺乏服务意识和诚信意识,存在不向投保人送达保险条款、不提示免责条款、不履行免责条款的解释说明、保险代理人代签投保单等不规范的承保行为。这些行为不仅侵害了投保人的知情权,对自愿投保造成妨害,还容易引发理赔纠纷,增加保险人的经营风险和诉讼风险,应当加以纠正。

有限公司保险代位求偿权案

【案情介绍】

原告中华联合财产保险股份有限公司绍兴中心支公司(以下简称联合财保绍兴公司)诉称:湖南金昌房地产开发有限公司隶属于浙江金昌房地产集团有限公司。2008 年 3 月 13 日,湖南金昌房地产开发有限公司与被告长沙时代帝景大酒店有限公司(以下简称时代帝景大酒店)签订办公用房租赁合同,租赁期间为 2008 年 3 月 28 日至 2011 年 3 月 27 日,其中约定由时代帝景大酒店提供车位。2008 年 6 月 8 日,被告地下停车库因暴雨积水,导致浙江金昌房地产集团有限公司绍兴分公司的浙 D-90788 号车被水淹,该车受损。该车损失险投保于原告处,保险金额为 2680000 元。车辆经原告与浙江金昌房地产有限公司绍兴分公司共同定损,确定车损为 890753 元,原告支付了该理赔款,并签订机动车辆保险权益转让书,约定由原告向被告追偿已支付的理赔款。被告作为事故发生地的经营单位,对该车具有保管义务,应对停放在其地下车库的浙 D-90788 号车辆损失承担最终赔偿责任。故请求法院判令:被告支付原告追偿款 890753 元。

被告时代帝景大酒店辩称:(1)被保险人在酒店地下车库的车位由被告免费提供,未收取任何费用,在被告不存在重大过失的前提下,不应对被保险人车辆的损失承担赔偿责任。本案中,根据谁主张、谁举证的原则,应由原告提供证据证明被告在此次事故中存在重大过失,否则被告不应对被保险车辆的毁损承担赔偿责任;(2)本案中保险事故的发生是因洪水进入市政管道,倾入被告酒店地下车库导致被保险车辆毁损。洪水倾入酒店地下车库这一事件已经人民法院生效判决书确认为不可抗力事件。故被告对此保险事故的发生不应承担任何责任。(3)保险代位求偿权是从属于被保险人对第三者的赔偿请求权,其诉讼时效应当与被保险人向第三者要求赔偿的时效一致,即需以被保险人仍能行使其民事赔偿权利为前提。本案中,被保险人向第三者行使民事赔偿权利的诉讼时效应从保险事故发生之日起算,即 2008 年 6 月 8 日洪水倾入被告地下车库之日起计算。根据我国法律规定,保管责任适用 1 年的特别诉讼时效,故被保管人及原告未在 2009 年 6 月 8 日诉讼时效期内向被告索赔或主张权利,已超过诉讼时效。综上,请求法院驳回原告的诉讼请求。

法院经审理查明:2008 年 3 月,湖南金昌房地产开发有限公司与被告时代帝景大酒店签订《办公用房租赁合同》,约定租用被告酒店第 8 层作为办公用房,并由被告免费为其提供停车位,租赁期至 2011 年 3 月 27 日。合同签订后,该公司遂将控股公司浙江金昌房地产集团有限公司名下浙 D-90788 奔驰牌小轿车停放于被告地下车库内。2008 年 6 月 8 日晚,因天降暴雨,湘江水位上涨,洪水倒流进入市政排水管道,导致时代帝景大酒店地下车库被淹。被告当即电话通知车辆使用人，并采取在车库口放置挡板、沙袋等抗洪措施，但停放于该车库的浙D-90788奔驰牌小轿车未能幸免遭水淹没。该车被淹后，浙江金昌房地产集团有限公司绍兴分公司及时联系原告联合财保绍兴公司协商车辆损失险赔偿事宜，经双方共同定损后，确定车辆损失为890753元，原告先行赔付，并签订《机动车辆保险权益转让书》，约定将保险理赔的一切权益转让给原告，原告有权以自己名义向责任方追偿或诉讼。2010年5月26日，原告向被告发函称该车损失因被告原因造成，要求被告履行赔偿责任。次月7日，被告回函称原告行使代位求偿权缺乏事实证据，对该车不承担保管责任，车辆被淹系不可抗力事件所致。原告遂诉诸法院，请求法院判决被告支付原告追偿款890753元。

湖南省长沙市岳麓区人民法院于2012年7月30日做出(2012)岳民初字第01304号民事判决：驳回原告中华联合财产保险股份有限公司绍兴中心支公司的诉讼请求。宣判后，双方均未上诉，一审判决已发生法律效力。

法院生效裁决认为：(1)关于本案诉讼时效问题。保险代位求偿权是一种法定的请求权转移，从属于被保险人对第三者的赔偿请求权，属于债权请求权的范畴。在《保险法》未就保险代位权设置独立的诉讼时效制度时，诉讼时效应与被保险人对第三者的求偿权一致，适用《民法通则》中关于债权请求权的规定，即诉讼时效应自被保险人知道或应当知道权利被第三者侵害时起计算。具体到本案中，依涉案被保险车辆使用人与被告间的合同约定，“被告免费提供停车位”，从其文意及合同履行来看，双方未形成车辆寄存关系，仅形成停车位借用关系。该车受损发生于2008年6月8日，当日被保险人即知道了受损的原因及事实，因此，本案的诉讼时效应自此日起至2010年6月7日止。在该期间内，本案原告在给付了保险赔偿金后与被保险人就保险标的代位求偿权进行约定，于2010年5月26日向原告提出主张，那么自该日起诉讼时效中断，诉讼时效应重新计算。因此，原告在2012年5月17日向法院提起诉讼，并未超过诉讼时效。(2)关于原告保险代位求偿权的认定。基于“谁主张、谁举证”原则，原告联合财保绍兴公司主张保险代位求偿权，诉请被告给付车辆损失赔偿金，根据我国《保险法》第60条之规定，其应举证证明原告向被保险人赔偿了保险金，被告对保险标的的损害存在过错。经查明：(1)涉案车辆受损的根本原因是暴雨导致洪水倒流进入市政排水管道，致使车库积水，是不可抗力，被告对此损失并无主观上的故意；(2)原告在诉讼中提交的证据不足以证明涉案车损是因被告过错，因此，原告承担举证不能的不利后果；(3)基于权利义务相一致和公平原则，被告在本案中应承担有限注意义务。本案中，被告提交的证人证言证明被告在事发当晚通知了车辆使用人，并采取了抗洪措施。那么在原告未提供相反证据证明的情况下，应推定被告已履行了必要之注意义务，主观上无过错。综上，现有证据不能证明被告对保险标的的损害发生存在过错，原告不享有保险代位求偿权。

【案件焦点】

保险代位求偿权是一种法定的请求权转移，其从属于被保险人对第三者的赔偿请求权，属于债权请求权的范畴。因此，在《保险法》未就保险代位权设置独立的诉讼时效制度时，其诉讼时效应与被保险人对第三者的求偿权一致。

寄存关系的根本属性在于合同标的是受寄托人的保管行为，即受寄托人对动产享有排他占有和部分控制权，进行保藏和管理，应与借用关系区分。

【分析与结论】

该案是一起免费停车受损引发的保险代位求偿权纠纷。随着车辆使用的普及，在超市、酒店等免费提供停车场所发生的盗窃、水淹等非因车位所有人自身过错造成的纠纷时有发生，如何界定这一法律关系，是判定车位所有人或管理人责任承担的基础，也是认定此类纠纷引发的保险代位求偿权中第三者责任的基础。与此同时，由于保险代位求偿权系债权请求权，从属于被保险人对第三者的赔偿请求权。因此，在法律未对保险代位求偿权的诉讼时效做明确规定的情况下，辨析保险代位求偿权的性质，确定诉讼时效的起算时间也是正确判定第三者的前提。该案以双方当事人争议焦点为切入点，通过对比寄存与借用两种法律关系，对本案免费使用第三者车位的性质、第三者应尽之义务进行了分析。并从保险代位求偿权的法律属性入手，对保险代位求偿权诉讼时效认定原则、起算时间进行了阐述。

本案中，无论原告是否超过诉讼时效，还是被告是否承担赔偿责任的判定，均涉及被保险人、第三者、本案被告之间基础法律关系的界定。即双方在租赁合同中约定第三者无偿提供停车位给被保险人，双方就停车位使用是否形成《民法通则》第131条所称之寄存法律关系。

所谓寄存又称为保管。在法国民法中，寄托分为通常寄托和讼争物寄托两类。通常寄托，是指寄托合同期满后保管人将保管物原物返还寄托人的寄托。讼争物寄托，是指将相互争执的物品在判决生效前进行保管，于判决生效或当事人和解后将物交付给取得所有权的人的寄托。《德国民法典》没有对寄托合同的类型进行划分，但规定了旅店主人对旅客旅游中物品的责任。日本民法中将寄托分为一般寄托和消费寄托，消费寄托是指保管人取得保管物的所有权，于合同期限届满，只负返还种类、品质、数量相同的物品义务的寄托类型。原《苏联民法典》中称“寄托”为“保管”。我国亦沿用苏联的称呼，也使用“保管”的称呼。根据我国《民法通则》的立法目的，该条款所称之寄存，谓当事人一方以物交付他方，他方允为保管之契约。其根本属性在于合同标的是受寄托人的保管行为，即受寄托人对动产享有排他占有和部分控制权，进行保藏和管理。

就本案而言，被保险人的涉案车辆因使用人与被告间的《办公用房租赁合同》而停放在被告的地下车库内。(1)依合同条款，约定“被告免费提供停车位”，首先从文意上理解，被告只是将停车位的使用权让渡给承租人(车辆使用人)，实为出借停车位给承租人，并未包含由被告保管车辆之意；其次从合同整体内容上看，合同的根本目的是承租人租赁被告的楼房用以办公。由此可知被告免费提供停车位只是为承租人提供办公方便，以促成房屋租赁的实现，亦未包含将车辆交由被告保管之目的。(2)就合同实际履行而言，诉讼中原、被告双方未举证证明被告对涉案车辆具有排他占有和控制的保管行为。因此双方也未形成事实上的保管关系。综上所述，根据现有证据和事实，被告与车辆使用人没有形成车辆寄存关系，仅形成停车位借用关系。车辆所有权人即被保险人基于此合同与被告亦形成停车位借用关系。

在保险代位求偿权纠纷中，保险人应举证证明第三者对保险标的的损害存在过错。因此，分析基础关系中第三者的注意义务尤为重要。

民法上的注意义务源于对过错的判定，作为与过失判断的一种主要理论和学说，流行于英美法系，也为许多大陆国家的立法和司法实践所采纳。我国司法实践中，在界定责任人的过错时，也往往是推定责任人是否尽到应尽之注意义务。关于注意义务的程度，国外的学说和实践一般有三种：一是普通人的注意，即在正常情况下一般人即可尽到的注意程度；二是应为处理自己事务为同一的注意，即行为人平日处理自己事务所用到的注意程度；三是《中华人民共和国合同法》第19章专门规定了保管合同。善良管理人的注意，它与罗马法上的“善良家父之注意”和德国法上的“交易上必要之注意”相当，即依据交易上的一般观念，具有相当知识经验的人对于一定事件所用到的注意程度。由此，我们在推定责任人应尽之注意义务时，应以诚信、公平与权利相一致为基础，考虑不同法律关系中不同义务主体的职业或行业特性，综合判定。

在停车位借用法律关系中，出借人所应承担的注意义务应为一般车位所有人或管理人对车位的日常维护，及车位上所泊车辆的必要管理，系一般、有限注意义务。具体到本案而言，被告应尽的注意义务应为是否采取了通知车主、采取力所能及之抗洪措施。在原告未举证证明被告违反该注意义务的情况下，应推定被告已履行了必要之注意义务，主观上无过错。

在保险意识日益普及的当代，保险纠纷也在不断增加，保险公司先行赔付再代位追偿已成为我国保险事故对外赔付的主要方式与一般程序。但永远滞后于现实的立法并未对保险代位求偿权的诉讼时效等问题做出明确详细的规定，这就导致实践认定不一。笔者认为，保险代位求偿权的诉讼时效期间应基于被保险人与第三者间的基础法律关系确定。其诉讼时效的计算，应基于被保险人能够向致害第三者行使索赔请求权之时开始计算，即从涉案财产受损发生之日起计算。理由如下：

1. 保险代位求偿权属于债权请求权范畴，其从属于被保险人对第三者的赔偿请求权，而非一种独立请求权。因此，在《保险法》未就保险代位权设置独立的诉讼时效制度时，其诉讼时效应与被保险人对第三者的求偿权一致，即保险人向第三者行使赔偿请求权的诉讼时效期间与被保险人向第三者行使赔偿请求的诉讼时效期间相同，适用《民法通则》中关于债权请求权的规定。

2. 关于保险代位求偿权诉讼时效的起算时间，理论上存在争议。一种观点认为诉讼时效的起算点为保险人知道有赔偿义务人时。该观点的学者认为，若保险人不知道存在有赔偿义务人，则无法代位行使求偿权利。另一种观点认为，诉讼时效的起算点为被保险人知有赔偿义务人时。即保险代位求偿权的诉讼时效应从被保险人能够向致害第三者行使索赔请求权之时开始计算。笔者倾向于第二种观点。理由是：(1)如前所述，保险代位求偿权从性质上来说是一种债权的转移，根据“任何人不得将大于自己所有之权利让与他人”的法理可知，保险代位求偿权的行使理应受被保险人对第三者原有索赔请求权的制约，当然包括权利行使时效的制约。因此，保险代位求偿权的诉讼时效的起算点应为被保险人能够向第三者行使索赔请求权时。(2)从第三者抗辩权益看，第三者对造成的保险事故应向被保险人负损害赔偿责任的，则其所享有的诉讼时效方面的利益，不因存在保险代位求偿权而有所改变。(3)从社会效益看，依被保险人确定诉讼时效起算点，将促使保险人加快向被保险人支付保险赔偿金的理赔速度，以尽早行使代位求偿权，避免超过诉讼时效，更利于保险业的完善及被保险人权益的及时补偿。

有限责任公司票据追索权案

【案情介绍】

原告袁占友诉称:2010年12月29日,原、被告双方结算,被告尚欠原告木材款8万元人民币。后被告支付原告中国建设银行转账支票1张(支票号07640093),原告于2010年12月31日到银行承兑,结果存款不足,支票被退回。经多次向被告催讨,至今未果。现请求判令被告支付原告材料款8万元并承担本案诉讼费。

被告北京市紫阳福源建筑装饰有限责任公司(以下简称福源公司)辩称:2009年4、5月份,我公司从原告处购买木材。当时应原告要求押给其1张我公司的空白转账支票。原告所供货物扣除退货以及我公司支付的货款外,仅欠2万余元。支票上的金额是原告私自填写的,与实际完全不符。因此,不同意原告的请求。法院经审理查明:2009年,福源公司陆续从袁占友经营的加工部购买木材。在履行过程中,福源公司交付给袁占友中国建设银行转账支票1张,该支票上记载的出票日期为2010年12月29日,出票人为福源公司,票据金额为8万元。2010年12月31日,袁占友将支票存入银行。因存款不足,该支票被银行退回。

北京市房山区人民法院于2011年5月3日做出(2011)房民初字第01941号民事判决:驳回原告袁占友的诉讼请求。宣判后,袁占友向北京市第一中级人民法院提起上诉。北京市第一中级人民法院于2011年9月16日做出(2011)中民终字第10563号民事判决:驳回上诉,维持原判。

法院生效判决认为:根据法律规定,票据的签发、取得和转让,应当遵循诚实信用的原则,具有真实的交易关系和债权债务关系。票据债务人可以对不履行约定义务的与自己有直接债权债务关系的持票人,进行抗辩。本案双方之间存在买卖合同关系。袁占友虽持有福源公司出具的转账支票,但福源公司对票据金额的真实性提出异议。对此,袁占友作为供货方,应当对其供货事实承担举证责任,以便确定双方之间真实的债权债务关系。现袁占友未履行相应的举证责任,应当承担不利后果。依照《票据法》第10条第1款、第13条第2款的规定,判决如下:驳回原告袁占友的诉讼请求。

【案件焦点】

票据关系中的持票人在行使票据权利时,其直接前手可以以基础原因关系进行抗辩。票据的无因性是相对的,不及于票据直接前后手关系;在举证责任的分配上,持票人应对自己一方履行了基础关系中约定的义务承担举证责任。

【分析与结论】

本案的裁判要旨为:票据关系中的持票人在行使票据权利时对其直接前手可以以基础的原因关系进行抗辩。票据的无因性是相对的,不及于票据直接前后手关系;在举证责任的分配上,持票人应对自己一方履行了基础关系中约定的义务承担举证责任。

《票据法》上存在票据无因性的理论,即票据关系一经形成就与票据原因关系、票据预约关系、票据资金关系互相分离、互相独立。形成这一理论的原因是便利票据的流通,防止因票据的基础关系存在瑕疵导致票据的流通受限制,影响民商事活动的效率,又兼顾了保证涉及不特定第三人的合法持票人的票据权利的实现。这体现了商事法的重要精神内涵——效率优先、注重保护交易安全。

但同时,我国《票据法》又明确规定:票据的签发、取得和转让,应当遵循诚实信用的原则,具有真实的交易关系和债权债务关系。票据债务人可以对不履行约定义务的与自己有直接债权债务关系的持票人,进行抗辩。可见,从立法精神来看,在坚持票据行为无因性的同时,坚持在票据当事人的直接前后手之间应当存在真实的民事基础关系,构成票据行为无因性的例外。这是因为在票据关系和原因关系平行共存于票据债务人和持票人之间、票据尚未流转至第三人的场合,交易公平和诚信理应得到优先保护,因为这种情况下承认票据关系和原因关系的关联性无碍于交易安全,有利于促进公平。

关于基础原因关系中的举证责任分配,《最高人民法院关于审理票据纠纷案件若干问题的规定》第 10 条规定:“票据债务人依照票据法第 13 条的规定,对与其有直接债权债务关系的持票人提出抗辩,人民法院合并审理票据关系和基础关系的,持票人应当提供相应证据证明已经履行了约定义务。”据此,若直接前手提出持票人未履行基础关系中的约定义务,应由持票人提供相应的证据证明已经履行了约定义务。本案中持票人即原告袁占友作为基础买卖合同中的供货方,不能提供自己供货的证据以证明已经按照约定履行了义务,因此,应当承担不利后果,该举证责任的分配,是在人民法院合并审理票据关系和基础关系时的分配方式。谁主张、谁举证是分配举证责任的基本原则,为避免责任分配的不公,法律确定举证能力原则予以补充。在此类纠纷中要求票据债务人举证证明持票人没有履行基础关系的约定义务,会使票据债务人陷入举证客观不能的境地,有悖于法律的公平正义。实践中还有可能出现的情况是,直接前手否认其与持票人存在基础关系或者提出持票人未完全履行基础关系中的约定义务,在此一并分析。若直接否认基础关系的存在,根据《票据法》第 10 条第 1 款“票据的签发、取得和转让,应当遵循诚实信用的原则,具有真实的交易关系和债权债务关系”的规定,直接前手票据行为的行使,应当基于真实的基础关系,因此应由直接前手对双方之间存在基础关系承担初步的举证责任;如果直接前手提出,持票人未完全履行基础关系中的约定义务,实际直接前手对于持票人履行约定义务并无异议,只是认为其履行有瑕疵,所以仍应当依据谁主张、谁举证的原则,由直接前手对持票人未完全履行约定义务承担举证责任。

涉外摄影作品权属及网络下载使用侵权认定案

【案情介绍】

原告诉称：被告快科电梯公司未经原告华盖公司许可擅自在其《电梯产品导购手册》中使用了 Photodisc 品牌 1 幅图片，图片编号为 AA005993，图片内容是人物。在《激情超越、喜悦共享》宣传册中使用了 Photodisc 品牌的 2 张图片，图片编号为 BU011334，图片内容是齿轮；图片编号为 DV227001，图片内容是建筑。使用了 DigitalVision 品牌的 1 张图片：图片编号为 DV050009，图片内容为仓库。上述图片作品的著作权属于美国 GettyImages，Inc. 所有，而原告华盖公司是 GettyImages，Inc. 在中国的授权代表，在中国境内享有对上述图片作品展示、推销、许可他人使用、对侵权行为主张索赔等权利。原告华盖公司发现被告快科电梯公司侵害其著作权财产权后，曾多次致函，要求被告依法承担停止侵权、赔偿损失等责任，但被告均未予理会。根据《著作权法》及相关法律规定，被告未经原告授权，擅自使用上述图片作品，已构成著作权侵权，依法应承担停止侵害、赔偿损失等在内的法律责任。为维护自身合法权益，原告特向法院提起诉讼，依法请求：(1)判令被告立即停止侵权，支付侵权赔偿金 4 万元，支付原告律师费及其他为制止侵权行为所支付的合理开支 2050 元；(2)判令被告承担本案的诉讼费用。

被告快科电梯公司辩称：(1)原告没有充分出具著作权人的身份和权属证明，无法确定其为著作权人。著作权登记证书是证明著作权属的有力证明，原告应该拿出讼争四张图片的原始底片或原始数码文件来证明这些图片的版权归属。(2)《激情超越、喜悦共享》和《电梯产品导购手册》是学校合理使用的教科辅导资料，讼争图片在教材中也仅仅起着辅助阅读的次要作用。教材的合理使用是法律许可的使用，不是侵权行为。(3)教材资料中的讼争图片分别来自"天堂图片网"的命名为《施工现场图片 061》、《齿轮图片 082》及"图行天下网"的命名为《家庭人物 0002》及"红动中国网"的命名为《堆满物品的仓库货架》的图片名称及编号，而并非原告宣称的"AA005993、DV050009、BU011334、DV227001"。被告从未上过原告网站，也从未接触过原告的网络图片。况且原告也无法证明其网络刊登 4 张讼争图片的时间一定早于其他网络刊登的时间。被告已极尽"注意"义务，如果在这种情况下使用作品要指明作者姓名、作品名称的话，也一定是指明图片来自"天堂图片网"的命名为《施工现场图片 061》、《齿轮图片 082》及"图行天下网"的命名为《家庭人物 0002》及"红动中国网"的命名为《堆满物品的仓库货架》的图片名称及编号。被告恳请法院维护被告合法权益，公正判决，驳回原告所有请求。

法院经审理查明：原告华盖公司系盖帝图像有限公司，按照关键词"原创"，未搜索到涉案内容为仓库的摄影作品，而按照关键词"非原创"，则可以搜索到涉案内容为仓库的摄影作品。原告、被告对上述过程均予以确认；被告快科电梯公司在《电梯产品导购手册》中使用了与编号为AA005993(家庭)讼争作品相同的图片。在《激情超越、喜悦共享》手册中使用编号为BU011334(齿轮)、编号为DV227001(建筑)、编号为DV050009(仓库)3张图片,其中内容为建筑的图片,与原告诉称享有著作权的内容为建筑的摄影作品基本一致,略有区别,区别在于被告使用的图片上没有建筑工人。

2008年10月28日,原告华盖公司与昆明杰奇广告有限公司就Photodisc品牌的DetailofanAirplane作品签订了《图片使用许可合同》,使用费为人民币1万元。2008年11月21日,原告华盖公司与浙江永康力士达铝业有限公司就DigitalVision品牌的Undersideofbreakingwave作品签订了《图片使用许可合同》,使用费为人民币8000元。

被告快科电梯公司于2009年11月份在"天堂图片网""红动中国网""图行天下网"下载了涉案的4张图片,分别使用在《电梯产品导购手册》与《激情超越、喜悦共享》中。2009年9月14日,《关于确认福建省学习型组织创建单位、福建省社区教育实验单位的通知》记载被告为"福建省学习型组织创建单位"。2009年10月22日,被告快科电梯公司与福州市建筑工程职业中专学校签订《校企合作冠名班级协议书》。2011年10月18日,福州建筑工程职业中专学校出具"证明",内容为"《激情超越、喜悦共享》、《电梯产品导购手册》为'快科班'教学辅导资料,供学校学生个人学习、课堂教学实践及培训科研人员使用"。

另查:为本案诉讼,原告支付档案查询打印费50元,律师费2000元。

上述事实,由《公证书》、《激情超越、喜悦共享》、《电梯产品导购手册》、《使用许可合同》、《关于确认福建省学习型组织创建单位、福建省社区教育实验单位的通知》、《校企合作冠名班级协议书》、"证明"及收款回单、律师费发票、委托合同以及庭前会议和开庭笔录等予以佐证。福州市中级人民法院于2011年12月1日做出榕民初字第400号民事判决:(1)被告福州快科电梯工业有限公司自本判决书生效之日起立即停止侵犯原告华盖创意(北京)图像技术有限公司涉案四幅摄影作品的著作权;被告福州快科电梯工业有限公司自本判决书生效之日起十日内赔偿原告华盖创意(北京)图像技术有限公司经济损失及合理费用共计人民币14050元;(2)驳回原告华盖创意(北京)图像技术有限公司的其他诉讼请求。

一审宣判后,双方均未上诉,判决生效。法院生效判决认为:

根据《著作权法》的规定,如无相反证据,在作品上署名者为作者,并享有著作权。根据原告提交的(2008)京方圆内经证字第21711号《公证书》以及www.gettyimages.cn网站关于涉案摄影作品的版权说明,被告快科电梯公司未提供相反证据,因此可以认定Getty Images, Inc.为涉案摄影作品的著作权人。本案原告经Getty Imags,Inc.授权获得在中国境内进行相关作品的使用许可,同时有权以自己的名义对侵权行为提起诉讼。因此,华盖公司是本案适格原告。

被告快科电梯公司在《电梯产品导购手册》与《激情超越、喜悦共享》中使用的4张图片中3张与原告涉案作品相同,内容为建筑的图片略有区别,由于对在建建筑物的拍摄,除非巧合,否则难以拍摄出建设进度、角度完全相同的图片,且被告诉称来源的网站上的图片也与原告涉案作品相同,在被告未举证证明图片出于不同作者的情况下,可以推定被诉图片系经技术处理后所得,认定被告被诉图片与原告涉案作品属于相同作品。未经原告许可,被告在《电梯产品导购手册》与《激情超越、喜悦共享》中使用涉案4张图片的行为侵犯了原告涉案摄影作品的著作权。理由:(1)被告辩称两份手册是以教学为目的未公开出版发行的少量的用于福州市建筑工程职业中专学校"快科班"专用教学辅导资料。为学校课堂教学或者科学研究,少量复制已发表作品，不向其支付报酬，是法律许可的使用，不属于侵权行为。法院认为，从上述两份手册看，不属于教学辅导资料。从《电梯产品导购手册》的名称来看，"导购"手册是属于购买的指导手册，另外，从该手册的内容来看，内容属于对"威丽尔·斯"私家电梯的广告宣传，未见适合教学使用的内容，如"不同的内饰、质地、造型能与您的室内装修风格自然融合"、"为了提高您的生活环境和质量……特推出威丽尔·斯私家电梯，以满足高质量生活的需求"等。从《激情超越、喜悦共享》手册的内容来看，属于公司的宣传手册，也未见适合教学实践的内容，如"快科为您准备了最优秀的城市垂直运输专家，随时恭候您的垂询"、"快科为您提供特种电梯的量身定做，以满足您不同的要求，确保每个客户都能购买到适合他们的最佳电梯"等。虽然不能排除上述 2 份手册有可能会提供给"快科班"的学生作为参考，但从手册的内容来看，其受众群体并不是学生，而是电梯的消费者。因此，被告辩称手册属于教学使用，不构成侵权的主张，法律依据不足。(2)被告辩称讼争 4 张图片来源于天堂图片网、红动中国网和图行天下网。由于上述网站其中两个已声明对网站图片不享有著作权，一个网站查询到的涉案图片属于非原创，说明 3 个网站对涉案图片均没有著作权，被告以来源于上述 3 个网站为由认为不侵权的主张，不予支持。

综上所述，被告未经原告许可，也未支付报酬，在其公司的产品宣传册上使用了原告享有著作权的摄影作品，该行为系商业使用，不属于著作权合理使用的范围，其行为已侵犯了原告享有的涉案作品的著作权，依法应承担停止侵权、赔偿损失的民事责任。由于双方均未提供侵权损失或违法所得的证据，故综合考虑本案著作权的类型、侵权情节、侵权持续的时间等因素，酌定赔偿数额为人民币 12000 元，原告诉请的合理费用律师费 2000 元和工商查档费 50 元，法院予以支持。

【案件焦点】

根据我国《著作权法》的规定，如无相反证据，在作品上署名者为作者，并享有著作权。在福州快科电梯工业有限公司(以下简称快科电梯公司)无相反证据的情况下，GettyImages, Inc. 是在涉案摄影作品上署名的人，应当认定为涉案图片的著作权人。未经著作权人或相关权利人许可，通过网络下载其他网站的境外著作权人的摄影作品进行商业性使用，且无法提供摄影作品的作者的授权，也无证据证明来源网站对相关作品享有著作权，即使有证据证明该商业广告手册不排除用作课堂教学辅导资料的可能，但通过对商业广告手册的内容和用途的分析，从性质上看主要用于广告、宣传，不能认定是对他人摄影作品的合理使用。这种未经许可使用他人摄影作品的行为侵害了境外权利人对涉案作品享有的著作权。

【分析与结论】

近几年来，通过互联网随意下载他人的摄影作品用于广告、宣传册或者商品上，导致侵犯他人摄影著作权、引发侵权纠纷的案件逐年增多，以华盖公司为代表，每年以著作权受到侵害为由向国内一些法院提起为数不少的侵权案件。国内一些企业和个人著作权保护意识较为淡薄，随意下载并使用他人享有著作权的摄影作品的行为泛滥。如果不加以约束和规范，会严重损害著作权人的权益，扰乱正常的市场交易秩序。就本案而言，案件的审理关键是要厘清两个问题：一是如何证明涉外摄影作品的著作权权属；二是被告通过网络下载没有署名的境外著作权人的摄影作品使用在广告、宣传册中，并用于课堂教学，此种行为是否侵犯著作权？是否属于对他人作品的合理使用?

一、涉案境外摄影作品的著作权权属问题

在涉外摄影作品或图片著作权侵权纠纷案件中,对于如何证明涉外作品的权属是一个焦点问题。涉案摄影作品来源于境外,在本案中,原告华盖创意公司提供如下证据证明著作权:境外著作权人 GettyImages,Inc. 在其境外网站 www. gettyimages. com 刊载的图片内容、所附的版权声明、GettyImages,Inc. 许可给原告的授权书、原告在境内 www. gettyimages. cn 网站上登载的图片内容以及版权声明。被告以原告对图片著作权归属举证不充分进行抗辩:(1)原告对 GettyImages,Inc. 境外网站刊载的图片内容进行公证的时间,是原告关于讼争图片所能证明最早的发表时间,原告未举证证明在该日期之前 GettyImages,Inc. 以及原告是否发表涉案图片,即被告使用讼争图片的时间早于原告发表时间。(2)被告所使用图片来源于其他网站,这些网站发表讼争图片的时间早于被告下载时间以及原告发表时间。因此,根据《最高人民法院关于审理著作权民事纠纷案件适用法律若干问题的解释》第 7 条的规定,无法证明讼争图片的著作权属于 GettyImages,Inc.;在 GettyImages,Inc. 摄影作品著作权侵权纠纷系列案件中,原告是在发现被告使用讼争作品后,才对 GettyImages,Inc. 境外网站的摄影作品和原告网站上的摄影作品进行公证,以证明其是摄影作品著作权人,而被告所使用的讼争摄影作品往往下载于其他网站,且在下载和使用时间上早于原告公证的时间。原告没有提交作品原始创作人的身份或作品底稿,也无法提供创作人授权给著作权人的相关资料,以及涉案作品在境外网站或原告网站登载或者发表的初始时间。那么,本案中原告对讼争作品的著作权归属的证明是否到位呢?根据《最高人民法院关于审理著作权民事纠纷案件适用法律若干问题的解释》第 7 条的规定,当事人提供的涉及著作权的底稿、原件、合法出版物、著作权登记证书、认证机构出具的证明、取得权利的合同等,可以作为证据。在作品或者制品上署名的自然人、法人或者其他组织视为著作权、与著作权有关权益的权利人,但有相反证明的除外。本案中,Gettyimages,Inc. 在美国的网站 www. gettyimages. com 登载的涉案作品均有版权声明,原告网站 www. gettyinages. cn 登载的涉案作品也附有版权声明,虽然原告无法提供作者的具体信息以及作者对著作权人授权材料或著作权转让合同,在公证的时间上也晚于被告使用图片的时间,但根据上述法律规定,在作品上署名的法人可视为著作权人。由于被告承认自身对涉案图片不享有著作权,其提供作品的来源网站“红动中国网”、“天堂图片网”和“图行天下网”,网站在页面上声明对讼争作品不享有版权,经查实对涉案作品也不享有著作权,被告无法证明其使用的图片有合法来源,在没有相反证据的情况下,根据现有证据可以认定 GettyImages,Inc. 对产生于境外的涉案作品依据当地法律享有著作权。我国和美国都是《保护文学艺术作品伯尔尼公约》的成员国,根据该公约的规定,著作权作品在成员国均受保护。因此,Getty Images,Inc. 享有著作权的涉案作品受我国法律保护,本案原告经 GettyImages,Inc. 授权对本案享有诉权。

二、本案被告下载涉案摄影作品使用的行为是对作品的合理使用还是侵犯著作权人对摄影作品享有的著作权

被告快科电梯公司在《电梯产品导购手册》、《激情超越、喜悦共享》中使用了 4 幅涉案图片作品,其中 3 幅与原告涉案作品完全相同,内容为建筑的图片略有区别,区别点在于被告使用

的作品中没有建筑工人。由于对在建建筑物的拍摄，除非巧合，否则难以拍摄出建设进度、角度完全相同的图片，且被告诉称来源的网站上所登载的图片与原告涉案作品完全相同，在被告不能举证证明摄影作品出于不同作者的情况下，可以推定被诉图片系由网站登载的图片经技术处理后所得，认定被告被诉图片与原告涉案作品属于相同作品。

被告辩称两份手册是以教学为目的未公开出版发行的少量的用于福州市建筑工程职业中专学校“快科班”专用教学辅导资料。为学校课堂教学或者科学研究，少量复制已发表的作品，不向其支付报酬，是法律许可的使用，不属于侵权行为。但是，被告未经许可在《电梯产品导购手册》、《激情超越、喜悦共享》上使用了 4 幅涉案图片作品。

合理使用是对著作权人权利的限制，不属于侵权行为，是指在一些情况下使用作品，可以不经著作权人许可，不向其支付报酬，但应当指明作者姓名、作品名称，并且不得侵犯著作权人依照本法享有的其他权利。根据《著作权法》关于权利限制的规定，为学校课堂教学或者科学研究，翻译或者少量复制已经发表的作品，供教学或者科研人员使用，没有出版发行，这种程度的使用属于合理使用行为。本案中，被告提供的证据，虽然从形式上看，环环相扣形成证据链，不能排除两份手册作为课堂教学辅导资料的可能性。但是从上述两份手册内容看，应不属于教学辅导资料。从《电梯产品导购手册》的名称来看，“导购”手册是属于购买的指导手册；从该手册的内容来看，内容属于对“威丽尔·斯”私家电梯的广告宣传，未见适合教学使用的内容，如“不同的内饰、质地、造型能与您的室内装修风格自然融合”、“为了提高您的生活环境和质量……特推出威丽尔·斯私家电梯，以满足高质量生活的需求”等。从《激情超越、喜悦共享》手册的内容看，属于被告公司的宣传手册，也未见适合教学实践的内容，如“快科为您准备了最优秀的城市垂直运输专家，随时恭候您的垂询”、“快科为您提供特种电梯的量身定做，以满足您不同的要求，确保每个客户都能购买到适合他们的最佳电梯”等。从手册的内容来看，其受众群体并不是学生，而是电梯的消费者。并且被告快科电梯公司作为一个经营性商业企业，被告辩称手册属于教学使用，系对他人作品的合理使用，不构成侵权的主张，事实依据不足。被告未经许可随意下载他人享有著作权的摄影作品并作为商业用途的行为已构成侵权，应对其侵权行为承担相应的民事责任。

美心食品有限公司注册商标知名度的地域性限制案

【案情介绍】

原告美心食品有限公司(以下简称美心公司)诉称:原告于 1956 年成立于中国香港,是香港最大、最多元化的优质餐饮集团,目前拥有 70 多个品牌,600 多间分店,经营业务包括西饼、餐饮等。在内地,原告于 1988 年 8 月 15 日受让取得第 185943 号"美心＋MEIXIN 及图"商标,第 30 类,核定商品为"糖果、糕点、饼干"。原告是"美心"系列商标的商标权人,分别于 1992 年 11 月 20 日获得第 618233 号"美心＋MEDON"商标专用权,于 1997 年 5 月 7 日获得第 999786 号"美心"商标、第 999787 号"美心"商标、第 999788 号"美心"商标、第 999822 号"美心"商标和第 999724 号"美心"商标专用权,均为第 30 类,核定商品相同,均包括"面包、糕点、月饼、点心、茶、咖啡"等。2009 年原告发现浙江新美心食品工业有限公司(以下简称浙江新美心)、舟山新美心食品有限公司(以下简称舟山新美心公司)在其经营的产品外包装上、经营门店上、VIP 贵宾卡及网站上突出使用"新美心"标识。浙江新美心公司和舟山新美心公司的法定代表人罗子光,系香港籍,具有多年香港生活经历,对原告的"美心"品牌及"美心"商标非常熟悉,浙江新美心公司还在香港注册成立了"新美心(香港)食品企业"并在其产品的外包装上使用该企业名称。原告认为,两被告的上述行为已构成商标侵权和不正当竞争,遂于 2011 年 2 月 23 日向宁波市中级人民法院提起诉讼,请求判令浙江新美心公司、舟山新美心公司停止侵害注册商标权的行为(停止侵害其第 999786 号注册商标专用权),即停止在其店面招牌上、在其生产或销售的产品外包装上及其经营网站上突出使用"新美心"字样;请求浙江新美心公司、舟山新美心公司立即停止不正当竞争行为,即停止在其产品外包装上使用"新美心(香港)食品企业"字样,并停止使用含有"新美心"的企业名称;请求赔偿美心公司经济损失 500 万元,并在宁波发行的报纸上消除影响等。

被告浙江新美心公司辩称:(1)浙江新美心公司并未侵犯原告的注册商标权。浙江新美心公司自 1992 年 6 月 4 日始就以"宁波新美心食品工业有限公司"(以下简称宁波新美心公司)为企业名称,并经工商行政管理机关核准成立。从时间上看,原告申请注册"美心"商标、在中国内地开设美心系列食品商店实际是在宁波新美心公司成立之后。宁波新美心公司自 2000 年以来就陆续申请注册了"红锣"、"绿姿"、"绿姿生活"、"宇宙甜心"等 20 多件商标,并针对不同的消费者使用不同的商标进行商品的归类划分,经过多年宣传与使用,这些商标如今都已得到广大消费者的认可。因此,宁波新美心公司在商品上使用的是自己申请注册的商标,且企业名称核准使用已近 20 年,系依商业惯例在法律规定的限度内正当使用商号,并未侵犯原告的注册商标专用权。(2)宁波新美心公司没有违反诚实信用原则进行不正当竞争。截至2010年底,宁波新美心公司直营连锁店已达160多家,拥有员工1600多人,经营范围遍布宁波市各县(市)区及舟山、绍兴等地区,获得广大消费者的高度认可,并先后获得中国食品工业协会、中国焙烤食品糖制品工业协会、中国轻工业联合会等单位授予的"全国十佳饼店"、"中国名饼"、"杰出饼店"、"全国优秀月饼加工企业"、"全国优秀饼店"等多个荣誉称号及金奖、银奖,成为宁波第一家全国著名的专业烘焙连锁企业。原告从未在宁波、舟山、绍兴等地区开设商店或销售商品,其所注册的"美心"商标也非全国驰名或省市著名,在内地各类媒体广告上也极少见到原告企业及其商标产品的身影。就宁波地区消费者而言,对宁波新美心公司的认知程度与对原告及其商标的认知程度不可同日而语,宁波新美心公司根本没必要去傍原告不知名的品牌,更没有所谓的"便车"可搭。宁波新美心公司为建立自己的品牌而申请注册商标,因扩大投资经营需要而在香港注册公司,这些都是正当合法的企业行为,原告诉称不正当竞争毫无事实依据。(3)宁波新美心公司对其企业名称依法享有专用权。宁波新美心公司的企业名称经工商行政管理机关核准并依法登记和依法享有专用权。经过近20年的苦心经营,如今在宁波及附近地区被告企业已具有较高的知名度和美誉度,企业名称也已成为被告重要的无形资产。宁波新美心公司的企业名称登记注册时间早于原告商标注册时间,且二者也不完全相同;原告要求停止使用企业名称于法无据。综上,被告没有侵害原告的注册商标专用权,也没有"傍名牌"进行不正当竞争,原告无权要求浙江新美心公司赔偿其经济损失,更无权要求浙江新美心公司停止使用已核准的企业名称。请求法院依法判决驳回原告诉讼请求。被告舟山新美心公司的辩称意见与浙江新美心公司一致。

法院经审理查明:美心公司于1956年成立于香港,经营范围包括西饼、餐饮等。1988年8月15日,美心公司受让取得第185943号"美心+MEIXIN及图"商标,核定使用的商品为第30类,包括"糖果、糕点、饼干",该商标注册有效期限截止日为1993年7月4日。1993年2月15日,美心公司向国家商标局申请续展,续展注册有效期届满后,因美心公司未再申请续展,该注册商标专用权自2003年7月5日起失效。

1992年11月20日,国家商标局核准美心公司在第30类上注册"美心+MEDON"商标,并颁发了第618233号商标注册证,核定使用的商品包括"面包、糕点"等,注册有效期限为1992年11月20日至2002年11月19日,注册有效期限届满后,美心公司申请续展并经核准,续展注册有效期自2002年11月20日至2012年11月19日。1997年5月7日,国家商标局核准美心公司在第30类上注册"美心"文字商标,并同时颁发了第999786号、999787号、999788号、999822号、999724号商标注册证,各注册证上的商标均为"美心"商标,只是文字字体不同,核定使用商品亦相同,均包括"面包、糕点、月饼、点心、茶、咖啡"等,注册有效期限均为1997年5月7日至2007年5月6日,注册有效期限届满后,美心公司对这些商标均申请续展并经核准,续展注册有效期均自2007年5月7日至2017年5月6日止。2004年10月28日,美心公司独资成立美心西饼(广州)有限公司,同年10月29日独资成立美心食品(广州)有限公司,2007年8月20日独资成立美心食品(深圳)有限公司,经营西饼、面包、糕点等。自2005年2月起美心公司陆续在广州、佛山设立了40余家分店。

美心公司成立后所获得的各项荣誉主要有香港工业总会颁发给美心公司"美心双黄莲蓉月饼"的优质资格奖项,香港超级品牌委员会授予的香港超级品牌荣誉证书,香港旅游发展局颁发的美心快餐符合优质旅游服务计划评审准则的证明书,美心月饼、美心西饼荣获第44届比利时 MONDESLECTION“世界精选”优质食品荣誉,“美心”荣获 2006 我最喜爱的香港名牌——美心快餐之金奖、美心大酒楼之金奖,香港美心集团荣获“粤港澳十佳餐饮品牌”、“粤港澳十佳品牌月饼”等。

1992 年 5 月 6 日,宁波市工商局核准宁波新美心食品工业有限公司名称,同年 6 月 4 日,宁波新美心公司正式成立,注册资本 412 万美元,经营范围为糕点、糖果生产、预包装食品的批发、零售等;公司法定代表人为罗子光,香港籍,1973 年毕业于香港中文大学。宁波新美心公司成立后,自 1992 年至 2011 年期间在宁波地区陆续成立了 210 家分店,各分店均使用“新美心西饼”作为店面招牌。自 2001 年以来,宁波新美心公司获得 70 余项宁波市级以上荣誉,其中 2001 年 6 月获得“全国优秀饼店”荣誉称号,2002 年其绿姿牌老公老婆饼获得“中华名点”荣誉称号,并于 2002 年 5 月获得“全国十佳饼店”荣誉称号,2009 年 6 月获得“2008～2009 最佳广式月饼”、“2008～2009 中国月饼十佳品牌企业”荣誉称号,并于 2010 年 10 月再获“全国十佳饼店”荣誉称号。

舟山新美心公司于 2010 年 4 月 14 日由宁波新美心公司独资设立,法定代表人为罗子光。2010 年 11 月 24 日,宁波新美心公司更名为浙江新美心公司。

浙江新美心公司经营网站的页面左上方有花体“新美心”三个字,在花体“新美心”三个字的下方注明“全国十佳饼店”,花体“新美心”三个字的字号明显大于“全国十佳饼店”的字号。宁波新美心公司、舟山新美心公司在其生产、销售的食品“丹麦提子酥”包装左上方有“OK 新美心”字样,“瓜仁脆片”礼盒左右两侧均有“新美心西饼”字样、背面右下方有加黑字体“总代理:新美心(香港)食品企业”字样,在其生产、销售的食品“瑞士卷蛋糕”及“泰式一口酥”外包装正面左上方有花体“新美心＋全国十佳饼店”字样,背面则印有“总代理:新美心(香港)食品企业”字样。

宁波市中级人民法院于 2011 年 9 月 1 日做出(2011)浙甬知初字第 72 号民事判决:(1)被告浙江新美心食品工业有限公司、舟山新美心食品有限公司立即停止不正当竞争行为,即立即停止在其产品外包装上使用“新美心(香港)食品企业”字样;(2)被告浙江新美心食品工业有限公司、舟山新美心食品有限公司立即停止侵害原告美心食品有限公司享有的第 999786 号注册商标专用权的行为,即立即停止在其店面招牌上、在其生产或销售的产品外包装上及在其经营网站上突出使用“新美心”字样;(3)被告浙江新美心食品工业有限公司、舟山新美心食品有限公司应于本判决生效之日起三十日内在《东南商报》上刊登声明,消除影响;(4)被告浙江新美心食品工业有限公司于本判决生效之日起七日内赔偿原告美心食品有限公司损失(包含合理费用支出)30 万元人民币;(5)被告舟山新美心食品有限公司于本判决生效之日起七日内赔偿原告美心食品有限公司损失(包含合理费用支出)3 万元人民币,被告浙江新美心食品工业有限公司承担连带责任;(6)驳回美心食品有限公司的其他诉讼请求。

一审宣判后,美心公司不服一审判决,上诉至浙江省高级人民法院,要求改判浙江新美心公司、舟山新美心公司停止使用“新美心”企业字号。

2012 年 4 月 23 日,浙江省高级人民法院做出(2011)浙甬知终字第 230 号民事判决:驳回上诉,维持原判。

一审裁判认为:美心公司虽于 1988 年 8 月 15 日受让取得第 185943 号“美心＋MEIXIN 及图”注册商标专用权,但未提供证据证明宁波新美心公司注册登记企业名称时(1992 年 5 月 6 日),其“美心＋MEIXIN 及图”注册商标已具有较高知名度,美心公司提供的有关“美心”商标在内地实际使用的有效证据均在宁波新美心公司注册登记之后，且仅局限在上海市、广东省广州市。除了第185943号“美心＋MEIXIN及图”商标外，美心公司的其他“美心”注册商标均在宁波新美心公司注册登记之后才被核准，故宁波新美心公司注册登记企业名称时，美心公司的“美心”商标在内地市场还不具有较高的知名度，当然也就谈不上已建立良好的商誉，从而也不能以宁波新美心公司的法定代表人罗子光系香港人，应当知道“美心”商标在香港的知名度，就推定其在内地注册成立宁波新美心公司具有攀附原告商誉的恶意。企业名称，特别是字号，不同于一般意义上的人身权，是区别于不同市场主体的商业标识，本质上属于一种财产权益。由于舟山新美心公司作为浙江新美心公司全资成立的子公司，舟山新美心公司以“新美心”为字号注册其企业名称，具有一定合理性。如果浙江新美心公司、舟山新美心公司在经营活动中规范使用其企业名称，则不足以导致相关公众的混淆误认。故原告诉称浙江新美心公司、舟山新美心公司将“新美心”作为字号注册企业名称构成不正当竞争的理由不能成立，不予支持。

因浙江新美心公司、舟山新美心公司在与美心公司同类别的产品的包装袋的右下方使用“总代理：新美心（香港）食品企业”字样，“总代理：新美心（香港）食品企业”的字体相比包装袋右下方的其他字体更大且系加黑字体，新美心（香港）食品企业虽经合法注册成立，但该企业名称中“新美心”与原告“美心”商标相似，且浙江新美心公司、舟山新美心公司与该企业事实上不存在代理关系，浙江新美心公司、舟山新美心公司在其包装袋上不规范使用“新美心（香港）食品企业”字样的行为客观上容易使相关公众误认为浙江新美心公司、舟山新美心公司生产或销售的产品与美心公司具有关联，故浙江新美心公司、舟山新美心公司的该行为违反了诚实信用原则和公认的商业道德，侵犯了美心公司的合法权益，危害了市场竞争秩序，根据《反不正当竞争法》第2条的规定，“经营者在市场交易中，应当遵循自愿、平等、公平、诚实信用的原则，遵守公认的商业道德”。该行为构成不正当竞争。

因浙江新美心公司、舟山新美心公司在产品包装袋、经营的网站上使用“新美心”，且“新美心”三个字体做了特别处理，有的加大加粗，有的进行艺术化处理，及在其店面招牌中使用“新美心西饼”或“新美心西饼店”，因此，应当认定浙江新美心公司、舟山新美心公司存在将与美心公司注册商标相近似的文字“新美心”作为企业字号突出使用的情形。根据《最高人民法院关于审理商标民事纠纷案件适用法律若干问题的解释》第1条的规定，“将与他人注册商标相同或者相近似的文字作为企业的字号在相同或者类似商品上突出使用，容易使相关公众产生误认的”，属于《商标法》第52条第(5)项规定的给他人注册商标专用权造成其他损害的行为。浙江新美心公司、舟山新美心公司的上述行为符合司法解释规定的商标侵权构成要件，属于侵犯他人注册商标专用权的行为。一审裁判认为争议焦点在于浙江新美心公司、舟山新美心公司将“新美心”作为企业字号使用的行为是否构成不正当竞争。美心公司虽早在1988年8月15日受让取得第185943号“美心＋MEIXIN及图”注册商标专用权，但该商标在续展注册有效期届满后，因美心公司未再申请续展，该注册商标专用权已自2003年7月5日起失效，美心公司在本案中也明确未将该商标作为起诉的权利依据。美心公司未能举证证明在宁波新美心公司1992年5月6日设立之前，在内地市场，存在着“美心”商标或标识的实际使用，更无法证明宁波新美心公司设立后，内地市场上存在着相关的混淆。即使是在宁波新美心公司成立后，美心公司提交的证据也只能证明其仅仅在广州、上海等地开设了相关的店铺，未在浙江地区推广美心食品。反观宁波新美心公司自1992年5月6日设立后，以宁波地区为主要推广地，已经经营了近20年，其生产的相关食品在浙江尤其是宁波地区也取得了较高的知名度。浙江新美心公司的相关消费者应当主要局限于浙江地区，这些消费者不会将“新美心”与“美心”商标相互混淆。“新美心”作为浙江新美心公司注册在先的企业字号并不构成不正当竞争。而舟山新美心公司作为浙江新美心公司的全资子公司，沿用母公司的企业字号符合公司的规定，也符合商业惯例，当然在本案中也不构成不正当竞争。

【案件焦点】

注册商标专用权的效力仅限于本国境内，故对商标知名度的考虑需特别注意地域性原则，要充分考虑地域性对商标知名度的限制，避免简单使用商标境外的知名度作为判断标准。

【分析与结论】

在本案中，由于美心公司指控浙江新美心公司、舟山新美心公司的商标侵权行为及不正当竞争行为是使用或突出使用“新美心”企业名称，因此本案处理涉及企业名称权与注册商标专用权的冲突。

原、被告双方对一审法院认定浙江新美心公司、舟山新美心公司在其产品包装袋、经营的网站上突出使用“新美心”，在其店面招牌中使用“新美心西饼”或“新美心西饼店”的行为构成商标侵权，浙江新美心公司、舟山新美心在其产品包装袋上不规范使用“新美心(香港)食品企业”字样的行为构成不正当竞争并无异议。因此，本案的主要争议焦点在于浙江新美心公司、舟山新美心公司将“新美心”作为字号注册企业名称的行为是否构成不正当竞争，能否判决浙江新美心公司、舟山新美心公司停止使用“新美心”企业字号。

注册商标与企业名称均是依照相应的法律程序获得的标志权利，分属不同的标志序列，依照相应法律受到相应的保护。对于注册商标与企业名称之间的纠纷，应当区分不同的情形，按照诚实信用、维护公平竞争和保护在先权利等原则，依法处理。如果注册使用企业名称本身具有不正当性，比如不正当地将他人具有较高知名度的在先注册商标作为字号注册登记为企业名称，即使规范使用仍足以产生市场混淆的，注册使用企业名称本身即是违法，可认定构成不正当竞争。认定该种行为构成不正当竞争，通常应当考虑以下因素：(1)在先注册商标的显著性和知名度，即在行为人将与注册商标相同或相近似的文字作为字号注册其企业名称时，该注册商标具有较高知名度；(2)行为人主观恶意，即是否存在为攀附该具有较高知名度的注册商标的商誉而将与其相同或相近似的文字作为字号注册其企业名称的行为；(3)是否足以产生市场混淆。与上述3个因素相关的是，对以上因素的考虑均应当遵循商标专用权的地域性原则。

知识产权具有鲜明的地域性。商标专用权的地域性(使用范围的地域性)是指经一个国家(或地区)商标注册机关核准注册的商标，其专用权被限定在该国(或地区)领域内。也就是说，商标专用权的地域性是指该注册商标的使用范围被限定在该国(或地区)领域内。香港、澳门虽是我国的特区，但属于不同的法域，目前在国家商标局核准注册的商标其专用权只在内地范围内受保护，在港、澳、台地区均不受保护。反之，港、澳、台地区注册的商标，如没有在内地注册，则同样在内地范围内不受保护。如企业的商标需要在内地范围以外受保护，则需另外注册。商标知名度对商标专用权保护程度具有重大影响，仍属于商标专用权保护范畴，故考察商标的知名度仍然要受商标地域性的限制，不能简单地用境外的知名度作为标准。某一商标在某一地域具有相当高的知名度，但不当然代表其在另一个地域也具有同样的知名度。在处理注册商标与企业名称之间的纠纷时，对所谓的商标知名度应当与被指控的企业名称在同一地域(法域)范围内进行考察。

具体到本案而言,美心公司提供的证据表明,其"美心"文字商标在香港相关公众当中具有相当高的知名度和良好声誉,但仅限于香港地区。在内地市场,美心公司主张保护的第999786号"美心"文字商标,在1997年5月7日才经国家商标局核准注册,在宁波新美心公司1992年5月6日设立之前,美心公司没有证据证明在内地市场,存在着"美心"商标或标识的实际使用,更谈不上其在内地市场具有知名度。在此情况下,美心公司仅以设立宁波新美心公司的罗子光先生系香港人,应当知晓"美心"商标的知名度为由,认定其将"新美心"作为字号注册企业名称的行为构成不正当竞争,属于将"美心"商标在香港的知名度等同于在内地市场的知名度,明显违反了商标专用权的地域性原则,故两级法院对美心公司要求浙江新美心公司、舟山新美心公司停止使用"新美心"企业字号的诉求均不予以支持。

天津中国青年旅行社诉竞价排名中不正当竞争行为案

【案情介绍】

原告天津中国青年旅行社诉称：被告在其版权所有的 www.lechuyou.com 和 022.ctsgz.cn 网站页面、网站源代码以及搜索引擎中非法使用原告企业全称及简称“天津青旅”，属于恶意使用原告享有合法权益的名称，容易使相关公众产生误认，给原告造成重大经济损失。被告的行为违反我国《反不正当竞争法》的相关规定，构成对原告的不正当竞争，故提起诉讼，请求判令被告立即停止不正当竞争行为，公开向原告赔礼道歉，赔偿原告经济损失 10 万元(含公证费用 2700 元)并承担诉讼费用。

被告天津国青国际旅行社有限公司辩称：(1)原告指控的两个网站并非被告拥有，被告也没有实施不正当竞争行为；(2)“天津青旅”并不由原告享有；(3)原告主张的损失没有事实和法律依据。综上，被告的行为并未侵害原告权益，故请求驳回原告的诉讼请求。

天津中国青年旅行社于 1986 年 11 月 1 日成立，是从事国内及出入境旅游业务的国有企业，直属于共青团天津市委员会。共青团天津市委员会出具证明称，“天津青旅”是天津中国青年旅行社的企业简称。2007 年，《今晚报》等媒体在报道天津中国青年旅行社承办的活动中就已经开始以“天津青旅”的简称指代天津中国青年旅行社。天津中国青年旅行社亦在给客户的报价单、与客户签订的旅游合同、与其他同行业经营者的合作文件、发票等资料以及承办的若干届“盛世婚典”活动以及经营场所各门店招牌上等使用“天津青旅”作为企业的简称。

天津国青国际旅行社有限公司是 2010 年 7 月 6 日成立的从事国内旅游及入境旅游接待等业务的有限责任公司。2010 年底，天津中国青年旅行社发现通过 Google 搜索引擎分别搜索“天津中国青年旅行社”或“天津青旅”时，在搜索结果的第一名并标注赞助商链接的位置，分别显示“天津中国青年旅行社网上营业厅 www.lechuyou.com 天津国青网上在线营业厅，为您选择出行提供优质、贴心、舒心的服务”或“天津青旅网上营业厅 www.lechuyou.com 天津国青网上在线营业厅，为您选择出行提供优质、贴心、舒心的服务”，点击链接后进入的是标称天津国青国际旅行社乐出游网的网站，网页顶端出现“天津国青国际旅行社—青年旅行社青旅/天津国旅/三源电力/金龙旅行社/大亚旅行社—最新报价”字样，网页内容为天津国青国际旅行社有限公司的旅游业务信息及报价，标称网站版权所有：乐出游网—天津国青/北京捷达假期，并标明了天津国青国际旅行社有限公司的联系电话 400-611-5253 和经营地址。同时，天津中国青年旅行社通过百度搜索引擎搜索“天津青旅”，在搜索结果的第一名并标注推广链接的位置，显示“欢迎光临天津青旅重合同守信誉单位，汇集国内出境经典旅游线路，100%出团，天津青旅 400-000-5253”，点击链接后进入的仍然是上述标称天津国青国际旅行社乐出游网的网站。天津中国青年旅行社针对发现的上述情况通过天津市北方公证处进行了 3 次证据保全公证，支出公证费 2700 元。此后，天津中国青年旅行社向法院提起诉讼。

天津市第二中级人民法院于 2011 年 10 月 24 日做出(2011)二中民三知初字第 135 号判决：(1)被告天津国青国际旅行社有限公司立即停止侵害行为。(2)被告天津国青国际旅行社有限公司于本判决生效之日起三十日内，在其公司网站上发布致歉声明持续 15 天。(3)被告天津国青国际旅行社有限公司赔偿原告天津中国青年旅行社经济损失人民币 30 000 元。(4)驳回原告其他诉讼请求。一审宣判后，天津国青国际旅行社有限公司提出上诉。天津市高级人民法院于 2012 年 3 月 20 日做出(2012)津高民三终字第 3 号判决：(1)维持天津市第二中级人民法院(2011)二中民三知初字第 135 号民事判决第二、三、四项；(2)变更判决第一项“被告天津国青国际旅行社有限公司立即停止侵害行为”为“被告天津国青国际旅行社有限公司立即停止使用‘天津中国青年旅行社’、‘天津青旅’字样及作为天津国青国际旅行社有限公司网站的搜索链接关键词”。(3)驳回天津国青国际旅行社有限公司的其他上诉请求。

法院生效判决认为：天津中国青年旅行社于 1986 年开始经营境内、外旅游业务，其企业名称及“天津青旅”的企业简称经过多年的经营、使用和宣传，已享有较高知名度。“天津青旅”作为企业简称，已与天津中国青年旅行社之间建立起稳定的关联关系，具有识别经营主体的商业标识意义。对于具有一定市场知名度并为相关公众所熟知、已实际具有商号作用的企业名称的简称，可以根据《反不正当竞争法》第 5 条第(3)项的规定，依法予以保护。

未经天津中国青年旅行社的许可，涉诉网站及其推广链接与赞助商链接中擅自使用“天津中国青年旅行社”及“天津青旅”，足以使相关公众在网络搜索、查询中产生混淆误认，损害了天津中国青年旅行社的合法权益，该擅自使用行为依照《反不正当竞争法》第 5 条第(3)项的规定构成不正当竞争行为，应予以制止，并承担相应的民事责任。

天津国青国际旅行社有限公司虽否认开办了涉诉侵权网站，并否认实施了在推广链接与赞助商链接中使用“天津中国青年旅行社”、“天津青旅”的行为，但点击链接后均是进入“天津国青”网站，该网站的页面上标有国青国际旅行社的标识、宣传内容、地址、电话、《企业法人营业执照》、《税务登记证》、《开户许可证》、《旅行社业务经营许可证》等，上述信息均与天津国青国际旅行社有限公司的真实信息一致，由此可以认定，涉诉网站是天津国青国际旅行社有限公司的业务宣传网站，天津国青国际旅行社有限公司直接参与了该网站的设立，并提供了相关信息。天津国青国际旅行社有限公司主张该网站系其曾经雇用的员工为开展业务自行设立，但没有相关证据加以证明，结合该网站在诉讼期间更新升级的事实，法院认为，天津国青国际旅行社有限公司的主张不能成立。

天津国青国际旅行社有限公司作为与天津中国青年旅行社同业的竞争者，在明知天津中国青年旅行社企业名称及简称享有较高知名度的情况下，仍擅自使用天津中国青年旅行社企业名称及简称，其行为明显有借他人之名为自己谋取不当利益的意图，主观恶意明显，故其在承担停止侵权责任的同时，承担消除影响的民事责任。

一审法院在天津中国青年旅行社的损失与天津国青国际旅行社有限公司侵权所获利益均难以计算的情况下，综合考虑双方的经营范围、行业利润及侵权情节等因素，酌情确定的赔偿额并无不当，应予以维持。综上，一审判决认定事实清楚，适用法律正确，天津国青国际旅行社有限公司的上诉请求及理由不能成立。对一审判决中停止侵害行为的表述，二审法院予以调整。

【案件焦点】

竞价排名是一种有效的互联网商业推广模式。擅自将他人的企业名称作为竞价排名关键词,利用他人的知名度和商誉,使公众产生混淆误认,达到宣传和推广自己的目的,属于不正当竞争行为。

【分析与结论】

本案是一起擅自使用他人企业名称的不正当竞争纠纷案件。与一般不正当竞争纠纷相比,本案的特殊之处在于,被告擅自使用他人企业名称的行为与互联网搜索引擎服务的结合。

搜索引擎是一种互联网检索定位服务,计算机程序通过对互联网上的网页不断进行访问和抓取,建立数据库并保存于搜索引擎服务器。当网络用户在搜索框中输入关键词后,搜索引擎将抓取的包含该关键词的网页,按照预先设定的规则排列出来,得到搜索结果。

网络用户检索关键词,会出现两类搜索结果:一类是普通搜索结果,其排列方式是按照搜索引擎预先设定的规则,根据搜索结果页面包含的关键词数量、相关性、页面点击量等因素进行排列。根据搜索引擎的工作原理,普通搜索结果的页面必然包含关键词,并且排名越靠前的网页,其与关键词的相关性就越高。另一类是以竞价排名的方式显示的搜索结果。所谓竞价排名,是搜索引擎服务商提供的一种按效果付费的网络推广方式。推广用户与搜索引擎服务商签订推广合同,由推广用户自主选择一定的关键词,并为每个关键词设定单价。对于同一关键词,设定单价越高的推广用户,其搜索结果的排名越靠前。搜索引擎服务商根据互联网用户点击投放的推广链接次数进行计费。

搜索引擎服务的根本目的是为方便用户尽可能快速、准确地检索到相关信息。搜索引擎服务商也从提高检索效率、提升用户体验的角度出发,进行人工智能化、人性化的程序设计。普通搜索结果是按照相关性原则进行排列,因此,一般来说,排名越靠前的网页,往往是用户最想找到的、最准确的信息。而竞价排名搜索结果的排列方式与推广用户对关键词的出价高低直接相关。根据竞价排名的运作规则,推广用户可以自主选择决定用哪些关键词进行网站推广。无论推广用户的网站内容与关键词是否有关以及关联性大小、页面点击量高低等,只要其与搜索引擎服务商签约,对关键词出价,其想要推广的网站信息就会被搜索引擎依关键词寻找,并出现在搜索结果最上端显著位置且带有浅色背景的区域中。

在互联网发展初期,并不存在竞价排名的方式。普通搜索结果的排列方式是相对客观的,即任何网页出现在搜索结果中的排名位置,都遵循搜索引擎预先设定的算法规则。在不修改既定算法的前提下,人工无法干预排名结果。竞价排名这种商业推广模式的出现,打破了相关性排名的规则。搜索引擎服务商为达到商业推广的目的,往往将竞价排名搜索结果置于普通搜索结果之前,或其他较为明显的页面位置。这实际上是利用了网络用户对搜索结果自然排名的使用习惯——网络用户倾向于首先点击排名靠前的网页链接。因此,竞价排名是一种人工干预的商业推广模式,具有一定的广告推介性质。

本案中,被告在百度和谷歌网站上均投放了竞价排名广告。被告的推广信息不仅包含原告的企业名称和简称,而且自称是“天津中国青年旅行社网上营业厅”及“天津青旅网上营业厅”。被告将“天津中国青年旅行社”以及“天津青旅”设定为推广链接关键词,当网络用户在搜索框中检索“天津中国青年旅行社”、“天津青旅”时，被告网站的推广信息就会出现在搜索结果页面顶部的“推广链接”位置。被告上述行为的结果是，当网络用户想要检索与原告天津中国青年旅行社相关的信息时，无论输入全称还是简称，首先出现在搜索结果页面中的就是被告的推广信息，网络用户自然会点击进入被告网站。

原、被告均为提供旅游服务的企业。原告成立于1986年，在其经营地域范围内享有较高的知名度和较好的商誉。被告成立于2010年，与“天津中国青年旅行社”无任何关联。被告通过竞价排名推广链接的方式，将原本要检索原告信息的网络用户引导到被告网站，使网络用户对于被告与原告之间的关系产生混淆误认，其利用原告在旅游服务行业内的知名度和商誉，为自己谋取不当利益的主观故意十分明显。虽然在被告推广链接指向的网站页面上，并未使用原告的企业名称或简称，但搜索链接作为进入网站的重要指示标志及入口，对网站的产品、服务等内容起到重要的宣传、提示和推介作用。被告在网上自称“天津中国青年旅行社网上营业厅”及“天津青旅网上营业厅”，足以使相关公众产生混淆误认。即使网络用户进入被告网站后发现并非是想要检索的原告网站，但被告同为旅游企业，极可能使网络用户产生既然进入就不妨浏览的想法，从而最终选择被告网站中介绍的产品，放弃了最初搜索的目的网站。对于这种依靠网络用户的初始混淆抢夺本应属于原告的潜在客户的行为，应认定其构成对原告的不正当竞争，被告的行为属于擅自使用他人企业名称的不正当竞争行为。

本案中，百度与谷歌在被告实施不正当竞争行为过程中扮演的角色也值得商榷。首先，被告不正当利用他人的信誉度，抢夺潜在客户的行为，并非仅靠一己之力独自完成。百度在其“推广链接”业务中自称要提供企业营业执照等相关资质的审查文件，但事实是与其无关的企业名称及关键词，依然可能出现在百度搜索的推广链接中；谷歌则只有申请表格，不进行任何审查，申请人想把关键词设定成什么就输入什么。正是由于网络服务商百度和谷歌在“推广链接”业务中的上述行为，才出现了本案被告以原告企业名称或简称作为搜索链接关键词的搜索结果，造成了相关公众的混淆。百度与谷歌在“推广链接”中的放任行为是否构成帮助侵权，值得进一步研究。

天津市泥人张等诉擅自使用他人企业名称及虚假宣传纠纷案

【案情介绍】

天津市泥人张世家绘塑老作坊(以下简称泥人张世家)张宇诉称:原告张宇系“泥人张”彩塑的创始人张明山的第六代孙,任泥人张世家经理职务,专业从事彩塑创作。被告陈毅谦系天津泥人张彩塑工作室职工,与张宇家族没有任何血缘和姻缘关系。原告发现自2010年开始,被告陈毅谦在杂志、网站等媒体上公开宣扬自己是“泥人张第六代传人”,2010年9月,雅观文化研究所所属《收藏界》杂志社出版了《陈毅谦彩塑》,在其中的《面壁与破壁》一文中,宣扬陈毅谦为“天津泥人张第六代传人”。《收藏界》杂志社在其2011年第2期的《收藏界》杂志,在封面2附赠“贺年卡”式广告和该杂志。高玉涛、阎正等人的文章中宣扬陈毅谦为“天津泥人张第六代传人”,并标有其作品订购电话。2011年1月17日,天盈九州网络公司主办的凤凰网在“凤凰城市会客厅”栏目文章中亦宣扬陈毅谦为“泥人张第六代传人”。张宇认为被告的行为侵犯其“泥人张”名称的专有名称权和企业名称权,并且其在多种宣传中,一一列举了张宇六代先祖,并将自己列在其后冒充张宇身份,有违社会公序良俗和伦理道德,给张宇带来了严重的精神伤害;被告假冒“泥人张第六代传人”,为自己争取了更多的交易机会和成名机会,在主观上也有过错,其行为已经构成了不正当竞争,给依法设立的泥人张老作坊造成了严重的经济损失。

陈毅谦辩称:陈毅谦确系泥人张第六代传人,对外使用的是真实姓名,并未宣传与张氏族人存在血缘关系;且陈毅谦亦未将泥人张作为艺术品名称、企业名称、商标使用,不存在虚假宣传行为。综上,陈毅谦不存在不正当竞争行为,请求驳回二原告的诉讼请求。

宁夏雅观收藏文化研究所(以下简称雅观研究所)辩称:(1)陈毅谦曾师从泥人张第五代传人逯彤、杨志忠,系泥人张第六代传人,因此,我方进行如此刊登并无不当;(2)我方主办的《收藏界》杂志中刊登的陈毅谦作品不同于原告的作品,未将陈毅谦的作品称为泥人张专有名称的作品,故陈毅谦与二原告不存在商业竞争关系;(3)我方通过广泛的社会调查刊登的信息,主办的刊物并未使用使人误解的方式对上述信息进行虚假宣传;(4)我方的行为未造成二原告名誉等人身损害,陈毅谦的作品未在市场上实际销售获取利益,因此,二原告对我方的诉请没有事实和法律依据。故请求驳回二原告的诉讼请求。

北京天盈九州网络技术有限公司(以下简称天盈九州公司)辩称:张宇没有在举证期限内举证证明其是泥人张第六代传人,我方主办的凤凰网进行报道前进行了相应的核实,原告也没有证据证明我方发布的相关内容存在主观过错;原告主张泥人张是其专有名称权没有事实依据；我方与二原告的经营范围不同，不属于《反不正当竞争法》规定的存在竞争关系的双方，因此，我方不具有不正当竞争案由的主体资格。故请求驳回二原告的诉讼请求。

法院经审理查明：张宇系泥人张彩塑艺术创始人张明山的第六代孙，从事泥彩塑创作，2000年12月，张宇投资成立个人独资企业泥人张世家，主要经营泥彩塑工艺品等。2007年6月，张宇曾被中国文学艺术界联合会、中国民间文艺家协会授予"中国民间文化杰出传承人"荣誉称号。

1995年，张宇作为泥人张张氏家族成员之一，与其父张乃英等张明山第五代孙，张錩、张镇等张明山第四代孙共同起诉天津泥人张彩塑工作室等，要求确认"泥人张"为张明山的专有艺名。该案经天津市高级人民法院(1996)高知终字第2号民事判决认定，彩塑艺术品本身具有艺术和商品的双重属性，"泥人张"经过长期创作积累和宣传已成为知名彩塑艺术品的特有名称。"泥人张"从张氏家族彩塑创作的人员的使用扩大到天津泥人张彩塑工作室的扶植和使用，双方长期共同使用，并不断通过彩塑艺术品的创作和各种形式的宣传，扩大了泥人张彩塑艺术品的知名度，双方均为"泥人张"这一无形资产的发展、壮大做出了贡献，故张氏家族中从事彩塑创作的人员与天津泥人张彩塑工作室应共同享有"泥人张"这一知名彩塑艺术品特有名称的专有权。其中，天津泥人张彩塑工作室的专有权性质为国家所有，单位持有，未经张氏家族中权利人的同意不得改变性质，双方应将"泥人张"与有权在其创作的彩塑艺术品上使用的单位名称或创作者的个人名称同时使用，以达到双方既共同享有又相互区别的目的。张明山后代从事彩塑创作的人员和天津泥人张彩塑工作室经有关部门核准，均有权将"泥人张"名称作为企业或机构名称的部分内容使用，双方未经协商一致，不得将"泥人张"名称转让或许可他人使用。此外，天津市高级人民法院判决驳回张氏家族成员要求确认"泥人张"为张明山艺名的诉讼请求。

陈毅谦原名陈锡平，十多岁开始师从天津泥人张彩塑工作室高级工艺美术师逯彤、杨志忠学习泥彩塑，系二人亲传弟子，后就职于天津泥人张彩塑工作室，从事泥人张泥彩塑的研究、创作。1996年5月，陈毅谦被联合国教科文组织和中国民间文艺家协会授予"民间工艺美术家"称号；2006年被联合国教科文国际民间艺术组织和第三届中国国际民博会暨第二届中国(天津)民间艺术精品博览会组委会授予"民间工艺美术家"称号；2011年7月被天津市经济和信息化委员会授予"天津市工艺美术大师"荣誉称号。历年来，陈毅谦的作品曾先后荣获诸多奖项，2010年4月，《高山仰止唯虚云》在第一届中国工艺美术大师提名奖评审活动中被评为特等奖；2011年《文武正财神》分别在第46届全国工艺品、旅游纪念品暨家居用品交易会和2011年中国(深圳)国际文化产业博览交易会获得中国工艺美术协会颁发的2009年金凤凰创新产品设计大奖赛金奖和中国工艺美术文化创意奖金奖。在张氏家族泥人张第四代传人张锠主编、2009年出版的《中国民间泥彩塑集成泥人张卷》一书中，在泥人张弟子代表作中收录了陈毅谦的作品《弘一法师》等。同时，该书在泥人张彩塑艺术的非血缘传人介绍中称，新中国成立后，党和政府给予"泥人张"以关心和支持，使"泥人张"彩塑艺术得到新的发展，让这门"父传子承"的家庭艺术真正跨越家族门槛，而成为社会艺术。其后，还重点介绍了非张氏家族成员的"泥人张"弟子，如北京的郑于鹤、天津的杨志忠，泥人张弟子代表作中收录了杨志忠、逯彤的部分作品。

2010年9月，雅观研究所主办的《收藏界》杂志出版了《陈毅谦彩塑》，该书由张氏家族泥人张第四代传人张锠作序、陈毅谦的老师逯彤作后记，系统介绍陈毅谦的作品情况。在该书中，由《收藏界》杂志社名誉社长、著名艺术评论家阎正点评陈毅谦《高山仰止唯虚云》作品的《面壁与破壁》一文中，提及此作品乃天津泥人张第六代传人陈毅谦所塑虚云大师像，神态安详，栩栩如生，让人唏嘘，让人赞叹。

2011年《收藏界》第2期（总第110期）杂志封二介绍当期经典人物陈毅谦，包括照片、作品和文字。文字内容表述为："他，用了整整十年时间将举世闻名的'泥人张'彩塑发展为铜彩塑，从此彻底改写了泥彩塑保存不过百余年的历史；他，每件作品均耗工半年至两年多的时间，创作了'观音'、'六祖'、'高僧'、'八仙'、'财神'等造像及民俗百态系列彩塑艺术作品，二十多次荣获中国工艺美术和民间艺术各类大奖……他就是年仅37岁的国家首批非遗项目'泥人张'第六代传人、天津高级工艺美术师陈毅谦。近日他的(《陈毅谦彩塑》)作品集由《收藏界》编辑出版发行到海内外，引起社会各界的广泛关注。"该期杂志第124－133页刊载了逯彤撰写的《不惑之年 蓦然回首——浅谈陈毅谦彩塑艺术》、阎正撰写的《面壁与破壁》等文章。在上述高玉涛、阎正、董凡、陆书龄的文章中，介绍陈毅谦时均称其系"泥人张"第六代传人。此外，该期《收藏界》杂志中附有一彩色图片夹页，内容为文、武、正三财神铜彩塑，下部为文字介绍：铜彩塑《财神像》，此作品及工艺（已申报国家专利）首创人为"泥人张"第六代传人陈毅谦，塑造于2007年至2011年。选用材料为金、银、铜、铁、白玉、珊瑚、水晶、珍珠、玛瑙、红木、铜鎏金及贴金。工艺之精湛、工序之复杂、工料之丰富，堪称中国历史上最富贵豪华的财神（左：武财神关圣；中：文财神比干；右：正财神赵公明）。铜彩塑《财神》预定专电－01051670355（规格尺寸、开光与否可根据藏者要求定制），落款为《收藏界》。经查，预订电话为《收藏界》杂志社的电话。

2011年1月17日，天盈九州公司开办的凤凰网天津站文化大视野栏目曾刊发网络文章，标题为："泥人张"第六代传人陈毅谦作客凤凰城市会客厅，文章开始介绍青年艺术家陈毅谦，系"泥人张"彩塑第六代传人，以其纯熟的技法、深刻的体悟形成了自己独具特色的艺术形式，作品屡屡获奖，为天津彩塑界争取不少荣誉。他本人对于中国彩塑文化有自己的一定见解，下面听听陈毅谦谈中国彩塑艺术的传统与创新。后面的内容即为陈毅谦刊登于2011年第2期《收藏界》杂志的《中国彩塑艺术的传统与创新》一文。

1993年，天津市文化局曾举办"纪念张明山诞生一百六十周年'泥人张'彩塑艺术座谈会"，出席人员有中央部委、天津地方政府领导，艺术美术界知名人士，还包括张氏家族传人中当时工作于中央工艺美术学院的张錩、时任天津泥人张彩塑工作室主任的张铭、在天津泥人张彩塑工作室工作的张宏英以及天津市艺术博物馆工作的张乃英。会后形成了天津文化史料第四辑——《纪念泥人张创始人张明山诞生一百六十周年专辑》，其中部分文章提及，在党和政府的关怀下，第四代传人张铭主持了天津彩塑工作，并且培养起包括张乃英、逯彤、杨志忠等第五代传人。

2006年6月，由国务院批准，"泥塑（天津泥人张）"被纳入第一批国家级非物质文化遗产。2007年6月，经天津市泥人张彩塑工作室和张氏传人共同申报，"泥人张彩塑"被纳入天津市第一批市级非物质文化遗产名录。

本案诉讼中，陈毅谦申请证人逯彤、杨志忠一审期间出庭作证，二人均认为自己是泥人张第五代传人，陈毅谦是他们的亲传弟子，具有很高的艺术成就，配得起泥人张第六代传人的称谓。泥人张世家、张宇均不认可证人证言，认为陈毅谦以"泥人张第六代传人"身份进行宣传构成对泥人张世家和张宇的不正当竞争。

结合一、二审程序中双方当事人提交的证据及庭审笔录中的当事人陈述，二审法院进一步查明，天津市范围内，企业或机构名称中包含“泥人张”的分别是：经批准于1958年成立、1974年更名、1983年恢复名称的天津市泥人张彩塑工作室，2000年张宇投资成立的泥人张世家老作坊，以及案外人天津市泥人张塑古斋。

天津市第二中级人民法院于2011年12月12日做出(2011)二中民三知初字第150号民事判决：驳回天津市泥人张世家绘塑老作坊、张宇的诉讼请求。一审宣判后，泥人张世家、张宇提出上诉。天津市高级人民法院于2012年5月22日做出(2012)津高民三终字第0016号民事判决：驳回上诉，维持原判。

法院生效裁判认为：该案属于不正当竞争纠纷。由于涉及复杂的历史因素，故应围绕当事人的诉讼请求和各项主张，依照《反不正当竞争法》及相关司法解释的规定，在综合考虑历史和现实的基础上，公正合理地予以裁判。上诉人一审时主张被上诉人在宣传中使用“泥人张第六代传人”的行为构成擅自使用他人企业名称、姓名及虚假宣传。二审期间，上诉人明确表示放弃其对姓名权的主张，故本案案由应确定为擅自使用他人企业名称及虚假宣传纠纷。

一、关于被上诉人对“泥人张”的使用方式及性质

根据本案查明的事实，被上诉人陈毅谦、雅观研究所、天盈九州公司并未将“泥人张”作为商标、商品名称及企业名称或服务标记等商业标识单独进行使用，而是在有关陈毅谦及其作品的文章、访谈和宣传中，在介绍陈毅谦身份时，将陈毅谦的姓名与“泥人张第六代传人”这一称谓同时使用。由于历史因素，“泥人张”一词本身具有多种含义和用途，其在不同语境下亦承载着不同的民事权益。就本案而言，“泥人张第六代传人”这一称谓中的“泥人张”，应从特定彩塑技艺或艺术流派的角度理解，而非理解为上诉人所主张的专有名称或专有权。

从被上诉人的具体使用情形看，雅观研究所主办的《收藏界》杂志社出版的《陈毅谦彩塑》中收录的相关文章、2011年第2期《收藏界》杂志当期的经典人物介绍，以及天盈九州公司开办的凤凰网刊发陈毅谦专访的文稿，使用“泥人张第六代传人”称谓均是对陈毅谦身份的描述，试图表明陈毅谦在“泥人张”彩塑领域的艺术成就。作为工艺美术从业者的陈毅谦，同时也可以是文艺市场的主体，而且《收藏界》杂志本身具有向相关公众宣传、推介有收藏价值商品的功能，结合上诉人在一、二审期间提交的载有陈毅谦作品的预定宣传单，可以认定被上诉人对“泥人张第六代传人”的使用，具有商业性使用的因素，故原审判决认定该使用并非《反不正当竞争法》所规定的商业性使用，有失妥当。

二、关于被上诉人使用“泥人张第六代传人”是否构成擅自使用泥人张世家企业名称的不正当竞争行为

本案中，上诉人泥人张世家认为其对“泥人张”享有专有权，并据此主张被上诉人使用“泥人张”的行为侵犯了其企业名称权，构成不正当竞争。本院认为，首先，泥人张世家的企业名称是“天津市泥人张世家绘塑老作坊”，泥人张世家在二审中当庭认可其在经营场所悬挂的招牌是“泥人张世家”。根据天津市高级人民法院(1996)高知终字第2号民事判决，张明山后代从事彩塑创作的人员和天津泥人张彩塑工作室经有关部门核准均有权将“泥人张”名称作为企业或机构名称的部分内容使用，双方未经协商一致，不得将“泥人张”名称转让或许可他人使用。从目前天津市范围内泥人张世家老作坊、天津市泥人张塑古斋和天津市泥人张彩塑工作室同时并存的现状，可以看出，名称中含有“泥人张”的企业或机构，在实际使用时已各自从字号上

区分彼此，基于这种区分使用的现状，应认定泥人张世家的字号为“泥人张世家”，而非“泥人张”，故泥人张世家无权单独就“泥人张”作为其字号主张权利。其次，混淆是制止仿冒类不正当竞争行为的重要法律基础。本案中，被上诉人只是在介绍陈毅谦身份时使用了“泥人张第六代传人”的称谓，并未将“泥人张”、“泥人张世家”作为商标、商品名称或企业名称中的字号等商业标识单独或突出使用，显然不具有“搭他人商业成果便车”的主观恶意，亦不足以造成相关公众的混淆、误认。故被上诉人的使用行为未侵害泥人张世家的企业名称权，不构成对泥人张世家的不正当竞争。上诉人的该项主张，本院不予支持。

三、关于被上诉人使用“泥人张第六代传人”构成虚假宣传的不正当竞争行为

《反不正当竞争法》第9条明确规定，禁止经营者对其商品或服务作引人误解的虚假宣传。上诉人据此认为，陈毅谦与张氏家族没有任何血缘和姻缘关系，却以“泥人张”名义进行商品宣传，足以造成相关公众误认为陈毅谦的作品是“泥人张”后代的作品，故应认定被上诉人的行为是引人误解的虚假宣传行为。

“传人”一词并非规范的法律概念，社会生活中对“传人”亦存在不同的理解和认识。因此，无论上诉人主张陈毅谦不具有“泥人张第六代传人”的身份，还是被上诉人主张陈毅谦确系“泥人张第六代传人”，均不会对“泥人张”作为商标、商品名称或企业名称等民事权益被相关权利人所享有、使用时的合法权益产生影响。至于被上诉人使用“泥人张第六代传人”是否构成反不正当竞争法意义上的虚假宣传行为，应综合考虑以下几方面的因素：

1. 被上诉人在介绍、宣传陈毅谦及其作品时使用“泥人张第六代传人”的称谓是否具有事实基础？

从历史角度看，始创于清末、蜚声国内外的“泥人张”彩塑艺术的形成、发展，不仅有着特殊的历史背景，而且是以有别于其他民间艺术的独特方式传承至今。通过已生效判决、地方史志类图书及专业学科类图书等记载的“泥人张”彩塑艺术的渊源及发展历程可以看出，天津泥人张彩塑工作室培养出来的包括一些非张氏泥人张彩塑艺术传人，已得到艺术美术界和张氏家族泥人张传人的认可。上诉人虽对上述内容提出异议，但并未能提供相反证据予以反驳。

从现实角度看，陈毅谦系天津市泥人张彩塑工作室高级工艺美术师，师从泥人张第五代传人逯彤、杨志忠学习泥彩塑多年，曾获得“民间工艺美术家”、“天津市工艺美术大师”等称号，其作品也曾先后荣获诸多奖项。张氏家族泥人张第四代传人张锠在其主编的《中国民间泥彩塑集成泥人张卷》一书泥人张弟子代表作中，收录了陈毅谦的《弘一法师》等作品。在张锠为《收藏界》杂志社编辑出版的《陈毅谦彩塑》作品集作序的《青出于蓝而胜于蓝》一文中，高度评价了陈毅谦的为人、作品和技艺，并称赞陈毅谦是以自己的执着、勤奋与智慧，在理性地继承其艺术先辈的艺术传统的基础上，又创新于当代，并取得令人欣喜的艺术成果，是“泥人张”彩塑艺术的后来者中的佼佼者。

综合考虑历史和现实因素，被上诉人在介绍、宣传陈毅谦及其作品时使用“泥人张第六代传人”，确有相关的客观事实基础。

2. 被上诉人使用“泥人张第六代传人陈毅谦”是否具有攀附上诉人泥人张世家和上诉人张宇的故意？如前所述，由天津市泥人张彩塑工作室培养，泥人张第五代传人逯彤、杨志忠亲传，已掌握“泥人张”彩塑技艺，并且通过自身的努力，陈毅谦本人及其彩塑作品在相关艺术领

域已享有较高知名度。被上诉人在介绍陈毅谦身份时使用“泥人张第六代传人”这一称谓，是对陈毅谦所从事彩塑艺术的流派、传承及其在相关领域获认可的一种描述。这种称谓也符合社会生活中人们对某一艺术领域具有相当成就人员的一种惯常称呼。从主观上看，被上诉人没有攀附上诉人泥人张世家、张宇的故意，亦没有冒充张氏家族泥人张传人的主观意图。

3. 被上诉人的使用行为是否会导致相关公众的混淆、误认？被上诉人使用“泥人张第六代传人”这一称谓，主要是为介绍陈毅谦的身份，而且是与其个人姓名同时使用，根据日常生活经验及被宣传对象陈毅谦的实际情况，不会导致相关公众对商品的来源产生与上诉人泥人张世家、张宇有关联的误解，也不足以导致市场混淆，影响公平竞争和市场秩序。

因此，被上诉人使用“泥人张第六代传人”，不构成《反不正当竞争法》第 9 条所禁止的虚假宣传的不正当竞争行为。

【案件焦点】

在不正当竞争纠纷中，当事人在介绍作者身份时使用民间艺术领域“××传人”称谓，是对作者所从事的艺术流派、传承及其在相关领域获得认可的一种描述，如果有相应的事实基础，且不足以引人误解，则不构成虚假宣传行为。

【分析与结论】

一、审判思路的合理确定

本案系因民间艺术领域“传人”称谓的使用而引发的不正当竞争纠纷。对于被认定为非物质文化遗产的民间艺术而言，“传人”与“传承人”具有相通的含义，民间艺术的传人也就是非物质文化遗产的传承人，其中符合法定条件的，可以被认定为代表性传承人。

由于我国目前对民间艺术等非物质文化遗产的法律保护特别是司法保护机制尚不健全，对于非物质文化遗产传承人的保护还处于初级保护状态，实行由文化部主导、各省级文化主管部门具体推行的代表性传承人层级保护(行政保护)模式。而有关传承人的分类及认定、传承人的法律地位、传承人保护与知识产权制度等，尚无专门的法律制度予以规范，因此，一些围绕非物质文化遗产传承人的利益纠纷时有发生，纠纷产生后，当事人只能利用已有制度进行救济。这一新类型知识产权案件的出现及审理，向司法实践提出了新的课题。

本案所涉独具“津味文化”特色的“泥人张”彩塑艺术，已被列入国家和天津市非物质文化遗产名录，但由于种种原因尚未确定代表性传承人，对于该项艺术的“传人”应如何界定、“传人”身份由谁确定、“传人”称谓的使用有何限制等问题，无法从现有法律法规中找到答案。

本案虽由传人身份之争引发，但由于“传人”或“传承人”一词并非规范的法律概念，社会生活中对其亦存在不同的理解和认识，因此，对于传人称谓的使用是否构成对相关权利人利益的侵害，审理时应注意分清艺术问题和法律问题，围绕当事人的诉讼请求和各项主张，并依据相关法律及司法解释的规定，在综合考虑历史和现实的基础上，公正合理地予以裁判。至于有关传人身份的确定，并非当事人的诉讼请求，也不宜在个案中以判决的形式加以明确，而是围绕当事人的诉讼请求和各项主张，依照《反不正当竞争法》及相关司法解释的规定，在综合考虑历史和现实的基础上，对涉案“传人”称谓的使用做出法律评价，有利于实现法律效果与社会效果的统一。

伴随着市场经济的发展，一些本身即蕴涵独特经济价值的民间艺术不可避免地卷入商业化大潮。在这种情况下，对包括民间艺术在内的非物质文化遗产的保护，就不仅仅是保存、保护民族文化传统特色的问题，还可以为其传承人带来相应的经济利益，并由此带来利益的分享、侵害及可能的利益失衡或价值偏失。

通过本案即可看出，虽然“传人”不是法律概念，对其认定目前也不宜以判决的方式做出，但如果能够确定“泥人张”的代表性传承人，那么“传人”的问题也就迎刃而解了。作为非物质文化遗产的“泥人张”彩塑艺术，虽历经张明山及其后代中从事彩塑艺术创作的成员，与新中国成立后政府部门基于对“泥人张”彩塑的挽救扶植所成立的天津泥人张彩塑工作室中几代人的潜心研究、共同努力，得以传承至今，但由于种种原因，“泥人张”彩塑艺术的代表性传承人一直没有确定，其间也纷争不断，这是我们所不期望看到的局面。

民间艺术进入市场，作为传统民间艺术的从业者，同时也就成为文艺市场的主体，同样应当遵守公平有序的竞争规则。《反不正当竞争法》的主要目的是为制止以不正当手段从事市场交易、损害竞争对手的行为，如禁止侵害他人权益的搭便车行为等。回到本案，即便已列入国家和天津市非物质文化遗产名录的“泥人张”尚未确定代表性传承人，而陈毅谦、雅观研究所、天盈九州公司对“泥人张第六代传人”的使用，并不排除商业性使用的因素，但在尊重历史、尊重现实、弘扬传统文化、注重利益平衡的前提下，从《反不正当竞争法》的角度来审视，这种使用并不违法。当然，如果对“传人”称谓的使用，是出于攀附“传承人”身份所承载的声誉而有意制造混淆，且不具备一定事实基础，则会落入《反不正当竞争法》的规制。

“传承人”并不只是一种称谓和身份，其或许可以给进入市场的艺术作品带来增值，但在其享有相应权利的同时，还意味着一份责任和义务，即保护和传承其所持有的非物质文化遗产，为弘扬中华民族传统文化尽职尽责。传承人的法律地位不明确、权利义务不清晰，利益平衡问题不解决，我国非物质文化遗产传承人就难以得到充分的保护。对非物质文化遗产传承人的保护，任重而道远。

二、从本案看非物质文化遗产传承人的保护

纵观“泥人张”彩塑艺术发展史，不难看出，“泥人张”这项带有浓郁天津特色的传统技艺，正是由于政府的大力扶植和历代传承人包括非张氏传人的不懈努力，才能够经久不衰，成为中华文化宝贵财富中的一笔。正如张氏家族泥人张第四代传人张锠在其主编的《中国民间泥彩塑集成泥人张卷》一书中所言：“新中国成立后，党和政府给予‘泥人张’关心和支持，使‘泥人张’彩塑艺术得到新的发展，让这门‘父传子承’的家庭艺术跨越家族门槛成为社会艺术。”“泥人张”的发展历程，是众多非物质文化遗产的生存特点和发展规律的一个缩影，也是由于这种特殊的多元化传承方式，使得类似艺术在弘扬传播和商业化进程中可能遇到难以逾越的障碍，能否以合理的制度平衡各方利益，推动艺术的传承发展，正是我们的关注所在。无论如何，我们都希望看到，所有具有独特魅力的优秀中华文化，都能够源远流长、在世界舞台上大放异彩。

一个特殊的案件，带给我们以深刻的启发。正是传承人的存在和发展，才赋予了非物质文化遗产鲜活和持久的生命力，而在社会环境变迁和市场经济大潮的冲击下，有关非物质文化遗产传承人确定和保护方面的制度缺失，使得那些作为传承载体的传承人及其传承活动经常会面临各种挑战。因此，不仅需要充分利用已有的知识产权制度如《著作权法》、《商标法》、《反不正当竞争法》等法律进行保护，而且应该进一步重视建立、健全和完善相关法律制度，如非物质

文化遗产名录制度、根据不同保护对象和传承特点确立传承人制度、积极拓宽传承方式等，通过对非物质文化遗产传承人设立合理可行的认定和制度规范，以法律的形式确定并赋予传承人相应的法律地位及权利与义务，明确其肩负的历史重任，才能够激发他们传承民族、民间文化的责任和热情，促进传统文化等非物质文化遗产的有效保护和传承，进而全面推动社会主义文化的大发展、大繁荣。

保证贷款逾期催收责任承担案

【案情介绍】

原告:中国工商银行桐乡市支行。

被告:桐乡市经济技术协作总公司。

被告:桐乡市化工轻工建筑材料总公司。

1995 年 2 月 21 日,中国工商银行桐乡市支行(以下简称工商银行)与桐乡市经济技术协作总公司(以下简称协作公司)及桐乡市化工轻工建筑材料总公司(以下简称化轻公司)签订一份借款合同,约定:协作公司向工商银行借款 300 万元,同年 2 月 25 日归还 100 万元,8 月 21 日归还 200 万元,月利率为 10.98‰;如协作公司不按约归还,由担保单位化轻公司负责归还。同日,化轻公司向工商银行出具一份保证书,愿对协作公司 300 万元借款承担保证责任,保证期限至 1996 年 2 月 21 日到期。签约后,工商银行向协作公司发放 300 万元借款。协作公司借款后仅于 1995 年 5 月 24 日归还 100 万元,其余借款本息均未归还,担保人亦未履行担保责任。1996 年 4 月 25 日、1997 年 4 月 2 日,工商银行先后两次向担保人化轻公司发出"保证贷款逾期催收函"。两函均载明:"贵单位根据 950025 号借款保证书向我行提供连带保证担保的 200 万元债务已于 1995 年 8 月 21 日到期,请速筹款还款。"该函落款注明"收件单位收到函件后加盖公章退回我行"。化轻公司收到上述催收函后,于 1996 年 4 月 29 日和 1997 年 4 月 15 日在催收函件单位栏内加盖了公章。1997 年 1 月 22 日、4 月 2 日,工商银行又先后向协作公司发出"逾期贷款催收函",协作公司收到后在该催收函上盖章确认。工商银行因协作公司对所借款一直未予归还,化轻公司在收到催收函后也无还款表示,遂于 1997 年 6 月 22 日向嘉兴市中级人民法院起诉,要求判令协作公司归还借款本息,化轻公司对此负连带责任。

被告协作公司、化轻公司均未作书面答辩。

嘉兴市中级人民法院认为:双方当事人签订的借款合同合法有效。协作公司未按约归还全部借款本息,应承担返还借款本息的民事责任。化轻公司在协作公司与工商银行的借款合同担保人栏内加盖公章,同时又另行向工商银行出具保证书明确了保证期限,但工商银行未在约定的保证期间内向保证人化轻公司主张权利,故化轻公司不再承担保证责任。工商银行在保证期间外寄送催收函,保证人在此函上盖章,不能认为双方又重新建立了保证合同。依照原《中华人民共和国经济合同法》第四十条第二项,最高人民法院《关于审理经济合同纠纷案件有关保证的若干问题的规定》第十条的规定,该院于 1997 年 12 月 28 日判决:

1. 协作公司在判决生效后 10 日内向工商银行归还 200 万元及利息、罚息 786142.59 元(截至 1997 年 11 月 20 日止)。逾期加倍支付延期履行债务期间的银行利息。

2. 驳回工商银行其他诉讼请求。

宣判后，工商银行以"化轻公司出具担保书后，其曾于 1996 年 4 月 25 日和 1997 年 4 月 2 日分别向化轻公司发出保证贷款逾期催收函，明确要求化轻公司对担保的协作公司 200 万元到期借款筹资归还，化轻公司在两份函件上盖章确认。按最高人民法院有关批复的规定，化轻公司仍应承担保证责任"等理由，向浙江省高级人民法院提起上诉，请求依法改判。

化轻公司答辩认为原判正确，要求维持。协作公司未做书面答辩。

浙江省高级人民法院认为：工商银行与协作公司、化轻公司签订的保证借款合同合法，应认定有效。协作公司未按约履行合同义务，应承担归还借款本金及支付利息、罚息的民事责任。化轻公司在约定的保证期间届满后，在工商银行"保证贷款逾期催收函"上盖章予以确认，应视为化轻公司对协作公司借款担保责任的重新确认，故依法仍应承担连带担保责任。上诉人工商银行提出"化轻公司应对协作公司借款本息承担连带保证责任"的上诉理由成立，应予支持。原判免除化轻公司保证责任，适用法律错误，应予以纠正。根据最高人民法院《关于审理经济合同纠纷案件有关保证的若干问题的规定》第八条、《借款合同条例》第十六条的规定，该院于 1998 年 4 月 2 日做出判决：

1. 维持嘉兴市中级人民法院民事判决第一项，即协作公司在判决生效后 10 日内向桐乡市工行归还 200 万元及利息、罚息 786142.59 元(截至 1997 年 11 月 20 日止)。逾期加倍支付延迟履行债务期间的银行利息。

2. 撤销嘉兴市中级人民法院民事判决第二项。

3. 化轻公司对协作公司应付工商银行的上述款项，承担连带清偿责任。

化轻公司不服终审判决，以其在保证贷款逾期催收函收件单位一栏内加盖公章，仅表明收悉该函，并不是向工商银行承诺对原借款合同担保责任的重新确认。二审单凭其盖章行为，推定为担保责任的重新确认无法律依据为由，向最高人民法院申请再审。

最高人民法院函示浙江省高级人民法院进行复查。浙江省高级人民法院做出民事裁定将该案提起再审。经再审认为：原一、二审对工商银行与协作公司签订的借款合同效力及协作公司所应承担的责任认定一致，并无不当。工商银行未在保证合同约定的保证期间内向化轻公司主张权利，保证期间届满后，化轻公司的保证责任即告免除，依法不再承担保证责任。由于保证责任为严格的民事责任，必须以双方当事人明确的意思表示并通过书面形式才能成就；保证期间届满后债权人已不存在可向保证人主张的权利。因此，化轻公司在逾期贷款催收函上签字，不能推定为工商银行与化轻公司之间重新确立保证合同。故原二审认定事实错误，适用法律不当。根据《借款合同条例》第十六条，最高人民法院《关于审理经济合同纠纷案件有关保证的若干问题的规定》第十条的规定，该院于 1999 年 9 月 17 日判决：

撤销原二审判决，维持一审判决。

【案件焦点】

本案争议的焦点，在于化轻公司签收保证贷款逾期催收函的性质认定。即工商银行未在保证期限内主张权利，保证期间届满后，保证人化轻公司签收债权人工商银行的催收函，是否能被视为建立了一个新的保证合同关系；或者换言之，是否系对原保证责任的重新确认。

【分析与结论】

保证成立的标志是保证人与债权人就保证事项以书面形式达成一致的意思表示。而且由于保证人在保证合同中只承担义务，不享有权利，故保证合同的成立更具严格性。从外国立法例看，尽管各国在具体立法规定中不尽相同，但一般来说，明示、书面形式均被要求为保证合同成立的必要条件。法国民法典 2015 条规定，保证"应以明示为之"，严禁默示形式在合同成立时使用，且规定在保证合同的成立上不得推定。苏联民法典除不允许默示推定保证关系成立外，还不允许以口头明示形式成立保证关系，保证合同必须以书面形式签订，不遵守书面之形式要件，则保证合同无效。我国《担保法》第 13 条规定，保证人与债权人应当以书面形式订立保证合同。《担保法》第 15 规定，"保证合同应包括以下内容：(1)被保证人的主债权种类、数额；(2)债务人履行债务的期限；(3)保证方式；(4)保证担保的范围；(5)保证的期间；(6)双方认为需要约定的其他事项。"担保法的上述规定，与国外立法例相同，也排除了以默示或通过推定来确认担保合同的成立，要求必须有当事人明确的意思表示，并以书面形式将双方协商的内容记载下来。至于书面保证合同应采用何种方式，审判实践中一般认为可基于下列方式成立：(1)签订书面保证合同，即保证人和债权人以书面形式就保证合同的主要条款依法达成协议，保证合同即告成立。(2)单独出具保函，即保证人以书面信函、传真等形式向债权人表示，当保证人不履行债务时，由其代为履行或负损害赔偿之责，被债权人接受的，保证合同成立。(3)保证人在订有保证条款的主合同的保证人栏内签字、盖章；或者主合同中并未订有保证条款，保证人在主合同的保证人栏内以保证人身份签字或者盖章，亦视为保证合同成立。对此，最高人民法院曾在《关于审理经济合同纠纷案件有关保证的若干问题的规定》第 1 条"保证合同成立的认定"中，规定了以上保证合同的三种书面方式。除此以外，任何推定、默示等都不应被视为保证合同的成立。

本案保证期间届满后，尽管化轻公司在工商银行的催款函上盖章，但从以上分析来看，不能视为在化轻公司与工商银行之间重新建立了保证关系。首先，工商银行在保证责任期间未向化轻公司主张权利，对原借款合同而言，化轻公司不再承担保证责任。按担保书所载，保证期限一年，自 1995 年 2 月 21 日至 1996 年 2 月 21 日止，工商银行对此无异议。但该行在约定的保证责任期限内未向化轻公司主张权利，根据最高人民法院《关于审理经济合同纠纷案件有关保证的若干问题的规定》第 10 条"保证合同中有保证责任期限的，保证人在约定的保证期限内承担保证责任，债权人在保证责任期限内未向保证人主张权利，保证人不再承担保证责任"的规定，化轻公司在保证责任期限届满后不再承担保证责任，化轻公司与工商银行因保证合同产生的权利与义务关系也自然消亡。其次，保证贷款逾期催收函的全部内容为："贵单位根据 950025 号借款保证书向我行提供连带保证担保的 200 万元债务已于 1995 年 8 月 21 日到期，请速筹资还款。"该函落款注明"请收件单位加盖公章后退回我行。"从该函内容看，工商银行明知借款保证期限届满，其已不能向担保人主张权利，仍向化轻公司催收借款，并要求化轻公司在该函收件单位一栏盖章。但其在函中并不明确表示"如同意对该借款继续承担保证责任，予以盖章确认"，而只是笼统地要求"收件单位加盖公章后退回我行"。该盖章行为应视为同意继续承担担保责任还是仅仅表示收到催收函，争议极大。因此，该催收函本身即是一个要约意思不明的函件。如前所述，担保责任是一种严格的民事责任，必须以保证人的明确意思表示才能建立，化轻公司针对工商银行要约意思表示并不明确的催收函，仅仅在该函上加盖公章，未作其他任何意思表示，此行为只表示收到该函，不能认定双方当事人已重新建立了新的保证合同。再次，认为化轻公司对协作公司的借款担保责任已做了重新确认，应继续承担保证责任，其立论基础是化轻公司的盖章行为应推定为同意工商银行要求该公司继续承担保证责任的权利主张。但该论点忽视了一个重要前提,即工商银行的催收函是在已不存在可主张权利的前提下发出的,而且是一个意思表示并不明确的要求。工商银行之所以刻意掩盖本可以明确表达的意思表示也正在于保证期限届满,其唯恐明确要求化轻公司重新承担保证责任遭拒。因此,本案并不存在可以推定化轻公司同意的明确意思表示,更何况担保的成立并不允许推定。实践中,确有仅在主合同保证人一栏盖章签字,即认定保证人保证责任成立的,但其关键在于,主合同债权债务关系是明确的,保证的意思表示也是明确的。

本案再审中争议较大的是最高人民法院法释【1999】7号《关于超过诉讼时效期间借款人在催款通知单上签字或者盖章的法律效力问题的批复》能否在本案中参照适用,进而认定化轻公司在催收函上的盖章为对原保证的重新确认。按该司法解释,"根据《中华人民共和国民法通则》第4条、第19条规定的精神,对于超过诉讼时效期间,信用社向借款人发出催收到期贷款通知单,债务人在该通知单上签字或者盖章的,应当视为对原债务的重新确认,该债权债务关系应受法律保护。"有人依此司法解释认为原二审认定化轻公司在逾期贷款催收函上签字应视为重新确认保证关系并无不当。且不论该司法解释仅适用于特定问题即限定在债权人与债务人之间的债权债务关系上,相对于有担保的贷款而言,属于主合同关系,而非担保关系,由于法律对保证合同的成立有明确的规定,我们并不能想当然地任意扩大司法解释的适用范围。更关键的还在于这一认识混淆了诉讼时效期间和保证责任期间这两个不同的期间性质。我们知道,所谓诉讼时效,是指权利人向人民法院请求保护其民事权利的法定期限。诉讼时效与保证期间的主要区别体现在:第一,当事人关于保证期间的约定优先于法律规定的适用;而诉讼时效是法律上的强制性规定,它排除当事人的意思自治。第二,保证期间自主债务履行期限届满之日起算,如当事人另有约定的,自约定的起算日起计算;而诉讼时效期间自权利人知道或者应当知道权利被侵害时起算。第三,诉讼时效期间为可变期间,可因一定的事由的出现而中止、中断、延长,如诉讼时效期间内在最后六个月发生不可抗力或其他障碍使债权人不能行使请求权的,时效可中止。而保证期间原则上为不变期间,债权人应当在保证期间内按法律规定的方式行使权利。第四,保证期间为除斥期间,保证期间届满,保证人的保证责任即告免除,权利人丧失的是实体权;而诉讼时效期间届满,权利人丧失的只是胜诉权,其实体权并不丧失。由上述区别可知,由于保证期间与诉讼时效期间的不同,保证期间届满与诉讼时效期间届满的法律后果不同,适用于诉讼时效届满后债务人重新确认债务的司法解释显然不能直接适用于类似于本案保证责任期间届满后的情况。从法理上讲,最高人民法院司法解释规定超过诉讼时效期间借款人在催款通知单上签字或盖章,应视为对原债务的重新确认,也正是建立在诉讼时效期间届满后,债权人与债务人之间实体上的债权债务关系并不因此而消失,法律对于债务人的自愿履行或确认行为予以确认。而保证期间的届满,意味着债权人实体权利的丧失,债权人与保证人之间已不存在可资确认的保证合同关系,除非双方另行签订保证合同。此两者显然不可同日而语。

没有依法清算　股东是否承担公司债务

【案情介绍】

某策划公司于2010年8月27日成立，注册资本为22万元，股东孙某出资6.8万元，刘某出资7.6万元，谢某出资7.6万元。某服务公司与策划公司签订服务合同，约定服务公司为策划公司提供物料和安装服务，策划公司应给付服务公司29万元，其中合同签订之日给付6万元，活动结束后两周内给付4万元，活动结束后一个月内给付19万元；合同成立后，单方终止或拒不执行合同，违约方应赔偿合同50%的金额给守约方，作为经济损失补偿，并负担由此引发的相关责任。合同订立后，服务公司为策划公司提供了服务，策划公司只支付了5万元，余款未付。服务公司在向策划公司催要欠款的过程中，突然发现策划公司于2010年1月12日已注销，股东孙某、谢某、刘某向工商部门提交了虚假的清算报告和股东会决议，骗取工商部门办理了注销登记。服务公司起诉要求孙某、谢某、刘某赔偿服务公司合同价款24万元及违约金14.5万元。

【案件结果】

一审法院认为：孙某、谢某、刘某在对策划公司进行清算时，未通知债权人服务公司，也未在报纸上公告，没有依法清算，之后以虚假的清算报告骗取工商部门办理策划公司的注销登记，孙某、谢某、刘某应对策划公司的债务承担赔偿责任。

一审判决后，谢某不服，向法院提起上诉。二审法院依法驳回上诉，维持原判。

【案情分析】

本案中，策划公司全体股东一致同意解散公司，并经工商部门核准成立清算组，清算组成员为孙某和刘某，符合《公司法》的规定。但公司清算组并未通知债权人服务公司，也未在报纸上公告，没有依法清算，以虚假的清算报告向工商局办理注销登记，债权人有权依法要求策划公司股东承担清偿责任。孙某、谢某、刘某主张其未提交虚假材料，而是代办人向工商部门提交了虚假材料，因孙某、谢某是清算组成员，孙某、谢某、刘某均在虚假的清算报告以及与清算报告内容一致的股东会决议上签字确认，所以虚假的清算报告是孙某、谢某、刘某制作的，孙某、谢某、刘某应承担责任。谢某有关其并非清算组成员故不应承担清偿责任的上诉主张，没有法律依据，应当不予支持。

公司清算是指在公司面临终止的情况下，负有清算义务的主体按照法律规定的方式、程序，对公司的资产、负债、股东权益等公司的状况做全面的清理和处置，使得公司与其他社会主体之间产生的权利和义务归于消灭，从而为公司的终止提供合理依据的行为。公司清算法律制度的直接目的是对即将终止的公司财产、债权债务进行清理，而最终目标和价值则在于法律通过清算程序实现对公司债权人利益、公司股东权益和社会经济秩序的全面有效的保护。我国《公司法》及其司法解释二（最高人民法院《关于适用〈中华人民共和国公司法〉若干问题的规定（二）》）对公司清算制度做了进一步的修改和完善，规定公司有未清算、逾期清算、拖延清算、违法清算以及未依法清算等情形的，债权人有权要求有限公司股东、股份公司董事和控股股东、公司实际控制人以及清算组成员等承担赔偿责任、清偿责任或者其他民事责任。

【律师观点】

综上，公司与股东是两个不同的法律主体，股东以其认缴的出资额为限对公司承担责任，股东与公司的债权人之间不发生任何关系，债权人只能向公司主张权利而不能向股东主张权利。但是本案情况特殊，法院判决由股东孙某、谢某、刘某对策划公司债务承担清偿责任，是符合法律规定的。

【相关法规】

1.《公司法》第一百八十条规定：公司因本法第一百八十一条第（一）（二）（四）（五）项规定而解散的，应当在解散事由出现之日起十五日内成立清算组，开始清算。有限责任公司的清算组由股东组成，股份有限公司的清算组由董事或股东大会确定的人员组成。逾期不成立清算组进行清算的，债权人可以申请人民法院指定有关人员组成清算组进行清算。

2. 最高人民法院关于适用《中华人民共和国公司法》若干问题的规定（二）第十八条规定：有限责任公司的股东、股份有限公司的董事和控股股东未在法定期限内成立清算组开始清算，导致公司财产贬值、流失、毁损或者灭失，债权人主张其在造成损失范围内对公司债务承担赔偿责任的，人民法院应依法予以支持。

劳动合同法编

《中华人民共和国劳动合同法》是为了完善劳动合同制度，明确劳动合同双方当事人的权利和义务，保护劳动者的合法权益，构建和发展和谐稳定的劳动关系而制定的法律(参见该法第一条)。2007年6月29日由第十届全国人民代表大会常务委员会第二十八次会议通过，2008年1月1日起施行。劳动合同法共分8章98条，包括：总则、劳动合同的订立、劳动合同的履行和变更、劳动合同的解除和终止、特别规定、监督检查、法律责任和附则。劳动合同法是规范劳动关系的一部重要法律，在中国特色社会主义法律体系中属于社会法。

因为劳动合同法的诸多条款、规定与原有的劳动法以及许多的地方法规多有冲突与不一致之处，这一方面迫使企业的管理层必须改变观念、转变方法、调整思路，才能适应《劳动合同法》的要求，这种维权意识的提高，在对《劳动合同法》的理解中，有正确的理解，也有错误的理解。这两个方面激烈地碰撞，导致的结果就是劳动争议仲裁、诉讼案件的井喷，为此，通过本编案例，介绍劳动关系确立纠纷、劳动合同纠纷、劳动报酬纠纷等内容。

竞业限制须支付经济补偿案

【案情介绍】

小杨是一家计算机编程公司的程序员，与单位签有三年的劳动合同，劳动合同中约定了小杨在离职后两年内不得从事同行业与本单位有竞争关系的工作。2005 年 9 月，劳动合同到期后，小杨和单位没有续签劳动合同。小杨离职时，单位一再强调要求其履行竞业限制的规定。

小杨在此后的半年多时间里一直履行她与单位的竞业限制约定，但因没有其他行业的相关工作经验，所以也一直没找到工作，生活变得越来越艰难。小杨越想越觉得这种约定不公平，于是她咨询了专业律师。这才知道，根据法律规定原单位应当在她离职时开始为她履行竞业限制义务买单，即支付竞业补偿金。如果单位拒不支付，她可以不履行竞业限制义务。交涉无果，她在 2006 年 1 月向区劳动争议仲裁委员会提出申诉，要求单位按其每月 3 000 元工资的标准支付其两年的竞业限制补偿金。

【案情分析】

上海君拓律师事务所俞律师评析：

本案是典型的竞业限制争议，许多技术性企业经常使用竞业限制的方式保护本单位的商业秘密以保障自身的竞争力，但在保护企业自身利益的同时，也应当依法办事，不侵害员工的合法权益。

1. 竞业限制又称竞业禁止，是指权利人（一般是用人单位）对有特定关系的义务人（一般指劳动者）特定竞争行为（自营或者为他人经营与原用人单位有竞争的业务）的禁止。竞业限制是净化市场环境、保护公平竞争秩序、协调市场主体之间（特指雇主与雇员之间）权益的一项重要法律制度。在市场经济运行过程中，以高薪挖墙脚，以不正当方式获得他人的商业秘密等情况时有发生，损害了相关市场主体的合法权益，危害市场经济的健康发展。为此，国家制定了一系列法律，如《反不正当竞争法》《公司法》，其中对经理、董事等高级管理人员任职期间的竞业行为做出了相应要求。但这些都是法律要求竞业对象承担的竞业行为，属于法定竞业。而劳动法里规定的竞业限制则属于劳资双方约定的竞业限制，且只有那些负有保守用人单位商业秘密义务的劳动者才能约定竞业限制。劳动者竞业限制的依据是其与用人单位签订的竞业条款或竞业协议，竞业限制的期限和权利义务也是通过双方约定而产生的，但竞业限制的约定不得违反法律、法规的规定。《上海市劳动合同条例》规定，竞业限制的期限由劳动合同当事人约定，最长不得超过三年，法律、行政法规另有规定的除外。而且，劳动合同双方当事人约定竞业限制的，不得再约定解除劳动合同的提前通知期。

2. 放弃竞业限制要求须提前通知。竞业限制约定是对劳动者自由择业权的限制，用人单位应当就此给予劳动者相应的经济补偿。《上海市劳动合同条例》明确规定："对负有保守用人单位商业秘密义务的劳动者，劳动合同当事人可以在劳动合同或者保密协议中约定竞业限制条款，并约定在终止或者解除劳动合同后，给予劳动者经济补偿。"本案中单位与小杨签订的劳动合同中对竞业限制期限及内容以竞业条款的形式做了相关约定，但却未对给小杨的竞业经济补偿做出约定，并且在其离职时单位也未支付相应的竞业补偿。根据《关于实施〈上海市劳动合同条例〉若干问题的通知》(二)，竞业限制协议对经济补偿金的标准、支付形式等未做约定的，劳动者可以要求用人单位支付经济补偿金。双方当事人由此发生争议的，可按劳动争议处理程序解决。用人单位要求劳动者继续履行竞业限制协议的，应当按劳动争议处理机构确认的标准及双方约定的竞业限制期限一次性支付经济补偿金，劳动者应当继续履行竞业限制义务；用人单位放弃对剩余期限竞业限制要求的，应当按劳动争议处理机构确认的标准支付已经履行部分的经济补偿金。本案中，单位在劳动仲裁时明确放弃对剩余部分的竞业限制期限要求，这种放弃是允许的，但根据相关法律的规定，竞业限制协议生效前或者履行期间，用人单位放弃对劳动者竞业限制的要求，应当提前一个月通知劳动者。因此，法院酌情根据小杨履行竞业义务的时间及其工资状况判决单位支付相应的竞业经济补偿。

【案件结果】

本案经过仲裁和一审裁判，最终法院在单位放弃对小杨以后竞业要求的情况下支持了小杨 6 000 元的竞业经济补偿要求。

【相关法规】

《中华人民共和国劳动法》

第二十三条　用人单位与劳动者可以在劳动合同中约定保守用人单位的商业秘密和与知识产权相关的保密事项。对负有保密义务的劳动者，用人单位可以在劳动合同或者保密协议中与劳动者约定竞业限制条款，并约定在解除或者终止劳动合同后，在竞业限制期限内按月给予劳动者经济补偿。劳动者违反竞业限制规定的，应当按照约定向用人单位支付违约金。

第二十四条　竞业限制的人员限于用人单位的高级管理人员、高级技术人员和其他负有保密义务的人员。竞业限制的范围、地域、期限由用人单位与劳动者约定，竞业限制的约定不得违反法律、法规的规定。

在解除或者终止劳动合同后，前款规定的人员到与本单位生产或者经营同类产品、从事同类业务的有竞争关系的其他用人单位，或者自己开业生产或者经营同类产品、从事同类业务的竞业限制期限，不得超过二年。

法官能否主动审查诉讼时效

【案情介绍】

原告罗某的丈夫郭某于1984年去世，原告一直未按有关文件要求，向其丈夫所在单位领取生活补助费。2008年3月，原告将郭某所在单位诉至法院，要求被告支付定期生活补助共计2万余元。本案在诉讼过程中，被告未以诉讼时效为由进行抗辩。

【案情分析】

针对法官能否主动审查诉讼时效的问题形成了两种意见：

第一种观点：认为原告在法定的期间就不主张自己的权利，是对私权的一种处分。而人民法院作为中立的裁判者，不得依靠职权主动审查诉讼时效是否过期。

第二种观点：认为法院应主动审查时效是否过期。被告方不主张诉讼时效不能当然认为原告请求具有合法性。对权利人请求权合法性的审查应当是人民法院应当履行的国家义务。原告向法院提起诉讼，即建立了原告与人民法院的民事诉讼法律关系。在本案中，被告方不主张诉讼时效，并不能得出人民法院也不受诉讼时效的约束。

笔者同意第二种观点，理由如下：

首先，我国国内法对此问题是有法律规定的。《最高人民法院关于适用〈中华人民共和国民事诉讼法〉若干问题的意见》第一百五十三条明确规定：当事人超过诉讼期间起诉的，人民法院应予以受理。受理后查明无中止、中断、延长事由的，判决驳回其诉讼请求。可见我国采取的是主动审查的模式。

其次，我国当前诉讼模式依旧是职权主义的模式。虽然《最高人民法院关于民事诉讼证据若干问题的规定》中采用了一些当事人主义的成分，但这只限于法律有明确规定的情形。

第三，被告未提出时效抗辩，视为其放弃时效利益的观点，仅是一种法律上的推定，这亦不符合我国现行法律的规定。《最高人民法院关于适用〈民法通则〉若干问题的意见》第六十六条规定：一方当事人向对方当事人提出民事权利的要求，对方未用语言或者文字明确表示意见，但其行为表示接受的，可以认定为默示。不作为默示只有在法律有规定或当事人双方约定的情况下，才可以视为意思表示。

以上笔者是从当前我国的司法实际，结合法律规定的分析，“法官只服从于法律”，但是不可否认法官主动审查诉讼时效确实存在种种不妥之处，随着审判方式改革的深化，笔者认为我国还是应当抛弃法官主动审查诉讼时效，以下笔者再提出几点自己的想法：

首先，随着审判方式改革的深化以及程序正义的引进，民事诉讼观念发生了巨大的变革和调整，特别是《最高人民法院关于民事诉讼证据若干问题的规定》施行以后，民事诉讼模式及举证责任制度的设置采取了当事人主义，原先依照职权主义审判原则已不适应民事诉讼模式。

其次，就理论上而言，时效制度属于实体法范畴，主动适用时效使实体法涉及程序法内容，却发生程序法的后果，立法逻辑存在明显欠缺。

第三，法官应当保持中立裁判者的角色，法官告知被告时效抗辩将直接导致原告败诉，会使当事人对法官行使这种释明权的正当性和法院裁判的公正性产生怀疑。

【案件结果】

笔者观点：认为法院应主动审查时效是否过期。被告方不主张诉讼时效不能当然认为原告请求具有合法性。对权利人请求权合法性的审查是人民法院应当履行的国家义务。原告向法院提起诉讼，即建立了原告与人民法院的民事诉讼法律关系。在本案中，被告方不主张诉讼时效，并不能得出人民法院也不受诉讼时效的约束。

【相关法规】

首先，我国国内法对此问题是有法律规定的。《最高人民法院关于适用〈中华人民共和国民事诉讼法〉若干问题的意见》第一百五十三条明确规定：当事人超过诉讼期间起诉的，人民法院应予以受理。受理后查明无中止、中断、延长事由的，判决驳回其诉讼请求。可见我国采取的是主动审查的模式。

其次，我国当前诉讼模式依旧是职权主义的模式。虽然《最高人民法院关于民事诉讼证据若干问题的规定》中采用了一些当事人主义的成分，但这只限于法律有明确规定的情形。

第三，被告未提出时效抗辩，视为其放弃时效利益的观点，仅是一种法律上的推定，这亦不符合我国现行法律的规定。《最高人民法院关于适用〈民法通则〉若干问题的意见》第六十六条规定：一方当事人向对方当事人提出民事权利的要求，对方未用语言或者文字明确表示意见，但其行为表示接受的，可以认定为默示。不作为默示只有在法律有规定或当事人双方约定的情况下，才可以视为意思表示。

试用期间怀孕并严重违反劳动纪律解除劳动合同劳动争议案

【案情介绍】

原告:海口中海建设开发公司。

被告:张玲,女,34岁,原海口中海建设开发公司职员。

1996年5月6日,被告张玲应聘于原告海口中海建设开发公司(以下简称中海公司)工作,双方未签订劳动合同,原告也未办理被告的社会保险。被告在中海公司负责公司房地产开发经营业务,因工作关系常往返三亚和海口两地。1996年9月,被告结婚,原告未让被告休婚假。同年11月12日,原告为被告出具准生证证明。至1996年12月30日止,被告已怀孕十七周。同年12月4日,原告法定代表人丁爱笛书面要求公司办公室以被告不适合在公司工作为由,办理被告辞退手续。被告对此辞退决定不服,以其怀孕、公司不得辞退为由,向海口市劳动争议仲裁委员会申请仲裁。申诉期间,1997年1月7日,被告在原告拟好的《声明》上签了字,并领取了至1996年12月4日的工资。《声明》内容为:“我系中海公司职员,于1996年12月初离开公司,请按公司有关规定给我结算工资,结清后,与公司不再有任何纠葛。”1997年4月3日,海口市劳动争议仲裁委员会做出海劳裁定字(1997)4号仲裁裁决书,内容为:(1)撤销中海公司辞退张玲的决定,恢复张玲的工作,补发从1997年1月5日至恢复工作前的工资,补签劳动合同。(2)中海公司为张玲补办从1996年5月6日起的社会保险。(3)中海公司给予张玲晚婚假期。原告不服裁决,于同年4月8日向海口市振东区人民法院起诉。

原告中海公司诉称:被告在我公司试用期间,严重违反劳动纪律和公司的规章制度,无故旷工13天,不服从公司工作安排和行政管理,不尊重领导和同事。我公司依据《劳动法》的规定,解除与被告的劳动合同关系,且被告已立下声明,结算了工资,同意解除双方的劳动合同关系。解除劳动合同关系与被告怀孕不存在直接的因果关系,完全是因被告不符合公司的录用条件。海口市劳动争议仲裁委员会的裁决认定事实不全面,适用法律不当。请求依法撤销海口市劳动争议仲裁委员会的海劳裁定字(1997)4号裁定书,做出公正判决。

被告张玲答辩称:我在原告中海公司工作半年多,从未无故旷工,仅请病假一天,原告出具的考勤表不真实。我是技术工程师,为原告在三亚的房地产项目尽了自己的努力,做出了突出成绩。我服从领导,从未向公司提任何要求,且在我怀孕期间,仍为了工作频繁往返于三亚和海口,我的工作得到公司领导的信任和好评。1996年12月,原告以我怀孕不适合工作为由辞退我,我遂向海口市劳动争议仲裁委员会申诉。申诉期间,因生活困难,为领取原告拖欠我的工资,我被迫在原告写好的《声明》上签名。另外,我试用期满后,多次要求与原告签订劳动合同,原告一直未予办理,也不缴纳我的社会保险,不让我享受法定假期。原告在我转正后的怀孕期间辞退我,是违法的,请法院依法公正判决。

海口市振东区人民法院经审理后认为:被告张玲受聘于原告中海公司工作已七个多月。双方虽未签订劳动合同,但被告在原告处工作已超过法定试用期的最长期限(六个月),因此,双方已形成事实上的劳动关系。根据《劳动法》的规定,女工在孕期、产假和哺乳期间,用人单位不得解除劳动合同。因此,原告于被告怀孕期间,要求被告签署《声明》,是与法相违的。尽管被告在《声明》上签名也是事实,但因与法不符,应属无效。后来被告又提起仲裁申请,说明被告对法不甚了解,从而重新要求依法保护自己的权益,其申请合法,应予支持。原告诉称被告不遵守其规章制度和违反劳动纪律以及不服从工作安排和管理等,因举证无据,不予采纳。海口市劳动争议仲裁委员会的裁决,认定事实基本清楚,适用法律正确,应予支持。原告的诉讼请求,于事实无据,与法不符,不予支持。该院依据《中华人民共和国劳动法》第二十九条第三项、第七十二条,《海南省计划生育条例》第二十七条之规定,于 1997 年 8 月 18 日做出如下判决:

1. 撤销原告中海公司辞退被告张玲的决定,中海公司应于本判决发生法律效力之日起恢复被告张玲的工作,补发从 1997 年 1 月 5 日至恢复工作前的工资,补签劳动合同。

2. 原告中海公司补办从 1996 年 5 月 6 日起被告张玲的社会保险,给予张玲补休晚婚假期。

原告中海公司不服此判决,上诉于海口市中级人民法院,称:(1)解除劳动合同关系是双方合意行为。被上诉人张玲按《声明》结算了工资,并接受经济补偿,故双方解除劳动关系完全符合《劳动法》第二十一条的规定,而且该条并没有规定劳动者怀孕时,双方不可以解除劳动合同。(2)根据《劳动法》第二十五条第二款之规定,劳动者严重违反劳动纪律或用人单位规章制度的,用人单位可以解除劳动合同。被上诉人不服从领导的工作安排,报销时弄虚作假,无故旷工达十三天之久,其行为已构成了《劳动法》规定的解除劳动合同的条件。一审法院片面理解《劳动法》第二十九条有关劳动者怀孕、用人单位不得依本法第二十六条和第二十七条的规定解除劳动合同的规定,是不正确的。相反,上诉人依据《劳动法》第二十五条规定解除劳动合同,是不受第二十九条限制的。(3)由于被上诉人的种种不良表现,一直未被正式录用,故未签订劳动合同。1996 年 10 月公司通知被上诉人另找工作,并给予一个月期限,同时停止了她的考勤记录,这时并未超过试用期限。根据公司的规定,未正式录用的,不予办理社会保险,即使是实际工作时间超过试用期限,用人单位只能承担实际试用期超过法律规定的违法责任,而不能因此认定双方已正式建立了劳动关系。

被上诉人张玲答辩称:一审法院认定事实清楚,适用法律正确。请求维持一审判决。

海口市中级人民法院确认了一审法院认定的事实,认为:被上诉人应聘于上诉人处工作达七个多月,上诉人却违反有关劳动法规未同被上诉人签订劳动合同。双方虽未签订劳动合同,但事实上形成了劳动关系,该劳动关系亦应受法律保护。上诉人以被上诉人不服管理、报销时弄虚作假及旷工十三天为由,在超过《劳动法》规定的最长试用期六个月后解聘被上诉人,但却没有充分证据证实其理由,其行为违反了《劳动法》第二十五条第二项"劳动者严重违反劳动纪律或用人单位规章制度的,用人单位可以解除劳动合同"的规定。上诉人解聘被上诉人时,被上诉人已怀孕,在被上诉人并无严重违反劳动纪律或者上诉人规章制度的情况下,上诉人解除与被上诉人的劳动关系,亦违反了《劳动法》第二十九条第三项"女职工在孕期、产期、哺乳期内的”，用人单位不得依据本法第二十六条、第二十七条解除劳动合同的规定。被上诉人被解聘后向劳动仲裁部门申诉期间与上诉人签署《声明》，并非双方真实意思表示，并不能证明双方协商解除劳动关系。故上诉人做出解除被上诉人劳动关系的决定是错误的，应予撤销。原审认定事实清楚，适用法律基本正确。但实体处理中判决补发被上诉人从1997年1月5日起的工资，于法无据，上诉人仅应向被上诉人补发依照法律规定应享有的产假期间的工资。原审判决补签劳动合同、补办社会保险及补休晚婚假并无不妥，应予维持。上诉人上诉无理，应予驳回。依照《中华人民共和国民事诉讼法》第一百五十三条第一款第(一)项、第(二)项的规定，该院于1997年12月17日做出判决如下：

1. 变更海口市振东区人民法院一审民事判决第一项判决为：撤销上诉人中海公司辞退被上诉人张玲的决定，并于本判决发生法律效力之日起十日内补发上诉人张玲九十天的产假工资、补签劳动合同。

2. 维持海口市振东区人民法院一审民事判决书第二项及案件受理费承担部分的判决。

【案件焦点】

试用期满，用人单位与劳动者签订劳动合同的，如何确认劳动关系？

【分析与结论】

1. 订立劳动合同是建立劳动关系的法定要件。我国《劳动法》于1994年7月5日公布，1995年1月1日起施行。本案原、被告之间的劳动关系建立于1996年5月6日，双方所发生的劳动争议纠纷，适用《劳动法》调整。《劳动法》第十六条第二款规定：“建立劳动关系，应当订立劳动合同。”因为只有订立劳动合同，才能明确劳动者与用人单位双方的权利和义务，具有法律约束力。原、被告在建立劳动关系时，未依法签订劳动合同，在形式上不合法。在本案中，一、二审法院均认定原、被告之间是事实上形成了劳动关系，这一认定是否正确？从本案事实来看，被告应聘在原告处工作七个多月，原告作为用人单位一直未依法与被告订立劳动合同。而《劳动法》调整的对象，兼有平等和隶属的特征，主体是不平等的，原告作为用人单位应完善用人制度，录用被告到其单位工作，应主动与被告订立劳动合同，若被告拒绝订立劳动合同，原告有权不录用被告。本案原、被告双方当事人未订立劳动合同，过错责任应由用人单位原告来承担。原告辩称双方未订立劳动合同的原因，是被告在试用期内表现不好，未被公司正式录用，是没有法律依据的。而被告在用人单位(原告)事实上已工作了七个多月，且双方未有异议，故双方形成的事实劳动关系是可以认定的。另外，我国《劳动法》第二十一条规定：“劳动合同可以约定试用期，试用期最长不得超过六个月。”原告作为应履行订立劳动合同义务的用人单位，在被告工作期限超过试用期最长期限后，仍未与被告订立劳动合同，事实上双方已形成了劳动关系。故一、二审法院认定当事人双方事实上形成了劳动关系，并判决原告与被告补签劳动合同，符合法律规定。这样既保护了劳动者的合法权益，又防止了用人单位用人不订立劳动合同、随意拖欠克扣劳动者工资、延长劳动时间、增加劳动强度、随意辞退劳动者等违法行为的发生。

2. 女职工的劳动保护问题。女职工劳动保护(又称女职工特殊劳动保护)，广义上是指一切与劳动者有关的保护措施，包括就业平等、同工同酬以及劳动安全与卫生方面的特殊保护措施；狭义上仅指女职工在劳动过程中的安全与卫生方面的特殊保护措施。有不少用人单位，或对女职工的生理特点重视不力,或法制观念淡薄,以各种借口损害女职工的合法权益。如安排女职工从事繁重的体力劳动和其他女职工禁忌从事的与之身心不相适应的劳动,延长劳动时间,降低基本工资或者解除劳动合同等。我国《劳动法》和《妇女权益保护法》均规定,任何单位不得以结婚怀孕、产假、哺乳等为由,辞退女职工或者单方解除劳动合同。《女职工劳动保护规定》还规定,不得在女职工怀孕期、产期、哺乳期解除劳动合同。本案的用人单位原告辞退被告,解除双方的劳动关系时,被告已怀孕十七周。在此期间,按法律规定,用人单位是不得解除劳动合同的。而原告无视法律规定,在没有充分理由的情况下,仅以被告不适合公司工作为由辞退被告,是违法行为,其诉讼请求当然不能受法律支持。故一、二审法院依法判决原告恢复被告工作,撤销原告辞退被告的决定,补晚婚假和补发工资。

根据本案事实,对以下法律问题需要进一步说明:

1. 劳动关系没有正式与非正式劳动关系之分,只有签订了劳动合同的劳动关系与没有签订劳动合同的事实劳动关系之分。但无论哪种劳动关系,其劳动关系的确立并不是以试用期满为标志的,签订有劳动合同的,应从合同成立时确立;未签订劳动合同的,应从被录用时确立。如此理解,有以下依据:(1)《劳动法》第十六条规定,劳动合同是劳动者与用人单位确立劳动关系、明确双方权利和义务的协议。依此,劳动合同即是劳动者与用人单位确立劳动关系的证明。(2)《劳动法》第二十一条规定,劳动合同可以约定试用期。它说明,试用期属劳动合同约定的内容,是确立劳动关系后的一个特殊阶段。(3)《劳动法》第二十五条规定,劳动者在试用期间被证明不符合录用条件的,用人单位可以解除劳动合同。这里所谓解除劳动合同,即是解除劳动关系,如果试用期间劳动者与用人单位之间不算或不视为劳动关系,何来可以解除呢?试用期的意义,就在于一个较短时间内,如果劳动者在试用期间被证明不符合录用条件的,用人单位可以行使解除权,不受劳动合同期限的限制。由此可以说明,用人单位对录用的劳动者执行试用期的,从录用时就确立了劳动关系,对在试用期的劳动者解除劳动关系,仍必须符合《劳动法》规定的解除条件。原告关于被告在试用期间不能因此认定双方已正式建立了劳动关系的主张,是对劳动关系确立上的一个误解,是没有依据的。

2. 适用《劳动法》第二十五条与第二十六条、第二十七条规定的关系。《劳动法》第二十九条规定了不得解除劳动合同的几种情形,其中包括"女职工在孕期、产期、哺乳期内的"这种情形,但该条规定适用的范围,是依据《劳动法》第二十六条、第二十七条规定的条件解除合同之情形,不包括第二十五条规定的解除劳动合同的情形。也就是说,劳动者有第二十五条规定的解除劳动合同情形的,不受第二十九条所规定的条件的限制。这从立法技术上可以得到解释。因为第二十五条、第二十六条、第二十七条都属于可以解除劳动合同情形的规定,而第二十九条关于不得解除合同情形的规定,明确了其适用范围是第二十六条、第二十七条规定的情形,应当说立法含义明确,不可超出其明文规定的适用范围。因此,对属于第二十九条规定情形的劳动者有第二十五条规定情形者,用人单位是有权解除劳动合同的,这种理解无疑是正确的。但问题是对于第二十九条规定情形的劳动者是否具有第二十五条规定情形,这是需要用人单位以事实证明的,如果证明不了劳动者有第二十五条规定的情形的,则必须依第二十九条规定执行,不得对该条规定情形的劳动者解除劳动合同。另外,《女职工劳动保护规定》确实规定了在女职工怀孕期、产期、哺乳期不得解除劳动合同,而且没有规定其他例外条件,但该规定是在1988年发布的,而《劳动法》是在1995年1月1日起开始施行的,根据后法优于先法(仅从时间意义上比较)的原则,应当按《劳动法》的规定来解释本案。

无管辖权裁决应视为未经仲裁

● 裁判要旨

劳动仲裁委员会以“不属本委管辖”为由驳回申请的案件属于未进行仲裁。一方当事人依据“不服裁决可起诉”的裁决内容向仲裁委所在地法院起诉,该法院根据对方当事人的管辖权异议裁定移送其他法院后,受移送法院应当审理是否“已为人民法院发生法律效力的裁判所确认的事实”。

【案情介绍】

原告孙某以“自己是被告某电力建设第二工程公司(以下简称电建公司)职工,电建公司一直未与原告签订劳动合同,且与同岗位职工不能享受同等待遇”为由向济南市劳动争议仲裁委员会申请仲裁,济南市劳动争议仲裁委员会认定,东平县龙山职业介绍所自 2005 年 5 月与孙某签订劳动合同,并将孙某派遣到电建公司工作。据此,该委员会于 2008 年 7 月 22 日做出(2008)582 号仲裁决定书,认为该案不属该委员会管辖,驳回了孙某的仲裁请求。次日,孙某诉至济南市历城区人民法院,该院同日受理。电建公司提出管辖权异议,认为孙某的用人单位系东平县劳动就业办公室(以下简称“就业办”),劳动合同实际履行地在云南省富源县,本案应当由东平县法院或者富源县法院管辖。2008 年 8 月 27 日,历城区法院做出(2008)历城民初字 1530 号民事裁定书,认为:被告提交的劳动合同书、劳务协议书均证明原告的用人单位系东平县龙山职业介绍所,因该介绍所已被注销,其相关权利义务由开办单位即就业办承担,而其住所地在东平县,故电建公司所提管辖异议成立。依照《民事诉讼法》第三十八条规定,裁定将本案移送东平县人民法院审理。东平县人民法院受理该案后,被告电建公司以“本案属于劳动争议案件且未经仲裁”为由,认为法院无权直接受理,要求驳回原告起诉。

【案情分析】

本案争议可以分解为三个层次:一是本案是否经过了仲裁程序;二是应当如何理解劳动争议起诉条件“对仲裁裁决不服”;三是受移送法院应当审理是否“已为人民法院发生法律效力的裁判所确认的事实”。下面逐一进行分析。

一、本案是否经过了仲裁程序

本案中,济南市劳动争议仲裁委员会做出的(2008)582 号仲裁决定书中的“如不服本裁决,可于十五日内向人民法院提起诉讼”,是否表明其已经完成了仲裁程序,具备了向人民法院起诉的条件?

实际上,本案尚未进入仲裁程序。理由如下:其一,双方当事人在济南市劳动争议仲裁委员会仲裁时,只对仲裁管辖权有争议,该仲裁委就以"不属本委管辖"驳回了原告的仲裁请求,本案实际上未进入实质仲裁程序就终结了仲裁。未进入程序就终结,更不必说完成仲裁程序了。其二,"如不服本裁决,可于十五日内向人民法院提起诉讼",只是仲裁决定书的格式用语,并不能表明本案已经完成了仲裁程序。并且,该仲裁决定书使用此格式用语本身就欠妥当。其三,仲裁委以"不属本委管辖"驳回原告申请,与裁决不予受理、逾期不做出裁决不同,前者是告知本案应由其他仲裁机关仲裁,只相对消灭了当事人的申请仲裁权,而后者是对该劳动争议不予仲裁,绝对消灭了当事人的申请仲裁权。综上所述,本案劳动争议的仲裁程序尚未完成。

二、应当如何理解劳动争议起诉条件"对仲裁裁决不服"

认为"对仲裁裁决不服是指对劳动争议仲裁委员会做出的仲裁决定概括性不服,即只要不愿服从仲裁决定,不论不服的内容如何,都有权向人民法院提起诉讼。先裁后审是一种程序性规定,只要劳动者经过了仲裁机构的仲裁,不论结果如何,均应视为已经过了仲裁,法院应当受理"的观点,是错误的。

"对仲裁裁决不服"是指对劳动争议仲裁委员会做出的实体处理不服。这是因为,综合《中华人民共和国劳动争议调解仲裁法》的相关规定,劳动者就劳动争议可以提起诉讼的情形有三种:一是劳动争议仲裁委员会不予受理或逾期未做出是否受理的决定;二是劳动争议仲裁委员会逾期未做出仲裁裁决;三是对实体争议裁决不服。这三种情形都是对劳动争议做出的实体处理(包括明示或默示的不予处理)。而本案劳动争议在济南市劳动争议仲裁委员会仲裁时,该仲裁委只是告知原告不属本委员会处理,言外之意是其他仲裁委员会才是有权仲裁机关,对当事人的争议事项未做出实体处理,本案也就不符合起诉条件。此外,本案原告的诉讼请求除签订无固定期限劳动合同外,其他请求事项均是要求支付工资、经济补偿金等仲裁终局的事项,仲裁后无须再向法院起诉,裁决书可直接发生法律效力。从劳动争议调解仲裁法第四十七条的规定来看,先裁后审的"裁"是一种实体性处理,本案应驳回原告起诉,由原告首先向东平县劳动争议仲裁委员会申请仲裁。

三、受移送法院应当审理是否"已为人民法院发生法律效力的裁判所确认的事实"

这里的"人民法院发生法律效力的裁判"是指已经审结案件的生效裁判。与此相对应,"已为人民法院发生法律效力的裁判所确认的事实"一般是指其他案件生效裁判所确认的事实。而历城区法院移送来的案件并未审理完毕。"已为人民法院发生法律效力的裁判所确认的事实"一般是在裁判主文或裁判理由中直接确认的事实,历城区法院的裁定并没有直接确认已完成仲裁程序的事实。

第一,在历城区法院,双方当事人只对法院的管辖权进行了争辩,对仲裁程序是否完成尚未进行陈述和辩论,如依据该裁定忽略当事人争议的程序事项(法院受理的条件是否已全部成就)径行审判,会损害被告的陈述和辩论权。

第二,历城区法院移送管辖的裁定只能说明东平法院审理该案符合地域管辖的规定,可以受理,即具备了受理该案的部分条件。这与受理条件全部成就后的应当审理并不等同。受移送法院驳回起诉与移送管辖的裁定并不矛盾。

第三,劳动争议调解仲裁法及此前的有关法律规定"先裁后审"的目的,是为了借助劳动争议仲裁委员会方便查清事实的优势及时解决劳动争议。本案未经实体裁决,法院受理后有许多事实需要查明,但由于法官不像仲裁员那样具备相关专业知识、了解该企业的劳动合同情况等优势,在查清这些事实时难以做到准确、高效,也就不利于本案争议的及时化解。而劳动争议仲裁更有利于及时、准确地化解争议，维护劳动者的合法权益。

综上所述，受移送法院根据未经仲裁的事实驳回原告的起诉，符合相关法律的立法目的，不会损害劳动者的合法权益，也与济南市历城区法院做出的(2008)历城民初字1530号民事裁定书不相冲突。

【案件结果】

某省东平县人民法院经审理认为，济南市劳动争议仲裁委员会以不属该委员会管辖为由，驳回原告孙某的仲裁请求，本案未进入实质的仲裁程序，人民法院审理该案的条件尚未成就。济南市历城区法院依据双方当事人对管辖权的争议将该案移送本院管辖，移送案件的裁定只确认了本院可以管辖的事实。在劳动仲裁机关未对本案所争议事项进行裁决前，人民法院不应予以审理，应依法裁定驳回原告孙某的起诉。

该裁定宣布后，原告提起上诉，某省泰安市中级人民法院审理后，裁定予以维持。

【相关法规】

《中华人民共和国民事诉讼法》第二百二十四条及《最高人民法院关于适用〈中华人民共和国仲裁法〉若干问题的解释》第二十九条对仲裁案件执行的级别管辖和地域管辖作出明确管辖，具有强制约束力。

《中华人民共和国劳动争议调解仲裁法》第四十九　用人单位有证据证明本法第四十七条规定的仲裁裁决有下列情形之一，可以自收到仲裁裁决书之日起三十日内向劳动争议仲裁委员会所在地的中级人民法院申请撤销裁决：

(一)适用法律、法规确有错误的；

(二)劳动争议仲裁委员会无管辖权的；

……

劳动争议还是民事纠纷？

【案情介绍】

肖先生与某科技公司签订了为期8年的劳动合同。双方约定，合同订立后，科技公司向肖先生免费提供两居室住房一套，若肖先生在科技公司工作满8年，住房产权归肖，否则房屋由科技公司收回。后肖先生工作不满8年就辞职了，公司表示同意。但肖先生没有将所住房屋退还，双方因此发生争议。经协商，肖先生与科技公司达成了购房协议。但肖先生一直没有支付房款。科技公司提起诉讼，要求肖先生给付房款并支付自解除劳动合同后房屋的租金。

【案情分析】

法院对本案应适用的法律产生了两种意见：

一种意见认为，本案应按照劳动争议予以解决。因为发生争议的房屋是双方当时在劳动合同中约定的，所以，应依据劳动法规予以处理。

第二种意见认为，本案应当按照民事纠纷予以处理。因为房屋买卖协议是在双方劳动合同解除后达成的，所以，应适用《民法通则》予以解决。

本案应适用《民法通则》予以解决。

劳动争议，是指用人单位与劳动者因劳动权利义务发生分歧而引起的争议。《中华人民共和国企业劳动争议处理条例》第2条规定，本条例适用于中华人民共和国境内的企业与职工之间的下列劳动争议：因企业开除、除名、辞退职工和职工辞职、自动离职发生的争议；因执行国家有关工资、保险、福利、培训、劳动保护的规定发生的争议；因履行劳动合同发生的争议；法律、法规规定应当依照本条例处理的其他劳动争议。

本案中，双方当事人签订了劳动合同，在合同履行期间，由于肖先生自身原因，劳动合同没有到期，他就提前离开了工作单位。此时，双方对肖先生的辞职、房屋的腾退产生的争议属于劳动争议。

但双方解除劳动合同后，为解决房屋腾退问题，双方当事人达成了购房协议。这一新协议是双方就房屋的价款达成的还款协议，它的标的是房屋的价款，而原劳动合同的标的是劳动关系，两个合同的性质不同。双方签订购房协议是双方的真实意思表示，合法有效，确定了平等主体间的权利义务关系。这也正是民法的调整对象，所以，本案应当依照民法予以处理，而不应适用有关劳动争议的规定。

【案件结果】

最终,法院适用《民法通则》处理此案,支持了科技公司的诉讼请求。

【相关法规】

劳动争议,是指用人单位与劳动者因劳动权利义务发生分歧而引起的争议。《中华人民共和国企业劳动争议处理条例》第 2 条规定,本条例适用于中华人民共和国境内的企业与职工之间的下列劳动争议:因企业开除、除名、辞退职工和职工辞职、自动离职发生的争议;因执行国家有关工资、保险、福利、培训、劳动保护的规定发生的争议;因履行劳动合同发生的争议;法律、法规规定应当依照本条例处理的其他劳动争议。

但双方解除劳动合同后,为解决房屋腾退问题,双方当事人达成了购房协议。这一新协议是双方就房屋的价款达成的还款协议,它的标的是房屋的价款,而原劳动合同的标的是劳动关系,两个合同的性质不同。双方签订购房协议是双方的真实意思表示,合法有效,确定了平等主体间的权利义务关系。这也正是民法的调整对象,所以,本案应当依照民法予以处理,而不应适用有关劳动争议的规定。

劳动合同纠纷案

【案情介绍】

上诉人(原审被告):上海开胜通讯技术有限公司(以下简称开胜公司)。

被上诉人(原审原告):王某。

王某购买相关车辆,并于2013年在报纸上刊登"带车求职"的商业广告,开胜公司根据该信息与王某在2013年2月19日签订《临时租车协议》,约定甲方王某及其车辆包租给乙方开胜公司使用,约定乙方每月支付给甲方费用6 100元(含租车、汽油、司机劳务、午餐补贴等费用),其他过路、过桥及停车费由乙方承担。第四条第四项约定:乙方用车期间,甲方司机应服从乙方的调配,积极配合乙方完成任务。第五条第二项约定:星期六、星期日及节假日加班按200元/天结算(半天100元),如果甲方司机在上海以外地区过夜,每晚补贴200元(含住宿费)。2013年4月1日,王某、开胜公司签订补充协议,将2013年2月签署的《临时租车协议》延期六个月至2013年9月30日。《临时租车协议》的所有条款保持不变。2015年6月1日,双方签订《临时租车协议》一份,同时王某(甲方)、开胜公司(乙方)签订《承包用车合同》,约定:甲方车辆、驾驶员王某,承包给乙方使用,上下班接送员工,并用于路测手机信号。承包期限自2015年6月1日至2015年12月31日。每天工作时间早上9点至晚上6点……具体事宜以临时租车协议为准。2016年1月18日,王某(甲方)与开胜公司(乙方)签订《临时租车协议》,协议第一条约定:甲方将车辆、驾驶员王某包租给乙方使用。租车期限自2016年1月1日至2016年6月30日共六个月。在2013年9月30日之后至2015年5月31日之前及2016年6月30日之后至2018年7月31日止双方未签订任何协议,但双方仍按照原临时租车协议、补充协议、承包用车合同约定的权利与义务履行直至2018年7月31日。2018年2月14日,开胜公司曾上诉称其与王某之间系劳务关系而非劳动关系:从该协议主体来看,王某并非基于劳动者的地位签订租车协议,而是以车辆所有者的身份签订该协议,双方系平等民事主体之间签订的一般民事协议,并非劳动合同;从该协议的标的来看,王某提供可供使用的车辆,开胜公司支付相关费用,而非聘用王某担任公司的某个职位;从相关责任和费用承担方面看,王某对保养、维修等车辆本身产生的费用及运营风险承担责任,王某是以自己的名义而并非以开胜公司员工的名义对车辆的运营对外承担责任。并且,双方完全是按照所签协议履行义务,开胜公司并未按照相关劳动法规向王某支付报酬,也没有用公司的规章制度来约束王某。故认为原判错误,请求二审法院依法改判,驳回王某原审提出的诉请。

王某辩称,《临时租车协议》的形式和内容并不统一,该协议约定了工作时间、岗位、劳务费、车辆管理等具有人身隶属性、与劳动的权利义务有关的条款,属劳动法律、法规调控。就协议本质来看，因车辆租赁关系的民事法律关系注重的是工作的成果，而不是劳动的过程，故而双方非租赁关系。故认为双方系明确的劳动关系，原判事实清楚，适用法律正确，请求二审法院驳回上诉，维持原判。

二审法院经审理认为，从订立协议之宗旨及条文设定看，双方对于租赁车辆为协议主要目的的意思表示明确、真实。在履行协议过程中，王某自行承担车辆的保养、维修、保险等车辆本身产生的费用以及车辆运营过程中产生的风险责任。王某依《临时租车协议》之约定，在约定的时间内为开胜公司完成路测即可，超出约定的时间则开胜公司另行支付费用。上下班接送员工，开胜公司亦另行支付费用，这与劳动关系取得报酬的特征不符。从开胜公司支付给王某费用的内容看，包括租车、汽油、司机劳务等费用，不能认定开胜公司直接向王某支付了劳动报酬，且公司发放工资名册中亦无王某的名字。另外，开胜公司不对王某进行考核管理，王某亦不受开胜公司规章制度的约束，双方关系不具有人身依附、行政隶属等劳动关系的特征。综上，从《临时租车协议》并结合双方权利义务的履行情况来看，王某独立承担经营风险，付出的劳务只是其承揽提供的车辆服务的一个组成部分，并未形成职业性的从属关系。据此，二审法院判决撤销原判，对王某诉请不予支持。

【案件焦点】

"带车求职"是当事人一方自备车辆，为另一方当事人提供车辆及车辆驾驶服务，以换取相应报酬。带车求职者与用车单位之间是属于劳务关系还是属于劳动关系仍存在争议，实践中也引发了不少纠纷。特别是在合同约定不甚明了的情况下，"带车求职"法律关系的性质易成为案件争议的焦点。

【分析与结论】

随着社会经济的发展，"带车求职"已经成为一种较为常见的做法。但是，带车求职者与用车单位之间是属于劳务关系还是属于劳动关系仍存在争议，在实践中也引发了不少纠纷。特别是在合同约定不甚明了的情况下，"带车求职"法律关系性质的判断往往成为案件争议的焦点。笔者认为，判断"带车求职"法律关系的性质应从以下几个方面入手：

一、劳动者是否具有人身依附关系

一般意义上的劳动关系概念，是以劳动力和劳动为内涵要素的，是劳动力在使用过程中形成的权利义务关系。从这个意义上讲，广义的劳动关系应当包含劳务关系。但是，劳动法所调整的劳动关系，有其特定的内涵，是指劳动者和用人单位之间，依据劳动法律规范所形成的实现劳动过程的权利义务关系，它不包括劳动者与用人单位(或雇主)之间，依据民事法律规范所形成的实现劳动成果的权利义务关系。

劳动关系是主体之间兼有平等性与隶属性的社会关系。主体双方不管是否用书面形式签订合同，在支出劳动力和接受劳动力之前，双方都需要进行平等协商，从这个意义上讲，双方具有平等性。而合同一经缔结(包括事实劳动关系中的口头合同)，劳动者就成为用人单位的职工，在身份上、组织上、经济上都从属于用人单位，用人单位就成为劳动力的支配者和劳动力的管理者，双方即形成一种隶属主体间的以指挥和服从为特征的管理与被管理关系，劳动者完全被纳入用人单位的经济组织和生产结构之内。因此，劳动关系就其具体意义而言具有一定的人身依附性，即劳动者实际上将其人身在一定限度内交给了用人单位。而劳务关系是民事主体之间依据民事法律规范而形成的权利义务关系，始终处于平等地位，二者相互独立；合同履行过程中，尽管接受劳务的一方有一定的指示权，但双方的权利义务基本维持在合同约定以内，不存在严格的隶属关系和人身依附关系。这与劳动法所调整的劳动关系是有很大区别的。

实践中，用人单位的各项规章制度一般不能约束劳务提供者，用人单位也不用诸如《劳动考勤汇总表》、《职工工资与考勤登记》等对雇请的劳动者进行考勤。在工作制度方面，用人单位也不用工作任务、工作质量等考核劳务提供者，也不要求其提高劳动技能和业务水平，更不会要求此类劳动者参加业务学习、政治学习。这都是区分劳务关系与劳动关系可供考虑的因素。在本案中，王某虽然需要按时按量提供租车服务，并按照开胜公司的要求进行加班等，但这是按照劳务合同履行义务；开胜公司也会对王某的工作情况进行考察与评价，但这也是接受劳务一方对劳动成果的验收。开胜公司并未像管理公司员工一样对王某进行管理与考核。总体上看，王某与开胜公司之间是依据提供有偿劳务的合同而形成的比较松散的约束关系，而并不是具有隶属性与人身依附性的劳动关系。

二、劳动报酬来源及报酬管理上的区别

在劳动关系中，劳动者的劳动报酬来源于本单位按月（或定时）支付的工资（包括奖金、津贴等），具有相对固定性。在劳务关系中，劳动者的劳动报酬则来源于雇主根据劳动成果数量与质量支付的报酬，一般不具有固定性。同时，劳务提供者甚至可以同时获取多个雇主支付的报酬。在本案中，双方没有约定具体的工资标准，虽然约定每月支付共计人民币 6100 元的合同费用，但这包含了租车、汽油、司机劳务、午餐补贴等各项费用，不能认为是支付给劳动者的固定劳动报酬。双方约定周末及节假日加班按 200 元/天结算（半天 100 元）、在上海以外地区过夜每晚补贴 200 元（含住宿费）等，这也是劳务提供者增加劳务的对价，而不符合劳动关系中向劳动者支付加班工资的特点。此外，开胜公司发放工资名册中并没有王某的名字，这也说明王某获取的报酬并非工资。

在实践中，劳动关系和劳务关系在对劳动者报酬的社会管理上也有明显的区别。在劳动关系中，应当按法律法规缴纳有关社会保险费，劳动者除缴纳个人所得税之外不需缴纳其他税费。而在劳务关系中，在目前情况下用人单位并非必须为劳务提供者缴纳社会保险，符合条件的劳务提供者可能需要缴纳营业税等其他税费。

三、主体权利义务所指向的对象不同

劳动关系强调的是双方在劳动过程中的权利义务关系，而劳务关系则强调双方在劳动成果方面的权利义务关系。在劳动关系中，劳动成果是否实现，一般不需要劳动者承担风险。即使在某些劳动活动中没有实现劳动成果，如在某项目开发中没有开发成功，只要劳动者尽到了职责，则用人单位就应依法支付劳动报酬。

而劳务关系则不同，双方的权利义务关系直接指向劳动成果。接受劳务一方提出指示后，一般不再对劳务提供者进行具体的控制，而由劳务提供者自行完成任务，自行承担风险。如果劳务提供者未能完成任务或劳动成果不符合要求，则接受劳务一方可以依约拒绝支付或减少支付价款。

在本案中，《临时租车协议》中虽有“甲方司机应服从乙方的调配，积极配合乙方完成任务”

的约定，但这应认定为劳务关系中接受劳务一方指示权的行使，而并非实质性地掌控劳动过程。实际上，开胜公司更看重的是劳动成果，即协议中约定“接送员工，路测手机信号”。当然，这一劳动成果的实现需要双方配合，并且更多的是王某按照开胜公司的要求提供劳务，但在实现劳动成果的过程之外，开胜公司并不干涉和考核王某的行为。同时根据协议看，王某本人对是否完成“接送员工，路测手机信号”的工作任务自行承担风险。如果王某没有完成工作任务，即使其有正当理由也会被扣除相应的报酬。

劳动合同以当事人之间在劳动过程中的权利义务关系为标的；劳务合同则以劳动成果为标的，且标的是特定的。在本案中，王某与开胜公司签订的《临时租车协议》载明，甲乙双方经友好协商，甲方车辆租给乙方用于商务旅游及其他业务性用途，即合同标的为王某完成开胜公司规定的一系列工作任务，以劳动成果换取相应的合同对价。

索取双倍工资案

【案情简介】

原告:杨某。

被告:深圳市某酒店有限公司。

原告于2009年7月1日到被告处任大堂经理,同年10月20日任人事经理。2010年4月13日,原告与李某办理了工作交接,交接的内容包括劳动合同等人事资料。同年6月7日,原告调至行政部任职,当月22日,原告向被告邮寄了《解除劳动合同通知书》,并于当日离职。原告任职期间,每周工作6天,每天工作7小时,2009年7月至12月,原告每月工资总额为3500元。2010年1月至6月,原告每月工资总额为4500元,工资表备注显示为包薪制。2010年1月至6月期间原告夜晚值班13次。

原告以被告未与其签订劳动合同以及未足额支付加班工资为由,于2010年7月向深圳市盐田区劳动争议仲裁委员会申请劳动仲裁,请求与被告解除劳动关系,并要求被告支付解除劳动关系的经济补偿金4000元,未签订劳动合同的双倍工资43517.24元,休息日、节假日、夜间的加班工资23117.81元、奖金及节日费1047元,律师代理费5000元,2010年6月份工资3517.24元。盐田区劳动争议仲裁委员会做出仲裁裁决书,裁决:(1)双方劳动合同于2010年6月22日解除;(2)被告支付原告加班工资2819元;(3)驳回原告的其他仲裁请求。原告不服该仲裁结果,向盐田区人民法院提起诉讼。

经查,被告提交了一份与原告签订的期限为2009年7月7日至2010年6月30日的劳动合同复印件,原告称该合同并非原告本人所签,并申请对合同上的签名进行笔迹鉴定,法院依法委托司法鉴定所进行了鉴定,鉴定意见为:劳动合同尾页落款处"杨某"签名字迹如能排除变造,则是杨某本人书写。

2010年5月18日,盐田区劳动监察大队对被告进行劳动监察,向被告发出《劳动保障监察询问通知书》,要求被告提交相关劳动管理资料,其中包括劳动合同或劳动合同签收记录(台账),原告代表被告签收了该通知。后被告提交了《某酒店员工劳动合同签订台账》等资料,该台账显示,原告的劳动合同期限为2009年7月7日至2010年6月30日。

法院经审理认为,关于未签劳动合同的双倍工资差额问题,被告提供了一份原、被告签订的劳动合同复印件,原告虽对其真实性不予确认,但结合其他证据来看:2009年6月20日,被告即书面通知要求原告签订劳动合同;在原告入职期间,被告向盐田区劳动监察大队提交的《某酒店员工劳动合同签订台账》记录了原、被告签订劳动合同的期限,该期限与劳动合同复印件中的期限相吻合;从2009年10月起,原告担任人事经理,负责被告的人事工作,保管劳动合同，事后也办理过劳动合同的移交工作，基于原告的工作性质考虑，被告不与人事经理签订劳动合同的做法不合常理；另外，对劳动合同上笔迹鉴定的结果显示，如能排除变造，则为杨某本人书写，现原告亦无证据显示该签名系变造，因此，法院认为，上述证据能结合印证双方劳动合同签订的事实，故对原告主张的未签劳动合同需支付双倍工资的请求，不予支持。

关于加班费问题，法院认为，原告主张每周仅工作35小时的说法没有证据证实，并且原告曾作为被告的代理人在处理劳动争议纠纷时答辩称公司实行包薪制，工资包含了加班费；另外，根据被告提供的劳动合同显示，双方约定的工资为人民币1000元，而原告实际每月领取的工资远高于此标准，故法院采信被告主张的每周工作42小时、工资中包含加班费的意见，对原告诉请的休息日加班工资不予支持；根据原告提供的13份值班记录，被告应支付原告夜间加班工资人民币3165元。

关于解除劳动合同的经济补偿金问题，法院认为，根据劳动争议案件的举证责任原则，被告应对双方劳动关系解除的原因进行举证，现被告未对此进行举证，而被告又确有未足额支付加班工资的情形，故法院对原告的诉求予以支持，被告应支付原告解除劳动合同的经济补偿金人民币4000元。

关于奖金和节日费，因原告未举证证明奖金和节日费的发放依据，故法院对原告的该项主张不予支持；关于律师费，因原告未提供原件核实，故对该项主张法院亦不予支持。因仲裁裁决原、被告劳动合同已于2010年6月22日解除，双方对此均未起诉，故法院予以确认。盐田区人民法院依照《劳动合同法》第三十八条第一款第(二)项、第四十六条第一款第(一)项、第四十七条第一款，《深圳市员工工资支付条例》第十八条之规定，判决：(1)原、被告的劳动合同已于2010年6月22日解除；(2)被告深圳市某酒店有限公司应于本判决生效之日起十日内向原告杨某支付加班工资3165元；(3)被告深圳市某酒店有限公司应于本判决生效之日起十日内向原告杨某支付解除劳动合同的经济补偿金4000元；(4)驳回原告杨某的其他诉讼请求。

一审宣判后，原、被告均不服，向深圳市中级人民法院提起上诉。深圳市中级人民法院审理后，认为原判认定事实清楚，适用法律准确，维持了一审判决。

【案件焦点】

双方是否签订劳动合同？

【分析与结论】

一、未签订书面劳动合同的法律后果

早在1995年实施的《劳动法》就要求用人单位与员工签订书面劳动合同，但由于劳动力市场供需失衡、用人单位的优势地位以及相关监督配套措施落实不到位等因素，用人单位不与劳动者订立书面劳动合同的现象一直无法完全有效遏制，直到2008年《劳动合同法》实施后，法律将不签订书面劳动合同的后果通过经济手段予以制裁后，劳动关系领域内书面劳动合同的签订率才得以普遍提高。

目前，相对于《劳动合同法》实施之初，因用人单位不签订书面劳动合同而提起诉讼的案件数量已大为减少，但此类案件出现一个新的特点，即个别当事人利用曾担任人事主管等职务便利，在离职时，取走了自己的劳动合同。法院在审理案件时，依据证据尽可能地还原客观事实，但由于诉讼受到双方的举证能力、证据证明力的大小等多种因素的制约，法院所能还原的只是法律事实，与客观事实有可能存在偏差。因此，证据的保存和对证据的采信不仅影响到法院对事实的认定，而且对于用人单位以及劳动者依法维权也都至关重要。

二、复印件仍有可能被采信

在用人单位主张已经签订劳动合同的情况下，用人单位应提交签订的劳动合同原件。一旦用人单位无法提供，法院将会采信双方未签订劳动合同的事实。

本案中，被告提供的劳动合同虽为复印件，但同时存在其他多份间接证据证明相关事实，包括：(1)鉴定结论，结论表明，签名字迹如能排除变造，则是杨某本人书写，现杨某没有证据显示该签名系变造；(2)在杨某离职前的 2010 年 5 月，盐田区劳动监察大队对被告进行劳动监察，并发出通知要求其提供包括劳动合同签收记录(台账)在内的劳动管理资料，杨某代表被告签收了通知，并在被告向盐田区劳动监察大队提交的《某酒店员工劳动合同签订台账》记录了原、被告签订劳动合同的期限，该期限与劳动合同复印件中的期限相吻合；(3)从 2009 年 10 月起，原告担任人事经理，负责被告的人事工作，保管人事劳动合同，事后也办理过劳动合同的移交工作，基于原告的工作性质考虑，被告不与人事经理签订劳动合同的做法不合常理。故此，法院认为，上述证据相结合印证双方签订劳动合同的事实更为可信，故对原告所主张的未签劳动合同需支付双倍工资的请求不予支持。

三、实现劳资关系的良性循环

作为用人单位，为了用工关系的稳定以及自身发展的持续性，首先，应当诚信守法，切实维护员工的合法权益。用人单位应在法定期限内及时与劳动者签订书面劳动合同，明确双方的权利义务，有效预防和减少劳动争议的发生。其次，要妥善保管档案资料，规范移交手续。由于劳动争议领域的举证原则与一般民事案件不尽相同，一些特定的举证责任由用人单位承担，包括双方已经签订劳动合同的事实、解除劳动合同的原因、劳动者两年内的工资支付情况等。因此，用人单位一定要妥善保管员工的入职登记表、离职登记表等，并完善员工在工作中发生的资料交接手续，对于人事经理等特殊管理职位的劳动合同，也最好由其他更高职位的人员负责保管。

而对于劳动者，也应当理性对待权利，在与用人单位发生争议后，需对诉讼风险有客观、全面的判断，尽量采取理性、务实的方法缩小差距、化解矛盾、维护权益。

人事派遣劳动纠纷案

【案情介绍】

原告(被上诉人):李华。

被告(上诉人):上海市对外服务有限公司。

1996年7月,原告李华通过被告上海市对外服务有限公司(以下简称外服公司)应聘进入日本后藤商事会社上海代表处(以下简称后藤)工作。同年8月1日,外服公司与后藤签订聘用中国员工合同及中国员工聘用合约各一份,约定:外服公司为后藤推荐人选,并为后藤办理合法的聘用手续;后藤为中国员工提供符合中国政府颁布的劳动保护条例中规定的工作场所和条件;对受聘满一年的中国员工年终加付一个月的聘用费,当年受聘不满一年的,每工作一个月加付月聘费的十二分之一;解聘中国员工必须提前30日通知外服公司和中国员工,否则应支付被告相当于一个月聘用费的赔偿费,同时根据员工工作时间长短向外服公司支付离职费;若中国员工向后藤提出辞职,获准后,后藤可不支付离职费,但须支付年终加付的聘用费;合同有效期一年,合同期满前一个月内如双方未提出解除合同,有效期自行延长等。

1996年9月2日,原告与外服公司签订劳动合同制雇员合同一份,约定:外服公司派遣原告到后藤工作,合同期限以聘用中国员工合同的期限为准,外服公司保证原告在合同有效期内享受各项待遇等。合同签订后,原告在后藤工作期间的合同有效期逐年延续。

1999年7月12日,原告曾向后藤提出辞职,经后藤挽留并加薪至每月人民币4500元,原告留下继续工作。同年11月13日,后藤通知原告其已被解聘。同年11月30日,外服公司向原告开具退工单。为此,原告通过外服公司要求后藤根据有关合同的约定,支付离职费等费用。因后藤一直拒付,原告向上海市黄浦区劳动争议仲裁委员会申请仲裁,该委员会于2000年3月24日做出如下裁决:外服公司支付原告1999年11月份的工资人民币4500元,未提前一个月通知解除劳动合同的经济补偿费人民币4500元,支付年终双薪的月聘用费人民币4125元。原告不服裁决,于2000年4月10日向法院起诉,要求判令外服公司支付1999年11月份的工资人民币4500元,替代金人民币4500元,离职费人民币1.8万元,年终双薪人民币4500元,带薪休假加班费人民币19148元。

另查明,原告在后藤实际工作三年四个月,未领取1999年11月份的工资;原告提出外服公司支付工作期间未休假的带薪休假加班费的主张,未提供证据证明,但表示证据应在后藤处。经向后藤调查,后藤表示无相关证据。

原告李华诉称:1996年7月,原告通过被告外服公司介绍应聘至日本后藤商事会社上海代表处(下称后藤)工作,并与被告签有劳动合同制雇员合同一份;被告与后藤签有聘用中国员工合同及中国员工聘用合约各一份。1999 年 11 月,后藤在未提前通知原告的情况下,单方面解除与原告的聘用关系,停发原告 11 月份的工资。同年 11 月 30 日,被告开具退工单。为此,原告通过被告要求后藤根据合同的约定,支付原告工资、带薪休假加班费、离职费等费用,但后藤一直未同意。原告认为,原、被告间签有劳动合同,被告应保证其享受的待遇,后藤未支付的,应由被告支付这部分费用。故原告要求被告支付 1999 年 11 月份的工资人民币 4500 元,替代金人民币 4500 元,离职费人民币 1.8 万元,年终双薪人民币 4500 元,带薪休假加班费人民币 19148 元。

被告上海市对外服务有限公司辩称,原告曾于 1999 年 7 月提出辞职申请,现后藤解聘原告实际是同意原告的辞职申请,故无义务支付原告提出的离职费等费用;因原告与后藤的聘用关系终止,被告亦终止与原告的劳动合同,故无须提前三十日通知;至于 1999 年 11 月份的工资应由后藤支付,由于被告未收到后藤的该笔费用,被告亦无义务支付给原告;关于原告提出的带薪休假加班费,原告未提供证据,被告亦无法支付。

一审法院经审理认为:劳动合同是劳动者与用人单位确立劳动关系、明确双方权利和义务的协议。原告李华与被告外服公司签有劳动合同制雇员合同,外服公司派遣原告到后藤工作,在劳务派遣和管理工作中,应保证原告应当享有的权利。原告虽曾提出辞职,但经后藤挽留及加薪后,辞职未成。故外服公司以原告系自行辞职为由,拒付有关费用,缺乏事实和法律依据。原告被解聘后未领取 1999 年 11 月份的工资,外服公司应予以支付该部分工资。后藤解聘原告未提前一个月通知,故外服公司应支付一个月的工资替代通知金。鉴于外服公司与后藤的合同中对离职费和年终双薪均有明确约定,且原告在后藤工作已满二年半,1999 年工作满 11 个月,故外服公司也应按 3 个月的聘用费人民币 13500 元的标准支付离职费及 11 个月的年终双薪月聘费人民币 4125 元。至于原告要求外服公司支付带薪休假加班费的诉讼请求,原告未提供充足的证据予以证明,法院不予支持。法院根据《中华人民共和国劳动法》第十七条、第五十条的规定,判决如下:

1. 被告上海市对外服务有限公司应支付原告李华 1999 年 11 月份的工资人民币 4500 元;

2. 被告上海市对外服务有限公司应支付原告李华替代金人民币 4500 元;

3. 被告上海市对外服务有限公司应支付原告李华离职费人民币 13500 元;

4. 被告上海市对外服务有限公司应支付原告李华年终双薪月聘费人民币 4125 元;

5. 原告李华要求被告上海市对外服务有限公司支付带薪休假加班费的诉讼请求,不予支持;本案受理费人民币 50 元,由被告上海市对外服务有限公司负担。

一审判决后,被告上海市对外服务有限公司不服,提出上诉。

上诉人外服公司诉称:1999 年 7 月,被上诉人李华曾向后藤申请辞职,后藤为其增加了月薪,要求其工作到展览会结束后,认为双方达成的继续留任的协议系新协议,非原有聘用合同的延续。后藤与被上诉人之间原有的聘用合同是在被上诉人提出辞职要求并经双方协商达成新的聘用合同基础上自行解除的。其不应承担原合同解除的责任。同时认为,被上诉人在后藤工作期间,扣押后藤的营业执照并私自扣留后藤 7 万余元钱款,后藤以惩戒为由对被上诉人做出辞退决定,要求撤销原判,不同意支付被上诉人 1999 年 11 月份工资、提前解除劳动合同替代金、离职费及年终双薪月聘费。

被上诉人李华辩称：其向后藤提出辞职后，后藤竭力挽留，并为其增加月薪至4500元。双方并无工作到展览会结束后再辞职之约定。认为其与后藤履行的协议是原合同的延续。在合同履行期内，其无违纪行为。关于后藤营业执照及7万余元钱款之争均发生在后藤通知其已被解雇之后，且营业执照已归还后藤。外服公司应支付后藤欠付的1999年11月份工资、提前解除合同替代金、离职费及年终双薪月聘费。表示同意原审判决。

二审法院经审理认为：李华与外服公司签有劳动合同制雇员合同，李华作为外服公司的雇员被派至后藤处工作。根据该雇员合同约定，外服公司负有在合同有效期内，依据外服公司与后藤签订的合同，保证李华应当享受各项待遇的义务。李华虽曾提出辞职，但经后藤挽留后，仍留在后藤处继续工作，外服公司未提供证据证实李华与后藤达成过新协议或曾约定工作到展览会结束后再辞职，亦未能证实李华系违纪被辞退。现后藤解聘李华，未按合同约定支付李华离职费及年终双薪月聘费，亦未支付李华1999年11月份的工资、提前解除合同的替代金。李华根据其与外服公司所签合同，要求外服公司支付上述费用并无不当。一审判决正确。上诉人的上诉理由缺乏依据，不予支持。二审法院根据《中华人民共和国民事诉讼法》第一百五十三条第一款第(一)项之规定，做出判决：驳回上诉，维持原判。

【案件焦点】

对外服务公司分别与涉讼中国员工及外商驻沪机构签订雇员、聘用中国员工合同，对外服务公司遂与该员工建立了劳动关系。现外商机构无故解聘该员工，应由对外服务公司还是外商机构赔偿该员工的合理损失？

【分析与结论】

本案的问题是如何解决外服公司、外商驻沪机构与中国员工三者之间的用工关系。

随着我国经济的快速发展，引进外资的措施得当，投资环境大为改善，吸引了大批外商进入中国的市场。许多外商纷纷在沪设立办事处或代表处，比如本案中涉及的后藤。这些机构将国外的先进理念、新技术带给我们，亦提供了大量的就业机会。但由于这些机构不具备直接用工的条件，于是诸如外服公司等专为外商驻沪机构推选人才的企业便应运而生。因此，这类用工关系比较特殊，由劳动者、外服公司、外商驻沪机构三者组成，不同于以往单纯的劳动者与用人单位的劳动关系。现有的法律、法规亦无明文规定，处理此类纠纷较棘手。笔者认为，关于此类纠纷由前述三者构成，由三者之间的三份合同组成，这三份合同是明确三者之间权利与义务的协议，是处理此类劳动争议的主要依据。

我国劳动法规定，劳动合同是劳动者与用人单位确立劳动关系，明确双方权利和义务的协议。李华与外服公司签有的劳动合同制雇员合同约定：李华作为外服公司的员工被派至外商驻沪机构工作，外服公司负有保证李华应当享受各项待遇的义务，合同期限以外服公司与外商驻沪机构间的合同期限为准。因此，李华与外服公司具有劳动关系。当外商驻沪机构解聘李华后，李华与外服公司的劳动合同也随之解除，故而，当外商驻沪机构未按约支付李华各项费用时，应由外服公司支付有关费用。

李华主张的离职费、年终双薪月聘费、提前解除合同替代金，在外服公司与外商驻沪机构间的合同中均有约定，外商驻沪机构拒付时，法院应判决由外服公司代付。但是李华主张的带薪休假加班费，由于李华未提供证据，外服公司亦不是劳动报酬直接支付方，无法举证。

法院为保护劳动者的合法权益，依据职权向外商驻沪机构调查取证，在外商驻沪机构处未取得有利于劳动者的证据情况下，不支持劳动者的该项诉请。笔者认为，关于此类纠纷上海高院的有关司法解释规定，只将外服公司列为当事人，为审案带来困难，无法裁决外商驻沪机构承担举证责任，可能会导致无法切实保障劳动者的合法权益；但若将外商驻沪机构亦列为当事人，又与现行的民诉法冲突。故此问题应引起立法部门重视，尽快制定相关的法律规定。

代通知金支付案

【案情介绍】

1. 员工甲方在乙公司从事司机工作，双方在2005年1月1日签订一份劳动合同，期限到2006年12月31日止，合同为两年时间，期限届满后该员工继续在该公司工作，但是没有续订劳动合同。2007年2月10日甲在出车时造成交通事故，乙公司以甲方没有按乙公司规定的行驶路线驾驶而造成事故，并造成巨大损失为由，终止了与甲方的劳动关系，但没有给予任何补偿，甲方不服，向当地劳动仲裁委员会提出申请，要求乙公司支付没有提前一个月通知的赔偿。仲裁机构的裁决是，因乙公司没有充分证据证明甲方的行为违反乙方的规定，造成事故赔偿，应该给予解除劳动关系的处理，所以，认定双方劳动关系解除，但乙方应向甲方支付一个月工资的赔偿(即代通知金)。

2. 在2008年7月，刘某被某一家服装设计公司聘为人力行政总监，双方口头约定工资待遇为1.8万元，一个月后，公司认为刘某的工资待遇太高，也没有提前30日通知刘某，与刘某立即终止了劳动关系，刘某对该公司的做法非常不满，而提出劳动仲裁，要求公司支付违法解除的赔偿金10089元以及没有提前一个月的代通知金18000元，仲裁委员会只支持了单位违法解除的赔偿金的请求，而驳回了要求支付代通知金的请求，其理由为申请人所提出的要求支付代通知金的请求没有法律依据。

【案件焦点】

以上两个案件实际基本情况非常相似，均是用人单位与劳动者没有签订书面劳动合同，形成事实劳动关系，用人单位没有合法的理由而提出终止与劳动者的劳动关系，但是没有提前30日通知劳动者，劳动者请求单位支付一个月的代通知金。但是不同的仲裁机构所做出的仲裁却恰恰相反，案例1认为应该支付，案例2认为不应该支付，那么到底是否应该支付呢?

【分析与结论】

代通知金，不是一个规范的法律术语，在《劳动法》和《劳动合同法》中并没有明确的概念，而是引用中国香港法律的叫法，其本意是用人单位在解除与劳动者的劳动合同时，应提前30日通知劳动者，如没有提前30日通知劳动者，应向劳动者支付一个月的工资，该一个月工资的赔偿就叫代通知金，也是HR经常所提到的“n+1”中的“1”。《劳动法》第26条规定，“用人单位符合规定的情形的，可以解除劳动合同，但是应该提前30日以书面形式通知劳动者本人”，在本条中虽然规定需要提前30日通知劳动者，但是并没有规定如单位没有提前30日通知劳动者，需要承担什么样的责任，也没有规定需要支付一个月工资的代通知金。《劳动合同法》第40条规定，“符合规定的情形的，用人单位提前30日以书面形式通知劳动者本人或者额外支付劳动者一个月工资后，可以解除劳动合同”，在本条中法律第一次明确地提出，用人单位如没有提前30日通知劳动者解除劳动合同的，应向劳动者给予一个月工资的赔偿（即代通知金）。（备注：《劳动法》和《劳动合同法》所指的符合法律规定的情形是指：(1)劳动者患病或者非因工负伤，在规定的医疗期满后不能从事原工作，也不能从事由用人单位另行安排的工作的；(2)劳动者不能胜任工作，经过培训或者调整工作岗位，仍不能胜任工作的；(3)劳动合同订立时所依据的客观情况发生重大变化，致使劳动合同无法履行，经用人单位与劳动者协商，未能就变更劳动合同内容达成协议的。）除了本条的规定外，在《劳动合同法》中没有其他有关代通知金的规定。

在《劳动合同法》第40条有关代通知金的规定中，让我们思考的问题有：(1)事实劳动关系中，用人单位解除劳动关系，是否应支付代通知金？(2)用人单位违法解除劳动合同，是否应给予代通知金？(3)劳动者自动离职，是否需要支付代通知金？

事实劳动关系，是双方形成劳动关系，只是没有签订书面劳动合同，对双方的权利义务约定不清、不明确，实际上与签订书面劳动合同而建立的劳动关系并没有本质的区别，所以，笔者认为，虽然《劳动合同法》第40条规定适用签订书面劳动合同的情形，但应做扩充的解释，也应包括事实劳动关系（随着《劳动合同法》的实施，事实劳动关系会逐步消灭，因为法律对没有签订书面劳动合同的行为，给予2倍工资的赔偿，且在一年后仍不签订书面劳动合同的，视为无固定期限劳动合同）。

用人单位对违法解除劳动合同是否需要支付代通知金？笔者认为应该支付。所谓用人单位的违法解除，是用人单位在单方面解除劳动合同时并不符合法律规定的解除情形。那么按照《劳动合同法》第40条的理解，其是指在劳动者无过失性行为，如不能胜任工作、客观情况发生重大变化，无法继续履行合同等情形下，用人单位解除与劳动者的劳动关系，似乎并没有包括单位的违法解除，但是笔者认为，单位违法解除应该支付代通知金，理由为：(1)从法律的本意考虑，法律之所以设定代通知金，就是要求单位在解除劳动合同前，给予劳动者一个准备的过程，可以使劳动者不仅仅在思想上有所准备，而且可以利用这一个月的时间去考虑再就业的问题，同时也可以在这一个月的时间与企业做好工作交接，如不给予劳动者这样的时间，显然会对劳动者造成一定的损失，由此通过给予代通知金来予以弥补。(2)在解释法律时有“举轻明重”的原则。《劳动合同法》第40条规定的是用人单位在劳动者无过失性行为时的合法解除，而单位的违法解除，显然要严重于前者，既然法律规定对于较轻的情形都需要给予代通知金，那么更为严重的情形也应该适用该规定。(3)某些地方法规对此有明确的规定。《广东省劳动合同管理规定》第26条规定：“任何一方解除劳动合同（本规定第十九条第（一）、（二）、（三）项，第二十三条第（二）、（三）、（四）项除外），必须提前30日以书面形式通知对方。用人单位未能提前30日通知劳动者的，应当支付该劳动者当年1个月的月平均工资的补偿金。”（其中所指的第19条为因劳动者违纪、违反公司制度、造成公司损失的过失性行为而解除；第23条所指为因用人单位的过失性行为、劳动者解除的）从该条文理解，违法性解除如没有提前30日通知，应给予一个月工资的代通知金。针对上述案件2，是单位的违法解除，理应支付一个月工资的代通知金。

劳动者自动离职，没有提前30日通知，是否需要支付一个月工资的代通知金？法律也没有做出明确的规定，但是从法律规定理解为不应支付。《劳动合同法》第37条规定，“劳动者提前30日以书面形式通知用人单位，可以解除劳动合同”。该规定明确提出劳动者因个人原因提出解除劳动合同，应符合两个程序条件：一是提前30日通知，二是必须以书面形式提出，只有符合了这两个条件才合法。但是在实际过程中，劳动者并不按照法律规定来执行，甚至没有任何通知、不办理任何离职手续而离开公司，也就是擅自离职，按自动离职处理，但是从以上的法律规定来看，只是做出“用人单位单方面解除，没有提前30日，应给予代通知金的赔偿”，而对于劳动者解除，没有提前30日通知，并没有规定要求给予代通知金的赔偿。这是否是法律的不对等性，是对用人单位的不公平。但从《劳动法》的立法原则考虑是保护劳动者的合法权益，似乎是合理的解释。

另从《劳动合同法》的规定来看，不需要支付代通知金的情形包括：(1)双方协商解除劳动合同(《劳动合同法》第36条)；(2)因用人单位的违法行为，劳动者立即解除(《劳动合同法》第38条)；(3)因劳动者的过失性行为，用人单位立即解除(《劳动合同法》第39条)；(4)经济性裁员(《劳动合同法》第41条)；(5)劳动合同的终止。

无固定期限劳动合同法律纠纷案

【案情介绍】

王某 2000 年 1 月 3 日进入某集团 A 子公司工作，与 A 子公司签订了 3 年期限的劳动合同，2003 年 1 月 2 日合同到期后续签劳动合同，期限 6 年。后王某于 2008 年 4 月 16 日被该集团调到 B 子公司工作（王某与 A 子公司签订了劳动合同解除协议，但 A 子公司未给王某任何补偿），与 B 子公司重新签订了 3 年期限的劳动合同。2011 年 3 月 23 日，王某以进入该集团工作超过 10 年为由要求与 B 子公司签订无固定期限劳动合同，B 子公司不同意签订并告知王某 2011 年 4 月 15 日合同到期后将不再与其续签劳动合同，双方发生争议，王某遂提起劳动仲裁。

【案件焦点】

本案例涉及两个问题：一是王某从 A 子公司调入 B 子公司的工作年限是否应当连续计算，二是 B 子公司是否应当与王某订立无固定期限劳动合同。《劳动合同法实施条例》第十条规定："劳动者非因本人原因从原用人单位被安排到新用人单位工作的，劳动者在原用人单位的工作年限合并计算为新用人单位的工作年限。原用人单位已经向劳动者支付经济补偿的，新用人单位在依法解除、终止劳动合同计算支付经济补偿的工作年限时，不再计算劳动者在原用人单位的工作年限。"也就是说，王某被安排调入 B 子公司，王某的工作年限即工龄应当连续计算。至 2011 年 3 月 23 日，王某在该集团已经连续工作 11 年多，依据《劳动合同法》第十四条的规定，"劳动者在该用人单位连续工作满十年的，劳动者提出订立无固定期限劳动合同的，用人单位应当与其订立无固定期限劳动合同。"故王某有权利提出订立无固定期限劳动合同。如本案中王某在与 B 子公司劳动关系存续期间没有主动要求订立无固定期限劳动合同的，则用人单位亦无义务主动与王某订立无固定期限劳动合同。但双方在合同届满均同意续签劳动合同时，除劳动者提出订立固定期限劳动合同外，用人单位应当与劳动者订立无固定期限劳动合同。

如用人单位违反《劳动合同法》规定不与劳动者订立无固定期限劳动合同的，自应当订立无固定期限劳动合同之日起向劳动者每月支付二倍的工资。

【分析与结论】

由于缺乏对无固定期限劳动合同制度的正确认识，不少人认为无固定期限劳动合同是"铁饭碗"、"终身制"，认为无固定期限劳动合同一经签订就不能解除。因此，很多劳动者把无固定期限劳动合同视为“护身符”，千方百计要与用人单位签订无固定期限劳动合同。另一方面，用人单位则将无固定期限劳动合同看成了“终身包袱”、“洪水猛兽”，想方设法逃避签订无固定期限劳动合同的法律义务。下面就无固定期限劳动合同的有关法律问题提供一些法理分析与建议。

无固定期限劳动合同，是指用人单位与劳动者约定无确定终止时间的劳动合同。这里所说的无确定终止时间，是指劳动合同没有一个确切的终止时间，只要没有出现法律规定的条件或者双方约定的条件，双方当事人就要继续履行劳动合同规定的义务。公司应当与员工签署无固定期限劳动合同的法定情形有以下几种：

1. 用人单位与劳动者协商一致，可以订立无固定期限劳动合同。

2. 在法律规定的情形出现时，劳动者提出或者同意续订劳动合同的，应当订立无固定期限劳动合同。有以下3种情况：

(1)劳动者已在该用人单位连续工作满十年的；

(2)用人单位初次实行劳动合同制度或者国有企业改制重新订立劳动合同时，劳动者在该用人单位连续工作满十年且距法定退休年龄不足十年的；

(3)连续订立二次固定期限劳动合同且劳动者没有本法第三十九条规定的情形续订劳动合同的。

3. 用人单位自用工之日起满一年不与劳动者订立书面劳动合同的，视为用人单位与劳动者已订立无固定期限劳动合同。

但这种劳动合同也不是“终身制”的，在法律规定的条件或是双方协商约定的条件出现时，用人单位可以解除劳动合同。从我国《劳动合同法》关于无固定期限劳动合同的立法本意和立法目的上来看，国家的目的在于引导用人单位和劳动者订立无固定期限劳动合同，引导劳动关系的长期稳定发展，改变《劳动合同法》实施以前劳动合同短期化、劳动关系不稳定的局面，使得未来我国无固定期限劳动合同成为常态、固定期限劳动合同为补充、以完成一定工作任务为期限的劳动合同为例外。从这一立法本意和政策导向来看，现行法律追求的并不是三类期限劳动合同在实体权利义务上的实质不同，而“引导无固定期限劳动合同的普遍签订”，因而如果在解除条件上对三类劳动合同做过多限制或不适当地区别对待，将会再度引起用人单位的恐慌，“无固定期限劳动合同常态化”的立法目标就更难实现了。

《中华人民共和国劳动合同法实施条例》第十九条规定：

有下列情形之一的，依照劳动合同法规定的条件、程序，用人单位可以与劳动者解除固定期限劳动合同、无固定期限劳动合同或者以完成一定工作任务为期限的劳动合同：

(1)用人单位与劳动者协商一致的；

(2)劳动者在试用期间被证明不符合录用条件的；

(3)劳动者严重违反用人单位的规章制度的；

(4)劳动者严重失职，营私舞弊，给用人单位造成重大损害的；

(5)劳动者同时与其他用人单位建立劳动关系，对完成本单位的工作任务造成严重影响，或者经用人单位提出，拒不改正的；

(6)劳动者以欺诈、胁迫的手段或者乘人之危，使用人单位在违背真实意思的情况下订立或者变更劳动合同的；

(7)劳动者被依法追究刑事责任的；

(8)劳动者患病或者非因工负伤，在规定的医疗期满后不能从事原工作，也不能从事由用人单位另行安排的工作的；

(9)劳动者不能胜任工作，经过培训或者调整工作岗位，仍不能胜任工作的；

(10)劳动合同订立时所依据的客观情况发生重大变化，致使劳动合同无法履行，经用人单位与劳动者协商，未能就变更劳动合同内容达成协议的；

(11)用人单位依照企业破产法规定进行重整的；

(12)用人单位生产经营发生严重困难的；

(13)企业转产、重大技术革新或者经营方式调整，经变更劳动合同后，仍需裁减人员的；

(14)其他因劳动合同订立时所依据的客观经济情况发生重大变化，致使劳动合同无法履行的。

用人单位按照上述第十九条规定第1、8、9、10、11、12、13、14项与劳动者解除无固定期限劳动合同时，需按照《劳动合同法》的相关规定向劳动者支付经济补偿金。

固定期限劳动合同与无固定期限劳动合同在终止时，在向劳动者支付经济补偿时的异同如下：

(1)固定期限劳动合同分为以下两种情况：

A. 合同到期非因劳动者个人原因而不再续签劳动合同的，按劳动者在用人单位工作的年限，以每满一年支付一个月工资的标准向劳动者支付经济补偿。六个月以上不满一年的，按一年计算，不满六个月的，向劳动者支付半个月工资的经济补偿。经济补偿年限自2008年1月1日起计算。

B. 在劳动合同期限内，用人单位按照上述规定第1、8、9、10、11、12、13、14项与劳动者解除固定期限劳动合同的，按劳动者在用人单位工作的年限，以每满一年支付一个月工资的标准向劳动者支付经济补偿。六个月以上不满一年的，按一年计算，不满六个月的，向劳动者支付半个月工资的经济补偿。

(2)无固定期限的劳动合同因不存在合同到期终止问题，故其终止劳动合同的补偿只有一种情况，与固定期限劳动合同终止补偿的B种情形相同。

另外，有很多错误观点认为无固定期限劳动合同是不能变更的“死合同”。无固定期限劳动合同和其他类型的合同一样，也适用劳动法的协商变更原则。按照劳动法的规定，用人单位与劳动者协商一致，可以变更劳动合同约定的内容。除了劳动合同期限以外，双方当事人还可以就工作内容、劳动报酬、劳动条件和违反劳动合同的赔偿责任等方面协商，进行变更。在变更合同条款时，应当按照自愿、平等原则进行协商，不能采取胁迫、欺诈、隐瞒事实等非法手段，同时还必须注意变更后的内容不违法，否则，这种变更是无效的。

王某劳务派遣纠纷案

【案情简介】

王某2008年3月10日受北京某劳务派遣公司派遣在北京某综合加工有限公司广州分公司担任业务岗位工作。2008年期间，两家公司都未与王某签订劳动合同，直到2009年1月1日，北京某劳务派遣公司才与王某签订了劳动合同。合同约定劳动期限自2009年1月1日起至2011年1月1日止；试用期包含在劳动合同期限内，双方同意试用期从劳动合同开始日起至2008年5月9日止；北京某劳务派遣公司认同王某自2008年3月10日起至2009年1月1日的工作年限作为相关福利或补偿计算时的工作年限。

2009年5月13日，北京某劳务派遣公司向王某发出了一份《协商解除劳动合同协议》。协议指出，劳务派遣公司与王某的劳动合同自2009年5月31日起解除，北京某劳务派遣公司一次性给予王某4559.31元的经济补偿。

王某认为两公司在其工作的前9个月里一直未与其签订劳动合同，且合同期未满又无故辞退自己的做法违反了《劳动合同法》，严重侵害了自己的合法权益，因此在多次与两公司协商都无果的情况下，向广州市越秀区人民法院提起了诉讼。

【案件焦点】

1. 用人单位与王某是否协商一致解除合同？
2. 如何计算经济补偿金？
3. 未签订劳动合同，是否双倍支付工资？

【分析与结论】

1. 按照王某的说法，他是无故收到了北京某劳务派遣公司发出的一份《协商解除劳动合同协议》，在这之前他并不知道公司要与其解除劳动合同关系，如果有证据支持这种说法，公司就是强行违法解除合同，需要对劳动者进行赔偿。但也有可能是双方协商，王某同意解除后，对经济补偿金未达成一致而引起争议。依《最高人民法院关于民事诉讼证据的若干规定》第六条规定，在劳动争议纠纷案件中，因用人单位做出开除、除名、辞退、解除劳动合同、减少劳动报酬、计算劳动者工作年限等决定而发生劳动争议的，由用人单位负举证责任。所以，用人单位若无法提供相关证据证明与劳动者是协商一致解除劳动合同，就需要负担不利后果。

2. 经济补偿金的计算。在上述案例中，王某与用人单位的事实劳动合同关系自2008年3月至2009年5月。《劳动合同法》第四十七条规定：经济补偿按劳动者在本单位工作的年限，每满一年支付一个月工资的标准向劳动者支付。六个月以上不满一年的，按一年计算；不满六个月的，向劳动者支付半个月工资的经济补偿。因此用人单位需要向劳动者支付一个半月的经济补偿金。若证据证明用人单位是强行与劳动者解除劳动合同的，用人单位就违反了《劳动合同法》的规定，需要向劳动者支付2倍的经济补偿金，即3个月的工资。

经济补偿的月工资按照劳动者应得工资计算，包括计时工资或者计件工资以及奖金、津贴和补贴等货币性收入，是合同解除或者终止前十二个月的平均工资。通过银行提供的工资单，可以算出王某前12月的平均工资约为3000元。

3. 未签订劳务合同的确定和工资的双倍支付。依据劳动合同法的规定，用人单位自用工之日起超过一个月不满一年未与劳动者订立书面合同的，应当向劳动者支付两倍的工资。从王某与北京某劳务派遣公司签订的劳动合同、工资发放和社保缴纳情况来看，可以证明王某自2008年3月10日起就在北京某综合加工有限公司广州分公司工作，但一直未与公司签订劳动合同，直到2009年1月1日才与派遣单位北京某劳务派遣公司签订劳动合同。因此，用人单位应当向王某支付未签订劳动合同时的两倍工资。

《劳动合同法实施条例》第七条规定，用人单位自用工之日起满一年未与劳动者订立书面劳动合同的，自用工之日起满一个月的次日至满一年的前一日，应当依照《劳动合同法》第八十二条的规定向劳动者每月支付两倍的工资。由此可知，用工单位应当再支付王某8个月21天的工资，而不是王某所主张的10个月工资。

实践中，当单位选择“协商一致，解除劳动关系”时，应该得到劳动者的同意并支付一定的经济补偿金，若就经济补偿金等解除劳动关系事项协商不成功，也不要强行与劳动者解除合同。用人单位和劳动者没有达成一致而无故强行解除劳动合同，势必会造成劳动者的愤怒和反弹，给企业带来法律风险。

企业与劳动者未签订合同，是否一定会支付双倍工资？答案是否定的。如果是由于劳动者故意或不愿意与用人单位签订书面劳动合同，则不适用于该条款。且用人单位在这种情况下还可以解除劳动关系并且不用支付经济补偿。因此，企业在用工之时一定要在入职前或者入职后一个月内与劳动者签订劳动合同。在实务中，对于新招聘的员工，企业一般会注意这个条款的约束，但容易忽视的是，有的企业担心与劳动者连续订立两次固定期限劳动合同后，再续订时，就要签订无固定期限劳动合同，所以第一次合同期满后迟迟不与劳动者再签合同，一不注意就违反了法律的规定。

用人单位以张女士不能胜任工作解除劳动合同案

【案情介绍】

张女士于2007年9月到北京某报社广告部从事制作、核版工作，并签订了2年固定期限劳动合同。2008年3月10日，报社与一家钟表公司签订了20万元的广告合作协议，客户要求在其报刊上刊登半版的钟表广告。张女士在对这项业务进行核版时，发现广告的版面设计大小与订单不符，遂要求制作人员进行修改，但是直至报刊开始印刷时，张女士发现广告版面的尺寸仍未修改过来。广告刊出后，钟表公司马上与报社进行交涉，报社只好将20万元广告费退回并赔礼道歉。4月21日，报社经调查研究，以张女士不能胜任工作为由，决定与她解除劳动合同，且不支付经济补偿。

张女士认为，自己已经尽职，也指出了制作人员的工作错误，最终失误应与本人无关，且报社也没有具体的考核标准，不能认定自己为不能胜任工作，不应对自己解除劳动合同。遂向劳动争议仲裁委员会提出了仲裁申请，要求报社继续履行与其签订的劳动合同。

【案件焦点】

广告公司的做法是否违法？如何理解不能胜任工作？能否解除合同？

【法理分析】

1. 即使报社有证据证实张女士不能胜任工作，由于《劳动合同法》第四十条第二款对劳动者不能胜任工作、用人单位解除劳动合同存在一个前提条件（即通过培训或者调整工作岗位，仍不能胜任工作时），报社未履行该条件抢先解除劳动合同明显违法。当然如换一个角度，报社根据张女士给单位造成20万元的经济损失，以严重失职给用人单位造成重大损害为由解除劳动合同，报社的行为就存在一定合法的基础（这一基础的成立需要报社事先对"重大损害"标准做出具体的规定）。

2. 什么情况下用人单位与员工解除劳动合同，不用支付经济补偿？

对用人单位解除劳动合同不支付经济补偿的情形，在《劳动合同法》第三十九条有明文规定，具体为：

(1)在试用期间被证明不符合录用条件的；

(2)严重违反用人单位的规章制度的；

(3)严重失职，营私舞弊，给用人单位造成重大损害的；

(4)劳动者同时与其他用人单位建立劳动关系，对完成本单位的工作任务造成严重影响，或者经用人单位提出，拒不改正的；

(5)因本法第二十六条第一款第一项规定的情形致使劳动合同无效的；

(6)被依法追究刑事责任的。

该情形的约定与《劳动合同法》第三十八条不同的是第三十八条中有法律、法规规定的其他情形，而第三十九条对此没有规定。其原因在于扼制用人单位规避法律，禁止除特别法(即《劳动合同法》)之外的其他法律、法规(包括实践中的相关司法解释)对此做出规定。该情形的范围十分固定，只限于六种情形，禁止用人单位与劳动者在劳动合同或其他文书中对该情形进行增加或者减少的约定。

3. 怎样理解不能胜任工作？如何进行判定？

对“不能胜任工作”的理解，根据《劳动部关于〈劳动法〉若干条文的说明》第三十条第二款规定，泛指不能按要求完成劳动合同中约定的任务，或者同工种、同岗位人员的工作量。用人单位不得故意提高定额标准，使劳动者无法完成。根据这一解释在实践中如何判定，关键在于用人单位日常操作中的做法。本案中张女士的工作是从事制作、核版工作，报社应在劳动合同或者职位说明书中对其日常从事的工作内容及不能胜任工作的情形进行约定，这样就可以在日常考核中进行明确认定，减少用人单位与劳动者发生纠纷。

4. 因劳动者不能胜任工作而解除劳动合同，应履行怎样的程序？

如果用人单位能够通过劳动合同或者职位说明书约定劳动者不能胜任工作的情形，在实际操作中首先应向不能胜任工作的劳动者下达《不能胜任工作通知书》，让劳动者签字确认。

其次，如进行培训，应对培训整个过程以书面形式进行确定，最终让劳动者在《岗位培训确认单》上签字确认。如调整工作岗位，调整的范围应与原岗位相近似。如没有相近似的工作岗位，在调整前应征求劳动者意见，如劳动者坚决抵制，应当疏导，以协商的方式解除双方的劳动合同。在安排新岗位前应让劳动者在《调整工作岗位通知书》上签字，如拒签，则按劳动合同标注的劳动者家庭住址邮寄送达，如拒收，则应将《调整工作岗位通知书》在公司公告栏上进行公告。上述文书中应注明“劳动者到新岗位工作的具体时间、如拒绝到岗按旷工进行处理”等内容。最后在进行培训或者调整工作岗位后劳动者仍不能胜任工作的，应在下达解除劳动合同通知前让劳动者在第二份《不能胜任工作通知书》上签字确认，之后依法下达《解除劳动合同通知书》，告知用人单位将在30日后以不能胜任工作为由解除双方的劳动合同或者以支付代通知金方式立即下达《解除劳动合同证明书》，确认双方解除劳动关系的事实。

违反用人单位规章制度造成伤害案

【案情介绍】

何为是某企业职工。2011 年 5 月，何为在上班期间，沿拌料池边缘到水阀开关处打开水阀时，掉进 2 米左右的拌料池摔伤。事故发生后，厂区管片民警对何为所在车间主任进行了询问，制作了询问笔录。车间主任陈述：拌料池水阀由何为负责开关。何为向劳动部门提出工伤认定申请。劳动部门书面通知某企业举证，某企业提出了答辩状，主张何为非因从事本职工作受伤，且擅自上拌料池，违反用人单位规章制度，不应认定为工伤，但未提交其他证据。劳动部门依据管片民警制作的询问笔录，认定何为在工作时间、工作场所，因工作原因受到伤害，属于工伤。某企业不服，向当地人民政府申请行政复议，复议决定维持劳动部门的工伤认定结论。某企业向人民法院提起行政诉讼。在诉讼中，某企业提交了该厂若干名职工的证人证言，证实何为发生事故时属于酒后上班；何为所在车间主任出庭做证，改称：拌料池水阀开关由班组长负责，不是何为的本职工作。

原告某企业诉称，首先，第三人何为负责拌料池放料工作，水阀开关不是其本职工作。车间负责人也未指派第三人开关水阀，因此，第三人掉进放料池受伤非因工作原因，不能认定为工伤。被告认定开关水阀是第三人本职工作的依据是管片民警对第三人所在车间主任的询问笔录。该笔录没有调查民警的签名，存在瑕疵，属于无效证据。现第三人所在车间主任出庭做证，证实拌料池水阀开关由班组长负责，不是第三人的本职工作，应当予以采信。其次，原告制定有严格的规章制度，为了避免发生危险，严禁任何人上拌料池。并且，开关水阀有专门通道，第三人明知故犯，对于损害的发生存在严重过错。第三，原告职工的证人证言可以证实：第三人发生事故伤害时属于醉酒上班，依法不应当认定为工伤。

被告劳动部门辩称，首先，管片民警对第三人所在车间主任的询问笔录是真实可靠的，应当予以采信。该证据虽然存在程序瑕疵，但不影响证据本身的证明力，应当予以采信。第三人所在车间主任先是在接受民警询问时证实：拌料池水阀由第三人负责开关。后又在出庭做证时提出：拌料池水阀开关由班组长负责，不是第三人的本职工作。前后矛盾，其显然是受原告影响做伪证。相比之下，在事故发生第一现场形成的询问笔录更加真实可信。其次，第三人未走专门通道开关水阀，只能是一般的违纪行为，不属于蓄意违章，更不能说是第三人企图自伤、自残等。原告也没有提供关于被告蓄意违章，企图自杀、自残的证据。同时，也说明原告的规章制度执行不力、管理不善等问题。一般的违纪行为并不影响工伤认定。第三，原告提交的关于第三人醉酒上班的证人证言，由于证人系原告职工，与原告存在管理与被管理的利害关系，缺乏证明力。并且被告书面通知原告举证后，直到被告做出工伤认定之前，原告并未提出第三人发生事故伤害时属于醉酒上班的问题。依据《关于行政诉讼证据若干问题的规定》第59条“被告在行政程序中依照法定程序要求原告提供证据，原告依法应当提供而拒不提供，在诉讼程序中提供的证据，人民法院一般不予采纳”的规定，被告在行政程序中要求原告提供证据，原告未提出第三人系醉酒上班，在诉讼程序中又提出醉酒的事由，对该证据不应采信。综上所述，第三人作为原告职工，在工作时间和工作场所内，因工作原因受到事故伤害，符合《工伤保险条例》的规定，应当认定为工伤。

【案件焦点】

违反用人单位规章制度造成伤害是否属于工伤范围？

【分析与结论】

在本案中，原告与被告围绕三个关键问题提出了针锋相对的主张，我们来逐一分析：

1. 关于第三人不走开关水阀专门通道、违反原告规章制度的问题。原告制定有严格的规章制度，为了避免发生危险，严禁任何人上拌料池。并且，开关水阀有专门通道，第三人为了开关水阀擅自上拌料池，确实存在违章行为。但这里要区分一般的违章行为和蓄意违章。一般的违章行为多数出于过失，即便造成了劳动者伤残、死亡，也应当认定为工伤。关于蓄意违章，已经废止的《企业职工工伤保险试行办法》第9条第5项曾规定：“职工由于下列情形之一造成负伤、致残、死亡的，不应认定为工伤：……(5)蓄意违章……”原劳动和社会保障部《关于解释〈企业职工工伤保险试行办法〉中“蓄意违章”的复函》指出：关于《企业职工工伤保险试行办法》中第9条第(五)项规定的“蓄意违章”，是专指十分恶劣的、有主观愿望和目的的行为。在处理认定工伤的工作中，不能将一般的违章行为，视为“蓄意违章”。《工伤保险条例》第16条则规定：“职工符合本条例第十四条、第十五条的规定，但是有下列情形之一的，不得认定为工伤或者视同工伤：(1)故意犯罪的；(2)醉酒或者吸毒的；(3)自残或者自杀的。”如果是单纯的蓄意违章，就不能构成工伤。只有与因犯罪或者违反治安管理伤亡的、醉酒导致伤亡的、自残或者自杀的等不得认定为工伤的情形发生重合，才能排除工伤认定。在本案中，原告没有提供第三人属于蓄意违章，并企图自杀、自残等的证据，第三人的违章行为属于一般的违章行为，不影响工伤认定。

2. 关于开关水阀是否属于第三人本职工作的问题。在本案中，被告依据管片民警对第三人所在车间主任的询问笔录，认定开关水阀属于第三人本职工作，在其履行本职义务的过程中受伤，属于工伤。但第三人车间主任后又出庭做证，证实：拌料池水阀开关由班组长负责，不是第三人的本职工作。其证言前后矛盾，该如何认定呢？管片民警的询问笔录是在事故发生的第一现场形成的证据，早于证人的庭审证言，并且该证据形成时，证人受原告影响的可能性较小，更加真实可信。对该证据应当予以采信。证人的庭审证言明显存在受原告影响做伪证的痕迹。但管片民警询问笔录存在一个程序上的瑕疵，即没有调查民警的签名。对此，不能简单地认为该程序瑕疵影响证据的真实性和证明力。因为，虽然调查民警未在询问笔录上签名，但证人已经阅读了笔录并签名，说明其认可笔录内容，询问笔录的真实性是有保障的。所以，不能以该证据存在的执法程序瑕疵来否认其效力。

需要特别提出的是，即便开关水阀不是第三人的本职工作，也不能就此当然地认定第三人不属于工伤。《工伤保险条例》第14条规定：“职工有下列情形之一的，应当认定为工伤：(1)在工作时间和工作场所内,因工作原因受到事故伤害的……”这里的“工作场所”与本职工作并不是同一含义。工作场所可以是在本职工作岗位上,也可以超出本职工作岗位的范围。劳动者离开自己的本职工作岗位,帮助同事做一些力所能及的事情,其主观上是为了单位的利益,客观上也确实给单位带来利益,因此发生伤害的,也应当属于工伤。例如,开关水阀虽然不是第三人的本职工作,但第三人是为了帮同事的忙而做自己职务范围以外的事情,对其受到的伤害就应当认定为工伤。当然,如果原告有充分的证据证明其曾明确制止第三人离开本职工作岗位,第三人拒不服从,从而造成伤害,不属于工伤。

3. 关于第三人是否属于醉酒上班的问题。根据《工伤保险条例》的规定,醉酒导致伤亡的,不得认定或视同工伤。首先,劳动者的一般饮酒问题,如不影响正常工作,发生伤亡事故的,不能适用上述规定。因为一般饮酒与醉酒有明显的程度差别。其次,原告主张第三人属于醉酒上班,应当承担举证责任。这也符合《工伤保险条例》第 19 条第 2 款关于“职工或者其直系亲属认为是工伤,用人单位不认为是工伤的,由用人单位承担举证责任”的立法精神。原告提交了若干名职工的证人证言,但该证据的证明力存在两个方面的问题。首先,由于证人系原告职工,与原告存在管理与被管理的利害关系,《关于行政诉讼证据若干问题的规定》第 71 条规定:“下列证据不能单独作为定案依据:……(2)与一方当事人有亲属关系或者其他密切关系的证人所做的对该当事人有利的证言,或者与一方当事人有不利关系的证人所做的对该当事人不利的证言……”因此,其效力大打折扣。在没有其他证据佐证的情况下,不能独立证明原告主张的事实。

其次,在被告做出工伤认定之前,曾书面通知原告举证,原告并未提出第三人发生事故伤害时属于醉酒上班的问题,也没有提交上述证据。《关于行政诉讼证据若干问题的规定》第 59 条规定:“被告在行政程序中依照法定程序要求原告提供证据,原告依法应当提供而拒不提供,在诉讼程序中提供的证据,人民法院一般不予采纳。”《工伤保险条例》第 19 条第 1 款规定:“社会保险行政部门受理工伤认定申请后,根据审核需要可以对事故伤害进行调查核实,用人单位、职工、工会组织、医疗机构以及有关部门应当予以协助。”在被告依据法律授权要求原告提供证据的情况下,原告未提交上述证据,后又在行政诉讼中提交,不应当采信。综上所述,原告不能证明第三人属于醉酒上班,不能认定为工伤。第三人的一般违纪行为不影响工伤认定。第三人在工作时间、工作场所,因工作原因受到伤害,按照《工伤保险条例》的规定,应当认定为工伤。被告的工伤认定结论应当予以维持,驳回原告的诉讼请求。

无工商登记的工厂职工受伤是否享受工伤待遇

【案情介绍】

本案原告赖某和马某，原是普通农民。为了早日致富，在2012年5月1日合伙在当地借用了厂房、场地。既未办理工商登记，也未领取营业执照，便在当地招收了数名农民工，办起了生产加工塑料米粒的注塑厂。在这个简单的厂里，既没有工作制度，也没有安全制度，更没有工人操作规程。本案被告兰某也被招收为厂内工人，成了厂里的农民工，在没有与原告签订劳动合同的情况下，经过简单的上岗操作培训后，便开始工作。

2012年7月25日6时30分左右，兰某像往常一样到厂里干活，在向注塑机给料时，不慎左手被卷入机器内，左手的食指、中指、无名指和小指四个手指全部被切断。当即，兰某被送往医院治疗，其间赖某、马某向医院支付了部分的医疗费用。

此后，双方就赔偿问题进行长时间的协商，但由于差距太大，最终未能达成协议。无奈之下，兰某向当地劳动局提出了工伤及伤残等级认定的申请。经当地劳动部门鉴定，被告兰某的伤残被认定为工伤陆级。当地劳动部门向原告赖某、马某的注塑厂发出了鉴定结论通知书。接到通知后，原告并没有当作一回事，双方一直对赔偿问题进行协商。最终还是没有达成协议。被告兰某提出了劳动仲裁申请。当地仲裁委员会对该纠纷进行了调解，原告同意一次性给付被告二万元人民币，并达成了协议。但原告并未按协议要求及时支付部分款项，因此兰某拒绝签收仲裁调解书。于是劳动争议仲裁委员会做出了仲裁裁决，裁决原告赖某、马某一次性赔偿被告兰某伤残抚恤费、治疗期间的工资、医疗费及伤残鉴定费人民币660元，合计人民币158 205元。

原告赖某、马某不服该仲裁裁决，向法院提起了诉讼，理由是：注塑厂未办理工商登记，不属于个体工商户，兰某也不是厂里工人，本案不应适用劳动法处理，劳动行政部门认定兰某工伤不当，仲裁适用法律错误。请求撤销仲裁裁决。

【案件焦点】

无工商登记的工厂职工受伤是否享受工伤待遇？

【分析与结论】

一审法院经审理后认为，原告赖某、马某租赁场地，开办注塑厂，并招收农民工人，属于原劳动部规定的“个体经济组织”范畴，依法应办理工商登记手续。原告赖某、马某未办理登记手续的行为违法，理应由行政主管部门予以处罚，该违法行为并不影响其与劳动者之间业已形成的劳动关系的认定。且双方对被告兰某在原告赖某、马某开办的厂内上班时受伤的事实均无异议。原告赖某、马某以其所开办的工厂未取得营业执照、不属个体工商户的理由不能成立，其认为被告兰某伤残不受劳动法调整的主张不能采纳。判决驳回原告诉讼请求。由原告一次性赔偿被告伤残抚恤费人民币 157 545 元，治疗期间的工资、医疗费及伤残鉴定费人民币 660 元，二项合计人民币 158 205 元。诉讼费用由原告负担。原告不服，向中级人民法院上诉，后经中院组织调解，原告同意一次性赔偿被告 80 000 元。

解析：

1. 原告所开办的工厂未取得营业执照，能否认定该厂为个体工商户？

原告赖某、马某租赁场地，开办注塑厂，并招收农民工人，属于原劳动部《关于贯彻执行〈中华人民共和国劳动法〉若干问题意见》第一条所规定的"个体经济组织"范畴，依法应办理工商登记手续，原告未办理登记手续的行为违法，理应由行政主管部门予以处罚，该违法行为并不影响其与劳动者之间业已形成的劳动关系的认定。且双方对被告在原告赖某、马某开办的厂内上班时受伤的事实没有异议。原告所开办的工厂虽未取得营业执照，但属"个体经济组织"范畴。

2. 劳动行政部门对被告所作的工伤认定是否正确？原告与被告之间的劳动关系是否受劳动法调整？

《企业职工工伤保险试行办法》规定："……工伤职工及其亲属或企业，对劳动行政部门作出的工伤认定和工伤保险经办机构的待遇支付决定不服的，按照行政复议和行政诉讼的有关法律、法规办理……"现行认定工伤的法律和政策依据是《中华人民共和国劳动保险条例》《中华人民共和国劳动保险条例实施细则》和全国总工会《劳动保险问题解答》等规定，负责监督执行工伤保险政策的是各级劳动行政部门的社会保险行政机构。原告赖某、马某认为劳动行政部门对被告兰某所作出的工伤认定不当，是对劳动行政部门行政行为的不服，应当依照原劳动部《企业职工工伤保险试行办法》的规定，按照行政复议和行政诉讼的有关法律、法规办理，针对劳动行政部门的工伤认定行政行为提出异议。原告赖某、马某未提供相关证据，证明对劳动行政部门的工伤认定和伤残等级认定曾提出异议，应视为原告对劳动行政部门对被告所作的工伤认定的认可。劳动行政部门根据《中华人民共和国劳动法》和《福建省劳动安全卫生条例》的规定，裁决原告赖某、马某应承担被告兰某的伤残抚恤费是正确的。

3. 原告请求撤销仲裁裁决的主张能否被采纳？原告应否承担被告伤残抚恤费？

《企业职工工伤保险试行办法》规定："……工伤职工及其亲属或企业，对劳动行政部门作出的工伤认定和工伤保险经办机构的待遇支付决定不服的，按照行政复议和行政诉讼的有关法律、法规办理……"现行认定工伤的法律和政策依据是《中华人民共和国劳动保险条例》《中华人民共和国劳动保险条例实施细则》和全国总工会《劳动保险问题解答》等规定，负责监督执行工伤保险政策的是各级劳动行政部门的社会保险行政机构。原告赖某、马某认为劳动行政部门对被告兰某所作出的工伤认定不当，是对劳动行政部门行政行为的不服，应当依照原劳动部《企业职工工伤保险试行办法》的规定，按照行政复议和行政诉讼的有关法律、法规办理，针对劳动行政部门的工伤认定行政行为提出异议。当地劳动和社会保障局作出的仲裁裁决，以对被告兰某作出的工伤及伤残陆级的认定为依据，裁决原告应承担被告兰某的伤残抚恤费。而原告未提供相关证据，证明对劳动行政部门的工伤认定和伤残等级认定曾提出异议。应视为原告对劳动行政部门对被告所作的工伤认定的认可，因此，原告请求撤销仲裁裁决的主张既没有证据支持，也不符合法律规定，不能采纳。

《福建省劳动安全卫生条例》第二十六条规定：企业尚未为劳动者投工伤保险的，在工伤事故中伤残的劳动者，治疗期间工资照发，所需医疗费用由企业支付；自定残之日起，企业应按下列规定以所在地（市）上年度劳动者平均工资为标准，一次性付给伤残者伤残抚恤费。由于原告赖某、马某未依法为被告兰某缴纳工伤保险，因此，当地人民法院驳回原告诉讼请求，并由原告一次性赔偿被告伤残抚恤费的判决是正确的。

解除劳动关系后的经济补偿金纠纷案

【案情介绍】

章伟强于2011年6月到某企业工作,双方签订了3年的劳动合同。2014年6月,劳动合同期满后,双方未续订劳动合同,但章伟强仍在该企业工作,该企业也按原劳动合同约定向其发放工资并承担各项福利待遇。2017年10月,某企业提出终止劳动关系,章伟强表示同意,但双方因经济补偿问题发生争议,向劳动争议仲裁委员会申请仲裁。仲裁结论为:双方的劳动关系属于终止而非解除,依据现行法律规定,不发生经济补偿问题。章伟强对仲裁结论不服,向人民法院提起诉讼。

【案件焦点】

原告章伟强诉称,在原劳动合同期满后,原、被告双方仍以合同约定条件继续履行义务,形成了事实劳动关系。双方经协商一致解除劳动关系的,被告应当给予经济补偿。被告某企业辩称,依据有关司法解释的规定,劳动合同期满后,劳动者仍在原用人单位工作,原用人单位未表示异议的,视为双方同意以原条件继续履行劳动合同。依据现行法律规定,双方劳动关系终止的,不发生经济补偿问题。因此争议焦点为劳动关系究竟是解除还是终止。

【分析与结论】

本案属于解除劳动关系后因经济补偿问题发生的争议。按照新颁布的《劳动争议调解仲裁法》的规定,“追索劳动报酬、工伤医疗费、经济补偿或者赔偿金,不超过当地月最低工资标准十二个月金额的争议”,仲裁裁决为终局裁决,裁决书自做出之日起发生法律效力。具体而言,劳动者对仲裁裁决不服的,可以向人民法院起诉,用人单位只有在有证据证明上述争议的仲裁裁决存在“适用法律、法规确有错误;劳动争议仲裁委员会无管辖权;违反法定程序;裁决所根据的证据是伪造的;对方当事人隐瞒了足以影响公正裁决的证据;仲裁员在仲裁该案时有索贿受贿、徇私舞弊、枉法裁决行为”等情形时,才可以向劳动争议仲裁委员会所在地的中级人民法院申请撤销裁决。也就是说,因追索经济补偿金而发生的劳动争议,诉讼标的金额只要不超过当地月最低工资标准十二个月的金额,劳动争议仲裁委员会做出的裁决就是终局裁决,劳动者和用人单位享有的诉权是不平等的。

《劳动合同法》第46条规定:“有下列情形之一的,用人单位应当向劳动者支付经济补偿:(1)劳动者依照本法第三十八条规定解除劳动合同的;(2)用人单位依照本法第三十六条规定向劳动者提出解除劳动合同并与劳动者协商一致解除劳动合同的;(3)用人单位依照本法第四十条规定解除劳动合同的;(4)用人单位依照本法第四十一条第一款规定解除劳动合同的;(5)除用人单位维持或者提高劳动合同约定条件续订劳动合同,劳动者不同意续订的情形外,依照本法第四十四条第一项规定终止固定期限劳动合同的;(6)依照本法第四十四条第四项、第五项规定终止劳动合同的;(7)法律、行政法规规定的其他情形。”根据上述法律规定,劳动合同不论是解除还是终止,都发生经济补偿问题。具体包括以下几种情况:

第一,用人单位未按照劳动合同约定提供劳动保护或者劳动条件的;未及时足额支付劳动报酬的;未依法为劳动者缴纳社会保险费的;用人单位的规章制度违反法律、法规的规定,损害劳动者权益的;用人单位以暴力、威胁或者非法限制人身自由的手段强迫劳动者劳动的,或者用人单位违章指挥、强令冒险作业危及劳动者人身安全的,用人单位以欺诈、胁迫的手段或者乘人之危,使对方在违背真实意思的情况下订立或者变更劳动合同的;用人单位免除自己的法定责任、排除劳动者权利的;劳动合同违反法律、行政法规强制性规定,致使劳动合同无效的,以及法律、行政法规规定劳动者可以解除劳动合同的其他情形下,劳动者解除劳动合同的,有权获得经济补偿。

第二,用人单位向劳动者提出解除劳动合同并与劳动者协商一致解除劳动合同的,劳动者有权获得经济补偿。

第三,劳动者患病或者非因工负伤,在规定的医疗期满后不能从事原工作,也不能从事由用人单位另行安排的工作的;劳动者不能胜任工作,经过培训或者调整工作岗位,仍不能胜任工作的;劳动合同订立时所依据的客观情况发生重大变化,致使劳动合同无法履行,经用人单位与劳动者协商,未能就变更劳动合同内容达成协议的,在上述情形下,用人单位解除劳动合同的,应当给予经济补偿。

第四,依照企业破产法规定进行重整的;生产经营发生严重困难的;企业转产、重大技术革新或者经营方式调整,经变更劳动合同后,仍需裁减人员的;其他因劳动合同订立时所依据的客观经济情况发生重大变化,致使劳动合同无法履行的,在上述情形下,用人单位解除劳动合同的,应当给予劳动者经济补偿。

第五,除用人单位维持或者提高劳动合同约定条件续订劳动合同,劳动者不同意续订的情形外,固定期限劳动合同期满终止的,劳动者有权获得经济补偿。

第六,用人单位被依法宣告破产的;用人单位被吊销营业执照、责令关闭、撤销或者用人单位决定提前解散的,因上述情形劳动合同终止的,劳动者有权获得经济补偿。

第七,在法律、行政法规规定的其他情形下,用人单位应当向劳动者支付经济补偿。

根据《劳动合同法》第 47 条的规定,按劳动者在本单位工作的年限,以每满一年支付一个月工资的标准向劳动者支付经济补偿。六个月以上不满一年的,按一年计算;不满六个月的,向劳动者支付半个月工资的经济补偿。劳动者月工资高于用人单位所在直辖市、设区的市级人民政府公布的本地区上年度职工月平均工资三倍的,向其支付经济补偿的标准为职工月平均工资三倍的数额,向其支付经济补偿的年限最高不超过十二年。所谓月工资,是指劳动者在劳动合同解除或者终止前十二个月的平均工资。

同时,《劳动合同法》第 97 条第 3 款规定:“本法施行之日存续的劳动合同在本法施行后解除或者终止,依照本法第四十六条规定应当支付经济补偿的,经济补偿年限自本法施行之日起计算;本法施行前按照当时有关规定,用人单位应当向劳动者支付经济补偿的,按照当时有关规定执行。”《劳动合同法》自 2008 年 1 月 1 日起施行。本案原、被告之间的劳动关系在《劳动合同法》施行前解除(终止),应当适用当时的有关规定。依据当时有关规定,只有在劳动合同的当事人违反或解除劳动合同的情况下，才发生经济补偿问题，如果劳动关系因故终止的，不存在经济补偿问题。如《劳动法》第 28 条规定：“用人单位依据本法第二十四条、第二十六条、第二十七条的规定解除劳动合同的，应当依照国家有关规定给予经济补偿。”因此，本案的当事人双方争议的焦点是劳动关系究竟是解除还是终止。

本案的当事人双方签订的劳动合同于 2014 年 6 月期满。原劳动合同期满后双方虽未续订劳动合同，但仍按原劳动合同的约定履行，从而形成事实上的劳动关系。事实劳动关系的形成主要表现为两种形式：用人单位和劳动者签订劳动合同和劳动合同期满后双方未续签，但劳动者仍留在原单位工作。最高人民法院在 2001 年出台的《关于审理劳动争议案件适用法律若干问题的解释》中第 16 条规定：“劳动合同期满后，劳动者仍在原用人单位工作，原用人单位未表示异议的，视为双方同意以原条件继续履行劳动合同。一方提出终止劳动关系的，人民法院应当支持。”在原劳动合同期满双方未续订劳动合同，但仍维持劳动关系的情况下，一方有权提出结束劳动关系，上述司法解释认定为劳动关系终止。根据《劳动合同法》施行前的规定，不发生经济补偿问题。这一司法解释的表述有欠妥当。

由于劳动合同的签订往往主动权在用人单位，我国大量存在的事实劳动关系与用人单位漠视劳动者权益、不愿与之签订或续订劳动合同有很大的关系，所以将事实劳动关系的结束定性为劳动关系的解除，不仅可以督促单位依法与劳动者订立劳动合同，更好地保护劳动者的基本权利，也可以防止单位任意解除劳动关系，消除隐藏的劳动争议隐患。从合同法的原理上讲，当事人订立合同，可以采用书面形式、口头形式和其他形式，法律、行政法规规定采取书面形式的，应当采用书面形式。事实劳动关系中的用人单位和劳动者之间虽然没有书面合同，但在实践中，双方都会就工作内容、报酬、劳动纪律等进行口头约定，只是未采取法定的合同形式。而且，合同法也规定，法律、行政法规规定采用书面形式订立合同，当事人未采用书面形式但一方已经履行主要义务，对方接受的，该合同成立。

可见，事实劳动关系也应属于劳动合同关系。而在劳动合同期满双方未续订合同、但仍继续履行原合同的情形下，就表明原合同已续延。在双方未约定劳动合同的期限或劳动合同终止的条件的情况下，从保护劳动者的原则出发，应将其视为无固定期限的劳动合同。对于无固定期限的劳动合同，一方提出或者双方协商终止劳动关系的，都是解除劳动合同的行为，用人单位依法应当给付劳动者一定的经济补偿金。另外，从本案实际出发，原劳动合同于 2014 年 6 月期满，原告仍在被告处工作，被告未表示异议，应视为双方同意以原条件继续履行劳动合同。被告作为用人单位在此后要求终止合同的，应在合同期限届满后的合理期限内提出。劳动合同期限届满后，被告仍长期与原告保持劳动关系，却没有与之订立劳动合同，责任在被告。被告在劳动合同期满后 3 年多提出终止劳动关系，已经超出了终止双方劳动关系的合理期限，该行为视为解除与原告之间的劳动合同关系，应对原告进行补偿。

《违反和解除劳动合同的经济补偿办法》第 5 条规定：“经劳动合同当事人协商一致，由用人单位解除劳动合同的，用人单位应根据劳动者在本单位工作年限，每满一年发给相当于一个月工资的经济补偿金，最多不超过十二个月。工作时间不满一年的按一年的标准发给经济补偿金。”第 11 条第 1 款规定：“本办法中经济补偿金的工资计算标准是指企业正常生产情况下劳动者解除合同前十二个月的月平均工资。”原告于 2011 年 6 月到被告处工作，至 2017 年 10 月解除劳动关系，时间达 6 年零 4 个月，按照上述规定，原告应当获得相当于解除合同前 12 个月的月平均工资 7 倍的经济补偿。

法院能否强制执行买断工龄款

【案情介绍】

2007 年 11 月，李某向宋某借款 10 万元做木材生意，后因亏本，未按期归还宋某借款，宋某为此向法院提起诉讼，法院依法判决李某归还宋某 10 万元借款本金及利息。判决生效后，因李某无财产可供执行，案件一直未能得以执结。直至 2008 年 9 月，李某所在国企因改制施行买断工龄政策，李某单位应支付给李某买断工龄款 2 万元。宋某得知这一情况后，要求法院到李某单位协助提取李某买断工龄款 2 万元。

【案情分析】

对于本案李某买断工龄款 2 万元能否强制执行，存在两种不同意见。

第一种意见认为，"买断工龄"是改革开放初期我国一些国有企业在改革过程中安置富余人员的一种办法，即参照员工在企业的工作年限、工资水平、工作岗位等条件，结合企业的实际情况，经企业与员工双方协商，报有关部门批准，由企业一次性支付给员工一定数额的货币，从而解除企业和富余员工之间的劳动关系，把员工推向社会的一种形式。因此，买断工龄款是企业支付给员工"买断工龄"的工资，应该视为企业解除与员工之间的劳动关系后企业支付给员工的经济补偿金。本案李某买断工龄款属李某的个人财产，与破产安置补偿费等属相同性质，与工资等具有相似之处，因此，在保留被执行人的生活所需的基础上，依法可以强制执行。

第二种意见认为，李某买断工龄款具有特定的人身性质，是李某今后的生活、医疗、养老和再就业的保障所必需的费用，因此法院不能对该款强制执行。

笔者赞同第二种意见，理由如下：

1. 买断工龄是指对尚未到退休年龄的职工，用工单位以对该职工今后的生活一次性给付一笔钱的办法，使该职工提前退休，致使以后该职工的任何事情均与单位无关的一种行为。对于买断工龄款的性质，目前通说认为是企业在与职工协议解除劳动合同时基于职工对企业多年的贡献而自行确定的给予一定数额的补偿金。其功能一方面是保障职工失业后一段时期内的生活，为其今后再就业提供一定的资助和保障，另一方面也是对其过去工作贡献的一种劳动补偿，是一种变相的工资补偿或劳动报酬补偿。该买断工龄款类似于养老保险金，是对职工失去工作后能在一定时期内得以继续谋生、再就业、减少生存风险的一种经济扶助，如果允许强制执行，势必违背国企改制的初衷。

2. 买断工龄款是为被买断职工今后生活提供的资助和保障，带有较强的人身依附性，以这种形式所得的财产，在本质上与平时的工资、奖金等普通劳动所得有明显的区别，它是企业对职工下岗后的生活费补偿，主要是对特定人今后事业、养老、就医等方面的救济、补偿性质，是为了保障其基本生存需要的费用，具有一定的人身专属性，法院强制执行违背法律的原则性。

3. 本案2万元买断工龄款尽管属李某的个人财产，但之前法院已经查明李某无财产支付能力，加之李某失业，尚需一定的基本生活费用，从这一角度出发，无论站在道义还是法律的公正线上，法院依法均不宜强制执行该款。

【案件结果】

笔者认为，李某买断工龄款具有特定的人身性质，是李某今后的生活、医疗、养老和再就业的保障所必需的费用，因此法院不能对该款强制执行。

【相关法规】

1. 买断工龄是指对尚未到退休年龄的职工，用工单位以对该职工今后的生活一次性给付一笔钱的办法，使该职工提前退休，致使以后该职工的任何事情均与单位无关的一种行为。对于买断工龄款的性质，目前通说认为是企业在与职工协议解除劳动合同时基于职工对企业多年的贡献而自行确定的给予一定数额的补偿金。其功能一方面是保障职工失业后一段时期内的生活，为其今后再就业提供一定的资助和保障，另一方面也是对其过去工作贡献的一种劳动补偿，是一种变相的工资补偿或劳动报酬补偿。该买断工龄款类似于养老保险金，是对职工失去工作后能在一定时期内得以继续谋生、再就业、减少生存风险的一种经济扶助，如果允许强制执行，势必违背国企改制的初衷。

2. 买断工龄款是为被买断职工今后生活提供的资助和保障，带有较强的人身依附性，以这种形式所得的财产，在本质上与平时的工资、奖金等普通劳动所得有明显的区别，它是企业对职工下岗后的生活费补偿，主要是对特定人今后事业、养老、就医等方面的救济、补偿性质，是为了保障其基本生存需要的费用，具有一定的人身专属性，法院强制执行违背法律的原则性。

行政法编

法学是一门实用性很强的社会科学，法学教育应当紧密联系立法与司法实践，以培养学生分析和解决实际问题的能力。为实现这一目标，传统的法学教学方法、教学内容必须进行改革。目前，各高等法律院校广泛采用的案例教学法，就是众多法学教育改革措施中最为重要的一项。案例教学法的实施，促进了法学教学水平的提高，增强了学生的实践能力，是值得推广和倡导的一种教学方法。本编以行政法学的基本理论为线索，就每个具体理论问题设案情简介、思考方向、法律规定、学理分析、自测案例五个部分，这一体例可以充分地体现实践、法律、理论的有机结合；力求以简洁的语言阐述问题，解析实例，说明法理，使学生能够一目了然；特别强调现行法的规定，并通过实例的解析帮助学生理解法律的规定，以增强学生掌握和运用法律的能力；给学生以充分的思考空间，启发学生运用理论与法律分析和解决实践问题。

村民对县公安局治安处罚不服申请行政复议案

【案情介绍】

张宝强和刘书文是安平县某村村民，两人的耕地相邻。2010 年，刘书文在与张宝强相邻的土地上栽了一排杨树。张宝强认为刘书文将树苗栽种在其耕地内，故向刘书文主张土地使用权利，但刘书文不予认可。2010 年 5 月 7 日，张宝强将刘书文栽种的杨树全部拔掉。当日，刘书文向当地派出所报案。在调解不成的情况下，5 月 27 日，安平县公安局根据《治安管理处罚法》的规定，对张宝强裁决行政拘留 5 日。张宝强不服，申请复议，复议机关做出维持的复议决定，张宝强仍不服，向法院提起了行政诉讼。刘书文作为第三人参加了诉讼。法院经审理认为，原告张宝强的行为是故意损坏他人财物的违法行为，但情节较轻，社会危害性较小。故被告对原告处以行政拘留 5 日的处罚与其社会危害程度相比，处罚畸重，属于行政处罚显失公正。依照《行政诉讼法》第 54 条第 4 项之规定，判决：变更被告安平县公安局对原告张宝强做出公安行政处罚决定书，改拘留 5 日为罚款 50 元。

根据上述情况，分析以下问题

1. 刘书文可否参加行政复议？他享有什么权利？
2. 张宝强的行政拘留处罚，在申请复议期间可否暂停执行？
3. 若原告撤回复议后又向法院起诉的，法院是否可以受理？
4. 若当地派出所对争议的双方当事人进行了调解，并达成了调解协议，一方当事人事后反悔，其是否可以对该调解协议提起行政诉讼？
5. 若原告撤回起诉后以同一事实或理由再次起诉的，法院是否受理？
6. 法院直接变更行政处罚是否合法？

【案件焦点】

复议与诉讼的联系、撤诉的效力、行政复议第三人

【分析与结论】

1. 行政复议中存在第三人制度。《行政复议法》第 10 条第 3 款规定："同申请行政复议的具体行政行为有利害关系的其他公民、法人或者其他组织，可以作为第三人参加行政复议。"第三人参加复议既有利于保护自己的合法权益，又有利于案件的处理。关于行政复议中第三人的权利，首先，《行政复议法》第 10 条规定："申请人、第三人可以委托代理人代为参加行政复议。"第 23 条第 2 款规定："申请人、第三人可以查阅被申请人提出的书面答复、做出具体行政

行为的证据、依据和其他有关材料，除涉及国家秘密、商业秘密或者个人隐私外，行政复议机关不得拒绝。”因此，第三人有权委托代理人、有权查阅相关材料。其次，根据《行政诉讼法解释》第 13 条第 2 项的规定：有下列情形之一的，公民、法人或者其他组织可以依法提起行政诉讼：……(二)与被诉的行政复议决定有法律上的利害关系或者复议程序中被追加为第三人的。因此，行政复议中的第三人有权提起诉讼。最后，在行政复议中，第三人具有独立的复议地位，相对于申请人，第三人除了没有提起复议的权利外，其他的复议权利都享有。本案中刘书文可以以第三人身份参加行政复议，因其与案件有利害关系。刘书文可以委托代理人代为参加行政复议、可以查阅被申请人安平县公安局提出的书面答复、做出具体行政行为的证据、依据和其他有关材料，对复议结果不服还可以提起行政诉讼。

2. 可以暂停执行。在张宝强提出暂停执行的申请经公安机关同意后，张宝强提供担保，办理了暂缓执行的手续后，原行政拘留可以暂停执行。

原则上，行政复议期间原具体行政行为不停止执行。但是任何法律规则都有可能存在例外，为了防止执行具体行政行为可能造成无可挽回的损害，《行政复议法》第 21 条规定：在下列四种情况下可以暂停执行：(1)被申请人认为需要停止执行的；(2)行政复议机关认为需要停止执行；(3)申请人申请停止执行，行政复议机关认为其要求合理，决定停止执行；(4)法律规定停止执行。《治安管理处罚法》第 107 条规定：“被处罚人不服行政拘留处罚决定，申请行政复议、提起行政诉讼的，可以向公安机关提出暂缓执行行政拘留的申请。公安机关认为暂缓执行行政拘留不致发生社会危险的，由被处罚人或者其近亲属提出符合本法第一百零八条规定条件的担保人，或者按每日行政拘留二百元的标准缴纳保证金，行政拘留的处罚决定暂缓执行。”也就是说，只要受处罚人提出申请，经公安机关同意，受处罚人提供了担保人或缴纳一定的保证金，就可以暂不执行拘留。

3. 若原告在撤回复议后，还没有超过起诉的法定期限的，仍可以向法院起诉，法院应该受理。《行政诉讼法解释》第 35 条规定：“法律、法规未规定行政复议为提起行政诉讼必经程序，公民、法人或者其他组织向复议机关申请行政复议后，又经复议机关同意撤回复议申请，在法定起诉期限内对原具体行政行为提起诉讼的，人民法院应当依法受理。”此条包含了三层含义：(1)行政复议不是行政诉讼的必经程序。行政复议和行政诉讼在程序上的衔接可以分为以下几种情况：一是选择型，即由公民、法人或其他组织在行政复议与行政诉讼之间自由选择，在选择了行政复议后如对复议决定不服仍可提起行政诉讼，大多数案件基本属于这种类型；二是选择兼终局型，即由公民、法人或其他组织自由选择行政复议或行政诉讼，但选择了行政复议后即不得再提起诉讼；三是必经型，即行政复议是行政诉讼的必经程序，如《行政复议法》第 30 条规定的认为自然资源相关权利受到侵害的案件，《税收征收管理法》第 88 条规定的纳税争议案件等。(2)向复议机关申请行政复议后，又经其同意撤回了复议申请。(3)在法定期限内提起行政诉讼。此处的法定期限是行政诉讼法规定的相对人直接向人民法院提起诉讼的期限，相对人提出复议又撤回复议申请的期间不予排除。

本案中，被诉具体行政行为是行政处罚行为，不属于复议前置的案件，所以，在原告撤回复议申请后，起诉时没有超过法定起诉期限的，法院应当受理。

4. 当事人不能对该调解协议向法院提起行政诉讼，因为行政调解不具有强制效力，不属于行政诉讼的受案范围。

《行政诉讼法解释》第 1 条第 2 款规定：“公民、法人或者其他组织对下列行为不服提起诉讼的,不属于人民法院行政诉讼的受案范围……(三)调解行为以及法律规定的仲裁行为……”所谓行政调解行为是指在国家行政机关的主持下,以争议双方自愿为原则,通过行政机关的调解,促使当事人达成协议,从而解决争议的活动。行政调解有两大特点:一是行政机关没有行使行政权以强迫双方或一方接受特定内容的协议,其地位类似于普通第三人;二是协议内容是双方自愿,结果也不具有强制执行力,如果一方或双方反悔,任何一方都可以将争议提交法院作为普通民事案件处理,而不能提起行政诉讼。

5. 不予受理。法院准许原告撤诉后,原告在没有新的理由的情况下,又以同一事实和理由重新起诉的,人民法院不予受理。但若原告以不同事实或理由重新起诉的,人民法院应当受理。《行政诉讼法解释》第 36 条第 1 款规定:“人民法院裁定准许原告撤诉后,原告以同一事实和理由重新起诉的,人民法院不予受理。”注意这点与民事诉讼的规定截然不同,在民事诉讼中,原告撤诉后又重新起诉的,法院应当受理,但在行政诉讼中却并非如此。本规定主要是出于节约行政资源的目的。

但必须注意的是,法院不予受理的前提是原告以同一事实和理由提起诉讼,若原告以不同事实或理由重新起诉的,人民法院应当受理。

补充一点,如果原告或者上诉人是因未按规定预交案件受理费而按撤诉处理的,原告或者上诉人在法定期限内再次起诉或者上诉,并依法解决诉讼费预交问题的,人民法院应予受理。如果准予撤诉的裁定确有错误,原告申请再审的,人民法院应当通过审判监督程序撤销原准予撤诉的裁定,重新对案件进行审理。

6. 合法。这是法院的变更判决。依照法律的规定,行政处罚显失公正的,人民法院可以直接判决变更。

《行政诉讼法》第 54 条第 4 项规定:“人民法院经过审理,根据不同情况,分别做出以下判决:……(四)行政处罚显失公正的,可以判决变更。”《行政诉讼法解释》第 55 条规定:“人民法院审理行政案件不得加重对原告的处罚,但利害关系人同为原告的除外。人民法院审理行政案件不得对行政机关未予处罚的人直接给予行政处罚。”变更判决是人民法院行使司法变更权的具体表现,它直接确定了当事人的权利与义务,但从国家职能分工来看,审判机关与行政机关应当相互尊重各自的权力,如果过多地赋予法院变更权,则会造成司法对行政的干涉。所以变更判决适用的条件比较苛刻:一是只能适用于行政处罚行为,对于其他的具体行政行为,人民法院无权变更;二是只适用于显失公平的行政处罚行为,并非对所有的行政处罚都可以判决变更。此外,人民法院不得加重对原告的处罚,但利害关系人同为原告的除外;人民法院也不得对行政机关未处罚的人给予处罚。

大学教授对公安机关行政不作为申请复议寻求保护案

【案情介绍】

2009年10月15日、10月22日，×大学退休教师刘老师向其住所所在地的江河公安分局胜利派出所、市公安局二处举报，称其居住的集体宿舍内有不明身份的住宿人员，走廊内集中易燃、易爆物品，个别房间有人吸烟和使用液化气明火做饭，存在治安、消防等安全隐患。接到举报后，市公安局二处、江河公安分局胜利派出所会同×大学李家坡校区保卫办，在第二天对该楼进行检查，发现楼内外来租住人员多数未办理暂住证，管理混乱；租住人员在砖木结构的楼内使用煤气炉、电茶炉，火灾隐患突出。但未发现所反映的卖淫嫖娼现象。于是，市公安局二处向×大学李家坡校区发出整改通知书，督促李家坡校区保卫办对存在的问题在15日内进行整改，派出所也提出要求，让保卫办及时组织外来务工人员办理暂住证。此后，二处、派出所和保卫办又多次对该楼进行检查，收缴了一些违规电器等。刘老师却认为并非如此，又分别于10月26日、2010年1月7日向市公安局提出《安全保护申请书》、《治安拘留裁决申请书》，要求追究有关人员的责任。公安机关认为其要求无理，拒绝支持其请求。

2010年1月28日，刘老师以市公安局对其提出的《行政处罚裁决申请书》、《安全保护申请书》、《治安拘留裁决申请书》未予处理为由，以市公安局为被申请人，以×大学及李家坡校区房产办主任为第三人，向省公安厅提出行政复议申请。

【案件焦点】

本案中的当事人认为行政机关不履行法定职责，是否可以提起行政复议？

【分析与结论】

根据《中华人民共和国行政复议法》的规定，申请人在日常生活中对行政机关的管理活动持有异议，在向行政机关提出要求未能得到预期愿望的情况下，便以该机关为被申请人，向其上一级机关申请复议。接受行政复议申请的行政机关依照法律规定对他的申请进行审查并做出复议决定，履行了复议职责，既维护了申请人通过复议行使的民主权利，也对下级行政机关的管理活动进行了监督。

一、关于申请人所享有的复议申请权利问题

按照我国宪法的规定，一切权利属于人民。基于这一基本原则，每个公民、法人或者社会

组织依照法律享有人身权利、民主权利。行政复议申请权是民主权利的具体组成部分，依照《行政复议法》第二条规定，其具体表现为公民、法人等在接受行政管理的同时，有权对自己认为的管理机关违反法律的行政行为，向其上一级机关提出异议，上一级机关应当对所提出的请求进行审查复核，做出明确的结论，以利于加强行政机关的领导和监督，保证行政工作的正确高效。应当特别强调的是，这种监督和领导的活动是由管理相对人即人民群众启动的。因此广大群众正确理解和行使这个权利就成为行政复议法律制度的发展与完善的重要因素。在本案中，刘老师对本地区治安秩序及行政管理中存在的问题，能够依照法律规定的方式提出，把与行政机关的不同意见纳入法律的范围加以解决，究其本质也是人民群众当家做主的一种具体体现。

二、关于行政复议决定的内容

《行政复议法》第二十八条对行政复议审查的结果做了规定，这也是行政复议机关所必须履行的义务。在我们国家，行政机关行使权力往往是突出的，而其义务则不易引人注目，这也是官本位的意识的一种体现。行政诉讼和行政复议制度在这个方面做了质的突破，规定行政复议机关对行政复议申请必须进行审查，做出决定，使人民群众以个体的身份对行政活动进行监督，以一种全新的方式来实现当家做主的权利。在本案中刘老师虽然是对行政机关实施行政管理的状况提出不同意见，进而行使复议申请权，但行政机关并未草率处理，而是严格按规定办理，进行审查后做出复议决定，既对下级行政机关的工作进行了检查与复核，也保证了公民依法行使民主权利，是完全应当的。

省公安厅依法受理了刘老师的申请，按照行政复议法的规定进行了审查，于 2010 年 4 月 2 日做出了行政复议决定书。省公安厅经审查认为：市公安局在接到申请人的举报后，对申请人反映的情况及时进行了检查和督促整改，但目前申请人居住的行政楼内仍然存在消防、治安安全隐患，对此市公安局应继续督促×大学李家坡校区落实整改措施。申请人提出的其他要求，包括对第三人的处理要求，不属于行政复议审理的范围。遂根据《行政复议法》第二十八条第一款(二)项规定做出复议决定：责令被申请人市公安局继续督促×大学对李家坡校区原经济干部管理学院行政楼的安全隐患进行整改。

按照我国宪法的规定，一切权利属于人民。基于这一基本原则，每个公民、法人或者社会组织依照法律享有人身权利、民主权利。行政复议申请权是民主权利的具体组成部分。

《行政复议法》第二十八条规定：行政复议机关负责法制工作的机构应当对被申请人做出的具体行政行为进行审查，提出意见，经行政复议机关的负责人同意或者集体讨论通过后，按照下列规定作出行政复议决定：

1. 具体行政行为认定事实清楚，证据确凿，适用依据正确，程序合法，内容适当的，决定维持；

2. 被申请人不履行法定职责的，决定其在一定期限内履行；

3. 具体行政行为有下列情形之一的，决定撤销、变更或者确认该具体行政行为违法；决定撤销或者确认该具体行政行为违法的，可以责令被申请人在一定期限内重新做出具体行政行为：

(1)主要事实不清、证据不足的；

(2)适用依据错误的；

(3)违反法定程序的;

(4)超越或者滥用职权的;

(5)具体行政行为明显不当的。

4. 被申请人不按照本法第二十三条的规定提出书面答复、提交当初做出具体行政行为的证据、依据和其他有关材料的,视为该具体行政行为没有证据、依据,决定撤销该具体行政行为。

行政复议机关责令被申请人重新做出具体行政行为的,被申请人不得以同一的事实和理由做出与原具体行政行为相同或者基本相同的具体行政行为。

当事人诉行政机关决定其提前退休案

【案情介绍】

谢爱荣(生于1949年12月31日)原系工人,后取得小学一级教师专业技术职务任职资格、教师聘任职务资格和教师资格。1996年9月1日,她与河南省内乡县教委签订了为期8年的劳动合同。1999年12月20日,内乡县人事劳动和社会保障局(下称人劳局)以其内人劳险(1999)17号文件(关于谢爱荣退休的通知)决定谢爱荣退休,自2000年1月按退休对待。2000年2月,谢爱荣以自己是教师、应于年满55周岁时退休为由向内乡县劳动争议仲裁委员会申诉,要求县教委恢复其工作,继续履行劳动合同。仲裁委认为,县教委停止谢爱荣工作是执行退休批准机构(人劳局)的决定,谢爱荣的申诉不符合劳动争议案件受理条件,于2002年3月20日做出仲裁裁决,不支持谢爱荣的请求。为此,谢爱荣于2002年4月13日向内乡县人民法院提起行政诉讼,请求撤销人劳局批准其退休的决定。

【案件焦点】

县人事劳动和社会保障局的行为是否得到授权?

【分析与结论】

本案中人劳局审批谢爱荣退休所存在的问题如下:

一、人劳局批准谢爱荣退休违反法定程序

违反法定程序是指行政主体实施具体行政行为时,违反法律法规规定的方式、形式、手续、步骤、时限等行政程序。本案中,人劳局在一审答辩和二审上诉中均称:审批退休没有法定的程序,内乡县审批退休的程序为先由用人单位申报到主管局委,主管局委签署同意后报人劳局,人劳局审查属实后以文件形式通知主管局委办理退休手续。但本案中,人劳局审批谢爱荣退休时并未接到谢爱荣所属单位申报和主管局委签署同意的相关材料,属于没有进行法律、法规及规章规定的必须进行的步骤的情形。在做出谢爱荣退休的决定后,没有将决定内容告知谢爱荣,亦未向她送达书面材料及告知其应享有的权利,因而属于违反法定程序。

二、人劳局批准谢爱荣退休属于滥用职权

行政主体做出的具体行政行为虽然在其自由裁量权限范围内,但违反了法律、法规的目的

和原则,并且不合理,称之为滥用职权。构成滥用职权的具体行政行为必须同时具备三个要件:(1)主体做出的具体行政行为超出其法定的权限范围;(2)具体行政行为违背或者偏离了法律、法规的目的、原则;(3)具体行政行为必须是不合理的。这里所谓的“不合理”是指对所处理的问题具有一般知识的人都认为行政主体在不正当地行使职权。本案中,在法律、法规及政策对工人身份女教师应于何时退休未作出明确规定的情况下,就决定谢爱荣在年满50周岁时退休,违反了行政法上关于“有授权则有行政,无授权则无行政”的基本原理,即超出其法定的权限,违背了法律、法规的目的和原则。同时,谢爱荣列举经人劳局认可的数名工人身份女教师均于年满55周岁时退休,说明人劳局在审批此类人员退休问题上存在执行标准不统一现象,属于不合理。

滥用职权的主要表现形式有三种:一是主观动机不良,二是未考虑应当考虑的因素,三是考虑了不应当考虑的因素。其中关于未考虑应当考虑的因素是指行政主体在做出具体行政行为时,没有把法律、法规规定应当考虑的因素或者按照常理应当考虑的因素作为依据,任意作出不合理的具体行政行为。本案中,谢爱荣虽为工人,但其经过市(地)级以上政府人事部门批准而取得作为教师应当具备的全部资格,不同于普通工人,人劳局仅以谢爱荣年满50周岁为由就决定她退休,是将谢爱荣按普通工人对待,属于未考虑应当考虑的因素的情形。因此,人劳局批准谢爱荣退休具备了构成滥用职权应同时具备的全部要件,构成滥用职权。

三、人劳局批准谢爱荣退休主要证据不足

主要证据不足是指行政机关向人民法院提交的证据不能证实其所做出的被诉具体行政行为所认定的有关定性和处理结果的基本事实。具体行政行为主要证据不足的主要表现形式有:(1)行政行为认定的事实不清。(2)行政行为认定的被处理行为或事实,没有足够的证据证实,或被告举不出证据。(3)行政行为认定的责任主体错误或证据不足。(4)将行为人的身份认定错误。

本案中,人劳局认为谢爱荣未经市(地)级以上政府人事部门批准为聘任制干部,是以工代教,是工人。根据文义解释法,以工代教是指没有取得教师资格、专业技术职务任职资格和教师聘任职务资格的工人从事教师工作。谢爱荣拥有教师应当具备的全部资格和证件,被聘任为教师,是名副其实的教师,而不属于以工代教。另外,谢爱荣虽然没有经过市(地)级以上政府人事部门批准为聘任制干部,但使其成为教师的资格和证件均来自于市(地)级以上政府人事部门。显然,谢爱荣在被人劳局审批退休前的身份是教师,而不是以工代教,故人劳局审批谢退休时对其身份性质认定错误。

内乡县人民法院审查认为,人劳局所做内人劳险(1999)17号文件虽然产生了对谢爱荣实体权利、义务的影响,但该行为仅为“通知”,具有人事劳动政策指导性质,不属人民法院应当依法受理的案件,故裁定驳回谢爱荣对被告内乡县人劳局的起诉。行政裁定生效后,谢爱荣以裁定错误为由向法院申诉,内乡县人民法院于2004年7月10日裁定对本案进行再审。

内乡县人民法院再审认为,被申请人审批申请人谢爱荣退休是一种具体行政行为,原审认定事实不清,应予撤销。被申请人审批谢爱荣退休的程序不当,应予撤销。判决:(1)撤销(2002)内法行裁字第24号行政裁定;(2)撤销被申请人批准谢爱荣退休的决定。

人劳局不服上述判决,向南阳市中级人民法院提起上诉。

南阳市中院认为:(1)被聘任教师职务(教师实行职务聘任制)就是以教师身份从事教师职

业，而非以工人身份从事教师职业的以工代教。上诉人作为行政机关，在一审和二审中并未提供由工人身份转变为教师身份，须由市（地）级以上政府人事部门批准为聘任制干部的相关法律、法规、规章和政策等相关文件依据。相反，小学一级教师职称也是市（地）级以上政府人事部门审批的。故上诉人称谢爱荣未经市（地）级以上政府人事部门批准为聘任制干部，是以工代教，仍然是工人的理由不能成立。(2)上诉人上诉称其审批程序正当的理由亦不能成立。上诉人在一审答辩及二审上诉中均称：没有法定的审批退休的程序，内乡县审批退休的正常程序为先由用人单位申报到主管局委，主管局委签署同意后报县劳动局，劳动局审查属实后以文件形式通知主管局委办理退休手续。然而，上诉人并未举出其审批谢爱荣退休前谢爱荣所在单位的申报及主管局委签署同意意见。故上诉人的具体行政行为事实不清，证据不足，适用法律法规不当，一审判决撤销被诉具体行政行为是适当的。南阳中院依据《中华人民共和国行政诉讼法》第六十一条第一项之规定做出如下判决：维持一审再审判决，驳回上诉。

谢某诉重庆市食品药品监督管理局C区分局行政处罚纠纷案

【案情介绍】

谢某是经营处方药、非处方药(化学药制剂、抗生素、生化药品、中成药、中药材等)零售的个体工商户。2007年4月12日,重庆市食品药品监督管理局C区分局(以下简称C区分局)接到群众举报,称谢某无医疗器械经营企业许可证经营医疗器械。同年4月13日,C区分局对谢某经营的重庆市珍阁连锁大药房永川邦秀加盟店进行检查,发现谢某库存有大量的三类医疗器械,C区分局当即对其库存的三类医疗器械进行了清理,向谢某出具了物品清单,并向其送达了先行保存物品通知书。2007年7月10日,C区分局做出了行政处罚事先告知书,并邮寄送达了谢某,7月13日,谢某进行了陈述申辩。同年10月29日,C区分局做出了处罚决定书,决定没收谢某违法经营的医疗器械,罚款10000元,并进行了送达。谢某对处罚决定书不服,于2007年11月9日向重庆市食品药品监督管理局申请了行政复议,复议机关做出了维持的复议决定书。谢某收到后不服,于2008年1月5日向重庆市C区人民法院提起了行政诉讼,请求撤销处罚决定书。法院经审理后认为,原告购进大量的三类医疗器械,并存放于仓库中,因为原告无法提供证据证明器械是用于其他用途,所以应被认定为经营三类医疗器械的行为。这种无医疗器械经营企业许可证经营医疗器械的行为,违反了《医疗器械监督管理条例》的有关规定,被告依照此条例对原告进行处罚符合法规规定。故法院做出了维持被告处罚决定的判决。原告上诉后,二审法院维持了一审判决。二审判决生效后,谢某仍然不缴纳罚款,某区分局申请法院强制执行。

根据上述情况,分析以下问题:

1. C区分局在对原告药房进行检查并对违法医疗器械进行先行保存时,要遵循什么程序?

2. C区分局在做出罚款决定后,在何种情形下,可以申请法院强制执行其具体行政行为?

3. 在符合上述第2题答案的情形下,C区分局应向哪个法院提出强制执行其具体行政行为的申请?法院受理申请后,应按什么程序处理?

4. 本案中,谢某提起了行政诉讼,若在诉讼过程中,C区分局申请法院执行其具体行政行为,法院应如何处理?

5. 在一审举证期限届满后,被告可否提出补充证据申请?请说明理由。

6. 若谢某在提起上诉后,未按规定的期限预交案件受理费,法院应如何处理?

【案件焦点】

非诉行政案件的执行、具体行政行为停止执行、新的证据

【分析与结论】

1.《行政处罚法》第37条规定:“行政机关在调查或者检查时,执法人员不得少于两人,并应当向当事人或者有关人员出示证件。当事人或者有关人员应当如实回答询问,并协助调查或者检查,不得阻挠。询问或者检查应当制作笔录……在证据可能灭失或者以后难以取得的情况下,经行政机关负责人批准,可以先行登记保存,并应当在七日内及时做出处理决定……”行政机关在执法过程中必须要依法行使职权,不仅仅是依照实体法,更重要的是程序法,行政程序法能有效防止行政机关滥用职权。

2.《行政强制法》第53条规定:“当事人在法定期限内不申请行政复议或者提起行政诉讼,又不履行行政决定的,没有行政强制执行权的行政机关可以自期限届满之日起三个月内,依照本章规定申请人民法院强制执行。”第54条规定:“行政机关申请人民法院强制执行前,应当催告当事人履行义务。催告书送达十日后当事人仍未履行义务的,行政机关可以向所在地有管辖权的人民法院申请强制执行;执行对象是不动产的,向不动产所在地有管辖权的人民法院申请强制执行。”

本案中,谢某在法定期限内不申请行政复议或者提起行政诉讼,又不履行行政裁定的,C区分局可以自期限届满之日起3个月内,申请人民法院强制执行。申请人民法院强制执行前,应当催告当事人履行义务。

3.《行政诉讼法解释》第89条规定:“行政机关申请人民法院强制执行其具体行政行为,由申请人所在地的基层人民法院受理;执行对象是不动产的,由不动产所在地的基层人民法院受理。”本案中,执行对象是一定金额的罚款,并非不动产,所以应由申请人C区分局所在地的基层人民法院即C区人民法院执行。

《行政强制法》第56条第1款规定:“人民法院接到行政机关强制执行的申请,应当在五日内受理。”第58条第2款规定:“人民法院应当自受理之日起三十日内做出是否执行的裁定。裁定不予执行的,应当说明理由,并在五日内将不予执行的裁定送达行政机关。”《行政诉讼法解释》第93条规定:“人民法院受理行政机关申请执行其具体行政行为的案件后,应当在30日内由行政审判庭组成合议庭对具体行政行为的合法性进行审查,并就是否准予强制执行做出裁定;需要采取强制执行措施的,由本院负责强制执行非诉行政行为的机构执行。”

本案中,人民法院接到C区分局强制执行的申请,应当在5日内受理,受理后,应由行政审判庭组成合议庭对C区分局的行政处罚行为的合法性进行审查,在30日内做出是否执行的裁定。裁定不予执行的,应当说明理由,并在5日内将不予执行的裁定送达行政机关。需要采取强制执行措施的,由该法院负责强制执行非诉行政行为的机构执行。

4.依照《行政诉讼法解释》第94条规定:“在诉讼过程中,被告或者具体行政行为确定的权利人申请人民法院强制执行被诉具体行政行为,人民法院不予执行,但不及时执行可能给国家利益、公共利益或者他人合法权益造成不可弥补的损失的,人民法院可以先予执行。后者申请强制执行的,应当提供相应的财产担保。”由此可知,原则上,在诉讼中法院不会受理行政机关的执行申请,但在实践中,时常会出现行政相对人转移、隐匿财产逃避执行的情况,这时如果

不采取相应措施，就有可能出现生效判决无法得到执行的情况，会给国家利益、公共利益等造成不可弥补的损失。在这个基础上，先予执行制度就应运而生了。

5. 根据司法解释的规定，被告对其做出的具体行政行为承担举证责任，被告在收到起诉状副本之日起 10 日内提交答辩状时要提供做出具体行政行为时的证据、依据；被告不提供或者无正当理由逾期提供的，应当认定该具体行为没有证据、依据。但是，法律规定也会有些例外，法院在以下情况下可以允许被告在诉讼中补充证据：(1)被告在做出具体行政行为时已经收集证据，但因不可抗力等正当事由不能提供的，这时被告可以提出补充证据。(2)原告或者第三人在诉讼过程中，提出了其在被告实施行政行为过程中没有提出的反驳理由或者证据的，被告可以提出补充证据。所以，C 区分局在满足上述的两种情形之一时，可以补充证据。

6.《行政诉讼法解释》第 37 条规定："原告或者上诉人未按规定的期限预交案件受理费，又不提出缓交、减交、免交申请，或者提出申请未获批准的，按自动撤诉处理。在按撤诉处理后，原告或者上诉人在法定期限内再次起诉或者上诉，并依法解决诉讼费预交问题的，人民法院应予受理。"为防止滥诉，当事人需要预交案件受理费。如果当事人起诉或上诉了，但却没有按规定期限缴纳案件受理费，也没有提出缓交、减交、免交申请或申请未获批准的，法院按自动撤诉处理。这是视为申请撤诉的情形，是指原告或上诉人并未明确表示自动放弃诉讼，人民法院根据原告拒绝履行法定诉讼义务的行为，推定其自愿申请撤诉，并裁定准许撤诉，从而终结诉讼。视为申请撤诉包括两种情形：(1)原告或者上诉人经合法传唤，无正当理由拒不到庭或者未经法庭许可中途退庭的；(2)原告或上诉人未按规定的期限预交案件受理费，又不提出缓交、减交、免交申请或申请未获批准的。但如果谢某虽然没有按规定的期限预交案件受理费，却提出了缓交、减交、免交申请，且人民法院批准的，法院就不能按撤诉处理，应依法受理。

当事人诉离婚登记机关侵权案

【案情介绍】

原告：林某，女，汉族，农民，住永定县×镇×街委会。

被告：福建省永定县×镇人民政府。

法定代表人：简某，镇长。

第三人：卢某，男，汉族，农民，住永定县×镇×街委会日新三组，系本案原告林某之夫。

原告林某与第三人卢某于1989年8月登记结婚，领取了×镇结字第121号结婚证。2004年8月7日，原告林某和第三人卢某持户口证明、居民身份证、×街委会出具的介绍信、离婚协议、结婚证向×镇人民政府提出离婚登记申请。婚姻登记员在《离婚登记申请书》上填写了部分内容(离婚原因、子女安排、财产处理、其他协议以及有关单位调解意见等栏内未填写)，并在双方申请人签字及领证人签字栏里写上了卢某、林某的姓名，卢、林二人分别在上述两栏内各自的姓名下按上了指印。由于当时原告和第三人双方都未带照片，无法领取必须贴有照片并加盖婚姻登记专用章方为有效的离婚证。当天下午，第三人卢某独自带上自己及原告中学时的照片到镇政府办公室，由婚姻登记员贴上二人的照片并加盖×婚姻登记专用钢印后，将卢、林二人的永坎字第03号离婚证两本发给卢某。事后，卢某即到永定×水泥厂工作，没有将林某的离婚证交给其本人。第三天，原告林某向×镇人民政府提出反悔。数日后，第三人卢某在婚姻登记员的要求下，将应由林某持有的离婚证交回×镇政府，但林某表示不领取离婚证，并向永定县人民政府申请复议。2004年11月21日永定县人民政府书面复函林某其申请不属复议范畴。同月25日，林某向永定县人民法院提起行政诉讼，诉请撤销×镇人民政府于2004年8月7日发出的永坎字第03号离婚证。12月2日，永定县人民法院对林某的起诉书面裁定不予受理。林某不服，提起上诉。龙岩地区中级人民法院于同月27日裁定撤销原审裁定，由原审法院立案受理。永定县法院受理后，将卢某列为第三人通知其参加诉讼。

原告诉称：×镇民政办违反法定程序，在原告不在场的情况下由第三人卢某单独交照片发给离婚证的行为，违反了《婚姻登记管理条例》第二十五条的规定，请求法院将该离婚证予以撤销。

被告辩称：×镇民政办是根据《婚姻登记管理条例》第十五条、第十六条之规定，办理卢某、林某二人的离婚申请的，申请人双方亲自到镇政府申请离婚，提供的证件、证明齐全。被告依法办理登记并发给离婚证的行为是合法有效的，请求法院依法驳回原告的诉讼请求，维持×镇民政办做出的具体行政行为。

第三人称，与原告林某的夫妻感情完全破裂，自愿协商离婚，并达成了调解协议，双方也亲自到镇民政办申请办理离婚登记。协议书的内容完全符合《婚姻登记管理条例》第十五条的规定,是合法有效的,请求法院维持×镇民政办办理的离婚登记的具体行政行为。

【案件焦点】

1. 婚姻登记行为是否具有可诉性?
2. 本案离婚登记行为违反法定程序,离婚登记是否有效?

【分析与结论】

本案争议主要涉及如下法律适用问题:

1. 关于行政机关的婚姻登记行为是否具有可诉性的问题,本案是否属于行政案件,人民法院应否立案、受理,是首先要解决的问题。对此,有不同意见。一种意见认为,根据《婚姻登记管理条例》第二十九条"当事人认为符合婚姻登记条件而婚姻登记管理机关不予登记的,或者当事人对处罚不服的,可以依照行政复议条例的规定申请复议;对复议决定不服的,可以依照行政诉讼法的规定提起诉讼"之规定,林某之起诉,不属于上述两种情况,且县人民政府法制科也答复其不属行政复议范围。因此,林某之起诉亦不属法院行政案件受案范围,应裁定不予受理。同时,有人还认为即使离婚一方当事人就离婚协议反悔,对行政机关离婚登记有异议,向人民法院提起诉讼,法院也应视作民事案件,由民事审判庭受理。另一种意见认为,婚姻权利属于公民的人身权利。根据行政诉讼法的有关条款规定,公民、法人或者其他组织认为行政机关的具体行政行为侵犯其人身权、财产权而提起诉讼的,属于人民法院行政案件的受案范围。《行政诉讼法》第十一条第一款对可诉性具体行政行为作具体列举时,第四项关于行政许可行为,就是行政机关根据公民或者组织的申请,通过颁发许可证和执照,而同样给予特定的公民或者组织某种权利能力或法律资格的行为,其中即包括颁发结婚证书或离婚证书的行为。因此,本案离婚当事人认为婚姻登记管理机关违法进行离婚登记侵犯其合法权益而提起行政诉讼,属于人民法院行政案件受案范围。我们认为,后一种意见符合行政诉讼法的有关规定,二审法院根据《行政诉讼法》第十一条第一款第八项关于受理公民、法人或者其他组织"认为行政机关侵犯其他人身权、财产权的"提起诉讼的规定,裁定立案受理是正确的。

2. 关于本案中婚姻登记机关的离婚登记行为是否违反法定程序的问题,行政机关遵守法律法规规定的行政程序,是保证行政实体处理正确合法的重要条件。违反法定程序,是指行政机关做出具体行政行为时违反了法律法规明确规定必须遵守的行政程序,它包括以下四种主要表现:一是擅自增加或减少做出具体行政行为的步骤;二是破坏了做出具体行政行为步骤的先后次序;三是随意改变或取消做出具体行政行为的形式;四是缩短或拖延要求相对人做出某种行为或做出具体行政行为的时限。本案婚姻登记机关的离婚登记行为,是否违反法定程序,是案件争议问题的焦点。一种意见认为,本案离婚双方当事人亲自到镇政府提出申请,是他们离婚真实意思的表示,双方达成了离婚协议,应办的一切手续已办完整,应交的材料也已齐备,法律依据明确,程序合法。因而镇政府的离婚登记的具体行政行为是合法的。另一种意见认为,镇人民政府在办理卢某、林某离婚登记过程中,违反了《婚姻登记管理条例》的有关程序规定:(1)在离婚登记申请书中,只填写了部分内容,对离婚原因、子女安排、财产处理、其他协议以及有关单位调解意见等栏中没有填写任何内容;(2)在未依法制作送达离婚证(因双方没有带照片)的情况下就要求离婚双方当事人在"领证人签字"栏中按指印,并收回注销了双方的结婚证;(3)在双方当事人没有都到场的情况下,没有直接送达离婚证书,而由一方当事人代领另一方当事人的离婚证书(无另一方当事人有效证明委托代领)。《婚姻登记管理条例》第十六条规定:"……当事人从取得离婚证起,解除夫妻关系。"本案原告林某在未取得离婚证之前提出反悔,并不违背法律法规的规定。一、二审法院确认和坚持后一种意见,按照《行政诉讼法》第五十四条关于违反法定程序人民法院应当判决撤销或部分撤销具体行政行为的规定,分别做出了撤销镇人民政府对卢某、林某离婚登记的具体行政行为,是正确的。

永定县人民法院审理认为,被告×镇人民政府在办理原告林某与第三人卢某的离婚登记手续时,在当事人没有带照片无法领取必须贴有照片并加盖婚姻登记专用章方为有效的离婚证的情况下,由当事人先在《离婚登记申请书》"领证人签字或盖章、按指印"栏里按上指印,违反了离婚登记程序。原告没有领取离婚证而提出反悔,符合《婚姻登记管理条例》第十六条的规定,理由正当,应予支持。根据《中华人民共和国行政诉讼法》第五十四条第(二)项第三目之规定,该院于2005年3月9日做出判决:

撤销永定县×镇人民政府2004年8月7日颁发的(2004)永坎字第03号离婚证。

一审判决后,被告×镇人民政府及第三人卢某不服,向龙岩地区中级人民法院提出上诉。被告×镇人民政府诉称:其办理卢、林二人离婚登记的行为符合当事人真实意思表示,材料齐全,手续完备,原结婚证已注销,应视为林某已领到离婚证。一审判决否定客观事实,滥用法律,请求二审法院予以改判。第三人卢某诉称:双方均在调解协议书和离婚登记申请书上按有指印,林某口头委托其领取离婚证并实际履行了调解协议,原审法院否认这些客观事实,做出撤销离婚证的判决,是错误的。请求二审法院撤销一审判决,维持×镇人民政府办理的离婚登记。

被上诉人林某答辩称:她并没有委托卢某代领离婚证,镇政府办理离婚登记,违反法定程序。林某在没有领到离婚证、夫妻关系尚未解除的情况下,完全可以反悔离婚。请求二审法院维持原判。

龙岩地区中级人民法院审理认为:×镇人民政府受理卢某、林某的离婚登记申请合法,但没有做出和送达对申请是否同意的书面决定即予以登记和在未依法制作送达离婚证的情况下要求卢某、林某在领证人签字栏中按指印,并收回注销×镇结字第121号结婚证的行为,违反了法定程序,依法应予以撤销。因林某、卢某均未撤回离婚登记申请,×镇人民政府应对该申请重新做出具体行政行为,原审法院判决得当,上诉人所诉理由不能成立,不予支持。据此,依照《福建省行政执法程序规定》第十六条和《中华人民共和国行政诉讼法》第六十一条之规定,该院于2005年4月19日做出判决:

1. 驳回上诉,维持原判。

2. 撤销×镇人民政府对卢某、林某离婚申请予以登记和注销×镇结字第121号结婚证的行为。

3. 由×镇人民政府对林某、卢某的离婚登记申请重新做出具体行政行为。

附:与本案有关的法律法规

《婚姻登记管理条例》第二十九条规定:"当事人认为符合婚姻登记条件而婚姻登记管理机关不予登记的,或者当事人对处罚不服的,可以依照行政复议条例的规定申请复议;对复议决定不服的,可以依照行政诉讼法的规定提起诉讼。"

《婚姻登记管理条例》的有关程序规定:(1)在离婚登记申请书中,只填写了部分内容,对离婚原因、子女安排、财产处理、其他协议以及有关单位调解意见等栏中没有填写任何内容;(2)在未依法制作送达离婚证(因双方没有带照片)的情况下就要求离婚双方当事人在"领证人签字"栏中按指印,并收回注销了双方的结婚证;(3)在双方当事人没有都到场的情况下,没有直接送达离婚证书,而由一方当事人代领另一方当事人的离婚证书(无另一方当事人有效证明委托代领)。

《婚姻登记管理条例》第十六条规定:"……当事人从取得离婚证起,解除夫妻关系。"

《福建省行政执法程序规定》第十六条规定:行政执法机关决定受理相对人的申请后,应对相对人的申请事由以及申请材料的真实性、合法性、有效性进行审查,并应在收到相对人申请之日起三十日内做出是否同意的决定,同时按本规定第三十七条的要求,制作书面决定书送达相对人,通知办理有关手续。决定书应载明所依据的法律、法规、规章以及规范性文件的名称及其条款。需要转报批准机关的,应在收到相对人申请之日起十五日内予以转报。接受转报的机关,应在接到转报之日起十五日内做出决定,通知转报机关,并由转报机关通知相对人。第十七条规定:负有法定义务的行政执法机关获知相对人的人身权、财产权依法需要保护时,应及时采取措施予以保护。

根据行政诉讼法的有关条款规定,公民、法人或者其他组织认为行政机关的具体行政行为侵犯其人身权、财产权而提起诉讼的,属于人民法院行政案件的受案范围。

《中华人民共和国行政诉讼法》第五十四条第(二)项第三目规定:违反法定程序的可判决撤销或者部分撤销,并可以判决被告重新做出具体行政行为。

《中华人民共和国行政诉讼法》第六十一条规定:

人民法院审理上诉案件,按照下列情形,分别处理:

1. 原判决认定事实清楚,适用法律、法规正确的,判决驳回上诉,维持原判;

2. 原判决认定事实清楚,但适用法律、法规错误的,依法改判;

3. 原判决认定事实不清,证据不足,或者由于违反法定程序可能影响案件正确判决的,裁定撤销原判,发回原审人民法院重审,也可以查清事实后改判。当事人对重审案件的判决、裁定,可以上诉。

杜某诉海事机关不作为案

【案情介绍】

2010年8月23日，杜某船舶在京杭运河××市城区河道追越“××596”轮队时，碰撞桥墩而沉没。事发后，海事部门即责令杜某打捞沉船，然而杜某弃船离开，后一直下落不明，致使沉船长期滞留航道。2011年12月16日，高某濉溪机433号船舶途经该水域时，被水下杜某沉船触沉。随船500吨水泥落入水中。2012年2月，高某在支付6万元费用后，由京杭运河××省××航道管理站将其沉船打捞出水。4月15日，高某以××市地方海事处、京杭运河××省××航道管理站不履行打捞沉船法定职责为由，一纸诉状将两行政机关推上了被告席。诉请事发地××法院审查确认两被告不作为行为的违法性，判令被告赔偿原告船舶运费、打捞费、修理费以及货物损失计18万元。

【案件焦点】

海事行政案件的诉种选择、管辖，以及赔偿责任的分配问题。

【分析与结论】

一、本案可否作为行政案件受理

关于高某能否提起本案行政诉讼的问题，审理期间法院曾存有分歧。一种观点认为，海事部门在事发后，已通知杜某打捞沉船，然而杜某拒不履行义务，这是导致高某沉船的主要的和直接的原因。依《民法通则》第106条、第117条规定，杜某不履行打捞沉船之责，侵害了高某的财产权，应当承担民事责任。依《××省内河交通事故处理办法》第41条、第42条等规定，由于高某一直未向海事部门申请调解，故其应以杜某为被告提起民事诉讼。《中华人民共和国内河交通安全管理条例》第36条第2款也规定了作为沉船主的高某有向第三方杜某进行索赔的权利。因此，本案应当裁定驳回高某的行政诉讼。第二种意见对高某可以杜某为被告提起民事诉讼并无异议，但同时认为：(1)杜某弃船后，有关机关怠于履责，漠视隐患存在，终致高某船沉。对此，主管机关有不可推卸的行政责任。在民事行为侵权与行政行为侵权竞合的情况下，鉴于杜某下落不明的现状，作为受害人的高某，为充分而有效地维护自己的财产权益，有权选择行政诉讼的途径，向不作为的行政机关主张赔偿。(2)杜某拒不打捞沉船的法律后果已仅非及于某一特定对象(包括高某)。它不仅侵害了实际受害人高某的财产权，更重要的是它危害了水上公共交通安全的秩序，对航道往来船只形成隐患。由此形成两种法律关系：一是基于杜某未尽打捞民事义务而产生的民事法律关系；二是基于行政机关未尽保障航道畅通行政职责而产生的行政法律关系。囿于冲突和竞合，法官得以行使衡平权。从兼顾私权利与公益的角度出发，后一种行政法律关系完全可以吸收或兼容前一种民事法律关系。(3)由于事故的突发，使高某举家赖以生存的船舶毁于一旦。杜某弃船逃逸更使高某的民事索赔终成泡影。如何有效维护受害人的权益，应是本案首选。面对高某无奈之中的明智之举，法院应当充分尊重当事人对诉种的选择。这不仅是人民法院公正与效率工作主题的基本价值取向，同时也是检验审判工作法律效果和社会效果的标尺。草率驳回高某的行政之诉，也将使人民法院司法为民的指导思想在本案中名存实亡。据此，法院采纳了第二种意见。

二、海事行政案件管辖的划分

诉讼中，第一被告海事处提出管辖权异议，认为依据《最高人民法院关于海事法院受理案件范围的若干规定》(下称《若干规定》)，该案属海事行政纠纷，应由海事法院审理。合议庭评议后对本案管辖权问题形成两种观点：第一种意见认为，最高人民法院审判委员会第 1187 次会议通过的《若干规定》，已于 2011 年 9 月 18 日起正式实施。该司法解释对海事法院原受案范围做了重新调整，已将海事行政案件、海事行政赔偿案件以及海事行政执行案件，明确划归海事法院统一管辖。此举不仅进一步考虑了此类案件的专业性，又在一定程度上保证了案件审理的公正性与效率性。因此，××法院对本案无管辖权限。依《行政诉讼法》第 21 条之规定，应将案件移送相关的海事法院。第二种意见认为，根据《最高人民法院关于执行〈中华人民共和国行政诉讼法〉若干问题的解释》第 6 条，关于专门人民法院不审理行政案件，也不审查和执行行政机关申请执行其具体行政行为的案件的规定，海事法院对海事行政案件应无管辖权限。另外，海事法院管辖的仅为海上、沿海以及通海水域所发生的海商纠纷案件，所辖水域不应包括内河。而本案事发水域为京杭运河××市城区河道。若将此类内河水域发生的海事行政纠纷案件统一划归海事法院受理，显然不便于原、被告双方的诉讼。因此，××法院对该案具有管辖权。由于分歧意见涉及最高人民法院两部司法解释的效力，2012 年 12 月，就该案管辖权问题，××法院向××市中级人民法院请示，并经××省高级法院向最高法院请示。2013 年 8 月 11 日，最高法院办公厅做出《最高人民法院办公厅关于海事行政案件管辖问题的通知》(法办【2013】253 号)，明确答复：行政案件、司法赔偿案件和审查行政机关申请执行具体行政行为的案件仍由各级人民法院行政庭审理。海事等专门人民法院不审理和审查此类海事行政案件。

三、第三人应否参加本案之诉

案件受理后，第一被告海事处请求通知杜某作为第三人参加本案诉讼。对此，合议庭达成以下共识：《行政诉讼法》第 27 条规定，同被诉具体行政行为有利害关系的其他公民，可以作为第三人申请参加诉讼，或者由法院通知参加诉讼。由于本案的诉争纠纷以及赔偿责任的分担等，显与原沉船主杜某存在法律上的利害关系。因此，对通知杜某作为第三人参加诉讼的问题，合议庭并无异议。但鉴于杜某弃船后，举家外出并长期下落不明的现状，再行公告通知，已无实际意义。况且合议庭在确认赔偿比例的问题上，完全可以综合考虑杜某在该起赔偿案中承担责任的大小与比例，并不排除或妨碍高某向杜某另案索赔该赔偿额的权利。另外，依据《中华人民共和国内河交通安全管理条例》以及《××市水上交通安全管理条例》的规定，有主沉船拒不打捞的，水上交通安全管理部门在强制清除后，就该项支出可向沉船主追偿。因此，即使由有关行政机关先行赔付高某，也并不影响该机关再行向杜某追偿的权利。同时，考虑到已陷于困境的原告应当得到及时救济的现状，故本案不宜刻意追求杜某作为第三人的诉讼地位。

四、赔偿责任的确认与分配

首先，原告应否担责。审理查明，原告船舶偏离主航道，欲停靠船舶禁泊区等，也是造成此次沉船的主要原因之一。因此，在确定本案赔偿比例时，应当考虑原告此过错责任。另外，关于原告“大船小簿子”问题，即原告航行簿标注载重为 250 吨，而其船舶实际载货能力远超过 500 吨。水上航运中，由于海事部门监管不力等因素，此种现象较为普遍和突出。在确定本案赔偿比例时，如何对待该问题较为棘手。我们认为，由于本案被告的不作为，使航道存有隐患，终致原告船舶沉没，其间直接的、必然的因果联系不言自明。况且，原告此次运输已经海事部门签证并获批通航。因此，关于“大船小簿子”的问题，水上交通安全主管部门可另案查处，而非本案所考虑。

其次，关于无主沉船打捞的法律依据。由于鲁、浙、皖等地海事、航道等主管部门长期实行统一的执法管理体系，因此无论是对有主沉船，还是无主沉船的清除上，很少出现推诿或怠职现象。而××则不然。20 世纪 80 年代中期，××省交通工程管理局解体，原内设的安监科和工程科分别成立为现在的省地方海事局和厅航道局，其余机构则转为公路局。在水运及航道管理上，形成了海事、航道、船闸等部门各司其职的管理体制。另外，由于原《中华人民共和国内河交通安全管理条例》第 36 条、《××省内河交通安全管理条例》第 30 条以及《××市水上交通安全管理条例》第 16 条等，仅对海事管理机构关于逾期有主沉船的强制打捞做出规定，却忽视了对无主沉船如何打捞的具体操作。立法上的疏漏，加之打捞专项资金拨付不到位等因素的影响，致使海事、航道两部门在无主沉船的打捞上产生推诿。甚至出现了对船舶所有人或经营人事发逃逸后，所沉船舶无人问津的现象。2012 年 8 月 1 日起施行的新修订的《中华人民共和国内河交通安全管理条例》第 42 条规定“没有所有人或者经营人，由海事管理机构打捞清除或者采取其他相应措施，保障通航安全”。新条例有效弥补了立法缺漏，就无主沉船的强制打捞做出了明确而具体的规定。本案诉讼期间，××省交通厅也适时下发了苏交政【2013】120 号《关于调整地方海事局和厅航道局有关无主沉船打捞职责的通知》，对××省境内现有无主沉船以 2013 年 10 月 1 日为限，在此之前的由航道部门组织打捞，之后的一律由海事部门打捞。至此，关于××省境内无主沉船的打捞职责，随着立法的不断完善，也由于本案的诉讼，最终引起有关主管部门的高度重视，并得以规范和确认。

最后，关于杜某沉船性质的确认以及两被告责任的划分。杜某船舶沉没后，海事部门即责令杜限期打捞，然杜弃船逃逸。由于第一被告错误地将杜某沉船视为无主沉船，因而与第二被告发生推诿，致使沉船长期滞留航道，并最终引发本案诉讼。原《中华人民共和国内河交通安全管理条例》第 3 条、第 36 条、第 37 条，以及《××省内河交通安全管理条例》第 30 条、《××市水上交通安全管理条例》第 3 条、第 16 条等，对此已做出明确规定，对影响航行安全和有潜在危险的沉没船舶，其所有人或经营人应在限定的时间内打捞。逾期不清除的，作为水上交通安全主管机关的海事部门有权强制打捞。据此，在原沉船主杜某弃船逃逸的情况下，第一被告海事处显负有强制打捞的法定职责。上级部门专项打捞资金没有到位，不能成为其怠于履行职责的借口。依据《中华人民共和国航道管理条例》,并结合内河交通安全管理法律规范的相关规定,第二被告航道站关于航道保护的职责主要体现在对导航设施、过船建筑物等航道工程的规划、管理与养护上。当然其也可以受海事部门的委托对无主沉船,以及经船舶所有人或经营人的申请,并经海事部门的批准,对有主沉船等实施有偿打捞。

鉴于上述思考,同时又考虑到对原告实际损失再行委托评估,势必增加当事人的额外重负,也不利于原告举家赖以生存船舶的尽快修复与运行。故法院在本案审理中,并未径行鉴定和判决。而是切实注重行政审判的亲和力,真正从司法为民的指导思想出发,并基于责任的划分,最终促成三方当事人就赔偿问题达成共识。案件的妥善处理,既明确了原告的责任以及被告的职责,又使原告的索赔得以尽快实现,行政审判的法律效果与社会效果得以有机融合。审理期间,第一被告海事处主动赔付原告经济损失 6.5 万元,第二被告航道站退还已收取的部分打捞费 1.5 万元,原告以此为由,于 2013 年 10 月 27 日申请撤诉。

我国《民法通则》规定如下:

第一百零六条

公民、法人违反合同或者不履行其他义务的,应当承担民事责任。

公民、法人由于过错侵害国家的、集体的财产,侵害他人财产、人身的,应当承担民事责任。

没有过错的,但法律规定应当承担民事责任的,应当承担民事责任。

第一百一十七条【侵害财产权的民事责任】侵占国家的、集体的财产或者他人财产的,应当返还财产,不能返还财产的,应当折价赔偿。

损坏国家的、集体的财产或者他人财产的,应当恢复原状或者折价赔偿。

受害人因此遭受其他重大损失的,侵害人应当赔偿损失。

《××省内河交通事故处理办法》第四十一条不申请调解或者调解不成的,当事人可以按规定向人民法院起诉。

第四十二条负有交通事故责任的当事人,应当按照所负交通事故的责任承担相应的赔偿责任。由交通事故引起的施救费和打捞费应当由获救或被打捞船舶和其他财产的所有人承担,无力承担的,由交通事故的其他当事人承担。

行政机关随意免去村民委员会组成人员案

【案情介绍】

原告：王某某。

被告：××经济开发区管理委员会。

2004年3月，王某某经××经济开发区新河村村民选举担任该村第五届村委会副主任，任期三年。2005年6月，××经济开发区管理委员会下属的农村工作局，以执行农村税费改革工作的有关规定和要求为由，经研究并报开发区管理委员会同意，做出×开农(2005)46号通知，决定免去包括王某某在内的七人所担任的一切行政职务。

王某某起诉称：2004年3月原告经村民选举担任新河村村民委员会副主任，任期三年。××经济开发区管理委员会所属的农村工作局用行政强制手段，决定免去其担任的村委会副主任职务，且免职决定未向其送达，农村工作局的免职决定违反了法律的规定，侵犯了其合法权益，属于无效的行政行为。故请求法院判决撤销××经济开发区管理委员会所属的农村工作局做出的免职通知。

××经济开发区管理委员会答辩称：对王某某所实施的行政免职行为是不可诉的国家行政机关所实施的强制性抽象行政行为；撤村并组、精简机构是行政区划调整的必然要求；王某某对免职的事实早已明知，其有偷税漏税的违法行为，不适宜再担任村委会副主任，请求法院驳回原告的诉讼请求。

【案件焦点】

该免职决定是否属于行政诉讼受案范围?

【分析与结论】

现就案件审理中的如下问题做简要分析：

一、关于免职通知的可诉性问题

(一)免职通知属于可诉的具体行政行为

××经济开发区管理委员会所属的农村工作局做出的免职通知属于具体行政行为，不属于抽象行政行为。所谓抽象行政行为，一是指行政立法行为，即行政机关制定、发布行政法规、行政规章的行政行为；二是指行政机关针对不特定对象发布的能反复适用的行政规范性文件，即行政机关制定、发布具有普通约束力的行政决定、行政命令的行为。根据《行政诉讼法》第十二条第(二)项的规定,行政立法行为和非立法的抽象行政行为不属于人民法院行政案件的受案范围,××经济开发区管理委员会所属的农村工作局做出的×开农(2005)46号免职通知不属于制定、发布行政法规、行政规章的行政立法行为,因通知针对的对象是特定的,且不具有反复适用性,故亦不属于非立法的抽象行政行为。此外,该免职通知虽未直接送达给原告本人,但原告有证据证明该通知的存在,王某某与该通知具有法律上的利害关系,因此该通知属于可诉的具体行政行为。

(二)免职通知不属于内部行政行为

《行政诉讼法》第十二条第(三)项规定:人民法院不受理公民、法人或者其他组织对行政机关做出的对行政机关工作人员的奖惩、任免等决定提起的诉讼。《最高人民法院关于执行〈中华人民共和国行政诉讼法〉若干问题的解释》(以下简称《解释》)第四条对《行政诉讼法》第十二条第(三)项"对行政机关工作人员的奖惩、任免等决定"做出的解释,是指行政机关做出的涉及该行政机关公务员权利义务的决定。根据《解释》的规定,凡行政机关对其工作人员奖惩、任免、工资的升降、福利待遇等内部人事管理行为,均属于不可诉的行为。××经济开发区管理委员会所属的农村工作局做出的免职通知,单从字面上解释,似乎属于不可诉的内部行为,其实不然,因为该免职通知发生在外部行政法律关系中,王某某与××经济开发区管理委员会所属的农村工作局之间是管理和被管理的关系;而且王某某并非××经济开发区管理委员会所属的农村工作局的公务员,该免职通知所涉及的权利义务是王某某作为一个普通公民的权利义务,而非公务员特有的。因此,免职通知不属于不可诉的内部行政行为。

二、关于免职通知的合法性问题

行政机关的行政行为应当具有职权依据,且应程序合法。××经济开发区管理委员会所属的农村工作局精简机构的行为应当严格按照法律规定进行。《中华人民共和国村民委员会组织法》第二条规定:村民委员会是村民自我管理、自我教育、自我服务的基层群众性自治组织,实行民主选举、民主决策、民主管理、民主监督。第四条规定:乡、民族乡、镇的人民政府对村民委员会的工作给予指导、支持和帮助,但不得干预依法属于村民自治范围的事项。第十一条第二款规定:村民委员会每届任期三年,届满应当及时举行换届选举。第十六条规定:本村五分之一以上有选举权的村民联名,可以要求罢免村民委员会成员。根据上述规定,村民委员会是基层群众性自治组织,乡、镇人民政府与村民委员会的关系应该是指导与被指导的关系;任期内的村民委员会成员,不得随意被撤换、免职。本案被告所属的农村工作局与新河村村民委员会的关系是指导与被指导而非领导与被领导的关系,即使王某某偷税、漏税的事实能够成立,应当受到刑事追究,也只能按程序罢免其担任的村委会副主任职务。故××经济开发区管理委员会所属的农村工作局做出的×开农(2005)46号免职通知是程序违法和超越职权的具体行政行为。

某市人民法院经审理认为,××经济开发区管理委员会所属的农村工作局做出的免职通知不属于抽象行政行为,而是属于可诉的具体行政行为。根据《中华人民共和国村民委员会组织法》的规定,任期内的村民委员会成员,除因法定事由外不得随意被撤换、免职。××经济开发区管理委员会所属的农村工作局以文件的形式决定免除王某某担任的职务,不仅违反了法定程序,而且属于无权限的越权行为。鉴于×开农(2005)46号免职通知涉及王某某等七人,而除王某某以外的其他六人未提起诉讼,加之该行政行为已实施完毕,新的村民委员会早已产生，故王某某要求判决撤销免职行为的请求不妥。

据此，依照《中华人民共和国村民委员会组织法》第十一条第一款、《最高人民法院关于执行〈中华人民共和国行政诉讼法〉若干问题的解释》第五十七条第二款的规定，判决：确认××经济开发区管理委员会所属的农村工作局2005年6月×开农（2005）46号《关于王某某等同志免职的通知》中，免去王某某一切行政职务的具体行政行为违法。

一审宣判后，原被告双方均未提出上诉。

《行政诉讼法》第十二条第（三）项规定：人民法院不受理公民、法人或者其他组织对行政机关做出的对行政机关工作人员的奖惩、任免等决定提起的诉讼。《最高人民法院关于执行〈中华人民共和国行政诉讼法〉若干问题的解释》第四条对《行政诉讼法》第十二条第（三）项“对行政机关工作人员的奖惩、任免等决定”做出的解释，是指行政机关做出的涉及该行政机关公务员权利义务的决定。

刘某诉劳动局行政复议决定对工伤申请时效的认定错误案

【案情介绍】

原告:刘某。

被告:某市劳动和社会保障局(简称市劳动局)。

第三人:某镇个体工商户。

原告刘某的丈夫马某原是某镇个体工商户的雇员,2001 年 10 月 3 日马某在业主家中发病,同年 10 月 5 日,因医治无效死亡。2004 年 3 月 25 日,刘某向其所在的县劳动和社会保障局申请工伤认定,该局做出马某伤亡情形视同工伤的认定。该个体工商户不服,向市劳动局申请行政复议,市劳动局受理后,以该个体工商户为申请人,县劳动和社会保障局为被申请人对案件进行了审查。经审查,市劳动局认为刘某提出工伤认定申请的时间距马某事故伤害发生之日超过 1 年时效,县劳动和社会保障局受理刘某申请并做出工伤认定的行为明显不当,故决定撤销县劳动和社会保障局做出的工伤认定决定书。在行政复议程序中,市劳动局未通知刘某作为第三人参加行政复议。刘某对该复议决定书不服,遂以市劳动局未通知其参加行政复议程序违法及做出的行政复议决定对工伤申请时效的认定错误为由提起行政诉讼。

【案件焦点】

行政复议机关未通知利害关系人参加行政复议是否构成程序违法?

【分析与结论】

(一)人民法院对行政执法程序审查仅限于法定程序

我国行政程序立法还比较落后,没有一部完整的行政程序法典,对行政程序的规定大多散布于各单行的法律法规之中,长期以来受“重实体、轻程序”思想观念的影响,在立法中,许多法律条文往往忽视对程序要件的规定,即使做出规定,也经常出现规定得比较原则、比较有弹性的情形;在行政执法中,因缺少法定的、规范的行政程序规范,往往更容易忽视程序的规定。从行政程序的规定机关来看,可以将行政程序分为法定行政程序和自由行政程序(参见罗豪才主编的《行政法学》,1996 年北京大学出版社出版)。法定行政程序是由法律明确规定的。这里的法律,应理解为不仅仅指法律、法规及规章,还应当包括其他规范性文件。对于合法有效的、不与上层级法律规范相抵触的其他规范性文件设定的旨在规范行政权力运作、保护行政相对人权益的行政程序规定,也应认定为法定程序。《中华人民共和国行政诉讼法》第五条规定，人民法院审理行政案件，对具体行政行为是否合法进行审查。第五十四条第（二）项第3目规定，具体行政行为违反法定程序的，判决予以撤销。由此规定可以看出，人民法院在对被诉具体行政行为的行政程序进行审查时，仅限于对法定程序的审查。即行政主体在为一定行为时，违反了自由行政程序，并不必然导致行为违法；违反了法定程序，则必然影响其行为的合法性。

（二）违反行政法定程序的行政行为亦未必必然违法

基于以上对行政程序的分类，我们从法定行政程序对行政主体做出行政行为的约束程度来分析，可以进一步将其划分为强制性行政程序和任意性行政程序。法律明确规定的行政主体在行政执法过程中必须遵循的行政程序，我们称之为强制性行政程序。法律没有明确规定行政主体必须如何运作，而是规定了倡导性的、行政机关在行政执法过程中可以自主进行选择的行政程序，我们称之为任意性行政程序。违反强制性行政程序的行政行为必然违法，违反任意性行政程序的行政行为未必违法。据此分类，《行政诉讼法》第五十四条规定的“法定程序”是指强制性行政程序。对于任意性行政程序，法律规范仅作了倡导性的规定，给予了行政主体根据案件的具体情况进行自主选择的权力，行政主体是否按照该行政程序规定而为，需要结合具体案件情况，综合考虑多种因素，在不违背法律规范的立法目的的前提下做出决定，这属于行政主体的自由裁量权。行政主体行使其自由裁量权是否得当，一般认为属于行政行为的合理性范畴，不属于行政行为的合法性范畴，其据该权力所做出的自由裁量行为，人民法院一般不予以审查。

（三）行政复议程序中是否追加利害关系人参加行政复议属于行政复议机关的自由裁量权

《中华人民共和国行政复议法》第十条第三款对第三人是这样规定的，同申请行政复议的具体行政行为有利害关系的其他公民、法人或者其他组织，可以作为第三人参加行政复议。该规定中使用了“可以”一词，表明法律是赋予了利害关系人作为第三人参加行政复议的权利，既然是一项权利，利害关系人当然可以参加行政复议，当然其也可以决定不参加行政复议，并不能由此得出行政复议机关负有通知利害关系人参加行政复议的强制性的法定义务。2003年11月28日山东省第十届人民代表大会常务委员会第五次会议通过，自2004年1月1日起施行的《山东省行政复议条例》第十五条规定，行政复议申请受理后，与申请行政复议的具体行政行为有利害关系的其他公民、法人或者其他组织申请参加行政复议的，可以作为第三人参加行政复议；未申请参加行政复议的，行政复议机关认为有必要时，应当通知其参加行政复议。与申请行政复议的具体行政行为有利害关系的其他公民、法人或者其他组织不参加行政复议的，不影响行政复议事项的办理。该地方性法规在确认利害关系人享有参加行政复议的权利后，更是明确地规定，行政复议机关应当通知利害关系人参加行政复议的情形是其认为有必要时，这显然是行政复议机关的一项自由裁量权，其认为没有必要通知利害关系人参加行政复议并不必然导致行政复议行为违法。本案中，市劳动局以刘某的工伤认定申请超过1年的时效为由而撤销原工伤认定书，对刘某的丈夫马某死亡的时间是明确的，证据充分，各方当事人均无异议，市劳动局不通知刘某参加行政复议并不影响该事实的认定，故市劳动局在本案中不通知刘某参加行政复议并不构成行政程序违法。

（四）应设定行政复议机关通知利害关系人参加行政复议的法定义务

《行政复议法》虽未明确设定行政复议机关通知利害关系人参加行政复议的义务，但却赋予了利害关系人参加行政复议的权利。如何保障该权利的实现呢？对于利害关系人，其与被申请的具体行政行为之间有着权利、义务关系，行政复议所要解决的争议，涉及第三人增加或减少某些权利，或负担某些义务(参见曹康泰主编的《行政复议法释义》，1999 年中国法制出版社出版)。在有些情况下，该影响是非常重大的，而且也是行政复议机关知道或者应当知道的，对于此类情形的利害关系人，应设定行政复议机关通知其参加行政复议的义务。如本案中，行政复议程序审查的具体行政行为是县劳动和社会保障局做出的工伤认定决定，在县劳动和社会保障局的工伤认定程序中，刘某是工伤认定的申请人，市劳动局的行政复议决定必然涉及刘某的利益，并且该利益对于刘某来讲是非常重大的。假设市劳动局撤销原工伤认定的理由是认定事实不清、证据不足等，为保护刘某的合法权益、便于查清案情，则应当通知刘某作为第三人参加行政复议程序。正当程序原则已经逐渐成为衡量现代政府行政是否合法的一个重要指标，依该原则的要求，行政机关在行政执法过程中，从保护公民、法人或者其他组织的合法权益角度，应尽可能保障利害关系人的参与权。从权利义务对等原则来讲，一般地，行政主体拥有的行政实体法上的权力与行政程序法上的义务成正比，与行政程序法上的权力成反比(参见胡建淼著的《行政法学》，1998 年法律出版社出版)。在行政实体法上，行政主体处于有权支配行政相对人的地位，为有效制约其权力的可能的滥用，应设定其通知利害关系人参加复议的义务，这也是程序公正的要求；从程序公开原则来讲，首先必须保障利害关系人的参与权、知情权，只有利害关系人的参与才能确保程序的公开，才能切实保护各方行政相对人的合法权益，保证行政权力的公正行使。在现行法律规定的情形下，有的地方已经对此做出了明确规定，如《江西省实施〈中华人民共和国行政复议法〉若干规定》第十二条规定，与被申请行政复议的具体行政行为有利害关系的公民、法人或者其他组织是行政复议第三人。行政复议机关应当通知第三人参加行政复议。第三人不参加行政复议的，不影响行政复议的进行。

在现行法律规定下，行政复议机关未通知利害关系人参加行政复议程序并不必然违法，但在今后的立法中，应当设定行政复议机关通知利害关系人参加行政复议程序的法定义务。

法院认为，依据《中华人民共和国行政复议法》第十条第三款的规定，刘某作为工伤认定的利害关系人，有权作为第三人参加行政复议程序。但法律未设定复议机关有通知利害关系人作为第三人参加行政复议的义务，故刘某以市劳动局未通知其参加复议为由主张复议程序违法，缺乏法律依据。刘某与个体工商户对市劳动局做出的复议决定所认定的事实均表示认可。同时，法院对市劳动局做出的行政复议决定的合法性的其他方面进行了审查，认定其合法。判决维持了市劳动局做出的复议决定书。

《中华人民共和国行政诉讼法》第五条规定，人民法院审理行政案件，对具体行政行为是否合法进行审查。

《行政诉讼法》第五十四条规定的“法定程序”是指强制性行政程序。对于任意性行政程序，法律规范仅做了倡导性的规定，给予了行政主体根据案件的具体情况进行自主选择的权力，行政主体是否按照该行政程序规定而为，需要结合具体案件情况，综合考虑多种因素，在不违背法律规范的立法目的的前提下做出决定，这属于行政主体的自由裁量权。行政主体行使其自由裁量权是否得当，一般认为属于行政行为的合理性范畴，不属于行政行为的合法性范畴，其据该权力所做出的自由裁量行为，人民法院一般不予审查。

《中华人民共和国行政复议法》第十条第三款对第三人是这样规定的,同申请行政复议的具体行政行为有利害关系的其他公民、法人或者其他组织,可以作为第三人参加行政复议。该规定中使用了“可以”一词,表明法律是赋予了利害关系人作为第三人参加行政复议的权利,既然是一项权利,利害关系人当然可以参加行政复议,当然其也可以决定不参加行政复议,并不能由此得出行政复议机关负有通知利害关系人参加行政复议的强制性的法定义务。

私营业主诉市工商局违法行政求偿案

【案情介绍】

凯旋运动用品厂是江西省某市(地级市)的一家私营企业,厂长是钱某。2009年2月27日,钱某因与他人发生经济纠纷而被当地西城区公安分局刑事拘留。2009年3月9日,西城区人民检察院批准将其逮捕。2009年5月17日检察院提出公诉。2009年6月16日一审法院做出判决,宣告钱某无罪。2009年9月13日,检察院对此判决提出抗诉。在市中级人民法院审理此案期间,市人民检察院撤销了抗诉决定。2009年11月27日,市中级人民法院裁定终止本案审理,并释放了钱某。2009年6月11日,西城区工商行政管理局以法定代表人涉嫌犯罪为由吊销了凯旋运动用品厂的营业执照,致使凯旋运动用品厂停产。钱某于2009年6月15日就吊销该厂营业执照一事提出行政复议申请。

根据上述情况,分析以下问题:

1. 钱某就企业被吊销营业执照造成的损失提出赔偿请求,赔偿义务机关是谁?可供钱某选择的法定赔偿程序有哪些?

2. 若违法羁押给钱某造成严重的精神损害,则钱某应提出哪些赔偿要求?

3. 对于人身自由受限制的损失,钱某最迟可在何时提出国家赔偿请求?

4. 西城区工商局在做出行政处罚决定之前,应承担何种告知义务?

5. 钱某不服吊销营业执照的行政处罚,应以谁为被告向法院提起行政诉讼?

6. 若钱某申请行政复议后,复议机关直到2010年5月1日也没做出答复,此时钱某应如何保障自己的合法权益?

【案件焦点】

赔偿义务机关、求偿时效、行政诉讼被告

【分析与结论】

1. 西城区工商行政管理局是赔偿义务机关。因为它以法定代表人涉嫌犯罪为由吊销凯旋运动用品厂的营业执照没有法律依据,是违法的行政行为,应承担赔偿责任。钱某可选择的赔偿程序有三:一是直接向赔偿义务机关——区工商局提出;二是申请行政复议时一并提起行政赔偿请求;三是提起行政诉讼时一并提出赔偿请求。

修改后的《国家赔偿法》第9条规定:“赔偿义务机关有本法第三条、第四条规定情形之一的,应当给予赔偿。赔偿请求人要求赔偿,应当先向赔偿义务机关提出,也可以在申请行政复议或者提起行政诉讼时一并提出。"第4条规定:"行政机关及其工作人员在行使行政职权时有下列侵犯财产权情形之一的,受害人有取得赔偿的权利:(一)违法实施罚款、吊销许可证和执照、责令停产停业、没收财物等行政处罚的……"本案中,西城区工商局以法定代表人涉嫌犯罪为由吊销了凯旋运动用品厂的营业执照,没有法律依据,是违法的行政行为。对于因此而造成的经济损失,区工商局应当给予赔偿。注意,本条文原来的规定是:"赔偿义务机关对依法确认有本法第三条、第四条规定情形之一的,应当给予赔偿……"修改后的《国家赔偿法》取消了确认程序,保障了受害人的求偿权。

2. 钱某可以要求赔偿义务机关在相应范围内消除影响,恢复名誉,赔礼道歉;若造成严重后果,还可以要求相应的精神损害抚慰金。

《国家赔偿法》第35条规定:"有本法第三条或者第十七条规定情形之一,致人精神损害的,应当在侵权行为影响的范围内,为受害人消除影响,恢复名誉,赔礼道歉;造成严重后果的,应当支付相应的精神损害抚慰金。"第17条规定:"行使侦查、检察、审判职权的机关以及看守所、监狱管理机关及其工作人员在行使职权时有下列侵犯人身权情形之一的,受害人有取得赔偿的权利……(二)对公民采取逮捕措施后,决定撤销案件、不起诉或者判决宣告无罪终止追究刑事责任的……"本案中,法院做出钱某无罪的判决,但违法羁押给钱某造成了严重的精神损害,他可以根据《国家赔偿法》第35条的规定,要求为其消除影响,恢复名誉,赔礼道歉;还可以要求相应的精神损害抚慰金。修改后的《国家赔偿法》确定了精神损害赔偿,这是新国家赔偿法最大的亮点,具有里程碑的意义。

3. 钱某最迟可以在2011年11月27日提起行政诉讼。赔偿请求人请求国家赔偿的时效为两年,而且被羁押等限制人身自由期间不计算在内。自钱某知道侵权事由的2009年2月27日起算,至2011年11月27日止。

《国家赔偿法》第39条规定:"赔偿请求人请求国家赔偿的时效为两年,自其知道或者应当知道国家机关及其工作人员行使职权时的行为侵犯其人身权、财产权之日起计算,但被羁押等限制人身自由期间不计算在内。在申请行政复议或者提起行政诉讼时一并提出赔偿请求的,适用行政复议法、行政诉讼法有关时效的规定。"钱某自2009年2月27日被拘留时就应当知道其人身权被侵犯。因此,钱某请求国家赔偿的时效应当从这时开始计算,再加上钱某被羁押的9个月(2009年2月27日至2009年11月27日),即诉讼时效期间至2011年11月27日止。原条文第1款规定:赔偿请求人请求国家赔偿的时效是两年,自国家机关及其工作人员行使职权时的行为被依法确认为违法之日起计算,但被羁押期间不计算在内。很明显,新条文借鉴了《行政诉讼法》的立法精神。

4. 工商局在做出处罚决定之前,应告知钱某做出处罚决定的事实、理由及依据,并告知钱某有要求举行听证的权利。

《行政处罚法》第31条规定:"行政机关在做出行政处罚决定之前,应当告知当事人做出行政处罚决定的事实、理由及依据,并告知当事人依法享有的权利。"第42条规定,"行政机关做出责令停产停业、吊销许可证或者执照、较大数额罚款等行政处罚决定之前,应当告知当事人有要求举行听证的权利;当事人要求听证的,行政机关应当组织听证。"本案中,工商局在对运动用品厂做出吊销企业营业执照之前,应当告知其做出行政处罚决定的事实、理由及依据以及其有要求举行听证的权利。工商局没有履行任何告知义务就做出了行政处罚,违反了法律规定。

5. 钱某应以区工商局为被告提起行政诉讼。复议机关决定维持原具体行政行为的，做出原具体行政行为的行政机关是被告。

《行政诉讼法》第25条第2款规定："……经复议的案件，复议机关决定维持原具体行政行为的，做出原具体行政行为的行政机关是被告；复议机关改变原具体行政行为的，复议机关是被告……"本案中，区工商局对运动用品厂做出了吊销执照的行政处罚，经过市工商局的复议，维持了区工商局的处罚决定。因此，钱某应以做出原处罚决定的区工商局为被告。

6. 至2010年5月1日复议期限已过期，但复议机关仍未作出答复属于不作为，钱某可以区工商局为被告对原具体行政行为提起诉讼，也可以市工商局为被告对复议机关的不作为提起诉讼。

《行政复议法》第31条第1款规定："行政复议机关应当自受理申请之日起六十日内作出行政复议决定；但是法律规定的行政复议期限少于六十日的除外。情况复杂，不能在规定期限内作出行政复议决定的，经行政复议机关的负责人批准，可以适当延长，并告知申请人和被申请人；但是延长期限最多不超过三十日。"本案中，钱某于2009年12月15日申请行政复议，至2010年5月1日，复议机关还没有做出复议决定，此时已经超过了行政复议的最长期限(90日)。根据《行政诉讼法解释》第22条的规定："复议机关在法定期间内不作复议决定，当事人对原具体行政行为不服提起诉讼的，应当以做出原具体行政行为的行政机关为被告；当事人对复议机关不作为不服提起诉讼的，应当以复议机关为被告。"因此，此时钱某有两种救济途径：对原具体行政行为不服提起诉讼的，应当以做出原具体行政行为的行政机关——区工商局为被告；当事人对复议机关不作为不服提起诉讼的，应当以复议机关——市工商局为被告。

退休金有争议，乡镇企业管理局是否越权？

【案情介绍】

原告陈学珍从1956年社会主义市场改造后，便在综合社修理组从事补鞋业务。1969年，陈学珍全家被下放农村，1979年落实政策后仍回鸦鹊岭综合社工作。1982年综合社分为三家，即综合社、副食、食品业三家，三家均属集体性质，陈学珍被分配在食品业。后经鸦鹊岭区政府决定，成立宜昌三峡食品工业公司。

1986年4月11日，陈学珍申请退休并填写了《宜昌县乡镇企业工人退休退职呈报表》，鸦鹊岭梅岭综合社领导分别在陈学珍的申请退休表上签字盖章"同意退休"。同月14日，原鸦鹊岭区乡镇企业办公室签署意见"经研究同意该同志退休"，并加盖了企业办公室公章。同年5月8日，宜昌县乡镇企业管理局(以下简称乡镇企业局)签署意见"同意退休，根据宜县革字(79)73号文件精神，退休费为本人基本工资60%"。同月23日，宜昌县劳动人事局签署意见"同意退休"。当日由乡镇企业局给陈学珍核发了《退休证》，确定其退休工资为30.10元。陈学珍从退休之日起每月领取退休工资30.10元至1995年12月。

1996年陈学珍得知政府对原退休工人的退休工资进行多次调增，即要求企业调增退休工资，无果，遂于1996年7月20日向宜昌县劳动仲裁委员会申请仲裁。1997年7月30日，宜昌县劳动仲裁委员会以(1997)宜县劳仲决字第02号裁决书裁决陈学珍本不应按月享受退休待遇，但考虑到原已按月享受退休费的事实，因此，陈学珍继续享受原已执行的退休待遇，其标准不变。由宜昌三峡食品工业公司向陈学珍支付2个月申诉期间生活补助费共计240元。陈学珍对此裁决不服，于1997年12月22日向人民法院起诉，要求宜昌三峡食品工业公司为其调增退休工资199.60元，并补发自调增之日起至1995年12月未调增的工资差额803.50元。

人民法院于1998年11月24日做出判决，判令宜昌三峡食品工业公司从1996年1月起，每月将陈学珍的退休工资由原30.10元调增至199.60元，并补发1995年12月底以前应调增而未调增的工资差额638.20元。宜昌三峡食品工业公司不服此判决，提起上诉，经中级人民法院二审，判决驳回上诉，维持原判。

宜昌县鸦鹊岭乡镇企业管理委员会于2000年5月10日向乡镇企业局写出"关于申请撤销陈学珍退休证的报告"，乡镇企业局于2000年5月11日做出宜县企文(2000)07号文件即"关于撤销陈学珍同志退休手续的通知"，该文主发鸦鹊岭企管会并抄送劳动局、县劳动仲裁委员会及鸦鹊岭政府，下发宜昌三峡食品工业公司，但未送达陈学珍。2001年7月，因撤县设区，原宜昌县乡镇企业管理局随之更名为宜昌市夷陵区乡镇企业管理局。2002年8月，陈学珍在再次要求宜昌三峡食品工业公司依法增加退休费的劳动仲裁庭审中，得知其《退休证》已被乡镇企业局予以撤销。夷陵区劳动仲裁委员会于2002年8月以乡镇企业局“撤销了1986年给申诉人的退休证，申诉人已不是被申诉人单位的职工”为由，驳回了申诉人陈学珍劳动仲裁请求。

2002年12月11日，陈学珍以乡镇企业局为被告向夷陵区法院提起行政诉讼，要求判令撤销乡镇企业局“宜县企文(2000)07号”文件。

被告乡镇企业局辩称，陈学珍1986年采取欺骗手段获取《退休证》，我局根据有关部门申请，结合自己调查的材料，撤销自己做出的错误文件，符合法律规定。该文件尚未依法送达原告，文件尚未发生法律效力，原告现阶段起诉，缺乏法律依据。

【案件焦点】

乡镇企业管理局是否越权?

【分析与结论】

法院审理认为，所谓职权，是指国家机关及其工作人员依法做出一定行为的资格，是权利的特殊表现形式，为法律所赋予，具有不可侵犯性。行政机关做出具体行政行为时应当告知行政相对人享有的权利并且送达给行政相对人。而乡镇企业局超越行使了其他行政机关的权力，且在做出“关于撤销陈学珍同志退休手续的通知”这一具体行政行为时，既未告知陈学珍享有的权利，又未将此文件送达陈学珍，违反了国家相关法律规定，依法对乡镇企业局这一具体行政行为应予撤销。原告所称被告超越工作权限及违反法定程序的理由成立，应予支持;被告所称“根据有关部门申请，结合调查材料，撤销自己做出的错误文件，符合法律规定”，“该文件尚未依法送达原告，文件尚未发生法律效力，原告现阶段起诉，缺乏法律依据”之理由，因不符合法律规定，不予采信。依照《中华人民共和国行政诉讼法》第五十四条第二项第4目之规定，判决如下:撤销被告宜昌市夷陵区乡镇企业管理局(原宜昌县乡镇企业管理局)于2000年5月11日做出的宜县企文(2000)07号“关于撤销陈学珍同志退休手续的通知”的行政行为。

宣判后，双方当事人在法定期限内均未提出上诉，该案已发生法律效力。

行政诉讼缘于公民、法人或其他组织认为行政机关和法律、法规、规章授权的组织做出的具体行政行为侵犯其合法权益而依法向人民法院提起的诉讼。它是行政相对人通过司法途径补救自己合法权益、解决行政争议的一种措施，也是社会主义民主与公平的基本要求。

无诉讼标的即无诉讼。在行政诉讼中，要求作为诉讼标的的具体行政行为必须达到成熟的程度，能够成为诉争的对象时，行政诉讼才能成立，即被诉具体行政行为必须已经发生法律效力。判断行政行为是否成熟的标准，是看它是否产生了对行政相对人造成不利影响的行政法律后果。

本案被告称，“该文件尚未依法送达原告，文件尚未发生法律效力”，也就是说本案无诉讼标的。而事实是该文件形成并发送给相关单位后，原告原本应享有的退休待遇随即终止了，被告的具体行政行为已经对原告的权益造成了不利影响，诉讼标的已经成熟，能够成为司法审查的对象。

本案原告认为自己的合法权益受到了被告所做出的具体行政行为的侵犯而诉诸法院，人民法院依法受理，并对被诉具体行政行为进行合法性审查。根据《中华人民共和国行政诉讼法》第五十四条的规定，合法的具体行政行为必须同时具备下列条件:第一，证据确凿;第二，适用法律、法规正确;第三,符合法定程序;第四,行政机关没有超越职权或滥用职权。这四个条件缺一不可,否则,就是违法的具体行政行为,人民法院可以做出撤销或者部分撤销的判决,并可视具体情形判决被告重新做出具体行政行为。

本案中有两点是人民法院进行合法性审查的重点:

1. 是否超越职权?

行政机关为实现其管理职能,必然享有法律赋予的行政管理职权。行政职权是国家机关及其工作人员依法做出具体行政行为的资格,是行政机关为实现行政管理目标、履行行政职责而拥有的权力,它为法律所赋予,具有不可侵犯性。这也就同时意味着任何行政机关都不能超越法律赋予的职权范围。超越职权的行为通常表现为:权力篡夺,超越义务管辖权,超越地域管辖权,层级越权,主体越权,超越对象管辖权,手段越权等。

本案涉及职工退休待遇行政管理问题,其职权理应由劳动行政主管部门行使,而乡镇企业局没有为任何法律、法规规定或授权其享有此项职权,故而其做出的具体行政行为是越权行使了其他国家机关的权力,是一种权力篡夺行为。

2. 是否违反法定程序?

行政机关实施具体行政行为必须遵循法定的操作规程,包括方式、形式、手续、步骤、时限等。也就是说行政管理活动不仅要实体合法,而且行政程序也要合法,否则,便是违法行政。行政机关做出的具体行政行为应当以一定的方式送达给行政相对人,并告知其享有的相关权利。而该案中乡镇企业局未告知行政相对人享有的申请复议和提起行政诉讼的权利,甚至连“通知”都长期未送达。即便是被告没有超越职权,其具体行政行为也是严重违反法定程序的违法行政行为,理应予以撤销。

另外,本案的审理也影响另一案件的执行。我国《民事诉讼法》第六条规定“人民法院依照法律规定对民事案件独立进行审判,不受行政机关、社会团体和个人的干涉”。人民法院做出的裁判非经法定程序不得撤销。原宜昌县人民法院于 1998 年 11 月 24 日做出(1998)宜民初字第 29 号民事判决书,判令宜昌三峡食品工业公司从 1996 年 1 月起,每月将陈学珍的退休工资由 30.10 元调至 199.60 元,,并补发 1995 年 12 月底以前应调增的工资 638.20 元,并经宜昌市中级人民法院于 1999 年 7 月 20 日二审维持原判,此案早已发生法律效力。而本案被告在之后的 2000 年 5 月 11 日做出撤销本案原告退休手续的具体行政行为,与两级法院的民事判决相违背,是事实上否定法院生效判决的干涉行为,侵害了人民法院依法进行独立审判的司法权,必将给另一案件的执行带来不利影响。

本案被告所做出的具体行政行为不仅超越职权,而且严重违反法定程序,法院以此为由,判决撤销被告做出的“关于撤销陈学珍同志退休手续的通知”的行政行为,无疑是正确的。这一判决不但保护了行政相对人的合法权益,同时也对那些行政机关违法行政、越权行政的行为起到了警示作用,有助于促进行政机关严格依法行政,体现了《行政诉讼法》的立法宗旨:维护和监督行政机关依法行使职权。

牛某诉县公安局限制自由行政争议案

【案情介绍】

2011年3月10日下午,原告牛某与邻居段某因排水发生争吵,牛某对段某拳打脚踢,造成其泌尿系统出血(系轻微伤)。2011年3月18日至19日。县公安局以牛某故意伤害为由将其留置盘问,并将其与其他20余名男性共同关押。2011年3月20日至4月20日,县公安局对牛某实施监视居住,并在牛某关押于上述留置室5天后转入县行政拘留所继续关押。2011年4月21日,县公安局撤销了对牛某的监视居住,并于当日将牛某送往县法制教育学校接受强制教育直至同年5月21日。期间,牛某的人身自由受到限制,并缴纳了学校费用等共计人民币1500元。牛某获得人身自由后,向法院提起了诉讼。为委托律师参加本案的诉讼活动,共计支付律师代理费人民币6000元整。牛某认为县公安局的行为侵犯了其人格尊严和名誉权,严重影响了其身心健康。故向法院提起诉讼时,要求确认被告行为违法,依法判令被告返还现金1500元,精神损失费1000元,并要求被告赔礼道歉。(已知:国家上年度职工年平均工资是7650元,全年法定工作日是255天。)

根据上述情况,分析以下问题:

1. 牛某于2011年8月19日向人民法院提起行政诉讼,其是否超过了起诉的法定期限?

2. 牛某认为县公安局对其实施留置盘问而后采取监视居住的强制措施,侵犯了其人身权,遂提起行政诉讼,人民法院是否会受理?

3. 本案中,由于县公安局对牛某采取了留置盘问、监视居住、强制学习三个阶段的行为,所以案情比较复杂,证据较多,对此法院可以在庭前做何准备工作?

4. 牛某向法院提交了一份证人名单,但其中有一位原告方的重要证人因癌症病危正在医院抢救,法院应采取何种措施?

5. 县公安局在解除对牛某的监视居住后,又将其送到法制学校学习,公安局辩称将牛某送法制学校学习是根据有关部门的决定实施的,但未能提供相应的证据证实,遂申请法院调取有关部门的文件,法院是否会依申请调取证据?

6. 对于牛某就县公安局采取的留置盘问、监视居住、强制其到法制学校学习的行为申请行政赔偿,法院将会做出怎样的赔偿决定?

7. 县公安局提出牛某与本案审判员有亲属关系,可能影响案件公正审判的,应当在什么时候提出回避申请?法院按什么程序处理?

【案件焦点】

行政强制措施、证据保全、行政赔偿方式、回避

1.《行政诉讼法》第39条规定:"公民、法人或者其他组织直接向人民法院提起诉讼的,应当在知道做出具体行政行为之日起三个月内提出。法律另有规定的除外。"《行政诉讼法解释》第43条规定:"由于不属于起诉人自身的原因超过起诉期限的,被耽误的时间不计算在起诉期间内。因人身自由受到限制而不能提起诉讼的,被限制人身自由的时间不计算在起诉期间内。"也就是说,因人身自由受到限制而不能提起诉讼的,被限制人身自由的时间不计算在起诉期间内,应从其恢复自由之日起算。本案中,县公安局于2011年4月21日撤销了对牛某的监视居住,并于当日将牛某送往县法制教育学校接受强制教育直至同年5月21日,其间牛某的人身自由受到限制。故起诉期限从5月21日起算,至牛某于2011年8月19日提起行政诉讼,并未超过起诉期限,人民法院应当受理。

2.《人民警察法》第7条规定:"公安机关的人民警察对违反治安管理或者其他公安行政管理法律、法规的个人或者组织,依法可以实施行政强制措施、行政处罚。"第9条规定:"为维护社会治安秩序,公安机关的人民警察对有违法犯罪嫌疑的人员,经出示相应证件,可以当场盘问、检查;经盘问、检查,有下列情形之一的,可以将其带至公安机关,经该公安机关批准,对其继续盘问:(一)被指控有犯罪行为的……对被盘问人的留置时间自带至公安机关之时起不超过二十四小时,在特殊情况下,经县级以上公安机关批准,可以延长至四十八小时,并应当留有盘问记录。对于批准继续盘问的,应当立即通知其家属或者其所在单位。对于不批准继续盘问的,应当立即释放被盘问人……"我国《刑事诉讼法》明确规定了五种强制措施,即拘传、取保候审、监视居住、拘留和逮捕。因此,公安机关对符合规定条件的违法犯罪嫌疑人员采取留置盘问措施,是一种限制人身自由的行政强制措施。根据《行政诉讼法》第11条第2项的规定,对限制人身自由或对财产的查封、扣押、冻结等行政强制措施不服的,可以提起行政诉讼。本案中,牛某对公安局的留置盘问措施不服,可以依此提起行政诉讼。

《行政诉讼法解释》第1条第2款第2项规定:"公民、法人或者其他组织对下列行为不服提起诉讼的,不属于人民法院行政诉讼的受案范围:……(二)公安、国家安全等机关依照刑事诉讼法的明确授权实施的行为。"此规定强调"依照刑事诉讼法"和"明确授权",也就是说,其他法律、法规的授权以及公安机关自己推定的所谓"侦查行为"都属于行政诉讼的排除范围。这是我们认定公安机关刑事侦查行为和具体行政行为的主要区别。因此,公安局对牛某采取监视居住是《刑事诉讼法》明确规定的刑事强制措施,依法不属于行政诉讼受案范围,所以人民法院不予受理。

3.《行政诉讼证据规定》第21条规定:"对于案情比较复杂或者证据数量较多的案件,人民法院可以组织当事人在开庭前向对方出示或者交换证据,并将交换证据的情况记录在卷。"这一条首次确立了行政诉讼中的证据交换和证据开示制度。交换证据的时间应当确定在答辩期间届满后、开庭审理前。

需要注意的是:并非所有的证据均可交换。下列证据一般不宜进行交换:(1)法律保护的有关公益和隐私的证据,如涉及国家秘密、商业秘密和个人隐私的证据;(2)非法获得的证据,如以偷拍、偷录、窃听等手段侵害他人合法权益的证据材料;(3)属于当事人、诉讼代理人经过分析得出的作为诉讼准备的资料;(4)当事人重复要求出示证据以图拖延诉讼的;(5)证据交换

利益严重违反公平原则和公共利益的。

4.《行政诉讼法》第36条规定:"在证据可能灭失或者以后难以取得的情况下,诉讼参加人可以向人民法院申请保全证据,人民法院也可以主动采取保全措施。"《行政诉讼证据规定》第28条规定:"人民法院依照行政诉讼法第三十六条规定保全证据的,可以根据具体情况,采取查封、扣押、拍照、录音、录像、复制、鉴定、勘验、制作询问笔录等保全措施。人民法院保全证据时,可以要求当事人或者其诉讼代理人到场。"本案中,由于这位重要证人生命垂危,所以他的证言存在可能灭失的情况,法院应依职权对其证言采取保全措施。需要注意的是:当事人提请证据保全的时间一般应当在诉讼开始之后,法院调查程序开始之前。

5.《行政诉讼证据规定》第23条规定:"原告或者第三人不能自行收集,但能够提供确切线索的,可以申请人民法院调取下列证据材料:(1)由国家有关部门保存而须由人民法院调取的证据材料;(2)涉及国家秘密、商业秘密、个人隐私的证据材料;(3)确因客观原因不能自行收集的其他证据材料。人民法院不得为证明被诉具体行政行为的合法性,调取被告在做出具体行政行为时未收集的证据。"由此可见,《行政诉讼证据规定》只规定了原告与第三人在一定条件下有申请人民法院调取证据的权利,并没有规定被告有申请人民法院调取证据证明其行为合法性的权利。因为行政机关遵循"先取证,后裁决"的行政程序,其必须是拥有了充分的证据后才能做出具体行政行为。如果行政机关还需要在诉讼程序中申请法院调取证明具体行政行为合法的证据,只能说明具体行政行为证据不足。本案中,法院不可以依县公安局的申请为其调取有关部门的文件,用以证明其将牛某送法制学校学习的行为是合法的。

需要注意的是:人民法院对当事人调取证据的申请,经审查符合调取证据条件的,应当及时决定调取;不符合调取证据条件的,应当向当事人或者其诉讼代理人送达通知书,说明不准许调取的理由。当事人及其诉讼代理人可以在收到通知书之日起3日内向受理申请的人民法院书面申请复议一次。人民法院应当在收到复议申请之日起五日内做出答复。人民法院根据当事人申请,经调取未能取得相应证据的,应当告知申请人并说明原因。

6.《国家赔偿法》第3条第1项规定:"行政机关及其工作人员在行使行政职权时有下列侵犯人身权情形之一的,受害人有取得赔偿的权利:违法拘留或者违法采取限制公民人身自由的行政强制措施的。"第32条规定:"国家赔偿以支付赔偿金为主要方式。能够返还财产或者恢复原状的,予以返还财产或者恢复原状。"第33条规定:"侵犯公民人身自由的,每日赔偿金按照国家上年度职工日平均工资计算。"第35条规定:"有本法第三条或者第十七条规定情形之一,致人精神损害的,应当在侵权行为影响的范围内,为受害人消除影响,恢复名誉,赔礼道歉;造成严重后果的,应当支付相应的精神损害抚慰金。"

上述第2问中已指出监视居住不属于行政诉讼受案范围,所以法院不会支持对监视居住期间由于人身自由受到限制导致的赔偿请求,对于留置盘问和强制其到法制学校学习期间的人身自由受到限制的赔偿应予以支持。另外,牛某缴纳的学校费用1500元应责令县公安局予以返还,律师费6000元不予支持赔偿。具体赔偿标准是:县公安局违法限制牛某人身自由共计33天,即留置盘问2天与强制学习31天,根据国家上年度职工年平均工资7650元,全年法定工作日是255天,应当支付牛某(7650/255)×33=990元的赔偿费用,另外因限制自由造成牛某精神损害的,可以判决县公安局在侵权行为影响的范围内,为牛某消除影响,恢复名誉,赔礼道歉;造成严重后果的,应当支付相应的精神损害抚慰金。

至于县公安局对牛某实施的监视居住属于刑事诉讼法明确规定的刑事强制措施,依法不属于行政诉讼受案范围。牛某要求确认县公安局对其监视居住违法，并要求赔偿相应损失的诉讼请求，应依照《国家赔偿法》有关刑事赔偿的规定另行处理。

7. 当事人认为审判人员或书记员、翻译人员、鉴定人、勘验人与本案有利害关系或者其他关系可能影响公正审判的，有权提出回避申请。《行政诉讼法解释》第 47 条规定："当事人申请回避，应当说明理由，在案件开始审理时提出；回避事由在案件开始审理后知道的，应当在法庭辩论终结前提出。被申请回避的人员，在人民法院做出回避的决定前，应当暂停参与本案的工作，但案件需要采取紧急措施的除外。对当事人提出的回避申请，人民法院应当在 3 日内以口头或者书面形式做出决定。"《行政诉讼法》第 47 条第 4 款规定："院长担任审判长时的回避，由审判委员会决定；审判人员的回避，由院长决定；其他人员的回避，由审判长决定。"

江山市物价局录用公务员程序违法案

【案情介绍】

2008年10月，孙某(1985年生，中国籍)大学毕业后报名参加了国家公务员考试，选择了较为偏远的江山市物价局业务管理员，笔试成绩达到了中央组织部、国家人事部划定的市物价局录用分数线。面试过后，该局通知其做好体检的准备，但到了当天晚上该局又打电话告知孙某，其面试、笔试的综合成绩不合格，不能参加体检，不予录取。与孙某同去面试的吴某综合成绩比孙某差却被确定参加体检，而且体检也通过了。孙某家人觉得蹊跷，于是找该物价局有关负责人理论，得知原来孙某的各项指标均符合，仅因为右边脸上有一块黑色的胎记，该局认为其在形象上过不了关，就决定不让其参加体检了。另一名也通过面试的白某在询问有关事宜时，该局办公室主任钱某暗示赶紧意思意思保证过关，于是白某连夜给钱某送去了一份"厚礼"，第二天一早，钱某与局里另几位领导召开碰头会议决定录用吴某和白某二人，此决定没有告知孙某，也没有进行公示。会议一结束，钱某要求办公室张某不要声张，尽快把这件事给安排妥了以免另生枝节。张某觉得不妥，没有立即着手办理，钱某威胁："反了，竟然推三阻四，有你好受的!"张某只好按照钱某的意思给办了。这期间有人向上级有关主管部门反映钱某一贯以来的种种违法行为和这次录用公务员的事情，上级机关不久便径行对钱某做出了处分决定，直到处分决定书下达给钱某后，钱某方才得知。

根据上述情况，分析以下问题：

1. 该物价局在录用公务员的过程中存在哪些问题？应当承担什么法律责任？

2. 孙某可以通过什么法律途径来维护自己的合法权益？

3. 张某在工作中若对上级的决定有意见应该怎么处理？

4. 如果钱某收受"厚礼"的行为被检察机关立案侦查，钱某能否辞去其所担任的该市物价局办公室主任的职务？

5. 物价局的办公室起火，张某因为抢救局里的重要资料而被火烧伤，在医院治疗，钱某以张某不胜任工作为由欲予以辞退，可以吗？

6. 钱某在担任物价局办公室主任期间还能否担任某房地产开发公司的董事长？理由何在？

7. 该物价局的上级主管机关径行对钱某做出了处分决定，直到处分决定书下达给钱某，钱某方才得知的处理行为是否符合有关的程序规定？

【案件焦点】

公务员录用、惩戒、辞职辞退、处分程度

【分析与结论】

1.《公务员法》第 7 条规定:“公务员的任用,坚持任人唯贤、德才兼备的原则,注重工作实绩。”第 21 条第 1 款规定:“录用担任主任科员以下及其他相当职务层次的非领导职务公务员,采取公开考试、严格考察、平等竞争、择优录取的办法。”第 29 条第 1 款规定:“招录机关根据考试成绩确定考察人选,并对其进行报考资格复审、考察和体检。”第 30 条规定:“招录机关根据考试成绩、考察情况和体检结果,提出拟录用人员名单,并予以公示。公示期满,中央一级招录机关将拟录用人员名单报中央公务员主管部门备案;地方各级招录机关将拟录用人员名单报省级或者设区的市级公务员主管部门审批。”第 101 条规定:“对有下列违反本法规定情形的,由县级以上领导机关或者公务员主管部门按照管理权限,区别不同情况,分别予以责令纠正或者宣布无效;对负有责任的领导人员和直接责任人员,根据情节轻重,给予批评教育或者处分;构成犯罪的,依法追究刑事责任:(1)不按编制限额或者任职资格条件进行公务员录用、调任、转任、聘任和晋升的;(2)不按规定条件进行公务员奖惩、回避和办理退休的;(3)不按规定程序进行公务员录用、调任、转任、聘任、晋升、竞争上岗、公开选拔以及考核、奖惩的;(4)违反国家规定,更改公务员工资、福利、保险待遇标准的;(5)在录用、竞争上岗、公开选拔中发生泄露试题、违反考场纪律以及其他严重影响公开、公正的;(6)不按规定受理和处理公务员申诉、控告的;(7)违反本法规定的其他情形的。”

在本案中,物价局在录用公务员的过程中存在一系列问题,首先,江山市物价局以貌取人,而不是任人唯贤;其次,在吴某综合成绩比孙某差的情况下通知吴某进行体检并录取了吴某,违反了平等竞争、择优录取的录用原则;最后,在决定录取的时候也只是几个领导开个碰头会就做出录取决定,而没有提出拟录用的人员的名单,更没有进行公示,也未告知孙某,都是“暗箱操作”,严重地违反了法定招录公务员的程序。所以该物价局和负有责任的领导人员以及直接责任人员都应当承担第 101 条规定的相应的法律责任。该局在录用公务员的过程中违反了平等竞争、择优录取以及任人唯贤的原则;没有根据考试成绩确定考察人选,对其进行体检;没有根据考试成绩、考察情况和体检结果提出拟录取名单;也没有进行公示。

该物价局的行为属于不按照规定的程序进行公务员录用的情况,可以由有关领导机关或者公务员主管部门按照管理权限,区别情况分别予以责令纠正或者宣布无效;对负有责任的领导人员和直接责任人员,根据情节轻重,给予批评教育或者处分;构成犯罪的,依法追究刑事责任。

2. 招考录用公务员是国家机关做出的涉及公民个人能否获得公务员身份,取得合法利益的具体行政行为,对公民的影响很大。《行政复议法》第 6 条规定:“有下列情形之一的,公民、法人或者其他组织可以依照本法申请行政复议:……(11)认为行政机关的其他具体行政行为侵犯其合法权益的。”在本案中,该物价局不录取孙某的行为,侵犯了孙某的合法权益,孙某可以向有关机关提起行政复议,要求对该具体行为进行审查纠正以维护自己的合法权益。最高人民法院《关于执行〈中华人民共和国行政诉讼法〉若干问题的解释》(以下简称《行政诉讼法解释》)第 1 条规定:“公民、法人或者其他组织对具有国家行政职权的机关和组织及其工作人员的行政行为不服,依法提起诉讼的,属于人民法院行政诉讼的受案范围。公民、法人或者其他组织对下列行为不服提起诉讼的,不属于人民法院行政诉讼的受案范围:(1)行政诉讼法第十二条规定的行为;(2)公安、国家安全等机关依照《刑事诉讼法》的明确授权实施的行为;(3)调解行为以及法律规定的仲裁行为;(4)不具有强制力的行政指导行为;(5)驳回当事人对行政行为提起申诉的重复处理行为;(6)对公民、法人或者其他组织权利义务不产生实际影响的行为。"第4条规定:"行政诉讼法第十二条第(三)项规定的'对行政机关工作人员的奖惩、任免决定',这里的奖惩任免决定是指行政机关做出的涉及该行政机关公务员权利义务的决定。"招考录用公务员不是《行政诉讼法》第12条第(3)项所指的对行政机关工作人员奖惩任免的内部行政行为,因为报考录用的对象在此时尚未成为国家公务员,依法不属于行政诉讼受案管辖的排除范围,因此孙某也可以提起行政诉讼。而且对此类招录行为没有规定必须经过复议才能提起诉讼,所以孙某既可以先提起复议,对复议不服再提起诉讼,也可以不经复议而直接提起诉讼。

孙某可以对该物价局不予录取的行为向该物价局的本级人民政府或者上一级主管部门申请复议,对复议不服的可以向人民法院提起行政诉讼,也可以直接向人民法院提起行政诉讼。

3.《公务员法》第54条规定:"公务员执行公务时,认为上级的决定或者命令有错误的,可以向上级提出改正或者撤销该决定或者命令的意见;上级不改变该决定或者命令,或者要求立即执行的,公务员应当执行该决定或者命令,执行的后果由上级负责,公务员不承担责任;但是,公务员执行明显违法的决定或者命令的,应当依法承担相应的责任。"公务员对上级的错误决定和命令可以说"不",这是《公务员法》的一大亮点。此条款一方面旨在防止公务员执行上级违法或者错误的决定或者命令,而对公共利益或者公民的合法权益造成重大的、不可挽回的损失,赋予公务员提出建议的权利;而另一方面对于执行明显违法或者错误的决定和命令,公务员本人应当承担相应的责任,以此来增强公务员的责任意识。所以在本案中,张某如果认为上级的决定不妥,可以向上级提出改正或者撤销该决定的意见;上级如果不改变该决定或者要求立即执行的,张某应当执行该决定,执行的后果由上级负责,但是如果上级做出的决定明显违法时,张某可以不予执行,可以通过采取其他途径反映和解决,否则应当依法承担相应的责任。

张某如果对该物价局办公室主任钱某的决定有意见,可以向钱某提出改正或者撤销该决定的意见;钱某如果不改变该决定或者要求立即执行的,张某应当执行该决定,执行的后果由上级负责。

4.《公务员法》第81条规定:"公务员有下列情形之一的,不得辞去公职:(1)未满国家规定的最低服务年限的;(2)在涉及国家秘密等特殊职位任职或者离开上述职位不满国家规定的脱密期限的;(3)重要公务尚未处理完毕,且须由本人继续处理的;(4)正在接受审计、纪律审查,或者涉嫌犯罪,司法程序尚未终结的;(5)法律、行政法规规定的其他不得辞去公职的情形。"《行政机关公务员处分条例》第38条规定:"机关公务员违法违纪经被立案调查,不宜继续履行职责的,任免机关可以决定暂停其履行职务,被调查的公务员在违法违纪案件调查期间,不得交流、出境、辞去公职或办理退休手续。"

公务员的辞职包括辞去公职和辞去领导职务两种。前者指的是公务员由于个人的原因提出辞职申请并且经有权机关批准而退出国家公职的制度。但遇有《公务员法》第81条规定的情形时,公务员不得辞去公职。《公务员法》第82条规定:"担任领导职务的公务员,因工作变动依照法律规定需要辞去现任职务的,应当履行辞职手续。担任领导职务的公务员,因个人或者其他原因,可以自愿提出辞去领导职务。领导成员因工作严重失误、失职造成重大损失或者恶劣社会影响的,或者对重大事故负有领导责任的,应当引咎辞去领导职务。领导成员应当引咎辞职或者因其他原因不再适合担任现任领导职务,本人不提出辞职的,应当责令其辞去领导职务。”所以后者包括三种情况:分别是法定辞职——工作变动依法辞去现任职务;个人辞职——因个人原因或者其他原因自动自愿辞职;引咎辞职——因工作的严重失误失职造成重大的财产损失、人员伤亡等恶劣社会影响或者是对重大事故负有领导责任而辞去职务。在本案中,钱某因收受白某“厚礼”而被检察机关立案侦查期间,属于涉嫌犯罪、司法程序尚未终结的情形,可以辞去其担任的江山市物价局办公室主任的领导职务,但是不能辞去公务员职务。

5. 辞退是由于公务员担任公职存在缺陷,国家单方面解除其与机关之间的公职关系的制度。《公务员法》第 83 条规定:“公务员有下列情形之一的,予以辞退:(1)在年度考核中,连续两年被确定为不称职的;(2)不胜任现职工作,又不接受其他安排的;(3)因所在机关调整、撤销、合并或者缩减编制需要调整工作,本人拒绝合理安排的;(4)不履行公务员义务,不遵守公务员纪律,经教育仍无转变,不适合继续在机关工作,又不宜给予开除处分的;(5)旷工或者因公外出、请假期满无正当理由逾期不归连续超过 15 天,或者一年内累计超过三十天的。”辞退公务员必须符合此条款所规定的条件,并且根据《公务员法》第 84 条的规定,“对有下列情形之一的公务员,不得辞退:(1)因公致残,被确认丧失或者部分丧失工作能力的;(2)患病或者负伤,在规定的医疗期内的;(3)女性公务员在怀孕、产假、哺乳期内的;(4)法律、行政法规规定的其他不得辞退的情形。”在本案中,张某因为抢救物价局重要资料被火烧伤而在医院治疗,属于患病或者负伤、在规定的医疗期内的情形,钱某不能以张某不胜任工作为由而将其辞退。

6.《公务员法》第 53 条规定:“公务员必须遵守纪律,不得有下列行为:……(14)从事或者参与营利性活动,在企业或者其他营利性组织中兼任职务……”关于公务员在机关外兼职的规定是公务员职务任免制度的一个重要内容。《公务员法》只规定公务员不得在企业或者其他营利性组织中兼任职务,对公务员在机关内兼职不作限制。但该法第 42 条规定:“公务员因工作需要在机关外兼职,应当经有关机关批准,并不得领取兼职报酬。”由此可知,钱某不能担任某房地产开发公司的董事长。

7.《公务员法》第 57 条规定:“对公务员的处分,应当事实清楚、证据确凿、定性准确、处理恰当、程序合法、手续完备。公务员违纪的,应当由处分决定机关决定对公务员违纪的情况进行调查,并将调查认定的事实及拟给予处分的依据告知公务员本人。公务员有权进行陈述和申辩。处分决定机关认为对公务员应当给予处分的,应当在规定的期限内,按照管理权限和规定的程序做出处分决定。处分决定应当以书面形式通知公务员本人。”

在本案中,上级主管机关径行对钱某做出处分决定,既没有进行调查,也没有将调查认定的事实以及拟给予处分的依据告知钱某本人,并听取其陈述和申辩,是违反法定程序的行为,钱某可以自知道该处分决定之日起 30 日内向原处理机关申请复核;对复核结果不服的,可以自接到复核决定起 15 日内,向同级公务员主管部门或者做出该人事处理的机关的上一级机关提出申诉,也可以不经复核,自知道该人事处理决定之日起 30 日内直接提出申诉。

因政府抽象行政行为导致合同纠纷案

【案情介绍】

上诉人(原审原告、反诉被告):上海歌城餐饮娱乐有限公司。

被上诉人(原审被告、反诉原告):上海同鹏企业管理有限公司。

2006年1月11日,上海歌城餐饮娱乐有限公司(以下简称歌城公司)与上海同鹏企业管理有限公司(以下简称同鹏公司)就青浦区青安路69号三楼签订房屋租赁合同,歌城公司租赁该房屋用于经营量贩式KTV及餐饮服务,租期15年。合同签订后,歌城公司于当日支付同鹏公司租赁保证金144000元,同鹏公司将房屋交付歌城公司(装修免租期为6个月)。2006年4月13日,歌城公司致函同鹏公司称:因2006年1月29日颁布、3月1日正式实施的国务院《娱乐场所管理条例》第七条第二项规定:“居住住宅区和学校、医院、机关周围不得设立娱乐场所。”歌城公司向同鹏公司租赁经营KTV场所,明显违反上述国家强制性规定,故该合同无法履行。为避免损失扩大,歌城公司约请同鹏公司洽谈退租后的善后处理事宜。同鹏公司于2006年5月31日复函歌城公司称:歌城公司未按约定支付租金,更无理由单方解除合同,要求歌城公司承担违约责任。2006年6月2日,青浦区社会文化管理所出具给歌城公司的意见书称:歌城公司申请开办的地点不符合《娱乐场所管理条例》,故按规定不能在该处设立娱乐场所。2006年6月6日,歌城公司再次致函同鹏公司,要求解除租赁合同。同鹏公司于2006年6月9日收到该函。歌城公司于2006年6月15日向同鹏公司发出关于交付钥匙的函并将钥匙邮寄给同鹏公司,同鹏公司于当日收到房屋钥匙。双方就善后事宜引发诉讼。

【案件焦点】

抽象行政行为是否可列入不可抗力范围?

【分析与结论】

本案是一起因政府行为导致合同无法履行而引发的租赁合同纠纷。双方当事人关键的争议在于:合同订立后,政府颁布的行政法规导致合同不能履行的情况,是否可列入不可抗力范围;已履行部分的合同债务是否亦因不可抗力而免除。

一、政府抽象行政行为应构成不可抗力

1. 不可抗力的一般观点。关于不可抗力的认定,一般而言,存在三种观点,即主观说、客观说和折中说。主观说认为,当事人主观上已尽最大的注意,但仍不能防止阻碍合同履行的事

件发生，那么已发生的事件便属于不可抗力。客观说认为，不可抗力事件是与当事人主观因素无关、发生在当事人外部的、非通常发生的事件。折中说则兼采主观说和客观说而立论，认为从性质上说不可抗力具有客观性，不受当事人主观意志的左右，但在具体认定不可抗力事件时，要看当事人主观上是否尽到了应有的注意义务，据此判断当事人主观上是否存有过错；两个标准缺一，则不构成作为免责事由的不可抗力。我国民法包括合同法对不可抗力的界定采纳了折中说的观点。《中华人民共和国民法通则》（以下简称《民法通则》）第一百五十三条规定："本法所称不可抗力，是指不能预见、不能避免并不能克服的客观情况。"立法上对不可抗力的界定，强调了不能预见、不能避免、不能克服的"三不能"标准。不能预见，是指债务人缔约时不能够合理地预见到该客观情况的发生；不能避免，是指该客观情况的发生具有必然性，是无可回避的；不能克服，是指该客观情况无法抗拒，债务人虽已尽到最大的努力但仍不能正常履行其债务；只有三个"不能"的条件同时满足，才能构成不可抗力。《民法通则》和《中华人民共和国合同法》（以下简称《合同法》）没有明确不可抗力的适用范围。多数学者采取列举的方式归纳不可抗力的适用范围，既有一致意见，也存在分歧的观点。自然灾害包括水灾、旱灾、地震等，社会异常事件如战争状态、军事行动、封锁禁运等，是学理研究和司法实务中都认同的典型的不可抗力情形。而对政府行为是否构成不可抗力，存在争议。

2. 抽象行政行为应构成不可抗力。广义上的政府行为包括立法机关、行政机关和司法机关做出的行为；狭义上的政府行为仅指行政机关的行政行为，本书采狭义说。行政行为是享有行政权能的组织运用行政权对行政相对人所做的法律行为，具有单方性、强制性和无偿性等特征。行政行为以行政相对人是否特定为标准，可以分为抽象行政行为和具体行政行为。抽象行政行为是指行政主体针对不特定行政相对人所做的行政行为，包括行政立法行为和制定规范性文件行为；具体行政行为是指行政主体针对特定行政相对人所做的行政行为，包括行政许可、行政征收、行政处罚、行政强制等。笔者认为，行政机关的抽象行政行为符合不可抗力的"三不能"标准，如因此导致合同不能履行，应构成不可抗力。第一，抽象行政行为即行政法规、规章等规范性文件的制定颁布是不能预见的。普通民众对行政机关制定颁布法规规章的行为，鲜有途径获知，即便个别关涉广大民众利益、引起各界高度关注的行政立法行为，普通民众虽有耳闻，但在正式颁布之前，对该法规规章的具体内容以及何时颁布、何时生效，也完全无法预见。第二，抽象行政行为不能避免。避免可分为事前避免和事后避免。事前避免即在行政法规、规章等规范性文件颁布之前，通过表达意见、建议、施加影响等方式，阻止其出台。如前所述，行政法规、规章等规范性文件的颁布与实施，民众预见尚且不能，遑论施加影响以阻止其出台了，因此事前避免难以实现。事后避免即在行政法规、规章等规范性文件颁布之后，通过提请原行政立法机关及其上级机关予以重新审议而予以修改或撤销。但在我国法制框架内，对抽象行政行为的监督审查权主体属于国家各级权力机关，私法行为主体无权启动修改或撤销程序，因此事后避免亦难以实现。第三，抽象行政行为不能克服。行政行为突出的特征是其具有强制性。行政法规及其他规范性文件具有普遍的强制约束力，在某一区域乃至全国范围内的任何主体都必须遵守，不能抗拒，不能克服。

3. 具体行政行为难以一概而论。至于具体行政行为是否构成不可抗力，则应具体分析。对行政许可、行政处罚等具体行政行为来说，如果行政机关做出的该类具体行政行为合法合理，则行政相对人对其申请不被许可，以及自身行为应受处罚，应有合理稳定的预期；行政相对人若因此不能履行合同，自应由其承担违约责任。如果行政机关做出的该类具体行政行为违法或显失合理性，则行政相对人可以通过行政复议、行政诉讼得到救济，并由做出具体行政行为的行政机关对其因此造成的损失进行赔偿。在此情况下，并无不可抗力适用的余地。对行政征收、行政征用、行政强制等具体行政行为而言，是否构成不可抗力难以一概而论。在行政机关实施该类具体行政行为违法或错误的场合，行政相对人亦可得到救济，不属不可抗力范围。但在其他场合，如行政机关为防汛抢险需要，紧急征用行政相对人途经的供货车辆，致使行政相对人无法按约交货。行政机关做出的征用行为完全合法，其对行政相对人的补偿依法也只限于合理的车辆使用、货物损耗费用。而行政相对人对行政机关实施该类行政行为不能预见，亦不能避免和克服，倘使其还需因此承担无法履行合同的违约责任，则显有不妥。是故，从“应否发生损害赔偿义务”这一不可抗力制度的法规政策角度考量，合法的行政征收、行政征用、行政强制等具体行政行为，如导致行政相对人无法履行合同，则应归入不可抗力范围。可以作为某种印证的是，《中华人民共和国海商法》第五十一条，针对海上货物运输合同承运人的责任，规定了一些不负赔偿责任的事由，其中一些事由通说认为是对不可抗力范围的列举，包括：(1)火灾，但是由于承运人本人的过失所造成的除外；(2)天灾，海上或者其他可航水域的危险或者意外事故；(3)战争或者武装冲突；(4)政府或者主管部门的行为、检疫限制或者司法扣押；(5)罢工、停工或者劳动受到限制。综上，从具体的事件类型出发，综合考量事件对合同履行的影响，将政府行为有条件、分类型地纳入不可抗力范围，符合不可抗力制度的目的和社会经济生活运行的实际。具体到本案中，歌城公司与同鹏公司就租赁房屋开设娱乐场所于2006年1月11日签订合同，国务院自2006年1月29日颁布《娱乐场所管理条例》，房屋所处位置因违反该条例第七条规定而不能开设娱乐场所。歌城公司因该抽象行政行为确已无法继续履行合同，且该抽象行政行为对歌城公司而言，属于不能预见、不能避免并不能克服的客观情况，应构成不可抗力。

二、不可抗力的法律效力及权利义务关系的处理

不可抗力是法定免责事由。《民法通则》第一百零七条规定：“因不可抗力不能履行合同或者造成他人损害的，不承担民事责任，法律另有规定的除外。”《合同法》第一百一十七条规定：“因不可抗力不能履行合同的，根据不可抗力的影响，部分或者全部免除责任，但法律另有规定的除外。”因是之故，不少人在考察不可抗力的法律效力时，大多关注不可抗力的免责效果，而忽视不可抗力引起的其他效果。其实，将不可抗力的法律效果归结为免除责任的观点，或许适用于侵权法领域时更具普遍性，但未必适用于合同法领域。根据王利明教授的观点，不可抗力在合同法领域的法律效果可概述为四个方面：一是不可抗力的发生可能导致违约责任的免除，此种责任包括实际履行、支付违约金和损害赔偿的责任；二是不可抗力的发生可能会使一方被完全免除违约责任，也可能只是免除部分责任或推迟合同的履行；三是迟延履行后发生不可抗力的，债务人仍应承担责任；四是发生不可抗力后债务人应履行通知义务和举证义务。值得进一步探讨的是，在债务人因不可抗力不能履行合同应当全部免除其违约责任的场合，已经履行部分的合同债务是否也在免责范围之内？对此我们以租赁合同这一典型的继续性合同为例(一时性合同一般无此探讨必要)，借助对比法较为简便地说明问题。

1. 在债务人拒绝履行合同的情况下，债务人应承担的责任主要有两种：一是继续履行，如其拒绝履行已导致履行迟延，还应承担迟延履行的违约责任；二是若不宜强制继续履行，则应按约支付违约金，如违约金不足以弥补债权人损失的，债务人还应赔偿不履行合同给债权人造

成的损失。上述责任形式，对继续性合同而言，都是自债务人拒绝履行之后发生的违约责任；对债务人拒绝履行之前的合同债务，债务人自应清偿。

2. 在债务人因不可抗力不能履行合同的情况下，债务人有权解除（实为终止）合同，但一般只发生向后（向将来）的解除效力，不应溯及既往。违约情形下债务人应承担的继续履行、支付违约金、赔偿损失等向后发生的违约责任，因不可抗力而均予免除。但在债务人因不可抗力事件主张解除合同之前，债务人基于合同承担的义务，并不能免除。因此，不可抗力免责应限定于免除债务人的违约责任，已经履行部分的合同债务并非违约责任，不在免责范围之内，债务人仍应予以清偿。本案中，歌城公司无法履行合同系受不可抗力影响，故其无须承担继续履行、支付违约金、损害赔偿等违约责任。但歌城公司自 2006 年 1 月 15 日至 6 月 15 日实际占有房屋期间产生的租赁费、使用费 364800 元，属于合同解除前已经履行部分的债务，歌城公司应当清偿。但本案有些特别因素需结合考量：一是从合同目的来看，歌城公司的缔约目的在于使用该房屋经营娱乐场所以获取收益，同时向同鹏公司支付作为对价的租金；但本案中歌城公司尚未营业，其并非以能够实现合同目的的方式占有使用房屋，完全按约支付对价有违合同真意。二是歌城公司在 2006 年 4 月 13 日即告知同鹏公司，因为《娱乐场所管理条例》的颁布与实施，已无法履行合同，要求退租；歌城公司最终延至 2006 年 6 月 15 日才退租离场，与同鹏公司未能及时妥当地处理有一定关系，对此同鹏公司负有一定责任。若将此期间发生的租金完全由歌城公司承担，有失公允。有鉴于此，二审法院依据公平原则对歌城公司实际占有房屋期间产生的租赁费、使用费酌情予以调整。

原审法院经审理认为，《娱乐场所管理条例》系由国务院于 2006 年 1 月 29 日颁布，于 2006 年 3 月 1 日实行。该条例的颁布确使歌城公司无法办理经营许可证，该事件应属不可抗力并造成合同目的无法实现，歌城公司因此可享有单方解除合同的权利。双方的租赁合同应于 2006 年 6 月 9 日解除。双方约定的房屋交付时间为 2006 年 1 月 15 日，歌城公司交还房屋的日期为 2006 年 6 月 15 日，对此期间产生的租赁费、使用费，应由歌城公司承担。原审法院据此判决：双方合同于 2006 年 6 月 9 日解除；歌城公司支付房屋租赁费、使用费 364800 元，等等。歌城公司上诉称：原审法院在认定租赁合同系因不可抗力解除的同时，却要求歌城公司承担合同免租期的租金，既与免租期的内涵不符，亦违背公平原则，因此，请求二审法院依法撤销支付租金、使用费的判决。二审法院认为，同鹏公司与歌城公司所签租赁合同中约定的免租期系出租人给予承租人的优惠，免租期内的收益实质已体现在出租人在租赁期内所收取的租金总额中。本案中的租赁合同在免租期内即解除，出租方给予承租方免租期的目的已无法实现，在此情况下，承租方歌城公司自 2006 年 1 月 15 日至 6 月 15 日实际占有房屋期间产生的租赁费、使用费，从公平原则出发，应由同鹏公司与歌城公司各承担一半为宜。据此，二审法院对原审关于租金、使用费的判决予以改判。

钱某等行政相对人诉市工商局行政处罚决定案

【案情介绍】

2007年8月10日，某市（地级市）人民政府发出《关于对全市个体工商业实行清理整顿的决定》。文件规定：为了加强对全市个体工商业的管理，维护良好的市场秩序，对无证、无照经营的个体工商户，欺行霸市、哄抬物价的个体工商户，挂靠行政机关的合伙企业，予以取缔。被取缔的个体工商户和合伙企业务必在9月10日前自动停业，对于拒不执行的，采取强制收缴工商营业执照、罚款等处罚措施。9月26日，市工商局根据市政府的决定进行了具体的检查，检查发现钱某、张某两家个体工商户，以及富某和田某合伙经营的名为凯康的合伙企业属于政府这次市场清理予以取缔的对象，但他们仍然照常营业。市工商局当即强行收缴了钱某、张某、凯康公司的营业执照，并分别处以500元的罚款。钱某、张某、凯康公司不服，多次请求市政府对此事予以处理，都没得到满意的答复。于是决定向人民法院提起行政诉讼。

根据案例思考下列问题：

1. 钱某等可否不经行政复议直接对市工商局的行政处罚决定提起行政诉讼？

2. 富某可否对市工商局的行政处罚决定提起行政诉讼？

3. 如果钱某等以《关于对全市个体工商业实行清理整顿的决定》不合法为由起诉，请求撤销此文件，人民法院应如何处理？

4. 如果人民法院在审理过程中认为《关于对全市个体工商业实行清理整顿的决定》不合法，人民法院是否有权予以撤销或者修改？

5. 市政府的《关于对全市个体工商业实行清理整顿的决定》是否有权设定收缴营业执照、罚款的处罚措施？

6. 市工商局当场收缴钱某、张某、凯康公司营业执照并罚款的行为是否违法？

7.（原有第5题修改）如果法院撤销了市工商局的行政处罚决定，且该判决已生效，但市工商局拒绝履行该判决，钱某可以在什么期限内申请法院强制执行？

【案件焦点】

行政诉讼受案范围、行政诉讼法律适用、行政处罚的程序

【分析与结论】

1.《行政诉讼法》第11条第1款规定：“人民法院受理公民、法人和其他组织对下列具体行

政行为不服提起的诉讼:(1)对拘留、罚款、吊销许可证和执照、责令停产停业、没收财物等行政处罚不服的……”第37条规定:“对属于人民法院受案范围的行政案件,公民、法人或者其他组织可以先向上一级行政机关或者法律、法规规定的行政机关申请复议,对复议不服的,再向人民法院提起诉讼;也可以直接向人民法院提起诉讼。法律、法规规定应当先向行政机关申请复议,对复议不服再向人民法院提起诉讼的,依照法律、法规的规定。”

首先,市工商局的处罚决定符合行政诉讼的受案范围。其次,除非法律、法规规定必须先申请行政复议的,行政争议当事人可以自由选择申请行政复议还是选择提起行政诉讼。根据我国现行法律、法规的规定,行政复议前置不终局的主要情况有纳税争议案件、侵犯既得自然资源权利案件、禁止或限制经营者集中的行为和其他情况等。纳税争议案件,是指当事人就纳税问题与税务机关发生争议时,应当先申请复议,对复议决定不服的再提起行政诉讼,纳税争议范围包括交不交、谁来交、交多少、怎么算。除纳税争议以外的关于税收的争议,如当事人对税务机关的处罚决定、强制执行措施不服等,属于复议诉讼自由类型,既可以申请复议,也可以直接提起行政诉讼。

侵犯既得自然资源权利案件,是指当事人认为行政机关的具体行政行为侵犯其已经依法取得的资源所有权或使用权的,应当先申请行政复议,对复议决定不服再提起行政诉讼。需要强调的是,必须是确认自然资源所有权或使用权的具体行政行为,对于涉及自然资源权利的行政处罚、行政强制措施等其他行为提起行政诉讼的,无须复议前置。

禁止或限制经营者集中的行为,是指不服反垄断执法机构禁止或限制经营者集中的行为,需要经过复议后才能提起诉讼。经营者集中主要是指企业间的收购、并购行为。其他情况,如《工伤保险条例》规定的复议前置情况等。

市工商局的处罚决定不属于复议前置的情况,钱某可不经行政复议直接对市工商局的处罚决定提起行政诉讼。

2.《行政诉讼法解释》第14条第1款规定:“合伙企业向人民法院提起诉讼的,应当以核准登记的字号为原告,由执行合伙企业事务的合伙人作为诉讼代表人;其他合伙组织提起诉讼的,合伙人为共同原告。”这里注意,如果合伙已登记注册为企业的,则以企业为原告,除此之外,其他合伙组织或个人合伙,无论是否有字号,均以合伙人为共同原告。本案中,凯康公司为合伙企业,故应以凯康公司为原告提起诉讼,富某作为合伙企业的合伙人,不具有原告资格。

3. 抽象行政行为是指行政机关在依法行使职权过程中,针对非特定对象制定的可以反复适用的法规、规章及其他具有普遍约束力的规范性文件的行为。判断一个行政行为是否属于抽象行政行为,可综合考虑以下几个标准:(1)普遍约束力标准,是指作为抽象行政行为载体的行政法规、规章以及决定、命令等规范性文件具有普遍约束力,对其效力范围所及的所有公民、法人或其他组织均具有约束力和强制适用性。(2)对象不特定标准,是指该行政行为所针对的相对人是不特定的、抽象的。(3)反复适用性标准,是指抽象行政行为的上述载体在其生效时间内,对调整对象具有反复的适用性,并不因一次适用于特定的公民、法人或其他组织而失效。《行政诉讼法》第12条规定:“人民法院不受理公民、法人或者其他组织对下列事件提起的诉讼……(2)行政法规、规章或者行政机关制定、发布的具有普遍约束力的决定、命令……”据此,目前抽象行政行为并不属于行政诉讼的受案范围,所以若直接针对抽象行政行为向法院提起诉讼,法院是不会受理的。另外,行政复议中可以审查部分抽象行政行为,但也只能与具体行政行为一并提出。

4.《行政诉讼法解释》第 62 条第 2 款规定:"人民法院审理行政案件,可以在裁判文书中引用合法有效的规章及其他规范性文件。"一般规范性文件是指规章以下的具有普遍约束力的行政决定、命令的总称。人民法院在行政审判中可以对一般规范性文件予以参考,对于合法有效的一般规范性文件可以在裁判文书中引用。但是在适用之前,必须对其合法性进行严格审查。这并非将一般规范性文件置于同规章相同的地位,人民法院在适用一般规范性文件时,拥有比对规章更大的取舍权力。当一般规范性文件与法规、规章发生冲突时,虽然不能直接对其进行撤销或修改,但人民法院不必送有权机关裁决,可直接决定对一般规范性文件的适用与否。

5. 行政处罚的设定是指有关国家机关在法律规范中规定行政处罚的活动。根据《行政处罚法》第 9 条至第 14 条的规定,设定权分为四个层次:(1)法律可以设定各种行政处罚;(2)行政法规可以设定除限制人身自由之外的行政处罚;(3)地方性法规可以设定除限制人身自由和吊销企业营业执照之外的行政处罚;(4)在尚未制定法律、法规的情况下,行政规章可以设定警告和一定数量的罚款。行政规章包括部门规章和地方政府规章。此处的地方规章是指省、自治区、直辖市人民政府和其所在地的市人民政府以及国务院批准的较大市的人民政府的规章。除上述法律、法规、规章之外的其他规范性文件不得设定行政处罚。本案的市政府是地级市政府,它不是法律、法规以及规章的制定主体,所以《关于对全市个体工商业实行清理整顿的决定》没有权力设定收缴营业执照、罚款的处罚。

6. 据此,只有对当事人做出罚款或警告这两种处罚的案件才能适用简易程序。所以市工商局不能当场收缴钱某、张某、凯康公司的营业执照。同时,在对当事人处以罚款的案件中,只有对公民罚款 50 元以下、对法人或者其他组织罚款 1000 元以下的案件才能适用简易程序,超出该罚款数额的案件不能适用简易程序。需要注意的是,对个体工商户当场实施的行政处罚,应当依照我国《民法通则》的规定,按查处公民违法行为的情况处理。本案中张某、钱某属于个体工商户,因此应当按照公民的情况处理,对公民只有处以 50 元以下罚款的,才可以适用简易程序进行当场处罚。而本案中,市工商局对张某、钱某各罚款 500 元,明显超出了简易程序的幅度范围,因此,不能当场对其二人进行罚款。但是凯康公司作为合伙企业组织,对组织处以 1000 元以下的罚款即可适用简易程序,本案中市工商局对凯康公司处以 500 元的罚款,属于简易程序的幅度范围,市工商局可以对其当场进行 500 元的罚款。综上,因有部分程序违法,因此整个处罚程序违法。

另外,需注意的是,当场处罚程序不同于当场收缴程序。当场处罚程序是指对违法事实确凿并有法定依据,行政机关依照《行政处罚法》第 33 条规定对当事人当场做出行政处罚决定的程序,即简易处罚程序。而当场收缴罚款则是指依照简易处罚程序或者一般处罚程序做出罚款决定后,在符合《行政处罚法》第 47、48 条规定的情形时,行政机关直接收缴罚款的执行措施。

当场收缴罚款则是行政处罚执行程序的一种方式。为防止行政执法领域内的违法腐败现象,我国规定了罚款决定与罚款收缴分离制度,而当场收缴罚款却是一种例外。在这里需强调的是,当场收缴罚款不仅适用于对按简易处罚程序做出的处罚决定的执行,而且也适用于对按一般处罚程序做出的处罚决定的执行。只是在适用当场收缴罚款时,必须符合《行政处罚法》第 47 条、第 48 条规定的三种情形之一:(1)依法处以 20 元以下罚款的;(2)不当场收缴事后难以执行的；(3)在水上、交通不便地区，当事人向指定银行缴纳罚款确有困难的，经当事人提出的。

7. 行政机关拒绝履行法院生效判决的，对方当事人可以在一年内申请法院强制执行。《行政诉讼法解释》第 84 条第 1—2 款规定："申请人是公民的，申请执行生效的行政判决书、行政裁定书、行政赔偿判决书和行政赔偿调解书的期限为 1 年……申请执行的期限从法律文书规定的履行期间最后一日起计算；法律文书中没有规定履行期限的，从该法律文书送达当事人之日起计算。"本案中，钱某作为申请人是公民，所以申请强制执行的期限为 1 年。

郭建军诉诸暨市国土资源局行政行为违法案

【案情介绍】

郭建军系诸暨市暨阳街道东三村赵四自然村村民。2001 年 3 月开始，郭建军在拆除老房的基础上，未经有批准权的人民政府批准，擅自重建东面一间 40.96 平方米的住宅。2002 年 11 月 16 日，诸暨市人民政府向郭建军颁发了诸暨集用(2002)字第 1-13279 号《集体土地使用证》。2006 年 2 月 7 日，诸暨市人民政府以郭建军未经批准、擅自重建东面一间面积为 40.96 平方米的住宅，提供的房屋权源证明失实为由，对郭建军做出诸政行决字(2006)第 1 号行政决定，撤销诸暨集用(2002)字第 1-13279 号《集体土地使用证》，由诸暨市国土资源局依法办理更正登记。郭建军不服，向绍兴市人民政府申请行政复议。2006 年 5 月 28 日，绍兴市人民政府做出维持诸暨市人民政府行政决定的复议决定。郭建军于 2006 年 6 月 19 日向诸暨市人民法院提起行政诉讼。该院于 2006 年 8 月 3 日做出(2006)诸行初字第 22 号行政判决：维持诸暨市人民政府做出的行政决定。郭建军不服，提起上诉，绍兴市中级人民法院于 2006 年 10 月 27 日做出判决：驳回上诉，维持原判。2007 年 3 月 22 日，诸暨市国土资源局对郭建军未经审批、非法占地建房行为进行立案查处。2007 年 9 月 11 日，诸暨市国土资源局向郭建军送达行政处罚告知书。2007 年 11 月 28 日，诸暨市国土资源局认为郭建军的行为违反了《中华人民共和国土地管理法》第六十二条第三款和《浙江省实施〈中华人民共和国土地管理法〉办法》第四十条之规定，属非法占用土地的行为。诸暨市国土资源局依据《中华人民共和国土地管理法》第七十七条第一款之规定，对郭建军做出责令其退还在暨阳街道东三村郭庄处非法占用的 40.96 平方米土地上新建的房屋的诸土资监罚(2007)第 169 号行政处罚决定书。郭建军不服诸暨市国土资源局做出的行政处罚决定，于 2008 年 1 月 28 日向诸暨市人民政府提起行政复议。2008 年 4 月 20 日，诸暨市人民政府做出维持诸土资监罚(2007)第 169 号行政处罚决定的复议决定。

郭建军不服，诉至法院。

【案件焦点】

行政行为的合法性审查

【分析与结论】

行政法的基本使命就是要确保政府官员对裁量权的行使负责。如果不对行政自由裁量决定的实质内容进行适度的司法审查，那么行政诉讼的合法性审查制度就会暗淡无光。所谓行政自由裁量就是指在法律许可的情况下，对作为或不作为，以及如何作为，在方法、种类、幅度、结果、程序等方面进行选择的权力。对自由裁量的司法审查就是审查裁量决定是否合理，裁量权有没有不适当地行使。法院在什么层面，依据什么标准控制对行政裁量行为司法审查的深浅？如何才能保证行政裁量是适度的，不会为目的而不择手段，不会采取总成本高于总利益的行为？在大陆法系中，是通过手段与目的之间的衡量来实现，即借助比例原则进行有效控制。行政机关的裁量行为，既要保证行政管理目标的实现，又要兼顾保护相对人的权益。应以达到行政执法目的和目标为限，尽可能使相对人的权益遭受最小的侵害，这就是行政法比例原则的核心含义。

《中华人民共和国土地管理法》第七十七条第一款从文义上看，有明确而详细的规定，属于羁束行政行为，行政主体必须严格依照法律，不具有根据主观判断而进行选择的空间。但是，行政主体在选择适用法律过程中是无法回避自身的主观参与及价值判断的。更何况在本案中，土地行政主管部门在行政处罚中同时引用了《浙江省实施〈中华人民共和国土地管理法〉办法》（以下简称《办法》）第四十条规定。《办法》明确已建的建筑物在符合相关规划时，不改变土地用途并在规定的占地面积范围内重建的，应重新办理审批手续并且应当简化手续、及时批准。显然，行政违法行为的处理方式有明显的不同，行政主体对处理的结果存在裁量的选择。上诉人违法行为的事实、性质、情节以及社会危害程度比其他未经审批的非法占地行为相对轻微，诸暨市国土资源局做出拆除处罚，显然与其违法程度不相适应，违反了行政裁量的比例原则。

诸暨市人民法院经审理认为，《浙江省实施〈中华人民共和国土地管理法〉办法》第三条第一款规定，县级以上人民政府土地行政主管部门统一负责本行政区域内土地的管理和监督工作。诸暨市国土资源局是诸暨市人民政府土地行政主管部门，其对郭建军擅自建房行为进行查处，主体适格。《中华人民共和国土地管理法》第六十二条第三款规定，农村村民住宅用地，经乡（镇）人民政府审核，由县级人民政府批准。《浙江省实施〈中华人民共和国土地管理法〉办法》第四十条规定，已建的建筑物、构筑物，需要重建、扩建的，应当符合土地利用总体规划确定的用途和城市规划、村庄和集镇规划，并依法重新办理规划、用地审批手续。郭建军从2001年3月开始，未经有批准权的人民政府批准，擅自将原平房拆除后重新建造占地40.96平方米的三层住宅。诸暨市人民法院（2006）诸行初字第22号和绍兴市中级人民法院（2006）绍中行终字第55号行政判决书，分别确认郭建军违反法律法规，擅自建造40.96平方米住宅的事实。诸暨市国土资源局根据郭建军非法占地、擅自建房的行为，依据《中华人民共和国土地管理法》第七十七条关于农村村民未经批准或者采取欺骗手段骗取批准，非法占用土地建住宅的，由县级以上人民政府土地行政主管部门责令退还非法占用的土地，限期拆除在非法占用的土地上新建的房屋的规定，对郭建军做出责令其退还非法占用的40.96平方米土地、限郭建军在处罚决定书接到之日起十日内自行拆除非法占用的40.96平方米土地上新建的房屋的处罚决定，认定事实清楚，适用法律法规正确，程序合法。据此判决：维持诸暨市国土资源局于2007年11月28日做出的诸土资监罚（2007）第169号行政处罚决定。

郭建军不服，提出上诉。

绍兴市中级人民法院经审理认为，《行政处罚法》第四条第二款规定，设定和实施行政处罚必须以事实为依据，与违法行为的事实、性质、情节以及社会危害程度相当。《行政处罚法》第二十七条规定，违法行为轻微并及时纠正，没有造成危害后果的，不予行政处罚。说明行政执法中行政裁量必须遵循执法成本和执法收益的均衡，应当符合比例原则。从行政执法目的和手段关系而言，手段对目的应当是适当的，虽然行政目的是正确的，但也必须选择合适的手段。行政机关必须选择相对成本最小的执法手段，选择对行政相对人最小侵害的方式，从而使行政执法的成本与执法收益相一致。

本案上诉人郭建军在拆除60多平方米老房的原宅基地上，重建一间40.96平方米的住宅，并未多占其他土地面积，也未改变土地用途和性质，从庭审调查情况及双方提交的证据看，上诉人所建房屋是否违反城市规划及所在村区域是否有具体的规划要求，被上诉人未提供充分的证据予以证明。而且从实际状况看，上诉人的重建房屋与其他房屋在结构上已联为一体。可见，上诉人违法行为的事实、性质、情节以及社会危害程度比其他未经审批的非法占地行为相对轻微。

《浙江省实施〈中华人民共和国土地管理法〉办法》第四十条规定："已建的建筑物、构筑物，需要重建、扩建的，应当符合土地利用总体规划确定的用途和城市规划、村庄和集镇规划，并依法重新办理规划、用地审批手续。不改变土地用途并在规定的占地面积范围内重建的，应当简化手续，及时批准。"《中华人民共和国土地管理法》第七十七条第一款规定："农村村民未经批准或者采取欺骗手段骗取批准，非法占用土地建住宅的，由县级人民政府土地行政主管部门责令退还非法占用的土地，限期拆除在非法占用的土地上新建的房屋。"被上诉人在《浙江省实施〈中华人民共和国土地管理法〉办法》第四十条规定的补办手续与《中华人民共和国土地管理法》第七十七条第一款规定的拆除选择中，应当考虑上述特定的基本情况，首先选择最小侵害的方式，在此方式不具备条件时，可再考虑更严厉的制裁措施。也就是说，农村村民宅基地原拆原建，不改变土地利用性质，不扩大土地利用面积，不违反城市规划、村庄和集镇规划，虽未经审批，但其违法行为的事实、性质、情节以及社会危害程度相比于其他未经审批的非法占地行为相对轻微的处理方式，应有所区别。否则行政裁量不符合比例原则。因此，被上诉人适用《中华人民共和国土地管理法》第七十七条规定对上诉人做出的行政处罚决定属于适用法律错误。原审判决维持不当。关于上诉人提出的行政处罚的时效问题，对非法占用土地的违法行为，在未恢复原状之前，应视为具有继续状态，因此本案未超过行政处罚追诉时效。据此判决：

1. 撤销浙江省诸暨市人民法院(2006)诸行初字第22号行政判决；
2. 撤销诸暨市国土资源局做出的诸土资监罚(2007)第169号行政处罚决定。

参考文献

1. 郭明瑞、房绍坤主编:《民法案例分析》,高等教育出版社 2007 年版。
2. 李艳芳主编:《经济法案例分析》,中国人民大学出版社 2006 年版。
3. 薄守省主编:《中国合同法案例》,对外经济贸易大学出版社 2005 年版。
4. 李建伟主编:《公司法案例》,中国政法大学出版社 2013 年版。
5. 梁东主编:《劳动法案例》,贵州教育出版社 2008 年版。
6. 找法网,http://china. findlaw. cn/info/case/jdal。
7. 张能宝主编:《案例分析专题例解》,法律出版社 2013 年版。
8. 陈小君主编:《合同法学案例分析》,高等教育出版社 2003 年版。
9. 陈军主编:《法学典型案例分析》,哈尔滨工程大学出版社 2009 年版。
10. 徐磊、陈梅主编:《法学概论教学案例解》,上海交通大学出版社 2006 年版。
11. 杨立新主编:《民法案例分析教程》(第 2 版),中国人民大学出版社 2010 年版。
12. 中国民商法律网,http://www. civillaw. com. cn。
13. 张树义主编:《行政法与行政诉讼法学配套教学案例分析》,高等教育出版社 2008 年版。
14. 高晓春主编:《民事案例分析》,中国政法大学出版社 2011 年版。
15. 黄京平主编:《刑法案例分析》,中国人民大学出版社 2011 年版。
16. 中国法院网,http://www. chinacourt. org/index. shtml。
17. 郑艳、赵保胜主编:《行政法律与案例分析》,华中科技大学出版社 2011 年版。
18. 黎建飞、曾宪义、王利明著:《劳动法案例分析》(第 2 版),中国人民大学出版社 2010 年版。
19. 最高人民法院国家法官学院编:《法律教学案例精选 2008 年商事卷》,中国政法大学出版社 2009 年版。
20. 中国普法网,http://www. legalinfo. gov. cn。
21. 张民安主编:《票据法案例与评析》,中山大学出版社 2006 年版。
22. 林嘉主编:《商法案例分析》,中国人民大学出版社 2009 年版。
23. 赵旭东主编:《〈公司法学〉配套教学案例分析》,高等教育出版社 2009 年版。
24. 张民安主编:《民法总论案例与评析》,中山大学出版社 2005 年版。
25. 胡锦光主编:《行政法案例分析》(第 2 版),中国人民大学出版社 2006 年版。